国家级教学团队
国家级特色专业 · 东北财经大学金融学系列教材

FINANCIAL ENGINEERING

金融工程学

（第三版）

李刚 编著

东北财经大学出版社
Dongbei University of Finance & Economics Press
大连

图书在版编目（CIP）数据

金融工程学 / 李刚编著. —3版. —大连：东北财经大学出版社，2019.8（2020.12重印）
（国家级特色专业·东北财经大学金融学系列教材）
ISBN 978-7-5654-3559-1

Ⅰ. 金…　Ⅱ. 李…　Ⅲ. 金融工程-高等学校-教材　Ⅳ. F830

中国版本图书馆CIP数据核字（2019）第114952号

东北财经大学出版社出版
（大连市黑石礁尖山街217号　邮政编码　116025）
网　　址：http：//www.dufep.cn
读者信箱：dufep@dufe.edu.cn
大连日升彩色印刷有限公司印刷　东北财经大学出版社发行
幅面尺寸：185mm×260mm　字数：462千字　印张：20　插页：1
2019年8月第3版　2020年12月第5次印刷
责任编辑：时　博　责任校对：文　贺
封面设计：潘　凯　版式设计：钟福建
定价：42.00元

教学支持　售后服务　联系电话：（0411）84710309

如有印装质量问题，请联系营销部：（0411）84710711

国家级特色专业·东北财经大学金融学系列教材编委会

总 序

金融体系与金融能力的竞争是当代世界各国国家竞争的重要领域，也是支持各国在政治、经济、军事、文化等方面有效竞争的重要基础。随着我国对外开放的逐步深入和社会主义市场经济体制的逐步确立，我国经济和金融日益融入世界经济和金融一体化进程；特别是我国加入了世贸组织和近年来人民币国际化进程加快，我国金融体系和金融能力面临着来自世界金融强国的前所未有的挑战与压力。如何抓住机遇、迎接挑战，加快完善我国金融体系、提升金融竞争能力和确保国家金融安全，是我国各级政府和金融界的重大课题。这一问题的解决有赖于加快金融体制改革、完善金融体系、提高货币宏观调控能力和金融风险管理水平、增强金融创新能力等诸多方面。而解决问题的关键是培养一大批掌握现代金融技术、具备先进管理知识的高素质金融人才。因此，大力提高我国金融学教育和研究水平，推进金融学教育与研究的现代化和国际化，是实施我国金融发展战略的重要举措。

金融学教学与科研能否为金融发展提供有效支撑是当前中国金融学科面临的根本挑战。近年来，我国高等院校金融教育规模迅速发展，质量有了较大的提高，为经济社会发展以及高等教育自身的改革与发展做出了重要贡献。特别是2007年，教育部、财政部决定实施“高等学校本科教学质量与教学改革工程”（简称“质量工程”）以来，在国家级特色专业、国家级教学团队、精品课程建设和教材建设、人才培养模式改革创新方面取得了显著成果，带动了我国高等院校本科教育水平和科研实力的提升，产生了良好的社会效益。

教育部“质量工程”提出，启动“万种新教材建设项目”，加强新教材和立体化教材建设，鼓励教师编写新教材，积极做好高质量教材推广和新教材选用工作。在此背景下，东北财经大学以金融学和保险学两个国家级特色专业、金融学专业教学团队和证券投资学教学团队两个国家级教学团队为平台，组织编写了“国家级特色专业·东北财经大学金融学系列教材”。在本系列教材之前，我们已编写出版了三套系列教材。20世纪90年代初期的第一套系列教材，是解决由无到有的问题；20世纪末期的第二套系列教材是解决全和新的问题；21世纪初期的第三套系列教材是解决体系和质量的问题；目前陆续出版的这套系列教材是要解决突出质量和特色的问题。

教材建设是教育部“质量工程”的一项重要内容，是学校课程中最重要的物质条件之一，直接关系到教学质量和教学效果。但是，教材建设不可能一蹴而就，而是动态的、渐进的、连续的过程，这个过程的每一个环节都对作者提出了新的要求，它是作者教学、实践和科研成果的体现。因此，我们在教材编写过程中力求达到三个目的：一是教材的编写是围绕着“知识、能力、素质”的人才培养目标来展开的；二是教材能够体现金融类专业培养方案中对人才培养规格的要求；三是教材能够反映新的教育思想，处理好现代与传统、理论与实践、技术与应用的关系。我们在教材建设中努力做到四个同步：一是教材建设与金融发展改革相同步；二是教材建设与教学改革相同步；三是教材建设与人才培养目标相同步；四是教材建设与科学研究相同步。同时，在教材建设中我们注重了以下五个方面：第一，教材编写应明确三个问题，即由谁编写、为谁编写和如何编写；第二，教材编写者应具备三个条件，即编写者应具有编写高水平教材的经历、具有一定的科研水平和实践的经历；第三，教材编写应做到三个结合，即理论与实践相结合、定量分析与定性分析相结合、综合练习与实验实训相结合；第四，教材编写应体现三个特性，即系统性、新颖性、实用性；第五，教材编写应突出三个特色，即教材结构设计特色、体例设计特色、内容编写特色。在突出特色的同时，形成集主教材、多媒体教材、辅助教材、电子教案于一体的有机结合的立体化教材。

本次系列教材的推出，是为了适应国内国际金融业发展的新形势，满足高等院校经济管理类专业和金融学科相关专业的教学需要以及金融实务部门从业人员培训的需要。编写者是一批学术水平高、教学经验丰富、实践能力强的高校教师，具有理论与实践相结合的双重背景，为编好系列教材提供了保障。本系列教材包括：《货币银行学》《金融经济学》《金融学教程》《金融市场学》《国际金融学》《商业银行经营管理学》《证券投资学》《金融企业会计》《公司金融学》《金融工程学》《投资银行学》《行为金融学》《国际银行管理》《个人财务规划》《保险学》《国际结算》等。我们期待着，在教学改革和教材建设中与专家学者们达成共识，真诚地合作，使教材建设的成果能够及时反映学科的最新进展。

由于我们的时间和精力有限，教材中难免存在缺点和不完善之处，我们欢迎各院校师生、金融业界同仁和广大读者批评指正。

国家级特色专业·东北财经大学金融学系列教材编委会

第三版前言

时间如白驹过隙，稍纵即逝！

本书迎来了第三版。2010年“国家级特色专业·东北财经大学金融学系列教材”开始陆续出版，本书作为其中之一于2011年面世。

随着中国金融期货交易所的成立，中国的金融创新开始大步前进，股指期货、债券期货、期权等一批金融衍生品陆续推出，中国已经进入了金融业快速发展的时代。

为了更好地适应市场的发展和衍生金融工具的繁荣，也为了更好地发挥本书的作用，编写组再次对全书内容进行了修订和补充：

1.第6章增加了中国金融期货交易所新增的2年期国债期货合约。

2.第11章更新了上海证券交易所交易的上证50ETF期权合约的内容。

3.其他章节修改了部分内容。

4.重点更新了各章的课后练习题。

5.在每章后设置“知识拓展”二维码，帮助学生理解所学知识、拓展视野。

本书第三版坚持前两版的指导思想，面向培养应用型人才的普通高等院校，以满足普通高等院校学生掌握金融工程领域相关衍生产品的教学需要。

本书第一版、第二版由李健元教授、李刚副教授担任主编，其中，李健元教授负责编写第1章、第4章、第6章、第7章、第8章、第9章、第10章，李刚副教授负责编写第2章、第3章、第5章、第11章、第12章、第13章、第14章。第三版由李刚副教授进行改版修订。

在此，特别感谢陆建民、沙晓、林辉、樊学禹，感谢大家这些年的无私帮助！

在本书的编写过程中，编者参考了大量的研究文献与资料，在此一并向这些文献的作者表示谢意。感谢东北财经大学金融学院领导和各位同仁的支持，感谢东北财经大学出版社编辑和相关人员的努力，有了他们的帮助，本书才能取得这么好的成绩。

由于时间仓促，以及我们的知识水平有限，本书可能存在着不妥甚至错误之处，恳请读者批评指正。

在本书第一版出版至今近10年的时间里，发生了很多事情，也失去了一些重要的人。谨以此书献给东北财经大学金融学院李健元教授。

编　者

2019年8月

目　录

第1章

资产定价基础知识、基础金融工具

学习目标

通过本章的学习，了解无套利均衡原理和一价定律，包括明确无套利均衡原理和一价定律是远期、期货及期权定价的基础，明确无套利均衡原理是现代金融定价的基础和金融创新的基础；掌握利息的计算方法，包括单利、复利、连续复利；掌握现值、终值、年金的概念和计算公式；简单了解现货市场。

1.1 无套利均衡原理和一价定律

1.1.1 无套利均衡原理

现代金融学的理论基础大都基于无套利均衡（no-arbitrage equilibrium）原理。在均衡定价方法中，无套利是一般均衡条件之一。

1）套利

套利是指同时持有不同资产头寸，以确保无风险利润高于国债的无风险收益。如果这种利润存在，则套利机会存在。斯蒂芬·罗斯认为，套利是指“保证在某些偶然情况下获取正报酬而没有负报酬的可能性，也无须有净投资。通过假设，有可能在任意套利规模上遍历套利的可能性；换句话说，套利机会代表的是一个货币泵”。

学术意义上的套利有两个核心特征：第一，存在一个无风险的收益，即所谓“保证获取正报酬而没有负报酬”。第二，存在一个自融资策略，即所谓的“无须有净投资”，或者如美国著名金融工程学家约翰·马歇尔所言，“头寸”完全可以用贷款来融资（即无融资资本）。例如，假定国库券的年收益率为3%，银行1年期存款的年收益率为2%（不考虑利息税），如果一个银行储户将10万元存款提出后用于投资国库券，就可以多获得1%的价差收入，即与同期银行存款相比，可增加1 000元收入。这实际上就是一个套利行为。因为储户获得了国库券高于银行存款的无风险的利差收益，但他并没有增加投入的资金，而只是改变了金融头寸的持有方式。在一个完全竞争的市场体系中，套利机会一旦被发现，投资者马上就会利用这种无风险的套利机会来赚取利润。随着套利者的参与，市场的供求状况将随之而改变，套利空间也将逐渐减小直至消失，结果就形成了各种资产的均衡价格。在市场均衡时无套利机会，这就是无套利均衡原理的依据，市场的效率越高，重建均衡的速度就越快。

2）无套利均衡原理概述

（1）无套利均衡原理的定义

伯恩斯坦（Bernstein）认为，无套利均衡原理即不存在一种零成本赚取无风险回报的投资方式。允许存在套利可能的价格不可能是市场均衡的结果，因为对任意一个具有不满足偏好的参与者来说，如果可能的话，他将进行大额的套利交易以产生额外的财富，其他参与者也会这样做，驱动证券的价格变化，使得投资组合的净成本上升为大于零，从而消除套利机会。

在涉及多种资产或负债及其组合时，无套利均衡原理是指两种自由交易的可完全替代产品在没有摩擦的情况下，必须按同样的价格卖出，两种可完全替代的资产或资产组合之间无套利机会。在资产定价中，无套利均衡原理是指利用金融市场上价格已知的相关金融变量信息，构造一系列资产或负债组合，并获得收益支付成本，以此来确定某种资产的价格。现代金融理论对套利的研究就是对不能获得套利机会这一假定的含义的研究。这是因为，在金融市场上，套利的出现是与均衡相矛盾的。

（2）无套利均衡原理的理论意义和应用价值

概括地讲，无套利均衡原理是现代金融理论的精髓。只有透过无套利均衡原理，才能真正地理解和把握现代金融理论的总体架构和发展脉搏。

无套利均衡原理的应用价值体现在，无套利均衡原理是基于无套利均衡假设发展起来的各种金融资产的定价理论，它使得依据一些可观察到的变量来确定金融资产价格成为可能，即金融活动成为一种“可计算的活动”。

具体来讲，无套利均衡原理应用的目的在于：第一，推动包括期权市场在内的衍生证券市场的迅猛发展；第二，评价经营决策；第三，估价风险债务；第四，工资谈判和分析币值波动。

无套利均衡原理在中国也有着极其广泛的应用价值。中国金融市场上出现的许多问题，如大量银行信贷资金违规进入股市、巨额资金沉淀在股票一级市场、2001年上半年开始内地的资金至少有几百亿港元千方百计地从各种渠道流入香港、许多上市公司从股市圈了大量资金却不做产业而去炒股、一些机构在股票二级市场牟取暴利等，都说明了股票市场上的股票定价出现了严重偏差，从而在中国证券市场上形成了巨大的、非正常的套利空间。再如，中国四大国有商业银行将1.4万亿元人民币的不良资产按原值卖给了四大金融资产管理公司。不良资产的这种定价方式，会给四大金融资产管理公司的财务带来致命的后遗症。因为这种定价严重偏离了不良信贷资产的实际价值，没有给金融资产管理公司留下生存的空间。为了解决上述种种问题，我们可以根据无套利均衡原理找到一个基本的政策思路，那就是寻找合理的金融资产定价方法，给出股票和不良资产的真实价格。

（3）无套利定价原理

无套利定价原理是指将金融资产的头寸与市场中其他金融资产的头寸组合起来，构筑起一个在市场均衡时不能产生不承受风险的利润的组合头寸，由此测算出该项头寸在市场均衡时的价值即均衡价格。

1.1.2 一价定律

1）一价定律概述

一价定律认为，在竞争性的市场上，如果两个资产是等值的，它们的市场价格应倾向于一致，否则就会产生套利，套利的结果会导致等值资产价格一致。一价定律被认为是金融市场上的基准点或收支平衡点，是衡量一项金融资产是被公正地估价，还是被高估或低估的判断基准。

一价定律始于完美市场环境假设。标准的完美市场环境假设为：无交易成本、无税收和无不确定性。在这些严格的假设条件下，利润最大化者将采取行动去消除所有的套利机会，这样，不同的金融机会可以在其成本是已知而且确定的情况下进行估价。

2）一价定律与金融工程产品定价

金融工程产品的定价，要大量使用无套利均衡原理或一价定律。无套利均衡原理或一价定律是远期、期货及期权定价的基础。远期合约价格是由现货价格、无风险利率以及到期期限共同决定的，四个变量之间存在密切的联系。一旦某一个变量出现偏离，套利机会就会随之产生，而套利行为本身又会消除套利机会，使得四个变量之间的关系继续维持。虽然期货合约、债券远期、远期利率协议以及外汇远期/期货这些金融衍生品具有各不相同的特征，但它们的基本定价原理却是一致的。远期价格、即期价格、利率以及资产收益率之间存在确定的数量关系，若其中某一个变量偏离这种关系，套利行为会迫使一个或多个变量发生变动，从而使得定价公式重新成立。

一价定律在利用金融工程产品管理风险的过程中也得到广泛应用。企业可利用现金持有策略（cash-and-carry strategy）对冲汇率风险。这种策略可提供与货币远期合约相同的现金流，根据一价定律，两者必然以相同的价格进行交易。综合现金持有策略中用到的利率和汇率，可得到远期汇率的无套利公式——抛补利率平价等式。它表明，远期汇率和即期汇率的差异与两种货币的利率差异有关。当不同国家的利率存在差异时，投资者就有动机借入低利率货币，兑换后将其投资于高利率货币。当然，投资期间总是存在着高利率货币可能贬值的风险。如果通过使用远期合约锁定未来汇率规避这种风险，远期汇率将正好抵销较高利率带来的收益，从而消除了任何套利机会。

例如，在完美资本市场中，保险产品的定价就是保险公司和投保者的净现值都为零时的价格。在不完美市场中，保险的价值必定来自于市场摩擦成本的降低。利用保险来管理企业的风险，可以降低成本，改善投资决策。但在现实中，企业和保险公司之间会产生摩擦。企业将风险转移给保险公司，必然会带来保险公司的行政管理费用和营业间接成本的增加，同时逆向选择和代理成本（保险削弱了企业规避风险的动机，引发道德风险）也会增加保险成本。因此，保险成本会高于精算公平保险费，从而抵销掉部分保险收益。

1.2 利息的计算方法

1.2.1 单利法

单利（simple interest）法是指在计算借贷资金的到期利息时只考虑借贷的本金金额，而不考虑期间利息因素的方法。这是计算利息的一种最简单的方法。利用单利法计算的借贷利息额是三个变量的线性函数。

单利利息的计算公式为：

$$I=P_0\cdot r\cdot n \tag{1-1}$$

用单利计算利息时，到期本利和的计算公式为：

$$S=P_0(1+r\cdot n) \tag{1-2}$$

式（1-1）和（1-2）中，I为到期后的利息额；P_0为本金额；r为年利率；n为年期数；S为到期本利和。

需要注意的是，计算利息时采用的n是以年为单位的，若已知的是天数，则应该转化成相应的年数，即n=实际天数÷365。

【例1-1】A银行向B企业发放一笔为期5年、年利率为10%的100万元的贷款，按单利计算到期日B企业的应付利息额与本利和分别为：

$I=P_0\cdot r\cdot n=100\times 10\%\times 5=50$（万元）

$S=P_0(1+r\cdot n)=100\times(1+10\%\times 5)=150$（万元）

1.2.2 复利法

复利（compound interest）法是单利法的对称，是指将按本金计算出的利息额再计入本金，重新计算利息的方法。它不仅考虑本金所产生的利息，同时也考虑了利息所带来的利息。因为当付息的时间比投资的期限短时，投资者可以把获得的利息进行再投资，所以复利计算方式与客观情况相符。复利在财务和金融中具有重要的意义。

复利利息的计算公式为：

$$I=P_0[(1+r)^n-1] \tag{1-3}$$

用复利计算利息时，到期本利和的计算公式为：

$$S=P_0(1+r)^n \tag{1-4}$$

式（1-3）和（1-4）中，I为到期后的利息额；P_0为本金额；r为年利率；n为年期数；S为到期本利和。

【例1-2】接上例，若其他条件不变，按复利计算到期日B企业的应付利息额与本利和分别为：

$I=P_0[(1+r)^n-1]=100\times[(1+10\%)^5-1]=61.051$（万元）

$S=P_0(1+r)^n=100\times(1+10\%)^5=161.051$（万元）

比较上述结果可以看出，在本金、利率以及期限都相同的情况下，采用复利计算得到的利息比采用单利计算得到的利息多。

在实际应用中，付息频率有不同的情况，如一年付息1次，半年付息1次，一个月付息1次等。比如，在房屋按揭贷款中，银行收取利息的方式就是一个月付息1次。

1.2.3　连续复利法

连续复利（continuous compounding）又称无穷复利；连续复利法是指在付息频率趋于无穷的情况下的利息计算方法。

假设数额P_0以利率r投资了n年。如果每年计1次复利，则上述投资的本利和的计算公式为：

$$S = P_0(1+r)^n \tag{1-5}$$

如果每年计m次复利，则本利和的计算公式为：

$$S = P_0\left(1+\frac{r}{m}\right)^{m\cdot n} \tag{1-6}$$

式（1-6）中，当m趋于无穷大时，就称为连续复利，即

$$\lim_{m\to\infty}\left(1+\frac{r}{m}\right)^{m\cdot n} = e^{r\cdot n} \tag{1-7}$$

其中，e是自然常数，其值为2.71828……

此时本利和的计算公式为：

$$S = P_0 e^{r\cdot n} \tag{1-8}$$

连续复利利息的计算公式为：

$$I = P_0(e^{r\cdot n}-1) \tag{1-9}$$

【例1-3】接上例，若其他条件不变，按连续复利计算到期日B企业的应付利息额与本利和分别为：

$I = P_0(e^{r\cdot n}-1) = 100\times(e^{10\%\times 5}-1)$ =64.87（万元）

$S = P_0 e^{r\cdot n} = 100\times e^{10\%\times 5}$ =164.87（万元）

1.3　资金的时间价值

金融衍生工具的运用与定价离不开终值与现值的概念。

1.3.1　终值

终值又称将来值（future value，FV），是指在给定的利率水平下，现在的一笔收款或付款在将来某个时刻的价值。因此，将来值不仅包括本金，而且还包括利息。上文所述利息的计算方法中，到期日的本利和即为终值。

如果已知现在时刻一项投资的本金额为P_0，投资的年期为n，年利率为r，根据不同的利息计算方法，可以得到不同的终值计算公式。

1）单利情况下

在单利情况下，终值的计算公式为：

$$FV = P_0 + I = P_0(1+r\cdot n) \tag{1-10}$$

式（1-10）中，FV为n年后初始本金为P_0的资金的终值；其他同上。

2）复利情况下

在复利情况下，终值的计算公式为：

$$FV = P_0 + I = P_0\left(1 + \frac{r}{m}\right)^{m \cdot n} \tag{1-11}$$

式（1-11）中，m为年复利次数，一般来说，一年复利次数为1次，此时终值的计算公式为：

$$FV = P_0(1 + r)^n \tag{1-12}$$

通常，在一般的金融学计算及财务管理计算中，终值都采用这种方法。在借贷期间利率保持不变的情况下，为了使终值的计算简单化，许多公司金融或财务管理方面的书籍的附录中，都印有现成的复利终值系数（future value interest factor，FVIF）表，它将终值的计算简化成：

$$FV_n = P_0 \cdot FVIF_{(r,n)} \tag{1-13}$$

式（1-13）中，$FVIF_{(r,n)}$的计算公式为：

$$FVIF_{(r,n)} = (1 + r)^n \tag{1-14}$$

3）连续复利情况下

在连续复利情况下，终值的计算公式为：

$$FV = P_0 + I = P_0 e^{r \cdot n} \tag{1-15}$$

连续复利情况下的终值是金融工程领域最常用的一种终值计算方法，本书在后面会多次用到这种方法。

1.3.2 现值

现值（present value，PV）是在给定的利率水平下，未来一笔收款或付款折现到现在时刻的价值。现值是终值的逆过程。这种把将来时刻的价值用一定的利率折算为现值的过程称为折现或贴现（discount），折现时采用的利率一般称为折现率或贴现率（discount rate）。

假设一笔n年后的现金流FV，其折现率为i，根据三种不同的利息计算方法，可以得到不同的现值计算公式。

1）单利情况下

在单利情况下，现值的计算公式为：

$$PV = FV - FV \cdot i \cdot n \tag{1-16}$$

式（1-16）中，PV为n年后的价值为FV的资金的现值；i为折现率；其他同上。

贴现债券的价格计算由于期限短于一年，一般采取这种方式计算发行价。

【例1-4】某投资者购买面值为100元的短期国库券，期限为3个月，该国库券折现率为8%，那么发行价是多少？

$PV = FV - FV \cdot i \cdot n$ =100−100×8%×（3÷12）=98（元）

2）复利情况下

在复利情况下，现值的计算公式为：

$$PV = \frac{FV}{\left(1 + \frac{i}{m}\right)^{m \cdot n}} \tag{1-17}$$

式（1-17）中，m为年复利次数，一般地，一年复利次数为1次，此时现值的计算公式为：

$$PV = \frac{FV}{(1+i)^n} \tag{1-18}$$

在理论和实际计算中，一般都采用这种方法。

同样，在假定各贴现期内贴现率保持不变的情况下，为了使贴现值的计算简单化，也可使用复利现值系数（present value interest factor，PVIF）表，将现值的计算简化成：

$$PV_0 = FV_n \cdot PVIF_{(i,n)} \tag{1-19}$$

式（1-19）中，$PVIF_{(i,n)}$的计算公式为：

$$PVIF_{(i,n)} = \frac{1}{(1+i)^n} \tag{1-20}$$

此外，由上述公式可知，终值与现值之间还可以互相转换。

【例1-5】某公司高管预计2年后将有100万元的期权激励收入，贴现率为6%，那么该收入在现时价值多少？

$$PV = \frac{FV}{(1+i)^n} = \frac{100}{(1+6\%)^2} = 89\text{（万元）}$$

1.3.3 年金

以上的终值和现值都是以单笔资金为分析对象，这与年金的概念是不同的。所谓年金（annuity），是指在一个特定的时期里，每隔一段相等的时间就有一笔相等金额的收入或支出。年金在经济生活实践中的运用极为广泛，如采用直线法的折旧、租金、工资、分期付款等。年金在利息的计算方法上一般都采用复利法。

年金按其每次收付发生的时点不同，可分为后付年金、先付年金、递延年金和永续年金四种。后付年金也称为普通年金，指收入或支出发生在每期期末的年金；先付年金也称为即付年金或预付年金，指收入或支出发生在每期期初的年金；递延年金也称为延期年金，是指收入或支出发生在第一期以后的某一时间的年金；永续年金是指无限期持续收入或支出的年金。

1）年金的终值

年金的终值是指一系列金额相等的定期收入或支出的终值之和。

假定在整个年金收付期间利率保持不变，而且每年计息1次，则普通年金的终值的计算公式为：

$$\begin{aligned} FV_A &= R(1+r)^0 + R(1+r)^1 + R(1+r)^2 + R(1+r)^3 + \cdots + R(1+r)^{n-1} \\ &= R\sum_{t=1}^{n}(1+r)^{t-1} = R\frac{(1+r)^n - 1}{r} \end{aligned} \tag{1-21}$$

式（1-21）中，FV_A为年金的终值；R为每年的收入或支出额；其他同上文。

同理，如果在整个年金收付期间利率保持不变，普通年金终值的计算也可直接通过查阅普通年金现值系数（FVIFA）表来进行，其计算公式为：

$$FV_A = R \cdot FVIFA_{(r,n)} \tag{1-22}$$

式（1-22）中，$FVIFA_{(r,n)}$的计算公式为：

$$FVIFA_{(r,n)} = \frac{(1+r)^n - 1}{r} \tag{1-23}$$

年金终值的概念在“偿债基金”的计算中经常被用到。

【例1-6】在市场利率为6%，每年复利1次的情况下，100元的3年期普通年金的终值是多少？

$$FV_A = R\frac{(1+r)^n - 1}{r} = 100\times\frac{(1+6\%)^3 - 1}{6\%} = 318.36\text{（元）}$$

2）年金的现值

（1）普通年金的现值。年金的现值是年金终值的逆运算，普通年金的现值是一系列金额相等的定期收入或支出的现值之和。假定在整个年金收付期间贴现率保持不变，而且每年计息1次，则普通年金的现值的计算公式为：

$$\begin{aligned} PV_A &= \frac{R}{(1+i)^1} + \frac{R}{(1+i)^2} + \cdots + \frac{R}{(1+i)^n} \\ &= \sum_{t=1}^{n}\frac{R}{(1+i)^t} = R\frac{(1+i)^n - 1}{i(1+i)^n} \end{aligned} \tag{1-24}$$

式（1-24）中，PV_A为年金的现值；其他同上。

如果在整个年金收付期间贴现率保持不变，普通年金现值的计算也可直接通过查阅普通年金现值系数（PVIFA）表来进行，其计算公式为：

$$PV_A = R\cdot PVIFA_{(i,n)} \tag{1-25}$$

式（1-25）中，$PVIFA_{(i,n)}$的计算公式为：

$$PVIFA_{(i,n)} = \frac{(1+i)^n - 1}{i(1+i)^n} \tag{1-26}$$

年金现值的计算在分期等额偿付的贷款业务中经常使用。

（2）永续年金的现值。如果年金的到期时间为无穷，就是永续年金（perpetuity），永续年金的现值的计算公式为：

$$PV_A = \frac{R}{i} \tag{1-27}$$

1.4 现货市场

金融市场中的现货市场一般有如下四类：货币市场、债券市场、股票市场、外汇市场。

1.4.1 货币市场

货币市场是交易短期债权的电子市场，期限短到隔夜，长到一年，包括同业拆借市场、票据市场等。

1）同业拆借市场

同业拆借市场是指具有准入资格的金融机构之间进行临时性资金融通的市场。换句话说，同业拆借市场是金融机构之间的资金调剂市场。

从原始意义或狭义上讲，同业拆借市场是金融机构之间进行临时性资金头寸调剂的市场，期限非常短，多为隔夜或隔日融通。从现代意义或广义上讲，同业拆借市场是指金融机构之间进行短期资金融通的市场，即所进行的资金融通已不仅仅限于一日或几日的临时资金调剂。同业拆借市场发展到今天，已成为各金融机构，特别是商业银行弥补资金流动性不足，以及充分、有效运用资金，减少资金闲置的市场，并且成为商业银行协调流动性与盈利性关系的市场机制。

2）票据市场

票据市场也是货币市场的重要组成部分，是以各种票据为媒介进行资金融通的市场。按照票据种类的不同，票据市场可划分为商业票据市场、银行承兑汇票市场和大额可转让定期存单市场。

商业票据一般是指以大型工商企业为出票人，到期按票面金额向持票人付现而发行的无抵押担保的远期本票，是一种商业证券。它不同于以商品销售为依据的商业汇票、商业抵押票据等广义的商业票据。或可以说，此类商业票据一般包括无抵押担保远期本票和不以真实贸易为背景的融资性商业票据。

票据作为一种结算工具，早在古罗马时代的地中海沿岸就已广为流通。而商业票据作为一种商业信用工具，流行于18世纪。到20世纪60年代以后，商业票据才逐步发展起来并被大量使用。

商业票据的发行者和投资者是票据市场形成的两大要素，并构成了票据市场的供求双方。从西方一些国家的情况来看，金融公司、非金融公司及银行控股公司等，都是商业票据的发行者；大商业银行、非金融公司、保险公司、养老金基金、互助基金会、地方政府和投资公司等，是商业票据的主要投资者。

银行承兑汇票市场，是以银行汇票为媒介，通过汇票的发行、承兑、转让及贴现而实现资金融通的市场，也可以说是以银行信用为基础的市场。

大额可转让定期存单是定期存款证券化、市场化的产物，也是西方国家特别是美国商业银行逃避存款利率管制，防止存款转移和提高存款竞争力的产物，是银行发给存款人按一定期限和约定利率计息，到期前可以转让流通的证券化的存款凭证。

1.4.2 债券市场

债券市场是指交易中长期债券等融资工具的金融市场。

1）债券市场的分类

根据不同的分类标准，债券市场可以分为不同的类别。按债券发行主体和债券种类的不同，债券市场可分为政府债券市场、公司（企业）债券市场和金融债券市场；按债券交易方式的不同，债券市场可分为债券发行市场（债券一级市场）和债券流通（转让）市场（债券二级市场）；按筹资币种的不同，债券市场可分为本币债券市场和外币债券市场；按债券利率的不同，债券市场可分为固定利率债券市场和浮动利率债券市场；按债券流动性高低的不同，债券市场可分为可转让的债券市场和不可转让的债券市场，等等。

债券市场的许多子市场，既有共性，也有特性。

共性主要表现在以下几个方面：

首先，不管是政府还是企业，都需要通过债券市场筹集长期的、稳定的资金，以进行基础建设和扩大再生产。在资本主义经济发展的初期，商业银行一般只进行短期的、周转性的资金融通，主要发放以商品流转及贸易为对象的自偿性和周转性贷款，因而难以满足政府及企业对长期资本的要求，于是就产生了通过市场直接筹集长期资金的需要。与此同时，个人及一部分工商企业、金融机构也拥有一些长期的、稳定的货币收入可供进行长期储蓄或投资。政府及企业为取得长期性资金融通，以社会公众的长期储蓄弥补自己长期性资金的不足；社会公众也希望将其稳定的货币收入或长期的储蓄转化为长期性的投资，在保证安全的前提下实现增值。由此，政府债券、企业债券等长期性资金融通的工具就产生了，政府债券市场、企业债券市场等也形成了。

其次，通过债券市场直接进行资金融通，对债券的发行者来说可以取得长期稳定性的资金，而对债券的认购者或投资者来说，则可以实现盈利性与流动性的协调统一。显而易见，一方面，通过发行债券这种具有期限性和利息契约的债务证券，发行者可以取得不同期限和成本的资金，由于债券只有到期时才履行偿付本息的义务，到期前持有者无权索取本息，因此债券发行者所取得的资金既是稳定的，也可以被较长期地占有和使用；另一方面，对债券的认购者或投资者来说，债券既可以作为长期性的投资以获得较高的利息收益，也可以在到期前在市场上转让，且转让并不影响其对流动性与安全性的追求，从而可以实现盈利性、流动性和安全性的协调统一。

然而，通过债券市场进行融资，政府、企业、金融机构作为债券的发行者，个人作为债券的认购者或投资者，双方的地位发生了根本性的变化，双方不再是一种借贷关系，主动与被动的关系，而是一种买卖关系，公平、平等、公开竞争的关系，是一种具有法律保证的契约关系。政府、企业、金融机构作为债券的发行者或筹资者，只承诺和履行债券到期时支付本息的责任；债券认购者或持有者不能在债券到期前要求债券发行者偿付本息，如果临时急需现金，可在债券二级市场上转让变现。切莫轻看这种关系，因为它赋予借贷关系以“市场”的内容，也赋予债券市场买卖各方以平等的、公平竞争的契约关系。

特性主要表现在以下几个方面：

从国债市场的形成来看，政府可以筹集资金，以弥补财政赤字，还可以通过向社会发行公债，干预和调节经济活动，管理宏观经济运行，增加基础投资，增加就业；同时，国债市场也为中央银行通过市场机制间接调控货币供应量，割断财政直接向中央银行借款、透支，直接增加中央银行基础货币投放及扩大货币供应总量，创造了必要的前提条件。

从企业债券市场的形成来看，企业可以筹集到长期、稳定的资金，以扩大再生产，还可以通过发行债券取得降低筹资成本、改善企业资产负债结构等益处。另外，企业发行债券，也有利于提高企业的知名度，扩大企业的影响，从而有利于企业扩大商品市场，增强竞争力。

从金融债券市场的形成来看，商业银行及政策性银行可以筹集长期、稳定的资金，以进行长期性资金运用，也可以通过发行债券，改善资产负债结构，提高负债的证券化程度，以及取得不受存款利率限制、免交存款准备金等益处。

2）债券的交易方式

（1）现货交易

债券的现货交易是指买卖双方根据商定的付款方式，在较短的时间内进行交割清算，卖者交出债券，买者支付现款的交易。在实际交易过程中，从债券成交到最后交割清算，总有一个较短的拖延时间。因此可以说，现货交易不完全是现金交易，不是一手交钱、一手交货。一般来讲，现货交易按交割时间的安排可以分为三种：①即时交割，即于债券买卖成交时立即办理交割；②次日交割，即于成交后的第二天办理交割；③即日交割，即于成交后限定几日内完成交割。

（2）期货交易

债券的期货交易，是指买卖成交后，买卖双方按契约规定的价格在将来的指定日期（如3个月、6个月以后）进行交割清算。进行债券的期货交易，既是为了规避风险，转嫁风险，实现债券的套现保值，同时也是一种投机交易，要承担较大的风险。债券的成交、交割及清算的时间是分开的，清算时是按照买卖契约成立时的债券价格计算，而不是按照交割时的债券价格计算。

在期货交易中，买卖双方在最后交割时都有可能亏本，为了保证履约，买卖双方都要按规定交付一定比例的保证金；当保证金随着价格的波动而相对减少时，还要增交保证金。即使买卖最后无法完成，买卖双方也必须因此而支付一笔费用，从而迫使买卖双方在支付费用和为成交而多花的成本之间进行比较，以便“两害相权取其轻”。对于此，本书后面章节有详细论述。

（3）回购协议交易

债券的回购协议交易是指债券买卖双方按预先签订的协议，约定在卖出一笔债券后一段时期再以特定的价格买回这笔债券，并按商定的利率付息的一种交易形式。这种有条件的交易方式实质上是一种短期资金借贷。对卖方来讲实际上是卖现货买期货，对买方来讲则是买现货卖期货。

回购协议的期限有长有短，最短的为1天，称为隔夜交易；最长的为1年；一般为1个、2个、3个星期或1个、2个、3个、6个月。回购协议的利率由协议双方根据回购期限、货币市场行情以及回购债券的质量等有关因素来议定，与债券本身的利率无直接关系。

与回购协议交易相对应的是逆回购协议交易，即债券买卖双方约定，买方在购入一笔债券后过一段时期再卖给卖方。在回购协议交易中，对债券的原持有人（卖方）来说，是回购协议交易；对投资人（买方）来说，则是逆回购协议交易。由于这种交易是附有回购条件的买卖，因此在这种交易中，债券实际上只是被暂时抵押给了买方，卖方从中取得了资金上的融通，买方能得到的只是双方议定的回购协议的利息，而不是债券本身的利息，债券本身的利息是属于卖方的，即债券原持有人的。正因为债券回购协议交易带有资金融通的功能，所以，其被金融机构及大企业广泛采用，同时也是中央银行进行公开市场操作，即买卖政府债券及调节银根松紧的重要手段。

1.4.3 股票市场

简单地说，股票是一种股份凭证，由股份有限公司在筹集资本时向出资人发行。由于一定的股份代表一定的所有权，因而股票也是一种所有权证书。这种所有权是一种综合权利，包括参加股东大会、投票表决、参与公司重大决策、收取股息或分享红利，等等。

同一公司发行的每一股股票所代表的对该公司的所有权是相等的。每个股东所拥有的公司所有权份额的大小取决于他所持有的股票数量占该公司总股本的比重。

股票持有者不能要求公司返还其所出的资金，但可以通过买卖的方式转让以收回投资。股东是公司的所有者，以其出资额为限对公司负有有限责任。

股票具有以下几个特征：

（1）不可偿还性。股票可在二级市场转让，股票的期限等于公司的存续期限。

（2）流通性。股票可在不同的投资者之间转让。可流通股数越多，成交量越大，价格对成交量越不敏感，流通性越好。

（3）参与性。股票持有者拥有参与股东大会、选举董事会、投票表决等权利。

（4）收益性。股票持有者可以获得股票分红派息收入、资本利得收入。

（5）价格的波动性与风险性。价格的波动与公司价值、供求关系、银行利率以及投资者的心理预期等因素有关。股票是一种高风险的金融产品。

股票市场是指股票发行和交易的场所，从这个角度看，股票市场可以分为发行市场（一级市场）和流通市场（二级市场）。前者是通过发行股票筹集资金的市场，主要的参与者是上市公司（资金需求者）、投资者（资金的供给者）以及包括证券公司、会计师事务所、律师事务所等在内的中介机构（主要提供发行上市方面的服务）。流通市场是已发行的股票在投资者之间进行转让的市场，因而主要的参与者就是投资者群体。流通市场一方面为股票持有者提供变现的机会，另一方面又为新的投资者提供新的投资机会。活跃的流通市场是发行市场得以存在的必要条件。

股票市场还可以根据市场的组织形式划分为场内交易市场和场外交易市场。场内交易市场是股票集中交易的场所，简单地讲，就是股票交易所，如中国的上海证券交易所和深圳证券交易所。与此相对应，场外交易市场就是指在股票交易所以外，在各证券交易机构直接进行交易的市场，也叫柜台交易市场，中国目前还不具备发展场外交易的条件。需要注意的是，投资者日常在各证券营业部买卖股票是在场内交易市场完成的，因为营业部只是提供报单的功能，最终的交易还是通过证券交易所的主机系统撮合成交。

另外，在中国，根据投资者的范围不同，股票市场还可分为A股、B股、H股等市场。

1.4.4 外汇市场

外汇市场（foreign exchange market）是进行外汇买卖的交易场所，它是金融市场的重要组成部分。在主要国际金融中心，都有外汇市场的存在，最大的外汇市场在伦敦、纽约和东京。

外汇市场是商品经济发展的必然产物，它是由外汇需求者、外汇供给者及买卖中介机构组成的外汇买卖场所或网络。由于各国的传统习惯不同，因此形成了两种交易方式的外汇市场，一种是正式的市场或称为有形的市场（tangible market），另一种是非正式的市场或称为无形的市场（intangible market）。正式的市场指有具体交易场所的外汇市场，如一般商品交易一样，参与者于一定时间集合于一定地点买卖外汇，欧洲大陆的德国、法国、荷兰等国固定的外汇交易所即属此类，因此这种方式的外汇市场也被称为大陆式外汇市场。非正式的外汇市场指参与者利用电报、电话或电传等进行交易，没有固定交易地点的外汇市场，英国、美国、加拿大及瑞士等国均采用此种方式，因而也被称为英美式外汇市场。第二次世界大战以后，由于国际经济往来日益频繁，外汇交易也日趋复杂，国际外汇交易越来越重要，因此，欧洲大陆各国的大部分当地外汇交易也均经由电讯办理。传统的正式市场由于功能有限，只能做部分当地现货交易。

由于银行之间的外汇买卖具有金额大、汇率买卖差价小的特点，因此，一般把银行之间进行外汇交易而形成的外汇市场称为外汇批发市场，而把银行与一般客户之间买卖外汇形成的市场称为外汇零售市场。

国际上几个重要的外汇市场介绍如下：

1）伦敦外汇市场

伦敦外汇市场是全球交易量最大的外汇市场。它并无交易的具体地方，只是通过电话或电报完成交易。英国在第二次世界大战爆发以后，实行严格的外汇管制，外汇交易只能按照官价进行，并由英格兰银行指定一些银行代其买卖，这些银行就是外汇指定银行。1951年12月11日，英国政府开放外汇市场。从1972年6月23日起，英国实行浮动汇率制度。

目前，英国的外汇指定银行有二百余家。外汇指定银行之间的交易均通过外汇经纪人进行，这些经纪人也只以银行为服务对象。外汇指定银行也可与国外同业通过电话或电报进行交易。伦敦市场上的外币套汇十分频繁。

英国政府于1979年10月完全取消外汇管制，这对伦敦金融市场产生了重大影响。随着全球经济一体化的发展，伦敦外汇市场作为伦敦金融市场的重要组成部分之一，它的国际性将更为突出。

2）纽约外汇市场

纽约外汇市场不仅是美国国内外汇交易的中心，同时也是世界各国外汇结算的枢纽。纽约外汇市场以美国的商业银行为主。美国境内有许多银行与国外的商业银行都有通汇关系，但进行大宗外汇交易的银行大部分都在纽约。

纽约外汇市场由三个层次的市场组成。第一层市场所进行的是银行与其顾客间的交易。第二层市场是国内银行间的外汇交易。国内银行同业间的交易一般是通过外汇经纪商进行的。有时纽约联邦储备银行也代表美国财政部及联邦储备系统与外国金融当局进行外汇交易。第三层市场是纽约的银行与外国银行间的交易。上述三层外汇市场之间的关系极为密切。

纽约外汇市场和伦敦外汇市场是当前世界上并驾齐驱的两个最大的外汇市场。纽约外汇市场的形成和发展是与两次世界大战中美国的政治、经济、军事实力的增长联系在一起的。特别是随着布雷顿森林体系的建立，美国登上了世界金融霸主的宝座，美元取代英镑成为世界上最主要的储备货币、干预货币和清算货币。

3）东京外汇市场

东京外汇市场形成以来，在很长时间里，主要经营国内业务。20世纪50年代后，日本逐步放松了外汇管制。1964年，日本加入国际货币基金组织，日元成为可兑换货币，外汇交易逐步实行自由化。1980年，日本政府颁布了新外汇法，使所有银行都可以在国内经营一般外汇交易，外汇业务迅速发展。目前，东京外汇市场已成为世界最大的外汇市场之一。

东京外汇市场的参加者除了日本银行外，还有数百家外汇指定银行，以及外国银行在日本的分行、外汇经纪商。东京外汇市场的交易方式与伦敦外汇市场相同，是利用电话或电报等电讯方式进行交易。

由于日本实行浮动汇率制度，往往导致日元汇率发生大幅度的波动。为防止资金外逃，控制外汇投机，使国内经济免因日元大起大落而产生不良影响，日本银行就要介入外汇市场进行外汇平衡干预。日本外汇当局对外汇资金的管理主要体现在平衡外币持有量和资金拆放两方面。

日本的外汇汇率的自由浮动是有一定限度的，其浮动方向是以对日本经济有利为依据的，如果出现了日本政府不愿看到的情况，日本财政金融当局就会进场干预，必要时甚至会请求西方七国集团联手干预。

随着全球经济一体化的发展，当前，全球各地区外汇市场能够按照时区的差异，相互衔接，从而出现了全球24小时不间断的连续外汇交易。金融国际化、全球一体化的进程远远没有结束，它是一种发展趋势，并随着国际经济和金融的发展而发展。这是因为：(1) 金融资本脱离生产发展的规模而迅速膨胀，世界贸易的增长越来越高于经济的增长，而资本的流动又更快于贸易的发展，全球对外直接投资以每年30%的速度递增，但世界资本市场上国际资本的相对短缺，又造成了全球对资本的激烈争夺；(2) 社会化大生产的发展要求金融业提供多样化和优质廉价的服务，最好在一家银行就能完成各种金融服务，各金融机构为此而展开竞争，并不断在国内外金融工具和金融服务上进行创新；(3) 一些新兴工业化国家和地区正在加紧进行金融自由化改革，加快国内金融市场的建设和发展，国际资本的流动将更为自由；(4) 为进一步分散和转移风险，降低交易成本，增加获利的机会，金融机构还将不断发展全球金融交易的观念，增强管理全球金融工具的能力；(5) 国际经济结构的变化以及国际经济合作的不断发展，将进一步促进经济及金融活动的全球一体化；(6) 高科技通信技术作为最基本的动因，其永无止境的发展必将为金融业全球一体化带来新的突破。

本章小结

现代金融学大都基于无套利均衡原理。在均衡定价方法中，无套利是一般均衡条件之一。套利是指同时持有不同资产头寸，以确保无风险利润高于国债的无风险收益。无套利均衡原理是指不存在一种零成本赚取无风险回报的投资方式。

一价定律认为，在竞争性的市场上，如果两个资产是等值的，它们的市场价格应倾向于一致，否则就会产生套利，套利的结果会导致等值资产价格一致。无套利均衡原理和一价定律是远期、期货及期权等金融衍生产品定价的基础。

利息的计算方法有三种，即单利法、复利法、连续复利法。单利法是指在计算借贷资金的到期利息时只考虑借贷的本金金额，而不考虑期间利息因素的方法，其计算公式为 $I = P_0 \cdot r \cdot n$。复利法是单利法的对称，是指将按本金计算出的利息额再计入本金，重新计算利息的方法。它不仅考虑本金所产生的利息，同时也考虑了利息所带来的利息，其计算公式为 $I = P_0\left[(1+r)^n - 1\right]$。连续复利又称无穷复利，连续复利法是指在付息频率趋于无穷的情况下的利息计算方法，其计算公式为 $I = P_0(e^{r \cdot n} - 1)$。

金融衍生工具的运用与定价离不开终值与现值的概念。资金的时间价值包括终值和现值。终值又称将来值（FV），是指在给定的利率水平下，现在的一笔收款或付款在将来某个时刻的价值。一年复利次数为1次时，其计算公式为 $FV = P_0(1+r)^n$；连续复利时，其计算公式为 $FV = P_0 + I = P_0 e^{r \cdot n}$。现值（PV）是在给定的利率水平下，未来一笔收款或付款折现到现在时刻的价值，它是终值的逆过程。一年复利次数为1次时，其计算公式为$PV=\frac{FV}{(1+i)^n}$。

年金在经济生活实践中的运用极为广泛。年金是指在一个特定的时期里，每隔一段相等的时间就有一笔相等金额的收入或支出。年金的终值是指一系列金额相等的定期收入或支出的终值之和。普通年金终值的计算公式为$FV_A=R\frac{(1+r)^n-1}{r}$。年金的现值是年金终值的逆运算，普通年金的现值是一系列金额相等的定期收入或支出的现值之和。普通年金现值的计算公式为$PV_A=R\frac{(1+i)^n-1}{i(1+i)^n}$。

金融市场中的现货市场一般有四类：货币市场、债券市场、股票市场、外汇市场。

关键概念

无套利均衡原理　一价定律　终值　现值　年金

综合训练

1.1　填空题

1）利息的计算方法有三种，分别是________、________、________。

2）资金的时间价值主要指________、________。

3）金融市场中的现货市场一般有四类，分别是________、________、________、________。

1.2　单项选择题

1）一价定律认为，在（　　）市场上，如果两个资产是等值的，它们的市场价格应倾向于一致。

A.任意　　B.竞争性　　C.非竞争性　　D.金融

2）大额可转让定期存单是由（　　）最早提出的。

A.汇丰银行　　B.英格兰银行　　C.花旗银行　　D.渣打银行

3）金融工程工具的市场属性为（　　）。

A.表内业务　　B.商品市场　　C.资本市场　　D.货币市场

1.3　多项选择题

1）从金融工具的时间上看，属于资本市场的有（　　）。

A.股票　　B.票据

C.可转让定期存单　　D.债券

2）关于政府短期债券的市场特征，以下叙述正确的有（　　）。

A.违约风险小　　B.收益免税　　C.面额较大　　D.流动性强

3）商业银行主要参与以下哪些市场的活动？（　　）

A.票据市场　　B.证券市场　　C.黄金市场　　D.外汇市场

1.4 问答题

1）什么是无风险套利？什么是一价定律？

2）年金是指什么？

3）什么是终值和现值？它们之间有什么联系？

4）什么是连续复利？它有何意义？

5）货币市场有哪些子市场？

6）债券市场有哪些分类？

7）股票的特点有哪些？

8）什么是外汇市场？国际上有哪几个重要的外汇市场？

1.5 计算题

1）某人在银行存入5年期定期存款10 000元，年利息率为5%，试计算在单利计息下该笔存款5年后的本利和。

2）某人在银行存入10 000元，年利息率为5%，按复利计息，试计算该笔存款在第5年的本利和。

3）本金为10 000元的2年期定期存款，按单利计息的年利息率为10%，如果该存款到期转存，且连续转存了5次，则该笔存款的终值为多少？

4）某企业在4年内每年年末存入银行10 000元，银行的年利息率为9%，则4年后该企业可以提取的款项是多少？

5）某人拟存入银行一笔钱，以备在5年内每年年末以2 000元的等额款项支付租金，银行的年复利利息率为10%，则现在应存入银行的款项是多少？

6）一张3个月期的贴现债券，面值为100元，贴现率为8.5%，试计算该债券的发行价格。

知识拓展1-1
金融工程其他
定价方法

第2章

远期合约、远期利率和FRA

学习目标

通过本章的学习，掌握远期合约的基本内容、基本定价方式；了解远期利率的概念、计算方法；掌握FRA的基本概念、交割及交割计算；学会运用FRA进行利率风险防范。

2.1 远期合约

即期合约是就某种资产在今天进行买/卖的协定，意味着在今天"一手交钱，一手交货"。相反的，远期（forward）合约与期货（futures）合约是在未来某特定日期就某资产进行交易的协定，所交易资产的价格在今天已经决定，但现金与资产的交换则发生在未来。

远期合约（forward contract）是组成衍生金融工具的四种主要工具之一，也是金融工程的基础模块。

在实务上，不论是就未来利率走向进行投机，或是防范利率的风险，远期合约都可以提供极大的帮助。这一方面是因为远期合约的市场流动性相对高于个别资产，另一方面是因为远期合约仅需要少量的资本便可以建立头寸。

2.1.1 远期合约概述

1）远期价格的定义

顾名思义，远期是指即期之后的未来的某个时间。远期价格是金融市场现在确定所要交易的某种金融产品的价格，但交易要在未来才履行。

2）远期合约的定义

远期合约是根据合约价格在未来某个确定的日期买/卖某证券的协定。远期合约上所同意的未来价格即为远期价格，未来进行买/卖的确定日期即为到期日或交割日、截止日。在远期合约中，远期价格并不包含应收到的利息，因此，购买证券所实际支付的款项，除了所同意的远期价格以外，还包括截至合约到期日的应收利息。相应证券或标的证券，是指合约到期日所买/卖的证券。

远期合约是一种特别简单的衍生证券，不在规范的交易所内交易，通常是在两个金融机构之间或金融机构与其公司客户之间签订。

3）远期合约的产生

远期合约很早就已产生，但人们一般把1848年芝加哥期货交易所（CBOT）的成立作为研究现代远期市场的开端。

在19世纪40年代，芝加哥成为美国中西部的一个重要的商品集散中心，在这里进行交易的主要是农产品。由于农产品生产具有季节性，因此在每年的夏末和整个秋季，大量的农产品一下子挤满了芝加哥所有的市场，这一方面导致了仓储远远不能满足需要，另一方面又使得农产品价格暴跌，挫伤了农民生产的积极性。为了解决这个难题，由一些商人牵头成立的芝加哥期货交易所诞生了。几年后，该交易所里有了第一张远期合约，名为“将要到达（to-arrive）”，它允许农民在未来某个时间交割其事先已达成协议的一定数量的农产品。该合约的成功很快便引起了市场人士的关注，在以后几年，新的远期品种和交易方式不断出现，各个国家的远期市场不断壮大。

4）远期合约的要素

（1）多头和空头。当远期合约的一方同意在将来某个确定的日期以某个确定的价格购买标的资产时，我们称这一方为多头；当另一方同意在同样的日期以同样的价格出售该标的资产时，我们称这一方为空头。

（2）交割价格（delivery price）。交割价格是远期合约签署时所规定的未来买卖某种资产的价格。所选择的交割价格应该使得远期合约的价值为零，即远期价格和交割价格是相同的，否则就存在套利机会。随着时间的推移，远期价格有可能改变，而交割价格始终不变。在合约开始后的任何时刻，一般来说，远期价格和交割价格并不相等，远期价格会随该合约存续期的变化而变化。例如，购买或出售3个月期的远期合约的价格不同于购买或出售6个月期的远期合约的价格。

（3）到期日。远期合约在到期日交割。空头的持有者交付标的资产给多头的持有者，多头的持有者支付等于交割价格的现金。

5）远期合约的一般损益分析

决定远期合约价格的关键变量是标的资产的市场价格。远期合约签署时的价值为零，随后它可能具有正的或负的价值，这取决于标的资产价格的变动。

假定S为标的资产价格，S_0为标的资产初始价格，S_T为合约到期时资产的即期价格，K为交割价格，理论上，交割价格的计算公式为：

$$K = S_0 e^{r \cdot T} \tag{2-1}$$

一单位资产远期合约多头的损益为$S_T - K$；这项资产远期合约空头的损益为$K - S_T$。

之所以有这个结果，是因为合约到期时多头有权利以价格K购买价值为S_T的资产。这些损益可能是正的（$K < S_T$），也可能是负的（$K > S_T$）。由于合约签署时的价值为0，这意味着无需成本就可处于远期合约的多头或空头状态，因此合约的盈亏也就是投资者从该合约中所得的总盈利或总亏损。

2.1.2 远期合约价格的确定

1）远期合约存续期间不支付收益的资产的远期价格

远期合约存续期间不支付收益的资产以零息票债券为代表。根据金融资产定价的无套利均衡原理，远期合约存续期间不支付收益的资产的远期价格的计算公式为：

$$F_0 = S_0 e^{r \cdot T} \tag{2-2}$$

式（2-2）中，F_0为远期价格；S_0为标的资产即期价格；r为无风险利率；T为期限。

按此公式来确定金融资产的远期价格，能确保市场上不存在无风险的套利利润。假定这个条件没有得到满足，如市场上出现$F_0 > S_0e^{r \cdot T}$，那么，套利者便会按无风险利率借入资金以买进零息票债券，与此同时，出售基于该零息票债券的远期合约。套利者实现的无风险利润为$F_0 - S_0e^{r \cdot T}$。

反之，如市场上出现$F_0 < S_0e^{r \cdot T}$，套利者就会卖空零息票债券，将所获资金按无风险利率进行投资，与此同时，买进零息票债券的远期合约。套利者实现的无风险利润为$S_0e^{r \cdot T} - F_0$。

2）远期合约存续期间支付已知数额收益的资产的远期价格

远期合约存续期间支付已知数额收益的资产最常见的有附息债券、已宣布股利的股票等。对这类资产的远期价格的确定，第一步需计算这些已知数额收益的现值。假设已知的收益为I，I的现值为I_{pv}，那么同理，按照无套利均衡原理，远期价格的计算公式为：

$$F_0^I = (S_0 - I_{pv})e^{r \cdot T} \tag{2-3}$$

同样，按照上边的分析，如果该价格被高估，出现$F_0^I > (S_0 - I_{pv})e^{r \cdot T}$的情况，那么套利者就会按无风险利率借入资金买进基础资产，同时卖出该基础资产的远期合约，实现的无风险利润为$F_0^I - (S_0 - I_{pv})e^{r \cdot T}$。

反之，如果该价格被低估，出现$F_0^I < (S_0 - I_{pv})e^{r \cdot T}$的情况，那么套利者就会卖空基础资产，将所获资金按无风险利率进行投资，同时买进远期合约，实现的无风险利润为$(S_0 - I_{pv})e^{r \cdot T} - F_0^I$。

3）远期合约存续期间按已知收益率支付收益的资产的远期价格

对于远期合约存续期间按已知收益率支付收益的资产，按照无套利均衡原理，其远期价格的计算公式为：

$$F_0^g = S_0e^{(r-g) \cdot T} \tag{2-4}$$

式（2-4）中，g为基础资产已知收益率；其他同上。

2.1.3 金融远期合约

1）金融远期合约的定义

金融远期合约是指双方约定在未来的某一确定时间，按确定的价格买卖一定数量的某种金融资产的合约。

使得远期合约价值为零的交割价格称为远期价格（forward price）。远期价格与远期价值是有区别的。

2）金融远期合约的优缺点

在签署金融远期合约之前，双方可以就交割地点、交割时间、交割价格、合约规模、标的物的品质等细节进行谈判，以便尽量满足双方的需要。因此，具有较大的灵活性是金融远期合约的主要优点。

但相较于期货合约，金融远期合约也具有明显的缺点：首先，金融远期合约没有固定的、集中的交易场所，不利于信息的交流和传递，不利于形成统一的市场价格，市场效率较低。其次，由于每份金融远期合约千差万别，这就给其流通造成了较大的不便，因此金融远期合约的流动性较差。最后，远期合约的履行没有保证，当价格变动对一方有利时，另一方有可能无力或无诚意履行合约，因此远期合约的违约风险较高。

3）金融远期合约的种类

在金融远期合约实务中，主要有远期利率和远期汇率两种。本章先介绍远期利率及基于此的标准化的远期利率协议。

2.2 远期利率

2.2.1 远期利率概述

1）远期利率的定义

远期利率（forward interest rate）是指现在时刻确定的将来一定期限的利率。远期利率是由一系列即期利率决定的，我们可以用远期对远期交易来理解和计算远期利率。

2）远期利率的产生

在20世纪70年代和80年代初期，利率变动非常剧烈，公司财务主管开始向银行寻求某种能使他们避免利率变动所造成的借款成本提高的风险的金融工具。银行对这种需要提出了一种解决方法，其形式就是“远期对远期贷款”。之所以这样称呼，是因为贷款的支取和偿还日期均在将来某一时间，其中贷款所采用的利率即为远期利率。值得一提的是，远期利率仍采用无套利均衡原理来确定合理的利率水平。

2.2.2 远期利率的定价

对远期利率的定价是从远期对远期交易开始，远期对远期交易有两种形式。

1）借入长期、贷出短期的综合远期交易

如果某公司实际的资金需求期是未来的3~6个月的期间，那么在0时刻，借款方可以借入期限为6个月的资金，贷出期限为3个月的资金，这样他可以立即锁定将来3~6个月期间的借款利率。

【例2-1】某客户向银行借款100万美元，借期6个月，借款从6个月之后开始执行。并已知市场信息如下：银行对6个月期贷款利率标价为9.500%，对12个月期贷款利率（由于我们假设市场是有效的，所以此处贷款利率也可理解成借款利率）标价为9.875%。

为确定6个月以后开始的6个月期贷款利率，银行可以做出如下无风险组合操作，借入12个月期的资金来为6个月后的6个月期贷款融资，具体做法如下：

（1）0时刻时：

①借入12个月期资金100万美元，借款成本为9.875%。

②将借入的100万美元资金进行投资，期限为6个月，如果市场是完美的，假设仍然在银行做投资，收益率为9.500%。

可以看出，在0时刻，客户总的净现金流为零，如果按照无套利均衡原理，此时无净投资。

（2）6个月时：

①期限为6个月的投资到期，到期总收益为104.86万美元（$100\times e^{0.095\times 0.5}$）。

②该客户将104.86万美元的总资金按照远期利率r_f进行再次投资，期限为6个月。

同样可以看出，在6个月时，客户总的净现金流也为零。

（3）12个月时：

①借入的12个月期的资金100万美元到期，需归还的本利和为110.379万美元（$100\times e^{0.09875\times 1}$）。

②该客户的104.86万美元的6个月期的再投资也到期，到期总收益为$104.86\times e^{r_f\times 0.5}$万美元。

按照无套利均衡原理和一价定律可知，12个月到期时，客户总的净现金流也应该为零。那么就有：

$$104.86\times e^{r_f\times 0.5}=110.379$$

由此可得　$r_f=10.25\%$

按照无套利均衡原理和一价定律，上述过程可以归纳为如下公式：

$$P\cdot e^{r_l\times 1}=P\cdot e^{r_s\times 0.5}\cdot e^{r_f\times 0.5} \tag{2-5}$$

即　$$e^{r_l}=e^{r_s\times 0.5}\cdot e^{r_f\times 0.5} \tag{2-6}$$

式（2-5）和（2-6）中，P为本金；r_s为期限较短的利率；r_l为期限较长的利率；r_f为远期利率。

2）借入短期、贷出长期的综合远期交易

某人已知将来某一时期会有一笔资金到位，并希望到时将这笔资金用于投资，为了确定这笔资金将来的投资收益，他可以借入3个月期的资金，并立即投资于市场，期限为6个月；3个月过后，将预期收到的资金用于归还借款。我们把这种组合交易所构成的金融结构称为借入短期、贷出长期的综合远期交易。

【例2-2】某银行按10%的年利率借入100万美元的资金，借期为30天；同时要按11%的年利率进行投资，投资期限为60天，则银行需要确定第二个30天的借款利率是多少，才能确保这笔交易没有风险。

按照【例2-1】的思路，同样可以得出：

（1）0时刻时：

①借入30天期限资金100万美元，借款成本为10%。

②将借入的100万美元资金进行投资，期限为60天，收益率为11%。

可以看出，在0时刻，客户总的净现金流为零，如果按照无套利均衡原理，此时无净投资。

（2）30天时：

①期限为30天的借款到期时，需支付的本利和为100.8368万美元（$100\times e^{0.1\times\frac{1}{12}}$）。

②借入新的资金100.8368万美元，以偿还刚到期的借款，借款利率为r_f，期限为30天。

同样可以看出，此时客户总的净现金流也为零。

（3）60天时：

①60天期限的投资到期时，收入的本利和为101.8502万美元（$100\times e^{0.11\times\frac{2}{12}}$）。

②借入的新的期限为30天的借款到期时，到期需支付的本利和为$100.8368\times e^{r_f\times\frac{1}{12}}$万

美元。

按照无套利均衡原理和一价定律可知，60天时，客户总的净现金流也应该为零。那么就有：

$$101.8502=100.8368\times e^{r_f\times\frac{1}{12}}$$

由此可得 r_f=12.00%

按照无套利均衡原理和一价定律，上述过程也可以归纳为如下公式：

$$P\cdot e^{r_l\times\frac{2}{12}}=P\cdot e^{r_s\times\frac{1}{12}}\cdot e^{r_f\times\frac{1}{12}} \tag{2-7}$$

即 $$e^{r_l\times\frac{2}{12}}=e^{r_s\times\frac{1}{12}}\cdot e^{r_f\times\frac{1}{12}} \tag{2-8}$$

3）远期利率公式

综上所述，可以得出远期利率的一般公式为：

$$e^{r_l\cdot t_l}=e^{r_s\cdot t_s}\cdot e^{r_f\cdot t_f} \tag{2-9}$$

或 $$r_l\cdot t_l=r_s\cdot t_s+r_f\cdot t_f \tag{2-10}$$

$$r_f=\frac{r_l\cdot t_l-r_s\cdot t_s}{t_f}=\frac{r_l\cdot t_l-r_s\cdot t_s}{t_l-t_s} \tag{2-11}$$

上述公式中的t都是以年为单位的时间，t_s、r_s为期限较短的时间、利率；t_l、r_l为期限较长的时间、利率；t_f、r_f为远期的时间、利率。

如果时间是以天为单位，则公式应相应的变为：

$$r_l\times\frac{N_l}{360}=r_s\times\frac{N_s}{360}+r_f\times\frac{N_f}{360} \tag{2-12}$$

$$r_f=\frac{r_l\cdot N_l-r_s\cdot N_s}{N_l-N_s} \tag{2-13}$$

式（2-12）和（2-13）中，N是以天为单位的时间。

2.2.3 远期利率的套利

利用上述公式可以计算出理论上的远期利率，如果实际给出的远期利率与之不相符，则会形成套利机会。

【例2-3】假设市场给出3个月期利率为8%，9个月期利率为8.5%。（1）若市场FR（3×9）报价为6%，如何利用远期合约套利？（2）若市场FR（3×9）报价为10%，如何利用远期合约套利？

由题意可知，市场给出3个月期利率为8%，9个月期利率为8.5%，则理论上的FR（3×9）为8.75%。

（1）若市场FR（3×9）报价为6%，则FR被低估，可以买入远期合约套利。具体方法如下：

①0时刻时，借入3个月期资金1元，利率8%。

②0时刻时，将借入的1元资金进行投资，期限9个月，利率8.5%。

③0时刻时，买入FR（3×9）远期合约，约定3个月后以6%的利率借款$e^{0.08\times\frac{3}{12}}$元，借期6个月。

④3个月时，执行远期合约，即以6%的利率借款$e^{0.08\times\frac{3}{12}}$元，借期6个月。

⑤3个月时，借期3个月的1元的资金到期，需支付的本利和为$e^{0.08\times\frac{3}{12}}$元，正好用新借

入的资金$e^{0.08\times\frac{3}{12}}$元归还。

⑥9个月时，远期合约到期，需支付的本利和为$e^{0.05}$元（$e^{0.08\times\frac{3}{12}}\times e^{0.06\times\frac{6}{12}}$）。

⑦9个月时，期限9个月的投资到期，收取的本利和为$e^{0.06375}$元（$e^{0.085\times\frac{9}{12}}$）。

⑧因为0时刻时和3个月时的净现金流为零，所以套利者可获无风险收益（$e^{0.06375}-e^{0.05}$）元。

（2）若市场FR（3×9）报价为10%，则FR被高估，可以卖出远期合约套利。具体方法如下：

①0时刻时，借9个月期资金1元，利率8.5%。

②0时刻时，将借入的1元资金进行投资，期限3个月，利率8%。

③0时刻时，卖出FR（3×9）远期合约，约定3个月后以10%的利率贷出资金$e^{0.08\times\frac{3}{12}}$元，借期6个月。

④3个月时，投资3个月的1元的资金到期，收取的本利和为$e^{0.08\times\frac{3}{12}}$元。

⑤3个月时，执行远期合约，即将刚收取的$e^{0.08\times\frac{3}{12}}$元资金以10%的利率贷出，借期6个月。

⑥9个月时，期限9个月的借款到期，需支付的本利和为$e^{0.06375}$元（$e^{0.085\times\frac{9}{12}}$）。

⑦9个月时，远期合约到期，收取的本利和为$e^{0.07}$元（$e^{0.08\times\frac{3}{12}}\times e^{0.10\times\frac{6}{12}}$）。

⑧因为0时刻时和3个月时的净现金流为零，所以套利者可获无风险收益（$e^{0.07}-e^{0.06375}$）元。

2.3 远期利率协议

2.3.1 远期利率协议概述

1）远期利率协议的概念

远期利率协议（forward rate agreement，FRA）是买卖双方同意从未来某一商定的时期开始在某一特定时期内按协议利率借贷一笔数额确定、以具体货币表示的名义本金的协议。远期利率协议的买方是名义借款人，卖方则是名义贷款人。这里之所以称为“名义”，是因为在整个交易的过程中，并没有实际贷款发生；但交易双方也称为“买方”和“卖方”。在远期利率协议中，上述名义上的卖方向同样是名义上的买方提供一笔名义上的贷款。和有现金流动的实际贷款相比，名义贷款也有一定的贷款金额和币种，可以在名义上于未来的某个时日提取并有一定的贷款期限。也就是说，远期利率协议的本金为形式本金，买卖双方不进行本金收付。

远期利率协议的买方是指根据合同在交割日形式上收入本金的交易方，或称借款方；卖方则是指在交割日形式上支出本金的交易方，或称贷款方。协议利率为买方向卖方在未来协议期限内支付的利率。

国际市场上远期利率协议的参照利率通常为LIBOR，即伦敦同业拆放利率。一般取交割日前两个营业日的LIBOR平均值，通常选取几家指定参照银行的拆放利率进行计算。FRA交易金额可以为500万~1亿美元。通常，远期利率协议的名义金额为1 000万~2 000万美元。

远期利率协议所涉及的货币主要为美元，美元合约占整个远期利率协议市场合约的90%以上，其他货币包括英镑、欧元、日元等。以美元合约为主的原因主要在于美元利率波动较其他货币更为频繁，而且波动幅度较大。

世界上最主要的远期利率协议市场在伦敦，伦敦金融市场上进行的远期利率协议交易占整个交易量的40%左右；第二大交易场所为纽约，约占整个交易量的25%。主要的交易商为美国和英国的大型商业银行。

远期利率协议为场外交易。远期利率协议交易主要是由银行进行，其中半数以上交易是由经纪人安排进行。

2）重要术语

英国银行家协会（BBA）于1985年提供了有关FRA的标准术语，有了这些标准化的术语，可以使FRA的合约更加规范。下面列出这些术语：

合同金额——名义借贷款本金数额；

合同货币——合约金额的标价货币；

交易日——远期利率协议交易的执行日；

结算日——名义贷款或存款开始日；

确定日——参考利率确定日；

到期日——名义贷款或存款到期日；

合同期——结算日至到期日的天数；

合同利率——在FRA中协商确定的利率，也叫协议利率；

参照利率——确定日用来计算结算金额的市场基准利率，也叫实际利率；

结算金——在结算日根据合同利率与参照利率的差额计算出来的，由一方支付给另一方的金额。

3）远期利率协议的期限

远期利率协议的期限通常为3个月期和6个月期。近年来，市场上也可见1个月期及1年期的远期利率协议。以美元为例，3个月期的远期利率协议，如3×6、6×9、1×4、2×5、4×7、5×8、7×10、8×11、9×12；6个月期远期利率协议，如1×7、2×8、3×9、4×10、5×11、6×12等。此外，市场还可见非整数月份的远期利率合约，以适应不同客户的利率风险保值需求。

4）远期利率协议的避险功能

由于FRA只是在交割日时仅就利息差价进行收付，所以它可作为一种单纯规避未来利率波动的金融工具。FRA的好处在于，它能将浮动利率负债转换为固定利率负债，以确定未来偿还的利息支出，或将浮动利率资产转换为固定利率资产。如此一来，投资人能运用FRA将未来特定期间内的收益或支出成本固定在一个特定的利率，从而能清楚地知道未来的现金流量成本。例如，一家公司如果想为其浮动利率的借款因未来利率上涨而寻求避险时，则可买入一笔FRA，支付固定利率；反之，公司如果希望为其浮动利率的存款因市场利率下跌而寻求固定利率保障时，则可卖出一笔FRA，收入固定利率。

所以，远期利率协议最重要的功能在于通过固定将来实际交付的利率而避免利率变动带来的风险。另外，由于远期利率协议交易的本金不用交付，利率是按差额结算的，所以资金流动量较小，这就给银行提供了一种管理利率风险而无须改变其资产负债结构的有效工具。

与金融期货、金融期权等场内交易的衍生工具相比，远期利率协议具有简便、灵活、不需支付保证金等优点。同时，由于远期利率协议是场外交易，故存在信用风险和流动性风险，但这种风险又是有限的，因为它最后实际支付的只是利差而非本金。

5）远期利率协议的特点

通过上面的介绍，我们可以归纳出FRA的几个重要特点：

第一，衍生性。这主要体现在整个交易的过程中只是涉及名义贷款，而没有本金和利息的支付，交易双方名义上用一定数额的某种特定货币在未来某日进行贷款，并规定一定的贷款期限。实际上，这是一种远期对远期的贷款。这样，有实际借贷行为的远期对远期贷款就是FRA的原生产品或称基础资产。

第二，归属表外业务。由于整个交易过程不涉及本金和利息的流动，因此FRA不必计入资产负债表内，只是相当于一种或有收益或损失。由于FRA归属表外业务，因此对其资本金的要求相对较低，一般只有实际远期对远期贷款的1%。

第三，FRA中的协定利率是固定利率，其在有效市场中的理性预期值后文有专门计算。

6）远期利率协议的报价

表2-1是路透（Reuter）终端机上提供的FRA报价。

表2-1 FRA报价表

类别	报价	类别	报价	类别	报价	类别	报价
1×4	4.00%~4.05%	1×7	4.09%~4.16%	1×10	4.15%~4.20%	1×13	4.19%~4.26%
2×5	4.11%~4.16%	2×8	4.17%~4.22%	2×11	4.21%~4.27%	2×14	4.25%~4.31%
3×6	4.20%~4.25%	3×9	4.24%~4.29%	3×12	4.30%~4.35%	3×15	4.35%~4.47%
4×7	4.26%~4.31%	4×10	4.31%~4.37%	4×13	4.29%~4.35%	4×16	4.34%~4.39%
5×8	4.32%~4.40%	5×11	4.39%~4.46%	5×14	4.44%~4.49%	5×17	4.52%~4.59%
6×9	4.40%~4.48%	6×12	4.47%~4.55%	6×15	4.53%~4.59%	6×18	4.59%~4.63%
9×12	4.47%~4.52%	9×15	4.53%~4.58%	9×18	4.62%~4.70%	9×21	4.71%~4.78%
12×15	4.52%~4.60%	12×18	4.60%~4.66%	12×21	4.67%~4.78%	12×24	4.71%~4.80%
15×18	4.59%~4.56%	15×21	4.68%~4.75%	15×24	4.70%~4.77%		

在表2-1中，第1列、第1行的“1×4”表示即期日与结算日之间的期限为1个月、即期日至到期日为4个月的FRA合约，其中合约期为3个月。即期日和结算日分别为交易日及确定日2天后的工作日，所参照的利率为LIBOR等基础利率。在第2列、第4列、第6列、第8列的报价中，前一个数字表示买价，后一个数字表示卖价，两者之间的差价即为

银行的利润。

在标准的FRA合约中，合约期限一般为3个月、6个月、9个月、12个月，从即期日至到期日最长的期限一般为2年。许多银行为满足市场上不同投资者的需求，也设计出一些非标准的FRA合约。

再假定某日（如1月1日）美元FRA报价3×6为4.20%~4.25%。

上述报价表示在这一日起3个月后开始的3个月期限的美元存款利率，该远期利率协议的买入价为4.20%，卖出价为4.25%，见图2-1。另外需要注意的是，“3×6，4.20%~4.25%”是对银行而言的，即银行的买入价为4.20%，卖出价为4.25%，而对购买银行远期利率协议的客户来说，正好相反。

图2-1中，远期利率协议期限为从4月1日（1月1日起的3个月）至7月1日（未来6个月）之间的3个月期限。期限的首日为图中的A点，A点既是远期利率协议的计息日，同时也是远期利率协议的结算日，即买卖双方在该日交割利息差额。远期利率协议到期日为上述未来3个月期限的终止日，即图中的B点。远期利率协议的利息从首日开始计算，至到期日。远期利率协议买卖双方商定一笔金额为名义本金，从A点到B点的3个月期远期存/贷款的利率即协议利率i_F。

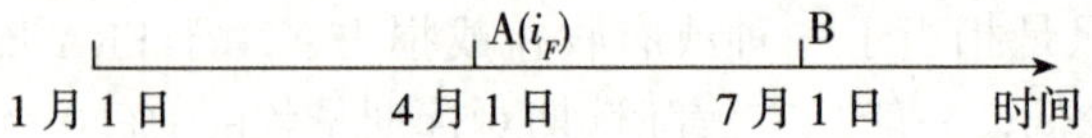

图2-1 远期利率协议时间图

在这个例子中，报价银行买入一笔远期利率协议（可视为名义本金收取方）应支付对方的远期利率为4.20%；对方则应在交割日（即期限首日A点）支付给该银行现行的参照利率LIBOR。在交割日，买卖双方只收/付LIBOR与协议利率i_F的差额。若该日参照利率LIBOR大于i_F（4.20%），银行向对方支付利率（4.20%）小于所收取利率LIBOR，银行为净利息差额收取方，对方为净利息支付方。反过来，若在交割日LIBOR小于4.20%，则银行所收取利率LIBOR小于支付利率（4.20%），则该银行成为净利息支付方，对方为净利息收取方。

报价银行所报出的远期利率协议的卖出价为4.25%，即该报价银行应按4.25%的远期利率贷出名义本金。在交割日，银行应支付给对方该时点的参照利率LIBOR；同时对方应支付给该银行的远期利率为4.25%。远期利率协议买卖双方只收/付参照利率LIBOR与协议利率i_F之间的差额。若在计息日参照利率LIBOR大于4.25%，则该银行为净利息支付方，对方为净利息收取方。反过来，若该计息日LIBOR小于4.25%，则银行为净利息收取方，对方为净利息支付方。

2.3.2 远期利率协议的定价

远期利率协议的定价可由签订远期利率协议之日的即期利率推导得出，见图2-2。

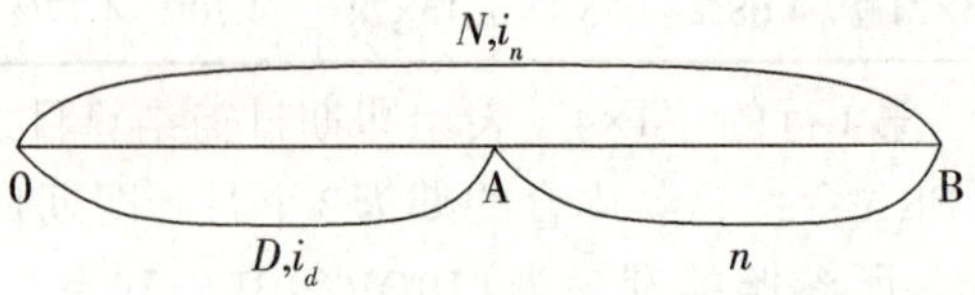

图2-2 远期利率协议定价示意图

图2-2中，假定在美元市场上，在0时刻，某银行贷出一笔N天的长期贷款，利率为i_n，本金为P。可以设想，如果这个银行同时借入一笔期限为D天、利率为i_d的短期借款，这也就是前文提到的借入短期、贷出长期的资产负债结构。由于所借资金在A时点到期，而该银行在A时点还需借入期限为（$N-D$）天同样数量的资金。在上述情形下，A时点的远期利率价格应为该银行恰好达到盈亏平衡的利率，该利率即为远期利率，计息期限从A时点到B时点，时间为（$N-D$）天。

由上一节可知，存在如下公式：

$$i_n \times \frac{N}{360} = i_d \times \frac{D}{360} + i_f \times \frac{N-D}{360} \tag{2-14}$$

式（2-14）中，N为贷款或存款长期限；i_n为其相应利率；D为借款或贷款短期限；i_d为其相应利率；i_f为远期利率。

需要注意的是，市场上FRA对于远期利率的报价与理论计算出的价格不一定相同。实际上，大部分时候二者都是不相同的，而正是因为这个不相同才有基于FRA的利息差额的交割。

2.3.3 FRA交割

1）FRA利息差额的计算公式

在远期利率协议的交割日，买卖方收/付参照利率LIBOR和协议利率的差额。

假设远期利率协议的期限为n天，一年按360天计算，i_F为协议利率，i_A为交割日参照利率LIBOR，M为交割额。由于交割日为远期利率协议的第一天，买卖方收/付利息差额应折现到该交割日，即折现到远期利率协议期限的首日。其计算公式如下：

$$M = \frac{P \cdot (i_A - i_F) \cdot \frac{n}{360}}{1 + i_A \cdot \frac{n}{360}} = \frac{(i_A - i_F) \cdot n \cdot P}{360 + n \cdot i_A} \tag{2-15}$$

如果在交割日参照利率LIBOR大于协议利率，即$i_A > i_F$，则远期利率协议的买方为净利息收取方，收取金额为M；卖方则为净利息支付方。

如果在交割日协议利率大于参照利率LIBOR，即$i_F > i_A$，则远期利率协议的买方为净利息支付方，支付利息差额M，卖方则为净利息收取方。

对远期利率协议的买方而言，在结算日，若协议利率大于参照利率LIBOR，由于买方为名义上的本金收取方，其可视为在结算日按现行利率LIBOR借入资金，$i_A < i_F$，因此由买方向卖方支付协议期限内的利息差额$i_F - i_A$，买方在协议期限内的实际融资成本为$i_F[i_A + (i_F - i_A)]$，由此买方将协议期限内所支付的利率锁定为协议利率i_F。

远期利率协议的买卖双方虽然在交割日收/付利息差额，但对买方而言，相当于按协议利率借入资金，而不必考虑在协议期首日现行市场利率的大小，其目的在于锁定未来期限利率，降低利率变动风险，利用利率期货合约同样可达到这一目的。从上面分析也可以看出，远期利率协议的不足之处在于无法利用未来利率的有利变动，如上面例子中，即使$i_A < i_F$，对买方而言，其借入资金成本仍锁定在i_F，而非较低的现行市场利率i_A。

对远期利率协议的卖方而言，其作为名义本金的支出方，即相当于贷款方。在远期利率协议交割日，卖方按现行市场利率i_A贷出一笔资金，若$i_A > i_F$，则卖方需向买方支付的利息差额为$i_A - i_F$，卖方总收益为$i_F[i_A-(i_A-i_F)]$。卖方将协议期限内收取的利息锁定为协议利率i_F。对卖方而言，由于签订了远期利率协议，其实际效果为按协议利率贷出资金。从上面的分析可以看出，尽管在交割日实际贷出资金收益i_A大于协议利率i_F，但由于远期利率协议的锁定功能，卖方实际收取利率仍为协议利率。

2）FRA交割金额计算举例

FRA交割金额的计算要从买方和卖方两个方面来考虑，也就是名义本金的借方和贷方。

【例2-4】某金融机构计划6个月后借款6个月期限的2.5亿美元资金，由于担心6个月后市场利率上升从而增加借款成本，决定做远期利率协议交易保值，现已知德励财经终端FRA报价6×12为5.20%~5.3%，那么：

（1）如果6个月后市场参照利率为6%，该金融机构做远期利率协议的交割金额是多少？是盈利还是亏损?

（2）如果6个月后市场参照利率为4%，该金融机构做远期利率协议的交割金额是多少？是盈利还是亏损?

首先分析一下这个交易，这个投资者是资金需求者，需要在6个月之后借入一笔资金，那么该投资者是FRA的买方，适用的价格则为报价的卖出价5.3%，即i_F=5.3%。

（1）如果6个月后市场参照利率为6%，即i_A=6%，则有：

$$M=\frac{P\cdot(i_A-i_F)\cdot\frac{n}{360}}{1+i_A\cdot\frac{n}{360}}=\frac{2.5\times(6\%-5.3\%)\times\frac{180}{360}}{1+6\%\times\frac{180}{360}}$$

$$=\frac{0.00875}{1.03}=0.008495\text{（亿美元）}=84.95\text{（万美元）}$$

因为参照利率LIBOR大于协议利率，即$i_A>i_F$，则远期利率协议卖方为净利息支付方；买方为净利息收取方，买方收取金额为84.95万美元。

（2）如果6个月后市场参照利率为4%，即i_A=4%，则有：

$$M=\frac{P\cdot(i_A-i_F)\cdot\frac{n}{360}}{1+i_A\cdot\frac{n}{360}}=\frac{2.5\times(4\%-5.3\%)\times\frac{180}{360}}{1+4\%\times\frac{180}{360}}$$

$$=-0.015931\text{（亿美元）}=-159.31\text{（万美元）}$$

因为$i_F>i_A$，则远期利率协议卖方为净利息收取方；买方为净利息支付方，买方支付利息差额为159.31万美元。

【例2-5】某基金管理人持有浮动利率债券价值为1亿美元，期限还剩1年，收益率为LIBOR，该客户预计市场利率在6个月之后将有较大的波动。为防范风险，该客户决定做FRA交易，市场报价如下：3×6为6.00%~6.15%；3×9为6.05%~6.20%；6×9为6.11%~6.27%；6×12为6.14%~6.33%。

（1）若6个月之后，LIBOR为5.50%，则该基金管理人做FRA盈利或亏损是多少?

（2）若6个月之后，LIBOR为6.60%，则该基金管理人做FRA盈利或亏损又是多少?

首先分析一下这个交易，这个客户是浮动利率债券的持有人，相应的远期利率是收益率，所以需卖出FRA协议保值，适用的价格则为报价的买价6.14%，即i_F=6.14%。

（1）6个月之后，LIBOR为5.50%，即i_A=5.50%，则有：

$$M=\frac{P\cdot(i_A-i_F)\cdot\frac{n}{360}}{1+i_A\cdot\frac{n}{360}}=\frac{1\times(5.50\%-6.14\%)\times\frac{180}{360}}{1+5.50\%\times\frac{180}{360}}$$

=-0.003114（亿美元）=-31.14（万美元）

这种情况下，因为$i_F>i_A$，则远期利率协议买方为净利息支付方，投资者作为卖方可收取利息差额31.14万美元。

（2）6个月之后，LIBOR为6.60%，即i_A=6.60%，则有：

$$M=\frac{P\cdot(i_A-i_F)\cdot\frac{n}{360}}{1+i_A\cdot\frac{n}{360}}=\frac{1\times(6.60\%-6.14\%)\times\frac{180}{360}}{1+6.60\%\times\frac{180}{360}}$$

=0.002227（亿美元）=22.27（万美元）

因为协议利率小于参照利率LIBOR，即$i_F<i_A$，则投资者为利息支出人，支付金额为22.27万美元。

3）基于FRA交割与利率风险防范

远期利率协议可以用来防范未来某一时点开始的一段特定期限（如3个月、6个月等）的利率变动风险。

【例2-6】假设某跨国公司预计3个月后需一笔短期资金500万美元，使用期限为3个月。该公司财务主管经分析预测近期内美元利率有上升趋势。为避免3个月后借入的500万美元的融资成本上升的风险，该公司财务主管决定向相关银行买入名义本金为500万美元的3个月对6个月期限的远期利率协议，以防范从即日起3个月之后的3个月期的美元借款成本上升，协议利率为9.0%。

（1）若3个月后，美元利率果如所料上升。在远期利率协议之首日，假定3个月期美元LIBOR为9.5%，即$i_F<i_A$，作为远期利率协议买方，该公司应收取利息差额，所收取金额M可由下式加以计算：

$$M=\frac{P\cdot(i_A-i_F)\cdot\frac{n}{360}}{1+i_A\cdot\frac{n}{360}}=\frac{500\times(9.5\%-9.0\%)\times\frac{90}{360}}{1+9.5\%\times\frac{90}{360}}=0.6105\text{（万美元）}$$

按合约规定，该公司在远期利率协议清算日内收取0.6105万美元，同时产生下列交易：

提用3个月之借款，金额为499.3895万美元（500−0.6105）。

通过买入上述远期利率协议，尽管借款利率变为9.5%，但是由于获得了FRA的利息支付，该公司将3个月后所筹集的3个月期的美元借款成本仍锁定为9.0%，从而有效地防范了利率上升的风险。

（2）若3个月后，美元利率未升反降，假定LIBOR为8.5%，则利率走势预测失误。由于买入远期利率协议，该公司仍将未来融资成本锁定在远期利率i_F。

此时，一方面购买FRA协议导致该公司将支付利息差额，另一方面实际借款利率降为8.5%，不考虑手续费，公司的综合利率仍为9.0%。

从上述结果可知，该公司由于买入远期利率协议，不论未来利率是上升还是下降，该公司在交割日借入资金的实际成本都为协议利率，从而达到了锁定融资成本的目的。

本章小结

远期合约是组成衍生金融工具的四种主要工具之一，也是金融工程的基础模块。远期是指即期之后的未来的某个时间。远期合约是根据合约价格在未来某个确定的日期买/卖某证券的协定。远期合约的要素包括多头和空头、交割价格、到期日等。

远期合约的基本定价公式是 $F_o = S_o e^{r \cdot T}$，当远期合约存续期间支付收益时，相应定价要做出调整。

金融远期合约是指双方约定在未来的某一确定时间，按确定的价格买卖一定数量的某种金融资产的合约。

远期利率是指现在时刻确定的将来一定期限的利率。远期利率是由一系列即期利率决定的。远期利率的计算公式是 $e^{r_l \cdot t_l} = e^{r_s \cdot t_s} \cdot e^{r_f \cdot t_f}$，或 $r_l \cdot t_l = r_s \cdot t_s + r_f \cdot t_f$，或 $r_l \times \frac{N_l}{360} = r_s \times \frac{N_s}{360} + r_f \times \frac{N_f}{360}$；$r_f = \frac{r_l \cdot t_l - r_s \cdot t_s}{t_f} = \frac{r_l \cdot t_l - r_s \cdot t_s}{t_l - t_s}$，或 $r_f = \frac{r_l \cdot N_l - r_s \cdot N_s}{N_l - N_s}$。

远期利率协议是买卖双方同意从未来某一商定的时期开始在某一特定时期内按协议利率借贷一笔数额确定、以具体货币表示的名义本金的协议。远期利率协议的买方是名义借款人，卖方则是名义贷款人。

FRA利息差额的计算公式为 $M = \frac{P \cdot (i_A - i_F) \cdot \frac{n}{360}}{1 + i_A \cdot \frac{n}{360}} = \frac{(i_A - i_F) \cdot n \cdot P}{360 + n \cdot i_A}$。

如果在交割日协议利率大于参照利率LIBOR，即 $i_F > i_A$，则远期利率协议买方支付利息差额 M，卖方则为净利息收取方。

如果在交割日协议利率小于参照利率LIBOR，即 $i_F < i_A$，则远期利率协议的卖方为净利息支付方；买方则为净利息收取方，收取金额为 M。

关键概念

远期合约　远期利率　远期利率协议

综合训练

2.1　单项选择题

1）“1×4”的远期利率协议表示（　　）。

A.1个月后的4个月的远期利率协议　　B.3个月后开始的1月期FRA

C.为期3个月的借款协议　　D.1个月后开始的3月期FRA

2）下列关于FRA的说法中，不正确的是（　　）。

A.远期利率是由即期利率推导出来的未来一段时间的利率

B.从本质上说，FRA是在一固定利率下的远期对远期贷款，只是没有发生实际的贷款支付

C.由于FRA的交割日是在名义贷款期末，因此交割额的计算不需要进行贴现

D.出售一个远期利率协议，银行需创造一个远期贷款利率；买入一个远期利率协议，银行需创造一个远期存款利率

3）3×12的远期利率协议（FRA）的多头等价于（ ）。

A.3个月后借入资金为12个月的投资融资

B.12个月后借入资金为3个月的投资融资

C.在3个月内借入贷款的一半，剩下的一半在12个月后借入

D.3个月后借入资金为9个月的投资融资

4）下列关于远期利率合约的说法，不正确的是（ ）。

A.远期利率合约与借款或投资活动是分离的

B.远期利率合约是一项表内资产业务

C.债务人通过购买远期利率合约，锁定了未来的债务成本，规避了利率可能上升带来的风险

D.债权人通过卖出远期利率合约，保证了未来的投资收益，规避了利率可能下降带来的风险

5）假设6个月期利率是9%，12个月期利率是10%，18个月期利率为12%，则6×12FRA的定价的理论价格为（ ）。

A.12% B.10% C.10.5% D.11%

6）远期利率协议的买方相当于（ ）。

A.名义借款人 B.名义贷款人 C.实际借款人 D.实际贷款人

2.2 多项选择题

1）金融远期合约的种类主要有（ ）。

A.远期汇率 B.股票远期 C.远期利率 D.远期债券

2）一条远期利率协议（FRA）的市场报价信息为“7月13日美元FRA 6×9，8.02% - 8.07%”，其含义是（ ）。

A.8.02%是银行的买价，若与询价方成交，则意味着银行在结算日支付8.02%利率给询价方，并从询价方收取参照利率

B.8.02%是银行的卖价，若与询价方成交，则意味着银行在结算日从询价方收取8.02%利率，并支付参照利率给询价方

C.8.07%是银行的卖价，若与询价方成交，则意味着银行在结算日从询价方处取8.07%利率，并支付参照利率给询价方

D.8.07%是银行的买价，若与询价方成交，则意味着银行在结算日支付8.07%利率给询价方，并从询价方收取参照利率

3）远期合约的缺点主要有（ ）。

A.市场效率较低 B.流动性较差 C.灵活性较小

D.违约风险相对较高 E.条款内容不固定

4）以下对远期利率协议描述不正确的是（ ）。

A.借贷双方不必交换本金，只是在交割日根据协议利率和参考利率之间的差额，交割利息差的折现值

B.若协议利率>参考利率，交割额为正，买方向卖方支付交割额

C.若协议利率<参考利率，交割额为负，买方向卖方支付交割额

D.交割日是在名义贷款期末，而不是名义贷款期初

E.一般美元的年基准天数取365天，英镑的年基准天数取360天

5）在“3×12FRA”中，9个月后的时间是指（　　）。

A.交割日　　B.确定日　　C.交易日

D.到期日　　E.远期日

2.3　问答题

1）远期合约的要素包括哪些？

2）金融远期合约的优缺点是什么？

3）简述远期利率的产生。

4）简述远期利率协议的特点。

2.4　计算题

1）某银行按8%的年利率借入10万美元的资金，借期为60天；同时要按12%的年利率进行贷款，贷款期限为90天。银行需要确定第二个30天的借款利率是多少，才能确保这笔交易没有风险。

2）已知1个月期贷款利率4.5%；2个月期贷款利率4.8%，试计算FR（1×2）。

3）某公司3个月后要借入一笔1 000万美元的资金，借期为6个月，以LIBOR计息。公司担心未来利率走向不利，希望利用FRA进行保值。

银行FRA报价有如下几种：3×6为6.02%~6.12%；3×9为6.08%~6.22%；6×9为6.09%~6.25%；6×12为6.11%~6.28%。

该公司应该如何保值？若3个月后借期6个月的年利率为6.30%，则FRA结算金是多少？若此利率为6.00%，则FRA结算金又是多少？该公司分别为结算资金的收入者还是支出者？

4）某基金管理人持有浮动利率债券价值1.5亿美元，收益为LIBOR+0.2%，其担心6个月后的LIBOR下降从而减少投资收益，因此决定做远期利率协议交易保值。现已知德励财经终端FRA报价6×12为5.40%~5.50%，试计算如果6个月后LIBOR为5.05%，该基金管理人减少多少投资损失？

知识拓展2-1
中国远期利率协议业务管理规定

第3章

远期外汇合约和SAFE交易

学习目标

通过本章的学习，掌握远期汇率的概念、升贴水；了解并学会利用利率平价定理对远期汇率进行理论计算；掌握远期和远期掉期交易的内容；掌握SAFE的基本概念及交割计算；学会运用SAFE进行利率风险防范。

3.1 远期外汇合约

远期外汇合约（forward exchange contracts）是指双方约定在将来某一时间按约定的远期汇率买卖一定金额的某种外汇的合约。

按照远期的开始时期划分，远期外汇合约又分为直接远期外汇合约（outright forward foreign exchange contracts）和远期外汇综合协议（synthetic agreement for forward exchange，SAFE）。

3.1.1 远期汇率概述

1）远期汇率的概念

远期汇率（forward exchange rate）是指两种货币在未来某一日期交割的买卖价格。

2）远期汇率的升水和贴水

远期贬值的货币对另一种相对的货币（升值的货币）叫作贴水；反之，远期升值的货币叫作升水，即在直接标价法下，若某种货币对美元的远期汇率小于即期汇率，则该货币对美元远期升水（指本币升水）；若某种货币对美元的远期汇率大于即期汇率，则该货币对美元远期贴水。在间接标价法下，正好相反。

3.1.2 远期外汇交易

远期外汇交易又称期汇交易，是指外汇买卖双方预先签订远期外汇买卖合同，规定买卖的币种、数额、汇率及未来交割的时间，在约定的到期日由买卖双方按约定汇率办理交割的一种预约性外汇交易。外汇市场上的远期交易期限一般有1个月、2个月、3个月、6个月或1年。这些期限的交易称为标准期限交易。除此之外的远期交易日期，则称为不规则日期。

1）远期外汇交易的种类

远期外汇交易按外汇交割日的固定与否划分，可分为固定交割日的远期外汇交易和不固定交割日的远期外汇交易。

（1）固定交割日的远期外汇交易

它是指事先具体规定交割时间的远期交易。这类交易的外汇交割日既不能提前，也不能推后。进出口商从订立贸易契约到收付货款，通常要经过一段时间，也就是说，他们要在将来某一时期才能获得外汇收入或支付外汇款项。为了确保这笔外汇兑换本国货币的数额不受损失，预先固定成本，他们往往选择固定交割日的外汇交易。

（2）不固定交割日的远期外汇交易

它又称为择期交易，是指买卖双方在订约时事先确定交易规模和价格，但具体的交割日期不予固定，而是规定一个期限，买卖双方可以在此期限内的任何一日进行交割。择期交易的方式有两种：一是交易双方商定某一月份作为选择交割日的范围；二是把签订远期外汇合约的第三天至约定期满日内的任何一天选择作为交割日。后者比前者有更宽的可选择时间范围。

（3）掉期交易

除了上述两种方式外，还有一种外汇交易方式，就是掉期。掉期是指同时买卖相同数额、相同币种，但不同交割日货币的外汇交易，下文将详述。

2）远期外汇交易保证金

由于远期外汇交易属于场外交易，买卖双方需承担对手方信用风险。在非银行客户与银行进行远期外汇交易时，银行通常要求客户交付一定比例的保证金，以防止客户违约。保证金数额一般按交易额的一定百分比确定。

3）远期外汇交易的报价

远期汇率的报价方法通常有两种：直接报价法和点数表示法。

（1）直接报价法，就是报出直接远期汇率（outright forward rate）。例如，假定美元对瑞士法郎即期汇率为USD/CHF：1.2200-1.2210，则1个月美元对瑞士法郎远期汇率的直接报价可以为下列形式：1个月远期USD/CHF：1.2147-1.2158，该报价标明1个月美元对瑞士法郎贴水，反之，1个月瑞士法郎对美元升水。

（2）点数表示法，就是报出远期差价（forward margin，又称掉期点数swap points）。远期差价是指远期汇率与即期汇率的差额。若远期汇率大于即期汇率，那么这一差额就称为升水（premium），反之则称为贴水（discount），若远期汇率与即期汇率相等，那么就称为平价（at par）。

对大多数外汇而言，其美元标价法都为四位小数点，如上述的USD/CHF：1.2200-1.2210，1点（point）=0.0001。唯独日元为两位小数，如USD/JPY：118.15-118.25，则此时1点（point）=0.01。当使用点数来表示远期汇率时不标出小数点及零位，如美元对瑞士法郎即期汇率为USD/CHF：1.2200-1.2220，1个月美元对瑞士法郎远期汇率为53-47。

在国际金融市场上，若交易员报出远期汇率买入价点数大于卖出价点数，如58-52，则表明该远期报价为贴水，远期汇率则等于即期汇率买入价及卖出价分别减去相应远期汇率买入及卖出价点数。如上例中，1个月美元对瑞士法郎远期汇率的买入价点数大于卖出价点数，则1个月远期美元贴水，该远期汇率报价为USD/CHF：1.2142-1.2158。如果远期汇率买入价点数小于卖出价点数，则表明远期报价升水，远期汇率则等于即期汇率买入价及卖出价分别加上远期汇率的买入价及卖出价点数。例如，若某日美元对瑞士法郎即期汇率为USD/CHF：1.2200-1.2210，若1个月美元对瑞士法郎远期汇率点数为20-30，则表明1个月美元升水，或者说1个月瑞士法郎贴水。1个月美元对瑞士法郎远期汇率为USD/CHF：1.2220-1.2240。

远期汇率的点数通常称为掉期率（swap rate），银行同业市场上进行的远期汇率交易通常涉及外汇掉期交易（买入即期外汇同时卖出远期外汇，或买入远期外汇同时卖出即期外汇）。外汇掉期实际上可以看作两种货币的短期融资，即借入一种货币的同时贷出等值的另一种货币。如果合约双方愿意则可以对各自所贷的货币按现行市场利率互相收取利息。掉期率即为以点数表示的两种货币的利率差值，两者关系可由利率平价定理推出。

4）远期外汇市场

许多进出口商、跨国公司及金融机构利用远期外汇交易来防范汇率风险，银行同业间远期交易常用来抵补银行自身的远期交易的受险头寸的外汇风险。据国际清算银行报告，对全世界范围内的40多个国家和地区进行的一份调查报告显示，目前全世界远期和外汇掉期交易合同名义金额约为20万亿美元左右，占全世界场外金融工具交易额的6%左右。这足以说明远期汇率合约在防范汇率风险中的重要性。

3.1.3 远期汇率定价

远期汇率的理论价格可通过利率平价定理加以确定，其实际价格同时受市场因素，如供求因素、突发事件等影响，从而使其围绕理论价格上下波动。

利率平价定理表述短期内外汇市场与国际货币市场的动态均衡状态，并由此确定两种货币利息差与远期外汇汇率的关系。

利率平价定理（interest rate parity）是两个国家同种风险和期限的证券所附的利息差应等值于相应货币的远期汇率的贴水或升水。利率平价定理主要假设为不考虑交易成本及无资产控制。

假定：S表示0时刻每单位外币的本币价格，即直接标价法的即期汇率；F表示远期汇率；i表示本国利率；i^*表示外国利率。

（1）假定0时刻在本国借款，在外国投资

①0时刻借入1单位本币；

②在即期市场兑换成外币为$1/S$；

③买入外国证券投资，期限为T天，到期收益为$\left(1+\frac{T}{360}i^*\right)\frac{1}{S}$（用外币表示的）；

④将上述外币价值在T时刻兑换回本币为$\left(1+\frac{T}{360}i^*\right)\frac{F}{S}$；

⑤在T时刻归还本币借款本息和为$\left(1+\frac{\mathrm{T}}{360}i\right)$。

当货币市场与外汇市场达到均衡时，有：

$$\left(1+\frac{T}{360}i^*\right)\frac{F}{S}=\left(1+\frac{T}{360}i\right)$$

将上式变化得到：

$$\frac{F}{S}=\frac{1+\frac{T}{360}i}{1+\frac{T}{360}i^*}$$

据此可以得出一个公式：

$$F=S\times\frac{1+\frac{T}{360}i}{1+\frac{T}{360}i^*} \tag{3-1}$$

（2）假定在外国借款，在本国投资

①0时刻借入1单位外币；

②在即期市场兑换成本币为S；

③买入本国证券投资，期限为T天，到期收益为$\left(1+\frac{T}{360}i\right)S$（用本币表示的）；

④将上述本币价值在T时刻兑换为外币为$\left(1+\frac{T}{360}i\right)\frac{S}{F}$；

⑤在T时刻归还外币借款本息和为$\left(1+\frac{T}{360}i^*\right)$。

当货币市场与外汇市场达到均衡时，有：

$$\left(1+\frac{T}{360}i\right)\frac{S}{F}=\left(1+\frac{T}{360}i^*\right)$$

将上式变化得到：

$$\frac{F}{S}=\frac{1+\frac{T}{360}i}{1+\frac{T}{360}i^*} \tag{3-2}$$

这个公式和上边的公式一样。

$$F=S\times\frac{1+\frac{T}{360}i}{1+\frac{T}{360}i^*} \tag{3-3}$$

上述理论或公式就是利率平价定理，它是计算远期汇率的理论定价公式。

这个公式继续变化有：

$$\frac{F-S}{S}=\frac{(i-i^*)\times\frac{T}{360}}{1+\frac{T}{360}i^*}$$

还可以得到：

$$i-i^*=\frac{F-S}{S}\times\left(1+\frac{T}{360}i^*\right)\times\frac{360}{T}\approx\frac{F-S}{S}\times\frac{360}{T}$$

这个式子说明：两种货币利率差近似等于外币的升贴水率。而且同样可以看出：利率高的国家的货币远期汇率贴水，即贬值。

进一步有远期汇率的近似公式：

$$F=S+S\times(i-i^*)\times\frac{T}{360} \tag{3-4}$$

在本书以后的多处地方会用到这个近似公式。

3.1.4 远期外汇合约与汇率风险防范

远期外汇合约可用来防范未来某时点汇率变动风险。跨国公司及金融机构常利用远期外汇合约防范汇率风险。当然，跨国公司还可以采用其他风险防范技术来减轻汇率变动风险，如采取提前或拖后收付策略，建立财务平衡中心等。

1）远期外汇合约的作用

总体而言，远期外汇合约有下列作用：

（1）锁定未来特定期限上的汇率水平。

（2）便于进行掉期交易。例如，某银行可能拥有一笔日元，但日元不如美元便于投资。该银行可以先在即期外汇市场将所持日元兑换成美元，同时卖出远期美元以抵补这段期限内美元汇率可能的下跌风险。通过外汇掉期交易，该银行可安心运用这笔美元进行投资并获取投资收益。

（3）利用外汇掉期交易还可以对原先所持有的外汇远期交易期限加以延长或缩短。

假定一德国出口商预计3个月后收到一笔美元付款，为防止美元在3个月后汇率下跌的风险，该出口商与银行签订了卖出3个月远期美元合同。假定3个月美元远期汇率为EUR/USD：1.2895，远期外汇合同签订后1个月，该出口商被告知装运期推迟2个月。由于是货到付款合同，交货期推迟2个月意味着收款期也将随之推迟2个月，原定的远期外汇合约不能有效防范美元汇率下跌风险。为此，该出口商决定通过外汇掉期交易来推迟原定远期外汇合约期限，具体步骤如下：

该出口商可以买入2个月远期美元，同时卖出4个月远期美元。在原定远期外汇合约到期后，同一笔美元相反方向交易互相对冲，该出口商手中持有剩余期限为2个月的远期美元合约。通过掉期交易，该出口商将原有远期合约到期日推迟了2个月。

（4）便于外汇投机。在远期外汇市场也可以进行外汇投机活动。远期外汇市场的投机者获利与否和未来即期汇率变动趋势是否与预测相同并不相关，而只在于未来即期汇率与远期汇率的相对位置是否与所做判断相同。此外，利用即期外汇市场投机，在交割日要计算两种货币利息，而在远期外汇市场投机则不必计算两种货币的利率关系，在交割日即期汇率与远期汇率之差即为投机收益，而不必考虑利息成本。

2）远期外汇市场投机策略

远期外汇市场投机策略有下列两种类型：

（1）若投机者预计未来外汇即期汇率大于远期汇率，则可以买入远期外汇。在远期外汇合约到期日，交付本币，按远期汇率买入外币，同时在即期外汇市场以较高的即期汇率卖出外币。若交割日外汇即期汇率大于远期汇率，则可以获利，否则承担损失。

（2）若投机者预计未来外汇即期汇率小于远期汇率，则可以卖出远期外汇。若两者汇率关系果然如前期的判断，在远期合约到期日以较高汇率卖出外币得到本币，同时用本币以较低汇率在即期市场买入外币来冲抵所卖出的远期外汇，从中获利。反之，若交割日外币即期汇率大于远期汇率，则将承担投机损失。

3）远期汇率影响因素

从利率平价定理可以得出，远期汇率主要取决于两种货币利率差以及即期汇率大小及远期汇率期限。远期外汇升水或贴水约等于两种货币利率差。在美元标价法下，若某货币利率高于美元利率，则该货币对美元远期升水，美元远期贴水。若某货币利率低于美元利率，则该货币对美元远期贴水，美元远期升水。

3.1.5 远期汇率应用举例

1）计算远期汇率

【例3-1】假设半年期美元利率为5.6%，半年期欧元利率为3.8%，欧元对美元即期汇价为EUR/USD：1.2100，那么欧元对美元半年期远期汇率的理论价是多少？

用利率平价定理计算：

$$F = S \times \frac{1+\frac{T}{360}i}{1+\frac{T}{360}i^*}=1.2100\times\frac{1+\frac{1}{2}\times 5.6\%}{1+\frac{1}{2}\times 3.8\%}=1.2207$$

即欧元对美元半年期远期汇率的理论价是1.2207。

2）远期汇率套利交易

【例3-2】假设1年期美元利率为5.8%，1年期瑞士法郎利率为2.6%，美元对瑞士法郎即期汇价为USD/CHF：1.3100，1年期美元对瑞士法郎远期汇率市场价为USD/CHF：1.3200，那么投资者应该如何套利？

首先利用利率平价定理计算1年期美元对瑞士法郎远期理论汇价为1.2704，而美元对瑞士法郎远期汇率市场价为1.3200，可见此价格被高估，即美元被高估，瑞士法郎被低估，所以可以在即期市场借入瑞士法郎套利。

套汇过程如下：

（1）借入10 000瑞士法郎，成本为2.6%，期限1年，1年后借款到期本利和为：

10 000×（1+2.6%×1）=10 260（瑞士法郎）

（2）将所借入瑞士法郎在即期外汇市场上兑换成美元，数量为：

10 000÷1.3100=7 633.59（美元）

（3）将7 633.59美元进行投资，期限1年，到期后收益和为：

7 633.59×（1+5.8%×1）=8 076.34（美元）

（4）在远期外汇市场上卖出美元，1年后可收回的瑞士法郎为：

8 076.34×1.3200=1 0660.77（瑞士法郎）

（5）上述套利结果为：

获利=10 660.77-10 260=400.77（瑞士法郎）

3.2 掉期交易

掉期是指同时买卖相同数额、相同币种，但不同交割日货币的外汇交易。

掉期是由两笔期限不同的外汇买卖构成的。按照交割期限的差异，掉期可分为即期对即期掉期（或称一日掉期）、即期对远期掉期和远期对远期掉期。

即期对即期掉期指两笔数额相同，交割日相差1天，方向相反的外汇交易的掉期。

即期对远期掉期是指买卖即期外汇的同时买卖同一笔远期外汇。在这种掉期中，较常见的期汇交割期限安排为1周、1个月、2个月、3个月和6个月。它主要用于避免外汇资产到期时外币即期汇率有所下降或外币负债到期时外汇即期汇率有所上升可能给人们带来的损失。

远期对远期掉期是指买进或卖出交割期限较短的远期外汇的同时卖出或买进同等数量的交割期限较长的同种远期外汇。它既可以用于避免汇率波动的风险，又可用于某一段时间的投机。

另外，根据交易对手的数量，掉期交易又可分为纯粹掉期和制造掉期。

纯粹掉期是指某交易者与另一交易对手同时进行两笔方向相反、数量相同、交割日不同的外汇交易。制造掉期（engineered swap）是指一个交易者同时与一个以上的交易对手进行不同交割日的同一笔外汇买进和卖出。

3.2.1 即期对即期掉期交易

1）即期对即期掉期交易的种类

这类交易有三种：①Today/Tomorrow；②Tomorrow/Spot；③Spot/Nest。

举例：已知GBP/USD即期汇率为2.1050-2.1060；i_{GBP}=6.5%；i_{USD}=4%。

英镑1天的贴水数=2.1055×2.5%×1/360=0.0001

2）即期对即期掉期交易的作用

即期对即期掉期交易的作用为：①调节外汇头寸；②通过大宗批发交易，赚取买卖差价、争夺客户；③特殊资金需要。

3.2.2 即期对远期掉期交易

1）套利交易

举例：已知GBP/USD即期汇率为2.1050-2.1060。

（市场）3个月远期汇率为2.1015，英镑利率为6.5%；美元利率为4%。

理论上的3个月远期汇率为2.0923（2.1055-2.1055×2.5%×3/12）。

2）套利策略

可以看出，3个月GBP/USD价格偏高，所以可以做如下交易：

①卖出英镑远期（买进美元远期）；

②买进英镑即期（卖出美元即期）。

3.2.3 远期对远期掉期交易

远期对远期掉期交易（forward-forward swap）是掉期交易的主要种类。

1）远期对远期掉期交易保值

【例3-3】9月1日英国某公司预计2个月后有一笔资金到位，计划到美国投资4个月，担心2个月后美元升值，同时亦担心6个月后英镑升值，做远期对远期掉期交易保值。

（1）保值策略

①买进2个月远期美元（卖出2个月远期英镑）；

②卖出6个月远期美元（买进6个月远期英镑）。

（2）交易特点

①全额的现金流出与流入，属于表内业务；

②仅适合有投资和贸易背景的资金套期保值，且套期保值占用资金，没有财务杠杆作用；

③因没有财务杠杆作用，不适合做投机交易。

2）远期对远期投机交易

【例3-4】GBP/USD即期汇率为2.1055，英镑利率为6.5%；美元利率为10%。

2个月远期英镑=2.1055+2.1055×3.5%×2/12=2.1178

6个月远期英镑=2.1055+2.1055×3.5%×6/12=2.1423

投资者预测2个月内英镑降息1.5%，美元利率不变，利差扩大为5%，做远期对远期投机交易。

投机策略：因利差扩大，英镑升水增加，卖短买长。

投机交易：①卖出2个月远期英镑（2.1178）；②买进6个月远期英镑（2.1423）。

投机本金：1 000万英镑。

对于这一投机结果，有如下几种可能：

（1）第一种情况，假设1个月后英镑降息1.5%，假设即期汇率不变（2.1055）。

平仓交易：①买进1个月远期英镑；②卖出5个月远期英镑。

1个月远期英镑价格=2.1055+2.1055×5%×1/12=2.1143

5个月远期英镑价格=2.1055+2.1055×5%×5/12=2.1494

投机结果：

2.1178−2.1143=0.0035（高卖低买盈利）

2.1494−2.1423=0.0071（高卖低买盈利）

$$总盈利=1\,000\times\left(\frac{0.0035}{1+10\%\times\frac{1}{12}}+\frac{0.0071}{1+10\%\times\frac{5}{12}}\right)=10.29\text{（万美元）}$$

（2）第二种情况，假设1个月后利差5%，即期汇率下降为1.9000，仍做上述平仓交易，即：①买进1个月远期英镑；②卖出5个月远期英镑。

1个月远期英镑价格=1.9+1.9×5%×1/12=1.9+0.0079=1.9079

5个月远期英镑价格=1.9+1.9×5%×5/12=1.9+0.0396=1.9396

投机结果：

2.1178−1.9079=0.2099（高卖低买盈利）

1.9396−2.1423=−0.2027（低卖高买亏损）

$$总盈利=1\,000\times\left(\frac{0.2099}{1+10\%\times\frac{1}{12}}-\frac{0.2027}{1+10\%\times\frac{5}{12}}\right)=13.57\text{（万美元）}$$

（3）第三种情况，假设1个月后利差5%，即期汇率下降为1.8000，仍做上述平仓交易。

1个月远期英镑价格=1.8+1.8×5%×1/12=1.8+0.0075=1.8075

5个月远期英镑价格=1.8+1.8×5%×5/12=1.8+0.0375=1.8375

投机结果：

2.1178−1.8075=0.3103（高卖低买盈利）

1.8375−2.1423=−0.3048（低卖高买亏损）

$$总盈利=1\,000\times\left(\frac{0.3103}{1+10\%\times\frac{1}{12}}-\frac{0.3048}{1+10\%\times\frac{5}{12}}\right)=15.13（万美元）$$

（4）第四种情况，假设1个月后利差5%，即期汇率下降为1.7000，仍做上述平仓交易。

1个月远期英镑价格=1.7+1.7×5%×1/12=1.7+0.0071=1.7071

5个月远期英镑价格=1.7+1.7×5%×5/12=1.7+0.0354=1.7354

投机结果：

2.1178−1.7071=0.4107（高卖低买盈利）

1.7354−2.1423=−0.4069（低卖高买亏损）

$$总盈利=1\,000\times\left(\frac{0.4107}{1+10\%\times\frac{1}{12}}-\frac{0.4069}{1+10\%\times\frac{5}{12}}\right)=16.68（万美元）$$

（5）第五种情况，假设1个月后利差5%，即期汇率上升为2.2000，仍做上述平仓交易。

1个月远期英镑价格=2.2+2.2×5%×1/12=2.2+0.0092=2.2092

5个月远期英镑价格=2.2+2.2×5%×5/12=2.2+0.0458=2.2458

投机结果：

2.1178−2.2092=−0.0914（低卖高买亏损）

2.2458−2.1423=0.1035（高卖低买盈利）

$$总盈利=1\,000\times\left(\frac{-0.0914}{1+10\%\times\frac{1}{12}}+\frac{0.1035}{1+10\%\times\frac{5}{12}}\right)=8.72（万美元）$$

综上所述，有如下结论：只要预测利差扩大正确，无论汇率怎样变动，必然盈利，因为1个月内汇率从2.1055下降到1.7000与上升到2.2000都是不可能的。

3.3 综合的远期外汇协议

综合的远期外汇协议（SAFE）交易是基于远期对远期掉期交易的。和FRA一样，SAFE实际上也是远期外汇合约的标准化，是在相关交易场所交易的标准化的以远期汇率为标的的金融合约。

3.3.1 SAFE概述

1）SAFE的定义

SAFE（synthetic agreement for forward exchange），是指具有表外性质的远期对远期掉期交易，是根据对未来利率差变动或外汇升贴水变动进行保值或投机的一种远期协议。SAFE是两个希望对未来某日之后的一段时期内利差或汇差进行套期保值或投机的当事人之间达成的一种协议。根据协议，买卖双方同意进行两种货币之间在名义上的远期对远期互换。SAFE交易中使用两种货币，我们把其中的一种货币称为基准货币，另一种称为次级货币。SAFE合约的买者，名义上在结算日购买基准货币，在到期日卖出基准货币；SAFE交易的卖者，正好相反。由于交易只涉及名义上的资金流动，与FRA一样，整个交易实际上并不涉及本金，所以，交易双方在结算日要做的只是根据合约规定的汇率与当时市场上汇率的差异计算出交割金额，并由一方支付给另一方。

在SAFE交易中，也有交易日、即期日、确定日、结算日和到期日，并且它们与在FRA中的定义相同。

SAFE产生于20世纪80年代末，也是OTC产品，但是SAFE没有FRA普遍，只有少数银行提供，所以其市场的流动性稍差一些。

2）SAFE的产生背景

在金融开放、金融资产价格放开的20世纪末期，随着市场对于保值的需求增大逐步产生了SAFE交易，主要的市场背景有如下几点：

（1）1985—1989年日元升值；

（2）1992年英镑危机；

（3）20世纪90年代美元升值与美元降息。

3.3.2 SAFE交易的交割

SAFE交易的原理是利差扩大，外汇升贴水幅度必增加，所以卖短买长必有差价收入可图，相反若判断利差缩小，则买短卖长，必有差价收益。其基本原理是期货的基差原理。

SAFE交易实际上包括一组综合外汇协议，其中最普遍的是汇率协议（exchange rate agreement，ERA）与远期外汇协议（forward exchange agreement，FXA）。ERA只考虑协议的结算日协议远期汇差与结算日参考远期汇差之间的差额，其结算金额只取决于结算日与到期日间汇差的变动，计算公式与FRA极为相似。而FXA不仅考虑合约期的汇差的变化，而且考虑汇率绝对水平的变化，即协议结算日远期汇率与结算日即期汇率之间的差额，有如下公式：

$$\text{ERA交割数额}=A_M \times \left[\frac{W_R - W_C}{1+\left(i \times \frac{D}{B}\right)}\right] \tag{3-5}$$

$$\text{FXA交割数额}=A_M \times \left[\frac{F_{MR} - F_{MC}}{1+\left(i \times \frac{D}{B}\right)}\right] - A_s \times (F_{SR} - F_{SC}) \tag{3-6}$$

其中，W_C为协议约定的掉期点数或升（贴）水点数；W_R为交割日参照的掉期点数或升（贴）水点数；F_{MC}为成交日协议的到期的远期汇率；F_{MR}为确定日参照的到期的远期汇率；F_{SC}为成交日协议的交割日的远期汇率；F_{SR}为确定日参照的结算日即期汇率；A_M为到期日交换的初级货币合同金额；A_S为结算日交换的初级货币合同金额；i为次级货币利率；D为协议期限的天数；B为次级货币的年天数。

（1）ERA交易原理：预测利差扩大，买入ERA协议，即做多升水数（绝对数），待升水增加后平仓。公式得正数为盈利，得负数为亏损。反之，预测利差缩小，卖出ERA协议，即做空升水数，待升水减少后平仓。公式得负数为盈利，得正数为亏损。

（2）FXA交易原理：FXA交易实际上相当于前文所讲的远期对远期掉期交易，所以其交易原理与远期对远期掉期交易一样。预测利差扩大，买入FXA协议，即卖出较短的远期，买入较长的远期，等待升水增加后平仓。公式得正数为盈利，得负数为亏损。反之，预测利差缩小，卖出FXA协议，即买进较短的远期，卖出较长的远期，等待升水减少后平仓。公式得负数为盈利，得正数为亏损。

3.3.3 SAFE案例

【例3-5】假设表3-1、3-2所列市场条件。

表3-1 初始的市场汇（利）率

	即期	1个月	4个月	1×4个月
英镑/美元汇率	1.8000	53/56	212/215	158/162
英镑利率		6%	$6\frac{1}{4}$%（6.25%）	6.30%
美元利率		$9\frac{5}{8}$%（9.625%）	$9\frac{7}{8}$%（9.875%）	9.88%

表3-2 1个月后的两种情况下的市场汇（利）率

	第一种情况		第二种情况	
	即期	3个月	即期	3个月
英镑/美元汇率	1.8000	176/179	1.7000	166/169
英镑利率		6%		6%
美元利率		10%		10%

基于上述数据，初始本金为1 000万英镑，投资者预测近期（1个月）利差会扩大。

1）做远期对远期掉期交易

预测1个月利差会扩大，做打包的远期对远期掉期交易。

（1）投机策略：因利差扩大，英镑升水增加，卖短买长。

（2）投机交易：①卖出1个月远期英镑（1.8053）；②买进4个月远期英镑（1.8215）。

（3）投机结果：

①第一种情况，1个月后，即期汇率不变，还是1.8000，3个月远期汇率为1.8176/1.8179，平仓交易：买进即期英镑；卖出3个月远期英镑。

即期英镑价格1.8000；3个月远期英镑价格=1.8000+0.0176=1.8176。

收益情况为：

1.8053-1.8000=0.0053（高卖低买盈利）

1.8176-1.8215=-0.0039（低卖高买亏损）

因为3个月远期英镑为1个月后的3个月后到期，期限为3个月，所以必须贴现。

$$总盈利=10\ 000\ 000\times0.0053-10\ 000\ 000\times\frac{0.0039}{1+10\%\times\frac{90}{360}}=14\ 951.22（美元）$$

②第二种情况，1个月后，即期汇率下降为1.7000，3个月远期价格为1.7166/1.7169，仍然平仓交易：买进即期英镑，卖出3个月远期英镑。

即期英镑价格为1.7000；3个月远期英镑价格=1.7000+0.0166=1.7166。

收益情况为：

1.8053−1.7000=0.1053（高卖低买盈利）

1.7166−1.8215=−0.1049（低卖高买亏损）

$$总盈利=10\,000\,000\times0.1053-10\,000\,000\times\frac{0.1049}{1+10\%\times\frac{90}{360}}=29\,585.40（美元）$$

2）做SAFE交易

SAFE交易用上面的公式进行计算。首先需了解1×4 报价158/162的含义，它表示1个月后3个月的远期汇率升水数，平均价0.0160=1.8160−1.8000。

1.8160≈1.8+1.8×（9.88%−6.30%）×3/12

①第一种情况，即期汇率不变1.8000，1个月后利差4%。

$$ERA=10\,000\,000\times\frac{0.0176-0.0162}{1+10\%\times\frac{90}{360}}=13\,658.54（美元）$$

$$FXA=10\,000\,000\times\frac{1.8176-1.8215}{1+10\%\times\frac{90}{360}}-10\,000\,000\times(1.8000-1.8053)=14\,951.22（美元）$$

总盈利=ERA+FXA=13 658.54+14 951.22=28 609.76（美元）

②第二种情况，即期汇率为1.7000，1个月后利差4%。

$$ERA=10\,000\,000\times\frac{0.0166-0.0162}{1+10\%\times\frac{90}{360}}=3\,902.44（美元）$$

$$FXA=10\,000\,000\times\frac{1.7166-1.8215}{1+10\%\times\frac{90}{360}}-10\,000\,000\times(1.7000-1.8053)=29\,585.40（美元）$$

总盈利=ERA+FXA=3 902.44+29 585.40=33 487.84（美元）

③除了表3-1、3-2所示两种情况外，还可以继续扩展。

第三种情况，即期汇率为1.9000，1个月后利差4%。

3个月远期英镑价格=1.9000+1.9000×4%×3/12=1.9190（美元）

其买入/卖出价=1.9188−1.9192=−0.0004

$$ERA=10\,000\,000\times\frac{0.0188-0.0162}{1+10\%\times\frac{90}{360}}=25\,365.85（美元）$$

$$FXA=10\,000\,000\times\frac{1.9188-1.8215}{1+10\%\times\frac{90}{360}}-10\,000\,000\times(1.9000-1.8053)=2\,268.29（美元）$$

总盈利=ERA+FXA=25 365.85+2 268.29=27 634.14（美元）

④第四种情况，即期汇率为2.0000，1个月后利差4%。

3个月远期英镑价格=2.0000+2.0000×4%×3/12=2.0200（美元）

其买入/卖出价=2.0198−2.0202=−0.0004

$$ERA=10\,000\,000\times\frac{0.0198-0.0162}{1+10\%\times\frac{90}{360}}=35\,121.95（美元）$$

$$FXA=10\,000\,000\times\frac{2.0198-1.8215}{1+10\%\times\frac{90}{360}}-10\,000\,000\times(2.0000-1.8053)=-12\,365.85（美元）$$

总盈利=ERA+FXA=35 121.95−12 365.85=22 756.10（美元）

⑤第五种情况，即期汇率为1.6000，1个月后利差4%。

3个月远期英镑价格=1.6000+1.6000×4%×3/12=1.6160

其买入/卖出价=1.6158−1.6162=−0.0004

$$ERA=10\,000\,000\times\frac{0.0158-0.0162}{1+10\%\times\frac{90}{360}}=-3\,902.44（美元）$$

$$FXA=10\,000\,000\times\frac{1.6158-1.8215}{1+10\%\times\frac{90}{360}}-10\,000\,000\times(1.6000-1.8053)=46\,170.73（美元）$$

总盈利=ERA+FXA=−3 902.44+46 170.73=42 268.29（美元）

3.3.4　SAFE交易的定价

SAFE的合理价格应该使交易日市场对SAFE总结算额预期值为零。

由上可知，SAFE包括汇率协议ERA与远期外汇协议FXA，那么，对SAFE的定价就分为两部分：汇率协议ERA的定价与远期外汇协议FXA的定价，下面分别介绍。

1）ERA的定价

对ERA的定价，实际上就是对交易双方在交易日协定的结算日的远期汇差W_c的合理定价。ERA的合理价格应该使交易日市场对ERA结算额预期值为零。为使ERA的结算金额预期值等于零，由上知，远期汇差W_C应该等于对结算日远期汇差W_R的合理预期值，即：

$$W_c=E(W_R) \tag{3-7}$$

其中，$E(W_R)$为期望值。这也就是说交易日ERA的价格应等于对确定日确定的结算日互换汇差的预期。现在的问题就是求$E(W_R)$。

根据利率平价定理有：

$$F=S\times\frac{1+\frac{T}{360}i}{1+\frac{T}{360}i^*} \tag{3-8}$$

$$W=F-S=S\times\frac{1+\frac{T}{360}i}{1+\frac{T}{360}i^*}-S=S\times\left(\frac{1+\frac{T}{360}i}{1+\frac{T}{360}i^*}-1\right) \tag{3-9}$$

由此可知，该汇差W_R取决于三个变量：一是结算日即期汇率；二是结算日次级货币利率；三是结算日基准货币利率。在交易日我们只能用结算日远期汇率与次级货币和基准货币的结算日远期利率来预期和代替这三个变量。

$F-S=W$，表示汇率的升贴水数，而W_R也表示的是汇率升贴水数。那么将这一公式做适当的修改和替换，得到下面的公式：

$$W_R=F_{SC}\times\left(\frac{1+\frac{D}{B}i_1}{1+\frac{D}{B}i_2}-1\right) \tag{3-10}$$

其中，W_R为结算日远期汇差；F_{SC}为交割日的远期汇率；i_1为次级货币结算日远期利率；i_2为基准货币结算日远期利率；D为协议期限的天数；B为次级货币的年天数。

式中，D、B是已知的，对i_1、i_2的计算可以用上一章的远期利率计算公式得出，在此不再列出。

又根据利率平价理论可得到交割日远期汇率F_{SC}计算公式：

$$F_{SC} = S \times \frac{1 + \frac{t}{B} i_{s_1}}{1 + \frac{t}{B} i_{s_2}} \tag{3-11}$$

其中，S为即期汇率；t为即期日到结算日的时间；i_{s_1}、i_{s_2}分别为次级货币和基准货币的现货市场利率，则：

$$\text{ERA的合理价格} = S \times \frac{1 + \frac{t}{B} i_{s_1}}{1 + \frac{t}{B} i_{s_2}} \times \left(\frac{1 + \frac{D}{B} i_1}{1 + \frac{D}{B} i_2} - 1 \right) \tag{3-12}$$

2）FXA的定价

FXA的定价原理和ERA的定价原理一样，其合理价格应该使FXA结算金额的期望值等于零，则：

$$F_{MC} = E(F_{MR}) \quad 和 \quad F_{SC} = E(F_{SR}) \tag{3-13}$$

其中，F_{MC}为成交日协议的到期的远期汇率；F_{MR}为确定日参照的到期的远期汇率；F_{SC}为成交日协议的交割日的远期汇率；F_{SR}为确定日参照的结算日即期利率。

结算日即期汇率的预期值E（F_{SR}）等于现在的即期汇率（S）加上结算日远期汇差，到期日远期汇率的预期E（F_{MR}）等于现在的即期汇率（S）加上到期日的远期汇差。

本章小结

远期外汇合约是指双方约定在将来某一时间按约定的远期汇率买卖一定金额的某种外汇的合约。

远期汇率是指两种货币在未来某一日期交割的买卖价格。

远期贬值的货币对另一种相对的货币（升值的货币）叫作贴水；反之，远期升值的货币叫作升水。

远期汇率的报价方法通常有两种：（1）直接报价法，就是报出直接远期汇率；（2）点数表示法，就是报出远期差价，远期差价是指远期汇率与即期汇率的差额。

远期汇率的理论价格可通过利率平价定理加以确定，利率平价定理表述短期内外汇市场与国际货币市场的动态均衡状态，并由此确定两种货币利息差与远期外汇汇率的关系。利率平价定理可用如下公式表示：

$$F = S \times \frac{1 + \frac{T}{360} i}{1 + \frac{T}{360} i^*}$$

或 $$i - i^* = \frac{F - S}{S} \times \left(1 + \frac{T}{360} i^* \right) \times \frac{360}{T} \approx \frac{F - S}{S} \times \frac{360}{T}$$

$$F = S + S \times (i - i^{*}) \times \frac{T}{360}$$

掉期是指同时买卖相同数额、相同币种，但不同交割日货币的外汇交易。它是由两笔期限不同的外汇买卖构成的。按照交割期限的差异，掉期可分为即期对即期掉期、即期对远期掉期和远期对远期掉期。

远期对远期掉期是指买进或卖出交割期限较短的远期外汇的同时卖出或买进同等数量的交割期限较长的同种远期外汇。它既可以用于避免汇率波动的风险，又可用于某一段时间的投机。

SAFE是指具有表外性质的远期对远期掉期交易，是根据对未来利率差变动或外汇升贴水变动进行保值或投机的一种远期协议。

SAFE交易实际上包括一组综合外汇协议，主要有ERA和FXA。

$$\text{ERA交割数额} = A_M \times \left[\frac{W_R - W_c}{1 + \left(i \times \frac{D}{B}\right)}\right]$$

$$\text{FXA交割数额} = A_M \times \left[\frac{F_{MR} - F_{MC}}{1 + \left(i \times \frac{D}{B}\right)}\right] - A_S \times (F_{SR} - F_{SC})$$

SAFE交易原理如下：

（1）ERA交易原理：预测利差扩大，买入ERA协议，即做多升水数（绝对数），待升水增加后平仓。公式得正数为盈利，得负数为亏损。反之，预测利差缩小，卖出ERA协议，即做空升水数，待升水减少后平仓。公式得负数为盈利，得正数为亏损。

（2）FXA交易原理：FXA交易实际上相当于前文所讲的远期对远期掉期交易，所以其交易原理与远期对远期掉期交易一样。预测利差扩大，买入FXA协议，即卖出较近的远期，买入较长的远期，等待升水增加后平仓。公式得正数为盈利，得负数为亏损。反之，预测利差缩小，卖出FXA协议，即买进较短的远期，卖出较长的远期，等待升水减少后平仓。公式得负数为盈利，得正数为亏损。

关键概念

远期外汇合约　利率平价定理　掉期　SAFE

综合训练

3.1 判断题

1）外汇风险表示的是外国借款者的违约风险。（　）

2）名义利率等于实际利率加风险溢价再加上通胀率。（　）

3）外汇的直接报价与间接报价相反。（　）

4）如果一种货币相对于另一种货币贬值，则人们将会买更多的外币。（　）

5）远期外汇可能大于或小于即期汇率。（　）

6）一国利率的变化通常会导致该国货币在国际市场上远期升水、贴水的变化。（　）

7）远期汇率反映了国家间的利率差。（　　）

8）预期的通胀会导致本币币值下跌。（　　）

9）利率平价理论认为国家利率差将被反映在远期货币市场中。（　　）

10）远期合约和期货合约以同样的方式在市场上采取每日结算制度。（　　）

3.2 单项选择题

1）下列说法正确的是（　　）。

A.在直接标价法下，汇率上升意味着本币升值

B.买入价和卖出价是同一种外汇交易中买卖双方所使用的价格

C.在直接标价法和间接标价法下，升水与贴水的含义截然相反

D.远期外汇的买卖价之差总是大于即期外汇的买卖价之差

2）在伦敦外汇市场上，即期汇率GBP=HKD12.55-12.6，6个月的HKD差价为90-100，斯密公司买进6个月的远期HKD10 000，折合英镑（　　）。

A.10 000÷（12.55+0.0090）　　B.10 000÷（12.60+0.0100）

C. 10 000÷（12.55-0.0090）　　D. 10 000÷（12.60-0.0100）

3）下列不适用于掉期交易的说法是（　　）。

A.一对交易构成，通常一方是即期，另一方是远期

B.能够代替两种市场交易

C.消除了对方的信用风险

D.可以用来充分利用套利的机会

4）套汇是外汇市场上的主要交易之一，其性质是（　　）。

A.保值性的　　B.投机性的

C.盈利性的　　D.既是保值的，又是投机的

5）即期交易中，标准交割日是指（　　）。

A.成交当日交割　　B.成交后第二日交割

C.成交后第二个营业日交割　　D.成交时双方协议的交割日

6）下列属于远期外汇交易的是（　　）。

A.客户与银行约定有权以1美元=8.2739人民币的价格在一个月内购入100万美元

B.客户从银行处以1美元=8.2739人民币的价格买入100万美元，第二个营业日交割

C.客户按期交所规定的标准数量和月份买入100万美元

D.客户从银行处以1美元=8.2739人民币的价格买入100万美元，约定15天以后交割

7）根据利率平价理论，利率较高的货币，其远期汇率表现为（　　）。

A.升水　　B.贴水　　C.平价　　D.升跌不定

3.3 多项选择题

1）传统的外汇交易市场主要包括（　　）。

A.即期外汇交易　　B.远期外汇交易

C.外汇期货交易　　D.套汇交易

2）远期外汇交易的交割方式有（　　）。

A.固定交割日　　B.标准交割日

C.当日交割　　D.选择交割日

3）下列关于即期汇率与远期汇率关系的叙述中，错误的有（　　）。

A.即期汇率以远期汇率为基础，但又不同于远期汇率

B.即期汇率总是低于远期汇率

C.远期汇率由即期汇率加、减远期点构成，亦称升、贴水

D.远期汇率必须同即期汇率一样直接标出实际汇率

4）套汇交易的方式有（　　）。

A.地点套汇　　B.时间套汇　　C.套利　　D.直接套汇

5）外汇掉期交易的两笔交易相同的有（　　）。

A.方向　　B.币种　　C.期限　　D.金额

3.4 问答题

1）什么是远期外汇合约？

2）什么是远期汇率？

3）什么是远期汇率的升水和贴水？

4）什么是直接报价法？

5）什么是点数表示法？

6）SAFE是指什么？

3.5 计算题

1）假设6个月期美元利率为4.5%，6个月期欧元利率为2.0%，欧元对美元即期汇率EUR/USD为1.5800，那么6个月期欧元对美元远期价格是多少？

2）当前汇率是1美元等于1.4456单位G元。美国短期国库券的利率为8.68%。G货币的60天远期汇率为$0.6950/G。隐含在这些价格中的G国利率是多少？

知识拓展3-1
国际金融市场主要外汇产品交易终端

第4章

金融期货交易规则与定价

学习目标

通过本章的学习，掌握期货市场基本知识；了解金融期货市场的产生和发展；了解金融期货交易的规则；掌握期货价格与现货价格、远期价格的关系；学会运用持有成本模型对金融期货进行定价；掌握简单的金融期货交易套期保值。

4.1 期货市场简介

4.1.1 期货市场概述

1）期货及期货合约

所谓“期货”（future）是指以合约形式确定下来的在将来某一特定日期进行交割（购买或出售）的某种实物商品或金融资产，它与“远期”一样，都是相对于“现货”而言的。

期货合约是由期货交易所统一制订的、规定在将来某一特定的时间和地点交割一定数量和质量实物商品或金融商品标准化合约。

期货合约的标准化条款一般包括：

（1）交易数量和单位条款。每种商品期货合约规定了统一的、标准化的数量和单位，统称“交易单位”。

（2）质量和等级条款。商品期货合约规定了统一的、标准化的质量等级，一般采用被国际上普遍认可的商品质量等级标准。例如，由于中国黄豆在国际贸易中所占的比例比较大，所以在日本名古屋谷物交易所就以中国产黄豆为该交易所黄豆质量等级的标准品。

（3）交割地点条款。商品期货合约为期货交易的实物交割指定了统一的、标准化的实物商品的交割仓库，以保证实物交割的正常进行。

（4）交割期条款。商品期货合约对进行实物交割的月份作了规定，一般规定几个交割月份，由交易者自行选择。例如，中国金融期货交易所（以下简称“中金所”）规定沪深300股指期货合约月份或交割期为当月、下月及随后两个月。

（5）最小变动价位条款。其是指期货交易时买卖双方报价所允许的最小变动幅度，每次报价时价格的变动必须是这个最小价位的整数倍。例如，中金所规定沪深300股指期货合约最小变动价位为0.2点。

（6）每日价格最大波动幅度限制条款。其是指交易日期货合约的成交价格不能高于或低于该合约上一交易日结算价的一定幅度，达到该幅度则暂停该合约的交易。例如，中金所规定沪深300股指期货合约每日价格最大波动限制为上一个交易日结算价的±10%。

（7）最后交易日交款。其是指期货合约停止买卖的最后截止日期。每种期货合约都有一定的限制，到了合约月份的一定日期，就要停止合约的买卖，准备进行实物交割。例如，中金所规定沪深300股指期货合约最后交易日为合约到期月份的第三个周五（遇法定假日顺延）。

除此之外，期货合约还包括交割方式、违约及违约处罚等条款。

2）期货交易

期货交易是按一定规章制度进行的期货合约的买卖，期货市场就是进行期货交易的有组织的市场。期货交易运行所涉及的各种机构及参加者，如期货交易所、清算所、期货佣金商、场内经纪人、投机者和套期保值者等构成了期货市场的基本要素。期货交易的发展要求完善的市场形态和机制来保障，同时期货市场的形成和发展又促进了期货交易的不断增加和交易范围的扩大。追根溯源，期货交易的发展经历了漫长的历史过程，其产生的最原始动力是商业活动中存在大量的库存风险、资信风险和价格波动风险。

3）市场参与者

为了使期货市场成功运行，必须有两类参与者：套期保值者和投机商。没有套期保值者，这个市场就不会存在，也就不会有投机商履行的经济功能。

（1）套期保值者

在期货市场环境下，套期保值者是从事存在无法接受的价格风险水平的交易活动的人。例如，农场主每个冬季都必须为春季要种什么农作物做出决定。尽管他们知道作物轮作的事情，但仍然会面临抉择。如果他们种植的某种农作物价格在后来升高，他们便获得收益，万一生产过多或需求减少则价格会下降，价格可能下跌到一个连生产费用都补偿不了的水平上。为了减少这种风险，农场主们可能会选择在期货市场上进行套期保值。农场主们将他们不愿意承担的风险转移给愿意承担风险的投机商。在这个例子中，农场主们就是一个套期保值者。

（2）加工商

加工商是与套期保值者有关的一个群体，但是也有区别。接上例，他们自己也许并不会面临生产什么农作物的困惑，但是作物是中间产品，他们时刻需要这些农作物来为自己的生产做准备，所以他们也需要在期货市场上为自己可能面临的风险进行保值。

（3）投机商

套期保值者为了消除那些可能的风险，他们必须找一个愿意承担风险的人，这些人就是投机商。投机商没有需要使用期货合约的经济活动，而是在期货市场上寻找有吸引力的投资机会并取得期货头寸，以期从该头寸上获得利润而不是对自己的生产进行保护。

4）期货市场的形成与发展

（1）商品期货

随着商业的发展，人们越来越觉得有必要积累库存，尤其是那些季节性较强的农作物，但是储存商品有很大的财务和价格风险。生产商、加工商和中间商们为了解决这一矛盾，终于发明了远期合同，即用签订远期货物合同的方式来固定购销关系。一旦商人觉得市场价格将会上涨，他就先在市场上签订固定价格的远期货物销售合同，以此来维持购销关系和转嫁货物买卖的价格波动风险。但是，随着交易量的日益增多，市场价格波动使交易风险越来越大，远期合同的局限性渐渐地暴露了出来。远期合同的购销关系并不稳定，在价格波动极为剧烈的情况下，撕毁合同或拒绝履约的情况屡见不鲜。现货市场在一定程度上已经无法解决它自身存在的不稳定性，从而产生了标准化的期货合约以及为期货合约进行统一清算和结算的机构。正是这一演变，为期货市场的真正形成奠定了基础。

期货交易至今已有100多年的历史，美国的芝加哥商品交易所（CME）自1874年成立后就一直在从事期货交易。但一直以来，期货交易都集中于初级产品之上，就是商品期货。商品期货可细分为农产品期货、畜产品期货、热带产品期货、金属期货、能源期货以及商品价格指数期货等几个大类。除了最后一个属综合性的价格指数以外，其他各期货合约所涉及的所有产品都具有商品的特征。

商品期货市场的形成与发展主要是为了使商品生产者和商品使用者能有一个渠道来转移他们所承受的市场价格风险，同时它也为投机商入市承担风险、赚取风险利润创造了必要的条件。假如是投机交易的话，购买期货合约的一方总是相信基础资产的价格将要上升，而出售期货合约的人则希望基础资产的价格下跌。假如是套期保值交易的话，买卖期货合约的当事人并不是在对基础资产的价格走势打赌，而是根据其在日常经营活动中所面临的风险情况来做出卖出还是买入期货合约的决策，如原来承受的是多头寸风险，就往往会选择卖出期货合约来进行冲抵；反之，原来承受的是空头寸风险，就会选择买进期货合约来加以平衡。

（2）金融期货

美国芝加哥期货交易所[①]（Chicago Board of Trade，CBOT）成立于1848年，是一个具有领导地位的期货与期权交易所。通过交易所的公开喊价和电子交易系统，超过3 600个CBOT会员交易50种不同的期货与期权产品。在交易所成立早期，CBOT仅交易农产品，如玉米、小麦、燕麦和大豆。交易所的期货合约经过多年的发展演变，现包括非保存性农产品和非农产品，如黄金和白银。1972年5月，CME推出了历史上第一个外汇期货合约，标志着金融期货的诞生。随着第一种金融期货合约的推出，期货交易逐渐被引进到多种不同的金融工具，其中包括美国国库中长期债券、股价指数和利率互换等。

5）期货交易的主要特征

（1）期货市场具有专门的交易场所。

（2）期货市场的交易对象是标准化的期货合约。

（3）适宜进行期货交易的期货商品具有特殊性。

（4）期货交易通过买卖双方公开竞价方式进行。

（5）期货交易实行保证金制度。

（6）期货市场具有高风险、高回报的特点。

（7）期货交易不以实物商品的交割为目的。

（8）期货交易由期货交易所对其提供履约担保。

6）期货市场的功能

由以上可知，期货市场主要有三种需求者：希望寻找商品未来价格的人、投资者和希

① 2006年，美国芝加哥商品交易所（CME）和芝加哥期货交易所（CBOT）合并成全球最大的衍生品交易所——芝加哥交易所集团。

望进行避险的人。所以，期货市场至少有两项主要的社会功能：价格发现和避险。

（1）价格发现

价格发现是指通过期货市场推断现货市场的未来价格。在期货契约的买卖中，交易者同意于未来某特定时间，根据目前约定的价格，进行或接受某特定商品的交割。在这种情况下，期货价格与期货契约未来交割的预期现货价格之间应该存在某种特定的关系，而且，这种关系具有高度的可预测性。运用目前期货价格中所包含的资讯，市场观察者可以估计某种商品在未来某特定时间的可能价格。

（2）避险

许多期货市场的参与者利用期货交易来替代现货交易。预期避险是在期货市场发生的交易，借以取代未来预期的现货市场交易。一般来说，避险者都是相关商品的供应商或使用者。

4.1.2　期货价格与现货价格

1）期货价格与现货价格的关系

（1）期货价格以现货价格为基础。

（2）期货价格收敛于现货价格。

随着期货合约交割月份的逼近，期货的价格将收敛于标的资产的现货价格。当到达交割期限时，期货的价格将等于现货价格。

2）期货价格与预期的现货价格的关系

（1）预期假说（expectations hypothesis）

期货合约的交易价格等于交割日现货市场的预期价格，即 $P_f = \bar{P}$。

（2）期货折价（normal backwardation）

凯恩斯认为，从总体上看，套期保值者在期货市场上是以空头出现的，为使投机者以多头的角色出现在期货市场上，并承担相应的风险，套期保值者必须以高于无风险回报率的收益作为投机者的风险补偿。因此要求期货的价格低于预期的现货价格，即 $P_f<\bar{P}$。

（3）期货溢价（normal contango）

另一个相反的假说认为，在通常情况下，套期保值者愿意在期货市场上做多头，他们为使投机者做空头并承担相应的风险，套期保值者必须通过使持有空头头寸的预期回报率高于无风险的回报率来吸引投机者。这就要求期货价格比预期的现货价格高，即 $P_f>\bar{P}$。

4.1.3　期货价格与远期价格

从理论上讲，如果市场是完善的，而且利率呈非随机性，期货价格与远期价格应该是相等的。

在一个相对完善的市场上，只要一系列相关的利率是已知的，并且保持不变，即使期货价格的变动是随机性的，期货价格必定与远期价格相等。如果两者不相等，套利活动便有利可图，即在较低的价格上买进期货（或远期）合约的同时，在较高的价格上卖出远期（或期货）合约，尽管买卖的期货合约数量要按合约的现值来计算。随着大规模套利进程的展开，由于市场机制的作用，期货价格会逐渐趋向于与远期价格相等。

但是在实践中，由于期货合约与远期合约在流动性、交易费用、税收待遇等方面有不同的规定，而且两者涉及的信用风险也有所不同，因此两者的价格确实会存在着一些差异。此外，利率的变动也是呈随机性质的，在事前很难预测，因此期货价格与远期价格也会不尽相同。

一般来说，如果期货价格运动与利率的变动存在着正的相关性，期货价格就会高于远期价格。其市场作用原理是：期货价格上涨，持多仓的投资者获利；与此同时，市场利率也上升，于是，逐日盯市带来的收益便可按较高的利率进行投资；反之，期货价格下降，逐日盯市导致持多仓者的保证金账户发生现金流出；同时，市场利率也出现下跌，投资者可在较低的利率水平上通过借入资金来满足追加保证金的要求。这两种影响都使得持有期货的多空头寸比持有远期合约更为有利。于是，相对于远期合约而言，投资者竞相购买期货合约，结果将期货的价格抬得比远期的高。

反过来，假如期货价格的变动与利率的变动呈负相关，期货价格就会低于远期价格。因为期货价格上涨给持多仓者带来的现金流入，现在只能在较低的利率上进行投资；反之，期货价格下降给持多仓者造成的现金流出，现在却要在较高的利率水平上进行融通。这就使得持有期货合约不如持有远期合约有利。于是，前者的价格就会比后者的低。

4.2 金融期货合约

金融期货自20世纪70年代在全球范围内推出之后，随着金融管制的放松以及随之而来的经济全球化浪潮，已成为各类金融机构用来防范风险的重要工具。

由于杠杆效应，金融期货可能给投机者带来潜在的巨大损失，如英国巴林银行日经指数期货的巨额亏损事件。当然，一些国际投机家也常常利用这种杠杆效应以期投机获利，如1997年国际对冲基金曾利用恒生指数期货对香港股市进行投机活动。

金融期货包括货币期货、利率期货和股票价格指数期货，利用这几种期货合约可以分别防范汇率、利率及股票价格变动风险，或者进行投机活动。

利用金融期货合约进行保值，可以达到锁定未来某时点上金融资产价格的目的。其原理在于将资产的价格风险转化为基差风险。此外，由于期货合约相关资产与所保值的金融资产可能不完全对等（如利率类及股市指数类合约），将影响保值效果，即存在交叉保值问题。

4.2.1 金融期货的产生与发展

金融期货是指期货的标的物为金融商品的期货合约。在商品期货的发展基础上，随着各种金融产品价格的放开，逐步产生了金融期货。

1944年7月，在美国的主导下，达成了《布雷顿森林协议》。根据这个协议建立起来的国际货币体系被称为布雷顿森林体系。其主要内容是国际货币基金组织各成员国的货币应以黄金和美元来表示，美元直接与黄金挂钩，各国确认1934年美国政府规定的35美元等于1盎司黄金的官价。美国政府承担按此价格向各国政府和中央银行兑换黄金的义务，其他国家的货币按其含金量确定与美元的比价，从而间接与美元挂钩。这样就形成美元与黄金挂钩，其他国家的货币与美元挂钩的以美元为中心的国际货币体系。从第二次世界大战结束到20世纪60年代中期，这种以美元为中心的国际货币体系是相当成功的。它使各国货币的汇率保持了相对的稳定，促进了国际贸易和世界经济的发展，这一时期美国的利率在联邦政府的控制下，一直呈现稳定状态。然而，这种货币体系之所以能够建立和存在，是由于当时美国在世界经济中占有主导地位，第二次世界大战刚结束时，美国的国民生产总值占了全世界的一半。如果这个前提条件发生变化，那么这种货币体系就难以维持了。从20世纪50年代开始，德国、日本等国的经济实力迅速增强，美国在国际经济中所占的比重不断下降，美元不断外流，美国的国际收支开始出现逆差。同时，20世纪60年代美国深陷于越南战争的泥潭，军费开支不断增加。在约翰逊政府时期，美国联邦政府决定舍弃向人民征税，转而采用增发货币的方式筹集军费以支援越南战争，造成通货膨胀急剧升高，利率逐渐上升，波动幅度也不断扩大。1960年年底，美国的对外短期债务已超过其黄金储备，这种情况的出现使人们对美元信心大减，持有大量美元的国家开始不断向美国兑换黄金，从而引发了一次次的美元危机。尽管美国政府为了挽救美元和固定汇率制度采取了许多措施，但无奈其国际收支状况仍然不见好转，于是在1971年8月15日，尼克松政府被迫宣布实施“新经济政策”，停止向各国政府和中央银行按官价出售黄金，并对进口商品征收10%的临时附加税，以改善其国际收支状况。

美国的这些决定遭到西方各国的共同反对，通过谈判，美国于1971年12月18日与西方各国达成《史密森协定》，规定美元对黄金比价贬值7.89%，即由原来的35美元等于1盎司黄金贬值为38美元等于1盎司黄金，其他发达国家的货币对美元的汇率升值2.76%至7.66%不等，也就是说，这相当于美元对其他发达国家的货币贬值12%。《史密森协定》还规定，各国货币的汇率波动幅度从其黄金平价的上下各1%扩大到上下各2.25%。《史密森协定》并没有能够挽救固定汇率制度。1973年2月，美元再次贬值，从38美元兑换1盎司黄金贬到42.22美元兑换1盎司黄金。但实际上，美元的这种黄金平价并不代表各国政府和中央银行可以随意地用美元向美国政府兑换黄金，因此美元的这种含金量已经没有什么实际意义了。从1971年8月15日起美元已经和黄金脱钩，西方国家的货币汇率也不再钉住美元，开始实行浮动汇率制度。以美元为中心的固定汇率制度，也就是布雷顿森林体系在20世纪70年代初终于崩溃了。

浮动汇率制度给各国经济带来了一系列的问题。在汇率实行自由浮动以后，各国政府纷纷以调整本国利率的方式来稳定汇率，于是利率的波动幅度和范围进一步扩大，企业和个人的投资风险也随之增加，在这种情况下，金融期货应运而生。

国际货币体系进入了浮动汇率制，这为金融期货（外币期货）的诞生提供了最初的动力。因为在浮动汇率制下，一方面，汇率经常出现剧烈波动，外汇风险已成为影响经济运行的一种突出现象。另一方面，受两次石油危机的冲击和其他因素的影响，西方各国在经济停滞不前、失业率居高不下的同时，所承受的通货膨胀压力也在不断加大。这些国家的政府及货币当局为摆脱“滞胀”困境，时而放松银根、时而又紧缩信贷，结果造成利率水平暴涨暴跌，股市前景也变得更加令人捉摸不透。石油价格风险、利率风险和股价风险猛增，在这种情况下，进出口企业、跨国公司、证券投资者及其他经济主体迫切希望采取更有效的保值措施来规避金融风险。另外，在这同一时期，西方各国纷纷放松或解除了金融管制措施，金融市场上的交易日趋自由化，为谋取风险利润的投机活动也异常活跃。

为适应保值和投机的需要，西方发达国家开始将商品期货交易中所获得的成功经验运用于金融领域，许多金融性质的交易标的陆续进入期货市场。这使得从事国际贸易、国际信贷和国际投资活动的进出口商人、银行家及投资者能更有效地获得套期保值的保障，以达到防范汇率风险和利率风险的目的。

1972年5月16日，CME下属的国际货币市场（IMM）推出了美元对英镑、加拿大元、德国马克、日元、瑞士法郎、意大利里拉和墨西哥比索等7种货币的期货交易。这是金融衍生品发展的一个划时代重大事件，它标志着金融期货的诞生。

外汇期货的推出刺激了其他金融期货合约的诞生。1974年12月31日起IMM又开始做黄金期货。1975年10月20日，CBOT推出国民按揭协会的抵押存款凭证的期货交易，但是这类合约的交易不太成功，现在已停止交易，不过它是有史以来第一份利率期货合约。

1976年1月6日，IMM推出了美国财政部发行的30天期短期国库券的期货交易。1977年8月22日，CBOT也开始了第一份美国政府长期国债的期货合约，并大获成功，这个品种目前已成为世界上交易最活跃的期货合约之一。1981年12月，欧洲美元的期货交易在IMM诞生。美国政府发行的10年期的中期国债的期货交易则是由CBOT于1982年开发的，在随后的10年里年交易量增长了10倍之多。5年期和2年期的中期国债期货交易分别是在1988年5月和1990年6月引入的。此外，CBOT还推出了90天期的商业票据的期货交易。1984年，在美国的金融期货市场上出现了30天期存款凭证期货。所有这些期货合约都是控制利率风险的重要工具。

股票价格指数的期货合约的开发也是金融衍生产品发展史上的一个重要事件。1982年2月，美国的堪萨斯城农产品交易所首次推出了价值线平均综合指数的期货合约。2个月以后，CME也开始交易标准普尔500股票指数期货，而纽约股票交易所下属的纽约期货交易所则于1982年5月起开始买卖纽约股票交易所综合指数期货。芝加哥商品交易所于1984年7月起开办主要市场指数的期货交易。除了股价指数期货之外，1985年6月CBOT还推出了市政债券指数的期货合约，由此创造了一种对市政债券现货或现金市场上的风险进行套期保值管理的工具；而目前在纽约农产品交易所挂牌交易的还有美元指数期货，这个指数实际上是以美国对10个国家的贸易额为权数来进行加权平均的美元对欧元、日元、英镑、加拿大元、瑞典克朗及瑞士法郎的有效汇率。

在美国以外的其他国家，金融期货也迅速发展。1982年9月底，伦敦国际金融期货交易所（LIFFE）宣告成立并正式开始营业。该交易所经营的期货合约范围很广，有英镑长期金边债券、3月期英镑定期存款和欧洲美元存款、美国财政部库券等金融凭证的利率期货，有美元对英镑、瑞士法郎、德国马克、日元等4种货币汇率的外币期货，还有PT-SE100股票价格指数期货。这里面，有的是以英镑为基础资产的定值货币，有的则是以美元为定值货币的基础资产。

LIFFE自其诞生日起便成为仅次于CME和CBOT的世界上第三大期货交易所。1992年9月，欧洲货币体系的稳定汇率机制爆发危机，结果导致英镑和意大利里拉不得不退出该机制。在被称作“黑色星期三”的9月16日，LIFFE交易的期货合约数量甚至超过了上述两家芝加哥的交易所而成为世界第一。

1986年，法国金融期货交易所（MATIF）在巴黎开始进行期货交易。此后，几乎每一年都有新的期货交易所在世界各地开张。如瑞士的SOF-FEX（1988年）、都柏林的

IFOX（1989年）、德国的TDB（1990年）、奥地利的OTB（1991年）、意大利的MIF（1992年）。此外，加拿大的多伦多期货交易所（TFE）、澳大利亚的悉尼期货交易所（SFE）、新西兰期货交易所（NFE）、日本的东京国际金融期货交易所（TIFFE）、新加坡国际货币交易所（SIMEX）以及中国香港期货交易所（HKFE）等也相继开始从事各种类型的金融期货交易。

无论是从交易所的数量来看，还是从买卖的合约数或成交的名义金额来看，金融期货交易获得了飞速发展。截至1999年，全世界共有8个国家的12家交易所在从事货币期货交易，而利率期货交易更是涉及24个国家的29家交易所。此外，还有不少交易所在做股票价格指数期货、商品价格指数期货和汇率指数期货。

现在，金融期货交易的范围在不断扩大，成交日趋活跃，以至于在许多重要的市场上，其交易量超过了这些合约所代表的基础资产的市场交易量。如在CME交易的标准普尔500股票指数期货所代表的股票价值超过了在纽约股票交易所实际成交的股票交易量。

4.2.2 金融期货的交易规则与特征

金融期货交易一般可分为三类：外汇期货、利率期货、股票价格指数期货。但这些不同种类的期货合约的市场结构、交易程序、交易规则和特征基本相同。

1）金融期货合约的标准化

期货合约是一种在交易所里成交的标准化的远期合约，每一份期货合约一般都规定了以下几个主要的标准化交易条件。

（1）期货合约面值

期货合约面值是由各个交易所自行规定的。不同交易所的合约规模是不一样的，下面举两个例子：

①在费城股票交易所交易的外汇期货的合约面值仅为IMM合约的一半。

②在CBOT和LIFFE交易的期限为90天的欧洲美元期货合约都是以100万美元为交易单位，而在CBOT交易的中长期国债的期货合约则都以10万美元为交易单位。

确定合约面值对于交易所来说非常重要。合约面值太大，许多想对较小风险进行抵补的套期保值者就不会进入交易所进行期货买卖；反之，交易所规定的合约规模太小，交易成本就会相应增大。所以，从根本上讲，合约的适当规模应取决于最经常使用这类合约的客户的潜在需要。

（2）基础资产的质量

金融期货在一般情况下不分质量等级，但对于某些金融期货，交易所也有一些特别的规定。如在CBOT交易的长期国债期货，其基础资产特指由美国财政部发行的期限为20年、息票利率为8%的长期公债；而中期国债期货合约的期限则有不能短于6.5年和不超过10年的规定。一般来说，交易所制定有专门的转换系数来计算或调整这些期货合约的开票数额，以适应交割时出现的息票利率高低和债券期限长短的特殊情况。

（3）交割时间和交割地点

交割时间具体由交易所规定，不同交易所的规定一般是有差异的。例如，CME下属的IMM所进行的外汇期货交易的交割月份只有4种：3月、6月、9月和12月。所以，在任何一个交易日，除了最近的交割月份之外，通常还有若干个交割月份的期货合约可供选择。

对于金融期货来说，交割地点的规定不是很重要。

(4) 报价方式与最小变动价位

不同的期货合约有不同的报价方式。例如，纽约商品交易所的石油期货价格以每桶多少美元、多少美分的形式报出，即以美元为报价单位，保留两位小数。CBOT交易的中长期国债期货则报出其每100美元债券面值的价格，且以1/32美元为最小报价单位。实际上，报价方式与价格的最低变动幅度是有联系的。在上述例子中，石油期货价格变动的最低幅度为1美分，而中长期国债期货的价格变动最起码是1/32美元。

(5) 每日价格波动幅度限制

期货交易是由买卖双方通过竞价成交的。为了防止期货价格出现过分剧烈波动而引起市场混乱，各交易所对某些期货合约的每日波动的最大幅度会做出某种限制。在通常的情况下，一旦价格变动至“日涨跌停板”，当日的这类期货交易就停止进行。当然，这并不排除有时交易所会插手干预或改变涨跌的上下限。

设立涨跌停板制度的初衷是为了防止过度投机而导致期货价格的急剧波动，但它是否能始终起到这个作用，这在实践中是有争议的。有人认为，在某些情况下，期货商品的实际价格虽然发生了大幅度变动，但它却反映了市场的基本因素，而涨跌限制无异于中断市场调节机制发挥作用，是人为地阻碍市场调节机制的运行。

(6) 头寸限制

有的交易所还规定投机者持有的最高限度。设定头寸限制的目的是为了防止投机者操纵市场，而对于套期保值交易来说一般不受什么限制。

(7) 最后交易日

最后交易日是各交易所规定的各种期货合约在交投月份最后进行交易的日期。例如，IMM的外汇期货合约的交割日是交割月份的第三个星期三，这一天往前移两个营业日便是最后交易日，这种期限的期货交易在该天结束。

(8) 现金结算

有些金融期货的标的物进行实际交割的成本太高，或者根本就不可能交割。例如，在CME交易的商品指数期货、在NYBOT挂牌的美元指数期货、在CBOT买卖的S&P500股指期货以及欧洲美元期货等就属于这一类。所以，这类期货合约没有关于实际交割的规定，而是以现金结算取代了基础资产的实际转移。采用现金结算的金融期货，在最后交易日的盯市完成后，其头寸即告平仓。在绝大多数情况下，最后交易日的结算价格等于或已非常接近基础资产的现货价格。若两者之间存在一些差额，考虑到交易费用和运输成本等因素，要想赚取套购利润也已经不可能。

2) 金融期货交易的保证金制度

每个交易所负责为其交易的不同期货合约制定保证金要求，不同的交易所要求其会员存入的保证金数量是不同的。会员经纪人在交易所清算机构开立的保证金账户称作“清算保证金”，它没有初始保证金和维持保证金之分。在此基础上，各期货经纪人或佣金商再制定对其客户所要求的保证金数量。在通常的情况下，它要比交易所规定的水平更高一些。

期货经纪人对客户要求的保证金分成两类，即初始保证金和维持保证金。前者是指开立期货账户买进或卖出合约时必须在经纪人公司或清算机构存入一定数量的货币金额，它通常高于期货合约在一个营业日里可能发生的最大价值变动所造成的亏损，这样，一天的价格不利变动并不一定导致客户马上需要追加保证金；后者是期货合约开仓后因价格的不利变动而发生损失时允许保证金所能降至的最低水平，它一般为初始保证金的75%。保证金账户余额若低于这个水平，追加保证金通知书就会发出，客户接此通知后必须立即再存入现金以使账户余额恢复到最初的保证金水平，否则他就不能再进行交易，即交易所会对其实施强制平仓。这种追加的补亏资金称为变动保证金。反之，若期货价格出现有利变动，投资者可立即从其账户中将盈余部分提出。

期货经纪人向客户收取的保证金数额是可协商的，其最低限额为清算会员按规定存入清算机构的保证金水平。至于保证金究竟可订得多高，并不存在任何限制，一般由各经纪人之间的竞争状况来决定。客户的保证金余额一直要保持到其在同一期货市场上通过安排一项反向交易来抵销原来的期货头寸，或者在交割日按合约规定完成实物资产或金融凭证的实际交割时为止。

影响保证金数量的有许多因素，主要有：

（1）期货交易所处的时间

一般来说，期货合约的价格变动临近交割时会变得很剧烈，这个时候，对客户的保证金要求一般也比较高，也就是进入交割期的期货头寸所支付的保证金要比远离交割日的期货头寸高。

（2）标的资产的性质

我们认为，标的资产价格波动性越大，保证金水平就越高。

（3）期货交易的目的

一般来说，对套期保值者要求的保证金比对投机者的要低，因为前者有实物商品或基础资产的供求作保障，发生违约的可能性较小；而后者则涉及较大的信用风险。

那么，对于一个交易所，保证金究竟是多少合适呢？这是个非常复杂的问题。如果保证金处于比较高的水平，自然能减少违约的风险，从而有效保护交易所的利益；但与此同时，它也会加大套期保值的成本，减小市场的流动性。况且提高保证金是否真的能降低市场的波动性或易变性，这也是一个问题。

3）金融期货交易的逐日盯市制度

期货交易最大的特征是逐日盯市，有时也叫“每日结算制”，指的是每个营业日的交易停止以后，成交的经纪人之间不直接进行现金结算，而是将所有结算事务都交由清算机构办理。

办理清算的依据是清算价。清算机构在每个交易日为其会员公司的账户算盈亏。假如某日收盘后某会员的账户余额降至维持保证金水平以下，他必须立即追加保证金；反之，在盈利的情况下会员公司则可随时提取超额部分。实际上，除了交易所清算机构与会员经纪人之间在每个营业日结束作上述结算之外，一般客户在期货经纪人开立的保证金账户也按此办理逐日盯市。逐日盯市的影响在于期货合约每天得到结算，而不像远期交易那样一直要等到到期日才对整个合约存续期间发生的盈亏进行收付。这项制度性安排使得期货合约的价值在每个营业日结束回到零。所以，从逐日实现损益的角度讲，期货合约类似于由一系列的期限为1天的远期合约所构成，即头寸每天被平仓，对盈亏进行支付结算后，在新的价位上重新开仓。

逐日盯市是为了避免因发生违约而导致另一方当事人蒙受巨大损失而设计的，它对于保证期货合约的履行是至关重要的。从实践情况来看，这个制度运行得非常成功，即在期货交易中违约的现象极为少见。

4.3 金融期货定价机制

期货合约的定价机理与远期基本相同，也就是说，我们在远期合约定价中所使用的原理和公式大部分在期货定价中也适用。但是，期货和远期又有很多不一样的地方，特别是“逐日盯市”制度，因此其定价又有所不同。

4.3.1 持有成本模型

当远期合约和期货合约的期限相同时，两者的价格十分接近。但远期合约的价格比期货合约的价格容易解释，因为它不涉及期货交易中的逐日盯市，它只是在合约到期交割时才发生唯一一次现金流动。我们上一节提到期货合约可看作由一连串前后连接的1天期远期合约所构成的交易，也就是在每一个营业日结束，当天到期的远期合约得到清偿后平仓，然后设定新的远期价格使新开仓的1天期远期合约的价值等于零。

1）持有成本模型的基本假设

持有成本模型来为期货合约定价涉及一些假设条件，主要有：

（1）市场是完全竞争的，所有交易者都是价格接受者；

（2）市场是完善的，即没有交易成本，而且不涉及买卖差价；

（3）交易所产生的各种收益免税，或所得税和资本利得税的税率为零；

（4）所有基础资产的可分性是无限的；

（5）基础资产或现货可以卖空，且不受限制，卖空者能自由支配卖空所得到的收入；

（6）期货合约并未赋予卖方（或空方）以交割的选择，即合约项下的基础资产只有一个等级，交割日期也为确定的一天；

（7）交易不涉及信用风险，所有借贷都按无风险利率进行，而且不受限制，无风险利率在期货合约的有效期内保持不变；

（8）现货市场与期货市场存在着价格趋同现象，即在期货合约的到期日，期货价格与现货价格相同（$S_T=F_T$）。

2）持有成本模型介绍

金融期货合约的持有成本模型可用以下公式来表示：

$$F=S+C-I \tag{4-1}$$

其中，F为金融期货价格；S为相关基础资产的现货价格；C为现货的持有成本，可理解为购买基础资产所占用的资金的利息成本或机会成本，以及持有基础资产所支付的费用；I为持有收益，指的是基础资产提供给其持有者的现金流入的终值。如股票的红利支付及收到的红利在期货合约到期以前所赚得的复利，就代表着股指期货的持有收益；又如，实际的和应计的息票收入及收到的息票收入在期货合约到期以前所赚得的复利，就代表着利率期货的持有收益。当然，并非所有的基础资产都有持有收益。

对于持有成本模型，我们可以这么解释，将金融期货的购买看作是对在现货市场上实际购买期货合约项下基础资产的一种替代。假如期货合约的定价是正确的，投资者所面临的这两种选择应该是无差异的。例如，在将石油当作投资对象而不是金属商品的情况下，在现货市场上购买石油和在期货市场上买入一份石油期货合约，就是这样的两个选择。然而，购买石油现货会发生现金支出，而这涉及资金的利息成本或机会成本。这样，在石油的现货价格与期货价格是一致的情况下，在期货市场上购买石油期货就变得更为可取。为了使这两种选择处于等值地位，期货的价格就应该比现货的价格高，其差额应等于购买期货合约所省下来的利息费用。在基础资产是石油等实物商品时，它还涉及在期货合约成交日至期货交割日这段时期所开支的保险费用和贮藏成本，所以，石油期货的价格还得进一步升高。

由上述的分析可以得出，期货价格都应该高于现货价格。但是，在实践中，我们会看到在某一段时期内期货价格低于现货价格。究其原因：一是理论推导的假设前提（如交易成本、卖空限制等）未能得到满足；二是期货交易有其独特的优势，如财务杠率高、交易成本低、卖空较容易、合约的流动性好等。所以，投资者在获得新的信息并形成自己的预期之后，首先可能是在期货市场上操作，因为这个市场对新信息的反映速度要快于现货市场。例如，在某种利空消息的冲击下，期货价格会迅速做出反应，领先下跌，而现货市场则因为价格黏性、市场失灵等因素还来不及做出反应或反应滞后，结果导致期货价格低于现货价格的现象出现。

4.3.2 无套利均衡的定价原则

我们在第1章提到过无套利均衡原理，关于金融期货的定价，我们也可以利用这一原理做出补充的分析。

上述持有成本模型的假设条件与市场的实际情况很多时候不完全相符，两者之间存在着一定的差距，所以，$F=S+C-I$只是一个理论价格。

（1）当$F>S+C-I$时，我们可以进行“现金和持有套利”。具体操作是：套利者在借入资金购买现货的同时，出售期货合约，并将现货一直保持到期货合约的到期日。

（2）反之，当$F<S+C-I$时，可以进行“逆向的现金和持有套利”。具体操作是：套利者卖空现货，并将卖空所得到的收入按无风险利率贷出，与此同时，在期货市场上做多，即买入该种基础资产的期货合约，并将期货合约一直保持到到期日。

4.3.3 隐含的回购利率与隐含的逆向回购利率

上述套利过程，产生了所谓的无风险收益，这引出另外两个概念：隐含的回购利率与隐含的逆向回购利率。

隐含的回购利率是指在“现金和持有套利”过程中所赚得的收益率。“现金和持有套利”意味着：在购买基础资产的现货的同时卖出期货。这实际上是贷出资金的利率，因为在初始时刻按S_0的价格购买现货导致现金流出，这近似于贷出货币；而出售期货则保证了在到期时有F（期货价格）的现金流入。所以说，“现金和持有套利”过程所隐含的回购利率是套利者在初始时至到期时贷出资金的利率。此时有：$F_0=S_0\left(1+\dfrac{F_0-S_0+I}{S_0}\right)$，那么，隐含的回购利率$=\dfrac{F_0-S_0+I}{S_0}$。

投资人可以比较一下隐含回购利率与实际借款利率的大小关系。如果能够在市场上按照低于隐含的回购利率的利率水平借入资金，那么就有套利的机会。

隐含的逆向回购利率是指通过卖出现货和买入期货而所得的收益率。这两个同时进行的交易实际上是"逆向的现金和持仓套利"的构成部分，所以隐含的逆向回购利率代表着套利者的借入利率，因为卖空现货形成现金流入，而卖出期货则锁定了在交割日的现金流出。这类似一笔借款交易，"逆向的现金和持仓套利"过程所隐含的回购利率则构成了套利者在初始时至到期时的借入利率。套利者可将其与他实际所面临的无风险贷款利率作比较。只要后者比前者高，套利者就会在期货市场上以隐含的逆向回购利率借入资金，并在证券市场按更高的贷出利率使用这部分资金。

总而言之，如果隐含在期货合约中的回购利率高于市场上实际存在的回购利率，人们就会进行"现金和持仓套利"，即按回购利率借入资金并购买基础资产，与此同时，出售期货合约；反之，当隐含在期货合约中的逆向回购利率低于市场上的无风险利率时，人们就会进行"逆向的现金和持仓套利"，即卖空现货，将所得的收入进行无风险投资或购买无风险资产，同时购买期货合约。

当然，我们同样可以得出一个结论，在市场是完善的情况下，隐含的回购利率与隐含的逆向回购利率应该是相等的。但是，如果现货资产的购买价格（金融机构挂出的卖出价）高于其出售价格（金融机构挂出的买入价），如果期货合约也有买卖差价（bid-asked spread），或现货交易和期货交易还涉及其他交易成本，那么，隐含的回购利率就会低于隐含的逆向回购利率。由此可见，市场上存在的不完善性加大了不可能发生套利的期货价格套利的可能。

4.4 金融期货交易中的套期保值

4.4.1 空头套期保值与多头套期保值

如果投资者知道他要在将来某一特定的时间出售某一资产，则可以通过持有期货合约的空头来对冲该资产价格波动的风险。这就是空头套期保值（short hedge）。

如果投资者知道他要在将来某一特定的时间购买某一资产，则可以通过持有期货合约的多头来对冲该资产价格波动的风险。这就是多头套期保值（long hedge）。

4.4.2 基差风险

1）基差风险的概念

当期货价格与现货价格不一致或期货价格与现货价格的变动幅度不同时，便产生了基差风险（basis risk）。

在套期保值的情况下，一种资产的现货市场的价格与相应的期货价格之差，被称为期货的基差（basis），即$b=S-F$。

$$基差=现货价格-期货价格 \tag{4-2}$$

2）空头套期保值

当套期保值者知道将于时刻t_1出售资产，并在时刻t_2持有期货的空头时，该资产实现的价格为S_2，期货头寸的盈利为F_1-F_2。套期保值资产获得的有效价格是：

$$S_2+F_1-F_2=F_1+b_1 \tag{4-3}$$

3）多头套期保值

当套期保值者知道将于时刻t_1购买资产，并在时刻t_2持有期货的多头时，该资产实现的价格为S_2，期货头寸的损失为F_1-F_2。套期保值资产支付的有效价格是：

$$S_2+F_1-F_2=F_1+b_2 \tag{4-4}$$

4）基差风险产生的原因

（1）套期保值者可能并不能肯定购买或出售资产的确切时间。

（2）套期保值可能要求期货合约在其到期日之前就进行平仓。

（3）需要对冲价格风险的资产与期货合约的标的资产可能并不完全一样。

5）减小基差风险的关键问题

（1）选择期货合约的标的资产。

当不能找到与现货资产完全一样的期货合约的标的资产时，就会产生基差风险，而且期货价格与被保值的资产价格的相关性越差，基差风险越大。

（2）选择交割月份。

随着套期保值的到期日与交割月份之间差距的增加，基差风险增加。

6）最佳套期比率

套期比率是指持有期货合约的头寸大小与风险暴露资产大小之间的比率。令保值者现货资产的持有量为N，卖空N_f单位相同资产的期货合约，则$h=\frac{N_f}{N}$。

最优套期比率不仅取决于现货与期货价格的相对风险，而且还取决于现货价格与期货价格的相关系数$h^*=\rho\frac{\sigma_S}{\sigma_F}$。

本章小结

期货是指以合约形式确定下来的在将来某一特定日期进行交割的某种实物商品或金融资产。

期货合约是由期货交易所统一制订的、规定在将来某一特定的时间和地点交割一定数量和质量实物商品或金融商品的标准化合约。

期货合约的标准化条款一般包括：（1）交易数量和单位条款。（2）质量和等级条款。（3）交割地点条款。（4）交割期条款。（5）最小变动价位条款。（6）每日价格最大波动幅度限制条款。（7）最后交易日交款。

期货市场的市场参与者包括：（1）套期保值者。（2）加工商。（3）投机商。

期货市场的功能有价格发现和避险。

期货价格与现货价格的关系：(1) 期货价格以现货价格为基础。(2) 期货价格收敛于现货价格。

期货价格与预期的现货价格的关系：(1) 预期假说 $P_f=\bar{P}$。(2) 期货折价 $P_f<\bar{P}$。(3) 期货溢价 $P_f>\bar{P}$。

金融期货合约的持有成本模型为：$F=S+C-I$。

隐含的回购利率是指在“现金和持有套利”过程中所赚得的收益率。数学式为：$\frac{F_0-S_0+I}{S_0}$。

基差=现货价格-期货价格。

关键概念

期货　期货合约　金融期货　逐日盯市

综合训练

4.1　填空题

1）期货市场参与者包括________、________、________。

2）期货市场的功能有________、________。

3）套期保值者分为________、________。

4.2　单项选择题

1）期货交易是指交易双方在集中性的市场以（　　）的方式所进行的期货合约的交易。

A. 自动竞价　　B. 公开竞价

C. 自由竞价　　D. 非公开竞价

2）期货价格与现货价格的关系是（　　）。

A. 相等　　B. 期货价格大于现货价格

C. 期货价格小于现货价格　　D. 不一定

4.3　多项选择题

1）期货合约的标准化主要体现在（　　）方面。

A. 商品品质的标准化　　B. 商品计量的标准化

C. 交割月份的标准化　　D. 交割地点的标准化

2）期货合约的功能有（　　）。

A. 价格发现功能　　B. 风险转移功能

C. 稳定市场功能　　D. 投机功能

4.4　问答题

1）简述期货的定义。

2）期货合约的标准化条款一般包括哪些？

3）简述期货市场的形成与发展过程。

4）简述期货交易的主要特征。

5）简述期货价格与远期价格的关系。

6）金融期货包括哪几类？

7）简述金融期货的交易规则与特征。

8）持有成本模型的基本假设有哪些？

知识拓展4-1
芝加哥期货
交易所

第5章

久期和凸度

学习目标

通过本章的学习，掌握久期的概念和表达式；了解久期的性质、用途；掌握修正久期的表示方法，了解久期与债券价格变化的关系；掌握几种常用债券的久期的计算；了解凸度的含义和数学表达式。

5.1 久期

我们知道，债券的价格变动与利率是息息相关的，而且一般在金融市场上，市场利率上升，债券价格将会下降；市场利率下跌，债券价格将会上涨。金融期货中的利率期货更是直接用债券做标的物。那么，这是为什么呢？利率水平变化如何影响债券价格变化，我们都可以用久期做出解释。同时，研究利率期货也需要先对久期有一个认识。

5.1.1 久期概述

1）久期的定义、表达式

久期（duration），也叫持续期。它反映债券的平均到期期限，它也是债券所有现金流量发生时间的加权平均值。久期衡量债券持有者收到现金付款之前平均需要等待多长时间。一般意义上的最基本的久期是指麦考莱久期，由美国人F.R.Macaulay于1938年提出来的，下面是对麦考莱久期表达式的一个推导过程。

（1）债券价格的计算

运用现金流贴现方法，可以得出债券价格的计算公式，债券价格是债券到期之前所有现金流量的现值总和。如果我们假设债券每年付息一次，则：

$$P=\sum_{t=1}^{n}\frac{CF_t}{(1+r)^t} \tag{5-1}$$

其中，P为债券的价格；CF_t为第t次现金流（cash flow）；r为贴现率（一般为市场利率）；n为剩余期限。

（2）权重的概念

久期计算需要用每期的现金流量现值作权重。

权重W_t表示某一时刻现金流量的现值与债券价格（所有现金流量现值总和）之比。

$$W_t=\frac{PV(CF_t)}{P} \tag{5-2}$$

其中，PV为现值。

（3）久期的一般表达式

由上所述，可得久期的一般表达式为：

$$D=\sum_{t=1}^{n}t\cdot W_t=\frac{\sum_{t=1}^{n}t\cdot PV(CF_t)}{P}=\frac{\sum_{t=1}^{n}t\cdot\frac{CF_t}{(1+r)^t}}{P} \tag{5-3}$$

（4）久期概念的用途

久期可用来表示不可提前赎回债券面临的利率风险。它考察债券价格对利率变动的敏感性的衡量指标。具体说，久期是债券价格变化与债券到期收益率变化的比例系数。

证明：令 $P=\sum_{t=1}^{n}\frac{CF_t}{(1+r)^t}$　①

对①式相对于r求一阶导数可得：$\frac{dP}{dr}=-\sum_{t=1}^{n}t\cdot\frac{CF_t}{(1+r)^{t+1}}$　②

将②式两边同除以价格P，得：

$$\frac{dP}{dr}\cdot\frac{1}{P}=\frac{-\sum_{t=1}^{n}t\cdot\frac{CF_t}{(1+r)^t}}{P(1+r)}=-\frac{D}{1+r}$$

同时可得：

$$\frac{dP}{P}=-D\cdot\frac{dr}{1+r} \tag{5-4}$$

假定收益率曲线平滑，r在中短期内变化微小。

$$\frac{\Delta P}{P}=-D\cdot\frac{\Delta r}{1+r} \tag{5-5}$$

所以D是反映收益变化影响债券价格变化的比例系数，公式负号表示利率上升，债券价格下跌。

2）修正（modified）久期

这是实际应用中经常使用的一种久期形式。它是由麦考莱久期衍生出来的。

修正久期的定义为：$D_{修}=\frac{D_{麦}}{1+r}$

那么，$\Delta P=-D_{修}\cdot P\cdot\Delta r$

即有：$D_{修}=-\frac{1}{P}\cdot\frac{\Delta P}{\Delta r}$　或　$D_{修}=-\frac{1}{P}\cdot\frac{dP}{dr}$　（5-6）

3）久期与债券价格变化的关系

（1）债券收益率的变动引起债券价格的变化，而且收益率与价格的变动方向相反，即收益率上升，债券的价格下降；反之，收益率下降，债券的价格上升。

（2）债券价格的变动率与麦考莱久期或修正久期成正比，即麦考莱久期和修正久期对价格相对于收益率的变化具有杠杆作用。也就是说，不同的债券，在收益率变动相同的情况下，久期大的债券，其价格的变化率越大。

（3）债券的价格和修正久期的乘积是价格-收益率曲线切线的斜率，因此在收益率变动大小确定的情况下，债券价格变化大小与债券的价格和修正久期的乘积成正比。

5.1.2 几种常见债券的久期

1）零息债券

零息债券的现金流只有一个，即债券到期的面值支付，这个现金流折现为：$\frac{F}{(1+r)^n}$。

债券的价格 $P=\sum_{t=1}^{n}\frac{CF_t}{(1+r)^t}=\frac{F}{(1+r)^n}$

久期的公式是：

$$D_{麦}=\sum_{t=1}^{n}t\cdot W_t=\frac{\sum_{t=1}^{n}t\times\frac{CF_t}{(1+r)^t}}{P}$$

那么显而易见，$D=n$。于是有如下结论：

（1）零息债券的麦考莱久期等于债券的期限；

（2）零息债券的麦考莱久期与债券的到期收益率无关。

【例5-1】一张零息债券，面值为100元，期限为6个月，到期收益率为8%，计算该债券的麦考莱久期和修正久期。

这个债券的期限为6个月，也就是0.5年，即 $n=0.5$，$r=0.08$，代入上面的公式，有：

$D_{麦}=n=0.5$

$D_{修}=\frac{D_{麦}}{1+r}=\frac{0.5}{1+0.08}=0.463$

2）附息债券

一张面值为F的附息债券，年息票额为C，一年支付一次，则同样应用上面的一系列公式有：

债券到期前每期现金流都为C，到期时还有本金支付，则现金流见表5-1：

表5-1 附息债券现金流量表

时间	第一期	第二期	第三期	…	最后一期
现金流	C	C	C	C	$C+F$
现金流折现	$\frac{C}{1+r}$	$\frac{C}{(1+r)^2}$	$\frac{C}{(1+r)^3}$	$\frac{C}{(1+r)^t}$	$\frac{C+F}{(1+r)^n}$

债券的价格 $P=\sum_{t=1}^{n}\frac{CF_t}{(1+r)^t}=\frac{C}{1+r}+\frac{C}{(1+r)^2}+\cdots+\frac{C}{(1+r)^n}+\frac{F}{(1+r)^n}$ （5-7）

利用求和公式得：$P=\frac{C}{r}\left[1-\frac{1}{(1+r)^n}\right]+\frac{F}{(1+r)^n}$ （5-8）

久期的公式是：

$$D_{麦}=\frac{\sum_{t=1}^{n}t\cdot\frac{CF_t}{(1+r)^t}}{P}=\frac{1\times\frac{C}{1+r}+2\times\frac{C}{(1+r)^2}+\cdots+n\times\frac{C}{(1+r)^n}+n\times\frac{F}{(1+r)^n}}{P} \quad (5\text{-}9)$$

将上述两个公式合并便是附息债券的计算公式，当然，在实际应用中，只需要按部就班地把数据代入即可。

另外，有的债券不是一年付息一次，而是一年付息两次或更多，这种情况下，只需要根据第1章的内容，将利率、期限做出相应的修改即可。

【例5-2】一张期限为10年、面值为100元、票面利率为10%、半年付息一次的附息债券，到期收益率为8%，计算它的麦考莱久期和修正久期。

我们可以看出，F=100，C=10，因为一年付息两次，所以n=20，见表5-2：

表5-2　**附息债券麦考莱久期和修正久期的计算**　单位：元

现金流期数	年期	现金流	现金流现值	现金流现值×年期
1	0.5	5	4.81	2.4
2	1	5	4.62	4.62
3	1.5	5	4.44	6.67
4	2	5	4.27	8.55
5	2.5	5	4.11	10.27
6	3	5	3.95	11.85
7	3.5	5	3.8	13.3
8	4	5	3.65	14.61
9	4.5	5	3.51	15.81
10	5	5	3.38	16.89
11	5.5	5	3.25	17.86
12	6	5	3.12	18.74
13	6.5	5	3	19.52
14	7	5	2.89	20.21
15	7.5	5	2.78	20.82
16	8	5	2.67	21.36
17	8.5	5	2.57	21.82
18	9	5	2.47	22.21
19	9.5	5	2.37	22.55
20	10	105	47.92	479.21
总计	—		113.59	769.27

根据上表，可得：

债券价格P=113.59

$$D_{麦}=\frac{\sum_{t=1}^{n}t\cdot\frac{CF_t}{(1+r)^t}}{\mathrm{P}}=\frac{769.27}{113.59}=6.77\,(年)$$

$$D_{修}=\frac{D_{麦}}{1+r}=\frac{6.77}{1+0.04}=6.51\ (年)$$

3）等额分期偿还债券

这类债券每年偿还的本息和相等，都为R，其他同前，则有：

$$P=\sum_{t=1}^{n}\frac{CF_t}{(1+r)^t}=\frac{R}{1+r}+\frac{R}{(1+r)^2}+\frac{R}{(1+r)^3}+\cdots+\frac{R}{(1+r)^n}=R\left[1-\frac{1}{(1+r)^n}\right] \tag{5-10}$$

$$D_{麦}=\frac{\sum_{t=1}^{n}t\cdot\frac{CF_t}{(1+r)^t}}{P}=\frac{1\times\frac{R}{1+r}+2\times\frac{R}{(1+r)^2}+\cdots+n\times\frac{R}{(1+r)^n}}{P} \tag{5-11}$$

可以想到，等额分期偿还债券的麦考莱久期和修正久期与每年偿还的金额无关，只与债券的期限、到期收益率有关。

【例5-3】一张等额分期偿还债券，剩余3年，每年偿还金额为80元，每年支付一次，收益率为7%，计算该债券的麦考莱久期和修正久期。

$n=3$，$R=80$，$r=0.07$

$$P=\frac{R}{1+r}+\frac{R}{(1+r)^2}+\frac{R}{(1+r)^3}=74.77+69.88+65.30=209.95\text{（元）}$$

$$D_{麦}=\frac{1\times\frac{R}{1+r}+2\times\frac{R}{(1+r)^2}+\cdots+n\times\frac{R}{(1+r)^n}}{P}=\frac{74.77+139.76+195.90}{209.95}=1.95\text{（年）}$$

$$D_{修}=\frac{D_{麦}}{1+r}=\frac{1.95}{1+0.07}=1.82\text{（年）}$$

4）永久债券

对于永久债券，每年支付的利息为C，收益率为r，则：

$$P=\sum_{t=1}^{n}\frac{CF_t}{(1+r)^t}=\frac{C}{1+r}+\frac{C}{(1+r)^2}+\frac{C}{(1+r)^3}+\cdots+\frac{C}{(1+r)^n}+\cdots=\frac{C}{r} \tag{5-12}$$

$$D_{麦}=\frac{\sum_{t=1}^{n}t\cdot\frac{CF_t}{(1+r)^t}}{P}=\frac{1\times\frac{C}{1+r}+2\times\frac{C}{(1+r)^2}+\cdots+n\times\frac{C}{(1+r)^n}+\cdots}{P} \tag{5-13}$$

令 $1\times\frac{C}{1+r}+2\times\frac{C}{(1+r)^2}+\cdots+n\times\frac{C}{(1+r)^n}+\cdots=A$

等式两边同乘以（1+r）有：

$$C+2\times\frac{C}{1+r}+3\times\frac{C}{(1+r)^2}+\cdots+(n+1)\times\frac{C}{(1+r)^n}+\cdots=A(1+r) \tag{5-14}$$

将上面两个公式相减得：

$$C+\frac{C}{1+r}+\frac{C}{(1+r)^2}+\frac{C}{(1+r)^3}+\cdots+\frac{C}{(1+r)^n}+\cdots=A(1+r)-A$$

即为：$C+\frac{C}{r}=A\cdot r$

得：$A=\frac{C+\frac{C}{r}}{r}$

则有：$D_{麦}=\frac{\frac{C+\frac{C}{r}}{r}}{\frac{C}{r}}=1+\frac{1}{r}$

$$D_{修}=\frac{D_{麦}}{1+r}=\frac{1}{r} \tag{5-15}$$

可以看出，永久债券的久期只与到期收益率有关。

【例5-4】一张永久债券，每年偿付金额为50元，到期收益率为10%，计算该债券的麦考莱久期和修正久期。

直接套用上述公式得：

$$D_{麦}=1+\frac{1}{r}=11\text{（年）}$$

$$D_{修}=\frac{1}{r}=10\text{（年）}$$

5.1.3 久期的计算方法

1）列表法

列表法便是上文所述计算久期的方法。

2）封闭式久期计算法

$$D_{麦}=\frac{C\times\frac{(1+r)^{n+1}-(1+r)-rn}{r^2(1+r)^n}+\frac{F\cdot n}{(1+r)^n}}{P} \quad (5\text{-}16)$$

上式中，C为息票额；F为面值；r为到期收益率；n为债券剩余期限付息次数；P为债券价格。

证明：

$$D_{麦}=\frac{\sum_{t=1}^{n}t\times\frac{CF_t}{(1+r)^t}}{P}=\frac{1\times\frac{C}{1+r}+2\times\frac{C}{(1+r)^2}+\cdots+n\times\frac{C}{(1+r)^n}+n\times\frac{F}{(1+r)^n}}{P}$$

令 $1\times\frac{C}{1+r}+2\times\frac{C}{(1+r)^2}+\cdots+n\times\frac{C}{(1+r)^n}=B$

等式两边同乘以（$1+r$）有：

$$C+2\times\frac{C}{1+r}+3\times\frac{C}{(1+r)^2}+\cdots+n\times\frac{C}{(1+r)^{n-1}}=B(1+r)$$

将上面两个公式相减得：

$$C+\frac{C}{1+r}+\frac{C}{(1+r)^2}+\frac{C}{(1+r)^3}+\cdots+\frac{C}{(1+r)^{n-1}}-n\times\frac{C}{(1+r)^n}=B(1+r)-B$$

由等比数列求和得：

$$C\times\left[1+\frac{(1+r)^{n-1}-1}{r(1+r)^{n-1}}-\frac{n}{(1+r)^n}\right]=B\cdot r$$

继续拆分得：

$$B\cdot r=C\times\left[\frac{r(1+r)^n}{r(1+r)^n}+\frac{(1+r)^n-(1+r)}{r(1+r)^n}-\frac{rn}{r(1+r)^n}\right]$$

$$B\cdot r=C\times\left[\frac{(1+r)(1+r)^n-(1+r)-rn}{r(1+r)^n}\right]=C\times\frac{(1+r)^{n+1}-(1+r)-rn}{r(1+r)^n}$$

$$B-C\times\frac{(1+r)^{n+1}-(1+r)-rn}{r^2(1+r)^n}$$

故有：$$D_{麦}=\frac{C\times\frac{(1+r)^{n+1}-(1+r)-rn}{r^2(1+r)^n}+\frac{F\cdot n}{(1+r)^n}}{P} \quad (5\text{-}17)$$

【例5-5】已知：$F=100$，$C=10$，$n=3\times2=6$，$r=0.12$年（半年为0.06）。

$$D_{麦}=\frac{5\times\frac{(1+0.06)^7-1.06-0.06\times 6}{0.06^2\times 1.06^6}+\frac{100\times 6}{0.06^6}}{94.213}=5.36\text{（年）}$$

$$D_{麦1年}=\frac{5.36}{2}=2.68\text{（年）}$$

3）有效久期计算法

（1）有效久期是1996年弗兰克法波齐（Frank Fabovi）提出的。

（2）有效久期≈$D_{修}$（条件：收益率发生很小变动，收益率曲线平滑）。

（3）计算公式为：

$$D_{有效}=\frac{P_- - P_+}{P_0(R_+ - R_-)} \tag{5-18}$$

其中，P_-为收益率下降x个基点时债券价格；P_+为收益率上升x个基点时债券价格；R_-为初始收益率减去x个基点；R_+为初始收益率加上x个基点；P_0为债券初始价格。

【例5-6】某债券剩余期限为8年，息票利率9.5%，半年付息一次，现价90元，到期收益率11.44%，我们用到期收益率5个基点的变化来计算有效久期：①当收益率=11.44%+0.05%，P_+=89.77；②当收益率=11.44%−0.05%，P_-=90.25。

$$D_{有效}=\frac{P_- - P_+}{P_0(R_+ - R_-)}=\frac{90.25-89.77}{90\times(0.1149-0.1139)}=5.33\text{（年）}$$

用封闭公式计算$D_{麦}$来验证。

已知：C=95÷2=47.5；F=1 000；P=900；R=11.44%；r=5.72%；N=8×2=16。

$$D_{麦}=\frac{47.5\times\left(\frac{1.0572^{17}-1.0572-0.0572\times 16}{0.0572^2\times 1.0572^{16}}\right)+\frac{1000\times 16}{2.4351}}{900}=11.29\text{（年）}$$

$$D_{麦1年}=\frac{11.29}{2}=5.65\text{（年）}$$

$$D_{修}=\frac{5.65}{1.0572}=5.34\text{（年）}$$

4）简便的久期计算公式$D_{麦}$

$$D_{麦}=\frac{1+r}{r}-\frac{(1+r)+s(c-r)}{c[(1+r)^s-1]+r} \tag{5-19}$$

s为剩余年限付息次数。

对于零息债券，C=0，则：

$$D_{麦}=\frac{1+r}{r}-\frac{1+r-rs}{r}=s \tag{5-20}$$

这和上面的公式一致。

将上例数据代入公式验证，

$$D_{麦}=\frac{1.0572}{0.0572}-\frac{1.0572+16\times(0.0475-0.0572)}{0.0475\times(1.0572^{16}-1)+0.0572}=18.48-7.19=11.29\text{（年）}$$

$$D_{麦1年}=\frac{11.29}{2}=5.65\text{（年）}$$

5）利用Excel计算久期

$$\text{Duration}=\frac{\Delta P\%}{\Delta Y\%}=-\frac{1}{P}\cdot\frac{dP}{dY} \tag{5-21}$$

由于利率本身的单位就是百分比，因此习惯上就以收益率变化1%所引起的债券全价变化的百分比作为久期的测量值。

债券的久期越大，利率的变化对该债券价格的影响也越大，因此风险也越大。在降息时，久期大的债券上升幅度较大；在升息时，久期大的债券下跌的幅度也较大。因此，投资者在预期未来降息时，可选择久期大的债券；在预期未来升息时，可选择久期小的债券。具体的过程在此不作介绍。

5.1.4 久期的性质及应用

1）久期的性质

久期的性质或特点有如下几条：

（1）久期值与债券期限长度成正比。具体又有：

①债券期限越长，麦考莱久期和修正久期就越长；

②附息债券的麦考莱久期和修正久期均小于其到期时间，三者的关系是：

$D_{修}<D_{麦}<n$

③零息债券的麦考莱久期等于债券本身的期限，修正久期小于债券期限。

（2）久期值与息票额成反比，即票面利率越低，麦考莱久期和修正久期就越长。

（3）久期值与到期收益率成反比，即到期收益率越高，麦考莱久期和修正久期就越短。

（4）每年付息次数越多，久期值就越短。

2）久期的应用

（1）久期是考察债券价格对利率变动敏感性的指标，是债券价格变化与债券到期收益率变化的比例系数。

（2）预测利率下跌，买入较长久期的债券，因为较长久期的债券比较短久期的债券上涨幅度大（原因是期限越长的债券对利率变动越敏感，期限越短，炒作空间越小，到期价格向价值回归）。

（3）预测利率上涨，买入久期较短、息票利率较高的债券，因为债券价格下跌较少(因为快要到期时，价格向价值回归，没有下跌空间)。

（4）一个债券组合的久期为组合中各个债券久期的加权平均值，具体含义看下一个内容。

5.1.5 资产组合的久期

对于单个金融资产，久期也许并不是很重要的，因为它的现金流比较清晰，但作为价格风险的度量，对一个资产组合来说，就比较重要了。一个资产组合的久期的标准定义是：资产组合的久期等于组成资产组合的各个资产的久期的加权平均（这里的久期是指修正久期），权重是各个资产的现值。与资产组合久期的定义相对应的是资产组合的收益率，资产组合的收益率定义为：资产组合的收益率是资产组合的现金流的到期收益率。

资产组合的久期同样可以用公式推导出来。假设两个资产的组合M，由N_1份债券B_1、N_2份债券B_2组成，债券组合、债券的现价分别为P_M、P_1、P_2，有如下价格关系：

$$P_M=N_1P_1+N_2P_2 \tag{5-22}$$

假设两个债券的到期收益率相同，都为r，有：

$$\frac{dP_M}{dr}=N_1\frac{dP_1}{dr}+N_2\frac{dP_2}{dr}-\frac{1}{P_M}\frac{dP_M}{dr}=\frac{N_1P_1}{P_M}\left(-\frac{1}{P_1}\frac{dP_1}{dr}\right)+\frac{N_2P_2}{P_M}\left(-\frac{1}{P_2}\frac{dP_2}{dr}\right)$$

$$D_M=\frac{N_1P_1}{P_M}D_1+\frac{N_2P_2}{P_M}D_2=W_1D_1+W_2D_2 \tag{5-23}$$

其中，W_1为第一份债券价值所占总价值的比例；W_2为第二份债券价值所占总价值的比例。

【例5-7】一个资产组合由B_1和B_2组成，它们的价格、收益率、久期分别是：

$P_1=90$，$D_1=0.58$；$P_2=110$，$D_2=1.76$

$$D_M=W_1D_1+W_2D_2=\frac{90}{90+110}\times0.58+\frac{110}{90+110}\times1.76=0.261+0.968=1.229\text{（年）}$$

5.1.6 风险免疫（risk immunization）

1）投资债券的风险种类

（1）价格风险（利率上升，价格下跌）。

（2）再投资风险（利率下降，价格上升，资本收益，但所得利息不得不以较低利率进行再投资）。

2）风险免疫的原理

价格风险与再投资风险对投资回报的影响都与投资组合的久期有关，可以选择适当的久期期限同时防止上述两种风险。

3）风险免疫策略

（1）有特定目标期限的风险免疫。

（2）资产负债管理的风险免疫。

4）风险免疫的本质

使资产组合的久期与负债组合的久期期限相等，从而使净资产值不受利率变化的影响。

【例5-8】某保险公司卖给客户一个固定利率收益的金融产品，$F=10\,000$（元），利率8%，期限5年（到期一次还本付息），5年后本息之和=10 000×（1+8%×5）=14 000（元），相当于购买价10 000元，还本价14 000元，5年期零息债券，所以，$D_{麦}=5$年，$r=\sqrt[5]{\frac{14\,000}{10\,000}}-1=0.0696$。

$$D=\frac{1+r}{r}\left[1-\frac{1}{(1+r)^s}\right]$$

$$5=\frac{1+0.08}{0.08}\times\left[1-\frac{1}{(1+0.08)^s}\right]$$

得出：$1.08^{-s}=0.6296$

$-S\cdot ln(1.08)=ln(0.6296)$

$-S\times0.07696=-0.46267$

$S=6.01$（年）

该公司可买入年息8%，期限6年的附息国债，既可以使资产与负债相匹配，又可获得每年所得利息的再投资收益。

已知：$C=8\%$，$F=100$，$R=0.0696$，$S=6$。求：P。

$$P=8\times\left[\frac{1}{0.0696}-\frac{1}{0.0696\times1.0696^{6}}\right]+\frac{100}{1.0696^{6}}=104.96\text{（元）}$$

公司购买100张国债，成本为10 496元，第一年利息10 000×0.08=800（元），复利终值$800\times(1+0.0696)^{5}$=1 119.95（元）。公司获再投资净利=1 119.95−496=623.95（元），若考虑再投资风险，即800×（1+0.0696×5）=1 078.40（元），1 078.40−496=582.40（元）。若考虑保险产品的理赔成本与保险公司的运营成本，保险公司5年的利息收入只有投资股票有利可图。$\frac{582.40}{10\,496}\times100\%=5.55\%$。

5.1.7 基于久期的套期保值策略

$$\text{套期保值所需合约数（张）}=\frac{\text{现货面值}}{\text{期货面值}}\times\text{到期日调整系数}\times\text{加权系数} \tag{5-24}$$

$$\text{到期日调整系数}=\frac{\text{现货套期保值对象到期日天数}}{\text{期货合约标的物到期天数}} \tag{5-25}$$

加权系数有三种：转换系数模型、回归模型、久期值模型。

（1）转换系数模型

现货债券如果恰恰是最便宜可交割债券，用这种方法较为理想。因为期货市场价格变动与最便宜可交割债券价格变动一致。缺点有两点：①现货需要保值的债券恰恰是最便宜可交割债券，偶然性大，不被广泛使用。②最便宜可交割债券随时都在变化，用CF作系数不实用。

（2）回归模型

将期货价格与现货价格变化的历史数据作回归分析，以回归线的斜率β作为对冲系数，此方法可以作为套期保值比率系数的一个补充和参考。缺点有两点：①新发行债券没有历史数据。②衍生债券也没有历史数据。

（3）久期值模型

$$\Delta P_s= D_{s修}\cdot P_s\cdot\Delta r$$

$$\Delta P_f= D_{f修}\cdot P_f\cdot\Delta r$$

$$\Delta P_s=\Delta P_f\cdot HR$$

将第一、第二个式子代入第三个式子得：

$$D_{s修}\cdot P_s\cdot\Delta r= D_{f修}\cdot P_f\cdot\Delta r\cdot HR$$

$$HR=\frac{D_{s修}\cdot P_s}{D_{f修}\cdot P_f} \tag{5-26}$$

【例5-9】某投资者持有1 500万美元的美国国债现货债券，到期日2018年，息票利率11%，担心近期利率上涨，拟用长期国债期货套期保值，求卖出国债期货的合约数量。

已知：$D_{s修}$=9.8，$D_{f修}$=10.64，P_s=118.5，P_f=92.5

$$HR=\frac{9.8\times118.5}{10.64\times92.5}=1.18$$

$$\text{卖出期货合约数量}=\frac{15\,000\,000}{100\,000}\times1.18=177\text{（张）}$$

5.2 凸度

上一节我们看到，债券的久期值的假设前提是在有效久期内收益率变动较小，对债券价格求一阶导数，可理解为债券价格与收益率变动关系在某点位切线的斜率，当收益率在有效期内变动较大时，债券价格与收益率的变动关系则是非线性的，此时按照久期计算的债券价格变动会有较大误差，需要引入凸度概念对久期计算的债券价格加以修正。

5.2.1 凸度（convexity）的定义

凸度用于描述久期的变化率或价格——收益率曲线的弯曲程度。在数学上，凸度是价格对收益率的二阶导数除以债券的价格。

仍假设一个债券，剩余期限为n年，到期收益率为r，面值为F，票面利息为C，则：

$$凸度 = \frac{d^2P}{dr^2} \times \frac{1}{P} = \frac{1}{P} \times \sum_{t=1}^{n} \frac{t(t+1)CF_t}{(1+r)^{t+2}} \tag{5-27}$$

证明如下：

由于单纯地利用持续期在收益率变化相对较大时误差较大，对于债券价格的变化率，可以用泰勒级数求出其值。

$$dP = \frac{dP}{dr} \cdot dr + \frac{d^2P}{2dr^2} \cdot dr^2 + \Delta \tag{5-28}$$

上式为债券价格泰勒级数二阶导数展开项。等式右侧第一项为利用债券修正久期得出的价格变化，第二项为由凸度得出的债券价格变化值，Δ为误差项。

上式也可以改写为$\Delta P = \Delta P_1 + \Delta P_2 + \Delta$，其中$\Delta P$为债券价格变动，$\Delta P_1$为按久期求得的债券变化值，$\Delta P_2$为按凸度求得的债券变化值，$\Delta$为误差项，凸度可由下式求得。

由上知，$\frac{dP}{dr} = \sum_{t=1}^{n} \frac{t \cdot CF_t}{(1+r)^{t+1}}$

$$\frac{d^2P}{dr^2} = \frac{d\left[-\sum_{t=1}^{n} \frac{t \cdot CF_t}{(1+r)^{t+1}}\right]}{dr} = \sum_{t=1}^{n} \frac{t(t+1)CF_t}{(1+r)^{t+2}} \tag{5-29}$$

上面等式两边同除以P，得：

$$\frac{d^2P}{dr^2} \cdot \frac{1}{P} = \frac{1}{P} \cdot \sum_{t=1}^{n} \frac{t(t+1)CF_t}{(1+r)^{t+2}} \tag{5-30}$$

令 $\frac{d^2P}{dr^2} \cdot \frac{1}{P} = 凸度 = \frac{1}{P} \cdot \sum_{t=1}^{n} \frac{t(t+1)CF_t}{(1+r)^{t+2}}$

在得出凸度的定义式之后，我们还可以继续化解得出如下结论：

对上面$dP = \frac{dP}{dr} \cdot dr + \frac{d^2P}{2dr^2}(dr)^2 + \Delta$，等式两边同除以$P$，有：

$$\frac{dP}{P} \approx \frac{dP}{dr \cdot P} \cdot dr + \frac{1}{2} \times 凸度 \times dr^2 \tag{5-31}$$

从前述修正久期定义，上式可写成：

$$\frac{\Delta P}{P} \approx -D_{修} \cdot \Delta r + \frac{1}{2} \times 凸度 \times \Delta r^2 \tag{5-32}$$

等式右边第一项为用修正久期计算的债券价格变化值，第二项为用凸度计算的债券价格变化值。当收益率变化相对较大时，利用此式可近似求出债券价格变化。

5.2.2 凸度的性质

和久期一样，凸度与收益率、票面利率以及期限有一定的关系。

（1）凸度大于零。因此债券价格随收益率的变化并不是线性的，而是收益率向下浮动一定数量引起债券价格上升的幅度要大于收益率向上浮动相同数量引起债券价格下降的幅度。这一点对投资者是有用并且有利的。

（2）凸度和收益率是反方向变动的，即随着收益率的上升，债券的凸度减小。因此，债券在较低收益率处的凸度大于在较高收益率处的凸度。

（3）凸度与期限成正向变动关系。即票面利率、付息次数以及收益率相同的债券，期限越长，其凸度越大。

（4）凸度与票面利率也呈反方向变动关系，即随着票面利率的上升，债券的凸度减小。

5.2.3 凸度的应用

1）凸度在计算债券价格变化中的应用

由上知，$\frac{\Delta P}{P} \approx -D_{修} \cdot \Delta r + \frac{1}{2} \cdot 凸度 \cdot \Delta r^2$ （5-33）

从这个式子可以看出收益率对债券价格的影响有两部分，第一部分为用修正久期计算的债券价格变化值，第二部分为用凸度计算的债券价格变化值。

【例5-10】假设债券到期收益率 r=8%，面值 F=100，票面利息 C=10，$D_{修}$=6.51，凸度=56.46。当到期收益率浮动0.50%（分别向上和向下）时债券价格如何变化。

当到期收益率向上浮动0.50%时，即 Δr=0.50%：

$$\frac{\Delta P}{P} = -D_{修} \times \Delta r + \frac{1}{2} \times 凸度 \times \Delta r^2$$

$$= -6.51 \times 0.005 + \frac{1}{2} \times 56.46 \times 0.005^2 = -3.18\%$$

当到期收益率向下浮动0.50%时，即 Δr=−0.50%：

$$\frac{\Delta P}{P} = -D_{修} \times \Delta r + \frac{1}{2} \times 凸度 \times \Delta r^2$$

$$= -6.51 \times (-0.005) + \frac{1}{2} \times 56.46 \times (-0.005)^2 = 3.33\%$$

如果不考虑凸度的影响，$\frac{\Delta P}{P} = D_{修} \times \Delta r$，本例 Δr=±0.50%，$\frac{\Delta P}{P}$ = ±3.26%。

由上面的计算可以看出：当到期收益率从8%上升到8.5%的时候，凸度可以减缓债券价格下降的幅度，其比率为：$\frac{-3.18\% - (-3.26\%)}{3.18\%} = 2.52\%$。

当收益率从8%下降到7.5%的时候，凸度可以增加债券价格上涨的幅度，其比率为：$\frac{3.33\% - 3.26\%}{3.33\%} = 2.10\%$。

由上可知，假设A、B两个债券，同样的到期收益率、同样的久期值，但A债券的凸度小于B债券，那么，当市场收益率提高时，B债券下跌幅度小于A债券；当市场收益率下降时，B债券上升幅度大于A债券。

结论：凸度大的债券投资价值高于凸度小的债券。

投资策略：

（1）投资者预测未来市场利率波动较小时：①买入A债券（A债券凸度小，价格便宜）；②卖出B债券（B债券凸度大，价格偏高）。

（2）投资者预测未来市场利率波动较大时：①买入B债券（如果利率提高，债券下跌幅度小，可防范风险；如果利率下跌，债券涨幅大，有资本利差）。②卖出A债券（如果利率提高，债券跌幅较大；如果利率下跌，债券涨幅小）。

2）凸度在套利中的应用

前文我们提到，通过调整资产和负债的结构可使资产和负债的久期相等以规避利率风险，或者可以刻意创造资产和负债久期的不匹配以期获得资本盈利。但毫无疑问，创造资产和负债久期的不匹配进行的套利并不是无风险的，管理者面临着未来市场利率与预期方向变动相反而发生资本损失的风险。

然而，如果恰当地利用凸度，资金管理人则可以获得无风险资本收益。资金管理人员可以调整资产和负债的结构，使得资金和负债的久期相等，即$D_A=D_L$，而且使资产的凸度大于负债的凸度，即$C_A>C_L$，那么，无论利率上升还是下降，都有：

$$\frac{\Delta P_A}{P_A}-\frac{\Delta P_L}{P_L}=\frac{1}{2}(C_A-C_L)\cdot\Delta r^2>0$$

因此，无论将来市场利率是上升还是下降，投资者都将获得资金盈利。

5.2.4 资产组合的凸度

在利用凸度进行风险管理时，首先遇到的是计算资产组合的凸度，资产组合的凸度定义为：资产组合的凸度等于资产组合中的各个证券凸度的加权平均，权重是各个证券的价值比率。有时还用到资产的价值凸度，价值凸度的定义为：

价值凸度=价格×凸度

资产组合的价值凸度定义为：

资产组合的价值凸度=资产组合的价格×资产组合的凸度

资产组合可以看成一个资产，那么，资产组合M的凸度应该定义为：

$$C_M=\frac{1}{P_M}\cdot\frac{d^2P_M}{dr^2} \tag{5-34}$$

我们仍然用上一节的组合，两个资产的组合M，由N_1份债券B_1、N_2份债券B_2组成，债券组合、债券的现价分别为P_M、P_1、P_2，存在如下价格关系：

$$P_M=N_1P_1+N_2P_2$$

假设两个债券的到期收益率相同都为r，有：

$$\frac{dP_M}{dr}=N_1\frac{dP_1}{dr}+N_2\frac{dP_2}{dr} \tag{5-35}$$

再求二阶导数，然后除以价格P，得到：

$$C_M=\frac{1}{P_M}\cdot\frac{d^2P_M}{dr^2}=\frac{N_1P_1}{P_M}\left(\frac{1}{P_1}\cdot\frac{d^2P_1}{dr^2}\right)+\frac{N_2P_2}{P_M}\left(\frac{1}{P_2}\cdot\frac{d^2P_2}{dr^2}\right)$$

$$=\frac{N_1P_1}{P_M}C_1+\frac{N_2P_2}{P_M}C_2 \tag{5-36}$$

因此在所有债券的收益率都是一样的情况下，这个公式是适用的。但在实际情况下，利率期限结构一般不是一条水平直线。有不同到期日或不同息票利率的债券的收益率是不一样的，这个公式会有误差，但我们直接把资产组合的凸度看成是各个资产凸度的加权平均可以大大简化计算。

在利率上升的情况下，一个债券的价格可能下降，如果债券持有人不愿意承担这个利率风险，可以通过其他债券的组合把该利率风险对冲掉。如果一个资产组合与目标债券具有相同的久期和凸度，现价也一样，这一资产组合在利率上升或下降的情况下与该债券的价格都近似相同，利率风险也可以对冲掉。

本章小结

久期，也叫持续期。它反映债券的平均到期期限，它是债券所有现金流量发生时间的加权平均值。它衡量债券持有者收到现金付款之前平均需要等待多长时间。

久期的一般表达式为：$D=\sum_{t=1}^{n}t\cdot W_t=\frac{\sum_{t=1}^{n}t\cdot PV(CF_t)}{P}=\frac{\sum_{t=1}^{n}t\cdot\frac{CF_t}{(1+r)^t}}{P}$

修正久期的表达式为：$D_{修}=\frac{D_{麦}}{1+r}$

久期与债券价格变化的关系：

（1）债券收益率的变动引起债券价格的变化，而且收益率与价格的变动方向相反，即收益率上升，债券的价格下降；反之，收益率下降，债券的价格上升。

（2）债券价格的变动率与麦考莱久期或修正久期成正比，即麦考莱久期和修正久期对价格相对于收益率的变化具有杠杆作用。也就是说，不同的债券，在收益率变动相同的情况下，久期大的债券，其价格的变化率越大。

（3）债券的价格和修正久期的乘积是价格-收益率曲线切线的斜率，因此在收益率变动大小确定的情况下，债券价格变化大小与债券的价格和修正久期的乘积成正比。

久期的应用：

（1）久期是考察债券价格对利率变动敏感性的指标，是债券价格变化与债券到期收益率变化的比例系数。

（2）预测利率下跌，买入较长久期的债券，因为较长久期的债券比较短久期的债券上涨幅度大（原因是期限越长的债券对利率变动越敏感，期限越短，炒作空间越小，到期价格向价值回归）。

（3）预测利率上涨，买入久期较短、息票利率较高的债券，因为债券价格下跌较少（因为快要到期时，价格向价值回归，没有下跌空间）。

（4）一个债券组合的久期为组合中各个债券久期的加权平均值。

资产组合的久期 $D_M=W_1D_1+W_2D_2$

凸度用于描述久期的变化率或价格——收益率曲线的弯曲程度。在数学上，凸度是价格对收益率的二阶导数除以债券的价格。

$$凸度 = \frac{d^2P}{dr^2}\cdot\frac{1}{P} = \frac{1}{P}\cdot\sum_{t=1}^{n}\frac{t(t+1)CF_t}{(1+r)^{t+2}}$$

凸度的性质：

（1）凸度大于零。因此债券价格随收益率的变化并不是线性的，而是收益率向下浮动一定数量引起债券价格上升的幅度要大于收益率向上浮动相同数量引起债券价格下降的幅度。这一点对投资者是有用并且有利的。

（2）凸度和收益率是反方向变动的，即随着收益率的上升，债券的凸度减小。因此，债券在较低收益率处的凸度大于在较高收益率处的凸度。

（3）凸度与期限成正向变动关系。即票面利率、付息次数以及收益率相同的债券，期限越长，其凸度越大。

（4）凸度与票面利率也呈反方向变动关系，即随着票面利率的上升，债券的凸度减小。

关键概念

久期　凸度

综合训练

5.1 填空题

1）一般来说，债券到期收益率上升，债券的价格________；反之，债券到期收益率下降，债券的价格________。

2）不同的债券，在收益率变动相同的情况下，久期大的债券，其价格的变化率越________。

3）零息债券的久期为________。

5.2 单项选择题

1）下列说法错误的是（　　）。

A.任何债券的久期都小于其到期时间

B.久期与利息支付水平成反比变动

C.一般而言，久期与到期收益率成反比变动

D.债券投资组合的久期可以由各个债券的久期线性加权求和得到

2）一种债券的息票利率为8%，每年付息一次，到期收益率为10%，麦考莱久期为9年。该债券修正的久期等于（　　）。

A.8.18　　B.8.33　　C.9.78　　D.10.00

3）当利率下降时，市价高于面值的30年期债券的久期将（　　）。

A.增大　　B.变小　　C.不变　　D.先增后减

4）下列（　　）债券的久期最长。

A.8年期，息票利率为6%　　B.8年期，息票利率为11%

C.15年期，息票利率为6%　　D.15年期，息票利率为11%

5）票面利率相同，剩余期限相同，付息频率相同，到期收益率不同的债券，到期收益率较低的债券，修正久期（　　）。

A.较小　　B.较大　　C.相同　　D.无法确定

6）某债券的久期是2.5年，修正久期是2.2年，如果该种债券的到期收益率上升了0.5%，那么该债券价格变动近似为（　　）。

A.上升1.25%　　B.下降1.25%

C.上升1.1%　　D.下降1.1%

5.3 多项选择题

1）对久期的理解不正确的有（　　）。

A.用以衡量债券持有者在收回本金之前，平均需要等待的时间

B.是对固定收益类证券价格相对易变性的一种量化估算

C.是指这样一个时点，在这一时点之前的债券现金流总现值恰好与这一时点后的现金流总现值相等

D.与债券的息票率高低有关，与债券到期期限无关

2）影响债券久期的因素有（　　）。

A.到期收益率　　B.到期时间　　C.票面利率　　D.债券面值

3）关于麦考莱久期的描述，正确的有（　　）。

A.麦考莱久期可视为现金流产生时间的加权平均

B.零息债券的麦考莱久期大于相同期限附息债券的麦考莱久期

C.对于相同期限的债券票面利率越高的债券，其麦考莱久期越大

D.麦考莱久期的单位是年

5.4 问答题

1）久期的用途是什么？

2）久期与债券价格变化的关系是什么？

3）久期的性质有哪些？

4）久期的应用体现在哪？

5）资产组合的久期怎么表达？

6）如何理解美元久期？

7）如何理解风险免疫？

8）陈述凸度的性质。

5.5 计算题

1）一个3年期的债券，面值100元，票面利率为8%，每年年底支付利息，市场利率为6.5%。

求：（1）这个债券的现价应该是多少？

（2）这个债券的久期是多少？

（3）若市场利率下降0.5%，债券价格如何变化？

2）一种面值1 000元的附息债券的息票利率为6%，每年付息一次，修正的久期为10

年，市价为800元，到期收益率为8%。如果到期收益率提高到9%，那么运用久期计算法，预计其价格将降低多少？

3）一种3年期债券的息票利率为6%，每年支付一次利息，到期收益率为6%，请计算该债券的久期。如果到期收益率为10%，那么久期等于多少？

知识拓展5-1
久期模型的发展

第6章

利率期货

学习目标

通过本章的学习，掌握利率期货的概念、分类；了解利率期货的产生过程和发展概况；掌握短期利率期货合约的概念、特点，尤其是交易单位和报价方式；知道短期国库券期货合约可以分为美国91天短期国库券和欧洲美元期货；掌握长期利率期货的特点，包括交易单位、报价方式等；掌握短期利率期货和中长期利率期货的定价；了解转换因子和最便宜可交割债券的概念；学会利用利率期货进行套利和套期保值。

6.1 利率期货概述

利率期货就是以利率或附息债券为标的的金融期货，是为规避利率风险而使用的一种期货，它的标的一般是国债或欧洲美元债券。

6.1.1 利率期货的产生与发展

1）利率期货的产生

利率期货是第二次世界大战后世界经济格局发展变化的产物。1944年7月，战争结束后，在美国的主导下创建了国际货币基金组织，达成了《布雷顿森林协议》。从20世纪50年代开始，德国、日本等国的经济实力迅速增强，美国在国际经济中所占的比重不断下降，布雷顿森林体系逐渐动摇。1971年8月15日，尼克松政府被迫宣布实施“新经济政策”。但这些政策遭到西方各国的共同反对，通过谈判，美国于1971年12月18日与西方各国达成《史密森协定》，美元开始贬值。实际上，从1971年8月15日起美元已经和黄金脱钩，西方国家的货币汇率也不再钉住美元，开始实行浮动汇率制度。以美元为中心的固定汇率制度，也就是布雷顿森林体系在20世纪70年代初还是崩溃了。

浮动汇率制度给各国经济带来了一系列的问题。在汇率实行自由浮动以后，各国政府纷纷以调整本国利率的方式来稳定汇率，于是利率的波动幅度和范围进一步扩大，企业和个人的投资风险也随之增加，在这种情况下，金融期货应运而生。20世纪70年代美国联邦抵押贷款协会（Government National Mortgage Association，CNMA）所主导的抵押贷款市场迅速成长，抵押贷款市场是政府设计的，以促进资金流入房地产业。由于当时美国利率升高及通货膨胀，造成市场对房地产的需求减少，从而使作为国民经济支柱产业之一的房地产市场由盛而衰，造成了庞大失业。因此1975年当美国经济刚从1974年的衰退中复苏时，芝加哥期货交易所（CBOT）便首先推出了利率期货交易，这第一张利率期货合约以

GNMA抵押贷款为标的物。GNMA抵押贷款期货合约一经推出，便受到市场的热烈欢迎，成交量不断攀升，市场影响不断扩大。1977年CBOT又推出了美国长期公债（T-Bond）期货合约，目前利率期货已经成为世界上成交最活跃的期货品种，其中美国利率期货的成交量占美国期货市场总成交量的30%左右。

2）利率期货的发展

在利率期货产生后的几年时间里，西方国家对金融市场的管制仍然是十分严格的。从20世纪70年代末到80年代初，西方发达国家纷纷开始推行金融自由化，放松对金融机构和金融业务的种种限制。从1980年起西方国家开始逐步取消对金融机构存贷款的最高利率限制，这方面具有代表性的是美国国会在1980年通过的《对存款机构放松管制和货币控制法》，该法又被称为《1980年新银行法》。根据该项法律，美国各地所有存款机构从1980年起均可开办可转让支付单账户，并且银行的储蓄和定期存款的利率上限将分6年逐步取消。从1980年起，美国的储蓄机构可办理商业和消费信贷、信用卡及信托业务。该项法律还决定成立一个“存款机构放松管制委员会”，专门负责研究和监督放松金融管制方面的问题。

1982年，美国国会又通过了《加斯特-杰梅存款机构法》。该项法律在放松金融管制方面又做了一系列具体的规定，其主要内容是：

（1）美国联邦监管的存款机构在1984年1月1日以前将逐步取消存款利率最高限额的差异；

（2）提高国民银行放款的最高限额，取消此类银行从外部借款的最高限额，同时允许其担任不动产放款的经纪人；

（3）美国联邦管理的储蓄机构可以为商业和农业客户开立活期存款账户；

（4）允许美国联邦储蓄及放款协会办理非住宅抵押贷款、消费信贷及购买地方政府债券；

（5）允许联邦信贷协会提供期限在30年以上的一级抵押贷款和期限达15年的二级抵押贷款，并且取消对这些贷款的最高利率限额，允许其提供旅行支票、发行抵押证券及购买地方政府债券。

从1986年起，美国废除了联邦储备法案Q条款所规定的储蓄和定期存款利率上限，从那以后，美国各种类型的利率都由市场供求关系决定。

金融自由化带来了利率市场化，伴随利率市场化而来的投资风险，成为推动世界各国利率期货发展的动力之源。

从1985年开始，法国政府开始大幅度地放宽对资本市场的法规限制，此后法国利率期货交易开始迅速增长。为了提供规避利率风险的有效途径，1986年法国财政部和法兰西银行联手建立了法国期货市场，目前10年期、15年期、30年期三种长期国债期货及期权和德国、意大利等国的国债期货在法国国际金融期货交易所（MATIF）交易。MATIF的整套交易制度与国债期货合约都是与美国芝加哥期货交易所合作制定的。在法国国债发行规模持续扩大时期，MATIF的国债期货合约成交量一度超过英国的伦敦国际金融期货交易所（LIFFE）。

再来看英国，第二次世界大战以前英国伦敦一直是世界上最大的金融中心，战后其地位虽然有所削弱，但仍然是世界上重要的金融中心之一。1982年成立的伦敦国际金融期货交易所的主要目的是提供一个回避金融风险的场所，完善伦敦作为国际金融中心的功能。英国的国债期货于1982年问世，目前在LIFFE上市的不只限于英国本国的国债期货，还包括美国、日本、德国和意大利等国的国债期货。德国的国债期货合约在LIFFE上市后，德国才在1990年11月推出德国国债期货交易，而LIFFE于1991年9月上市的意大利国债期货目前仍然是意大利国债的主要避险工具。从1988年起，英国政府开始减少国债发行，并从债券现货市场上买回国债，降低其二级市场的流动性，导致英国本国的国债期货交易有所萎缩。

日本政府在20世纪70年代为了对付能源危机，采取了大量发行国债、扩大公共投资等刺激经济增长的政策。日本国内的金融机构持有大量国债，利率的波动使这些机构面临较大的风险，使它们产生了强烈的避险要求。为了满足这种需求，日本大藏省学习借鉴了欧美国家建立利率期货市场以促进债券市场发展的经验，于1985年批准东京证券交易所开办10年期国债期货。目前东京证券交易所开设的利率期货品种有5年期、10年期、20年期日本国债期货和美国长期国债期货。银行是日本国债最主要的承销者和购买者，在未建立国债期货市场以前，当市场利率上扬时除了卖出国债现券以外，没有其他途径回避国债价格下跌的风险，而国债期货市场的成立为银行和其他债券的持有者提供了一个规避利率风险的工具。在银行的积极参与下，日本的国债市场发展较快，1989年日本国债期货的成交量甚至超过了芝加哥期货交易所，一度成为世界上最大的利率期货市场。

德国联邦政府大量发行国债于1987年达到最高峰，发行量几乎为10年前的两倍，但德国在1990年以前一直没有期货交易，直到1990年通过立法才可以进行期货交易。1990年1月26日，德国期货交易所（DBT）成立，同年11月推出了德国国债期货。在此之前，伦敦国际金融期货交易所成立已经近10年，推出德国国债期货交易也已经两年多。由于很大一部分德国国债是由外国法人持有，因此，伦敦国际金融期货交易所推出德国国债期货后交易十分活跃，并且成为该交易所最活跃的交易品种。1990年德国期货交易所推出的德国国债期货，尽管在合约设计上与伦敦国际金融期货交易所几乎完全一致，但由于外国法人已经习惯于在伦敦国际金融期货交易所进行避险交易，加上德国对于债券期货交易限制较多，德国期货交易所推出国债期货交易后成交量一直比不上伦敦国际金融期货交易所，直到1997年年初，伦敦国际金融期货交易所仍然占到德国国债期货的70%的市场份额。但由于德国期货交易所技术不断升级和服务良好，到1997年年末两家交易所在德国国债期货方面的市场份额已经基本持平。到1998年6月，德国期货交易所已经占到80%的市场份额，1998年10月，伦敦国际金融期货交易所的德国国债期货交易已接近零。德国期货交易所不仅将德国国债期货从伦敦国际金融期货交易所手中夺回，而且在1999年欧元启动后，使以欧元标价的德国长期国债期货发展成为世界上成交量最大的期货合约。

6.1.2 利率期货的作用

利率期货是利率市场化和债券市场特别是中短期国债市场膨胀的产物。根据多年的市场实践，我们看出利率期货在市场经济的运行中发挥着非常重要的作用。

1）反映未来市场利率水平及走向

利率，是货币资金的价格，是中央银行实现其货币政策的重要手段，也是政府调节国民经济运行的主要经济杠杆之一。利率体系是一个国家在一定时期内按照一定规则所构成的一项复杂系统。利率体系根据不同的标准有着不同的分类方法。根据借贷主体的不同，利率体系可以分为银行利率、非银行金融机构利率、债券利率和民间借贷市场利率。银行利率可以分为中央银行利率和商业银行利率。非银行金融机构利率可以分为信托投资公司利率、财务公司利率、信用合作社利率和融资公司利率等。债券利率可以分为国债利率、金融债券利率和企业债券利率等。其中，国债利率在一国利率体系中占有非常重要的地位。在西方发达国家，通常都有发达的国债市场，国债市场成交量巨大，具有非常好的流动性，变现能力极强，广大投资者进出国债市场十分方便，与其他一些利率工具相比，国债的市场参与者范围最广泛；此外，国债的发行主体是国家，基本上剔除了信用风险，因此国债市场的收益率水平最能够反映市场上资金的供求状况，最能代表当时的市场利率水平，是确定其他利率的重要参考指标，是其他金融工具定价的基准。认识到这一点，对理解为什么利率期货能够起到价格发现作用是非常重要的。

影响一国利率水平及其变动趋势的因素是多方面的，如投资需求、储蓄倾向、通货膨胀、税收政策、货币供给、中央银行的公开市场业务、国民生产总值、汇率、固定资产投资规模、国际收支及失业率等因素的变动都可能影响利率水平。期货市场的重要功能之一是输入信息及输出价格，利率期货交易的参与者通过其交易行为，源源不断地将各种可能影响利率水平的信息输入期货市场，使得这样产生的债券价格能够充分反映市场对未来利率水平的预期。利率期货市场上所反映出来的利率是一种代表未来不同期限的远期利率体系，是一种基准利率信号。这种利率信号对社会具有重要意义，中央银行可以根据这种利率信号制定相应的利率政策，对经济进行宏观调控，企业可以根据它指导自己的投资和融资行为，基金管理机构可以根据它决定自己的投资组合策略，个人可以根据它决定自己未来的投资、储蓄与消费倾向等。

2）规避因市场利率变动而产生的潜在风险

伴随着布雷顿森林体系的崩溃，在世界范围内固定汇率和相对稳定利率已经成为历史，利率波动的频率和幅度不断扩大。在如今变化频繁的全球经济中，持有固定收益证券等于同未来琢磨不定的利率走向进行赌博，利率期货特有的对冲功能使它成为人们用以规避利率风险的最基本也是最重要的工具。在利率期货市场上，有许多不同期限的利率期货合约，合约期限长的达30年，短至几个星期，基本上能够满足人们各种期限的利率风险管理的需要。同时，期货市场是一个集中的、统一的交易场所，巨大的市场流动性使保值者能够很方便地进出市场，避免了其他保值方式因流动性不足而带来的潜在风险，同时也降低了保值交易的成本。

在现货交易中，交易对方的信用风险是一个必须认真考虑的问题，而在利率期货交易中，则完全是另外一种情况。期货市场是一个集中、公开、透明的交易场所，具有严格的风险管理措施。在期货交易中，交易双方并不知道其真正的交易对手是谁，所有的交易都由交易所或者独立的清算公司进行结算并承担履约担保，保证了所有在期货市场上成交的合约都能够得到履行。期货市场的高度安全性为利用利率期货进行避险的企业和个人提供了一个基本保障。

通过在利率期货市场上建立适当的多头或者空头部位，投资者可以有效地规避未来市场利率变动可能给自己带来的潜在风险。例如，如果投资者计划在将来某一时间购买一定数量的固定收益证券，但是他担心未来收益率下降引起债券的价格上涨，增加自己的购买成本，那么他就可以通过事先在利率期货市场上建立一个多头部位，将他的购买价格锁定。在另外一种情况下，假如该投资者打算将来抛售一批债券，为了防止将来债券价格下跌而给自己造成损失，他可以通过事先卖出一定数量的利率期货合约，将未来的债券出售价格锁定，从而保障自己的预期收益。在美国长期国债期货市场上，曾经发生过两个里程碑式的重要事件，足以说明利率期货在规避市场利率风险方面所发挥的重要作用。

3）推动债券二级市场的发展，促进国债的发行

由于利率期货为投资者提供了一种对冲利率风险的手段，使得债券二级市场的参与者可以更加有效地管理自己的资产，提高了他们参与债券二级市场的积极性，这在客观上促进了债券二级市场的发展，提高了债券二级市场的流动性。例如，在1977年芝加哥期货交易所的长期国债期货刚刚开始上市时，美国长期国债现货市场上买价和卖价之间的差额是1/4点，即250美元。但在国债期货交易开始两三年以后，这一差额降低到1/32点，也就是31.25美元，这正好是芝加哥期货交易所国债期货交易的最小价格变动单位。现券市场价格波动幅度的减小说明了国债市场流动性的提高，而活跃的国债二级市场又能够促进国债一级市场的发展，扩大国债的发行空间。1985年日本推出国债期货的重要目的之一就是活跃当时的日本国债交易市场，促进日本国债的发行。

6.1.3 利率期货合约

利率期货合约是由交易双方在交易中达成的，规定在未来交割月份交割一定数量带利息金融凭证的标准化契约。由于附息证券的价格随利率变动而变动，利率期货合约可以用来防范未来某段期限上的利率风险，达到锁定利率水平的目的。

目前交易量较大的利率期货合约都是政府债券的期货合约，如美国政府短期国库券、中期债券和长期债券的期货合约。另外一些金融机构发行的计息金融凭证，如欧洲美元存款单等，由于其具有庞大规范的现货市场，其期货交易也很活跃。

利率期货合约买卖双方需交纳一定数量的保证金，合约价值由交易所逐日清算，以确定是否需要追加保证金。

通常，我们将利率期货合约按其所代表的金融凭证的期限长短划分为短期利率期货合约和中长期利率期货合约。在本节中，我们将主要介绍美国期货市场中比较活跃的利率期货品种。

利率期货合约的种类涵盖了收益率曲线上的许多期限的利率和许多不同种类的利率。美国长期国债期货合约于1975年由芝加哥期货交易所推出，是目前世界上最成功的期货合约之一。日交易量通常超过50万份，总价值为5 000万美元左右，其中有4%~5%的合约进行现货交割。

最著名的短期利率合约是欧洲美元期货合约。欧洲美元是指存放在美国银行以外的美元。其他的短期利率合约包括美国短期国库券、联邦基金和LIBOR合约。联邦基金利率期货合约在芝加哥期货交易所进行交易。其中2年期、5年期、10年期及30年期的国库券

合约几乎可以涵盖国库券收益率曲线上所有成交最活跃的期限的利率。

全球还有许多其他短期利率合约。在美国CME有欧洲日元利率期货合约，在英国LIFFE有短期英镑、欧洲瑞士法郎和欧元利率期货合约，在法国MATIF有3个月的EURIBOR利率合约（EURIBOR是指欧元同业拆放利率），在世界其他交易所也同样有许多诸如此类的利率期货合约。

10年期的美国国债期货合约是中期利率期货合约的主导品种，而30年期国债期货合约则在长期国债期货合约中位于主导地位，下面我们对此做详细介绍。

6.2 短期利率期货合约

短期利率期货合约指的是要求交割与短期利率有关的金融证券的期货合约，主要有美国短期国库券期货合约和欧洲美元期货合约。

6.2.1 美国短期国库券期货合约

美国短期国库券期货合约（the futures contract on treasury bill）是在美国最先推出的金融期货合约之一。它是芝加哥商品交易所（CME）的国际货币市场分部（IMM）于1976年1月2日首先创立的。该合约要求交割13周即91天到期的美国短期国库券。继芝加哥商品交易所之后，其他交易所，如AMEX和COMEX也推出了91天短期国库券期货合约。芝加哥商品交易所的国际货币市场还推出1年期的短期国库券期货合约，但是除了91天的短期国库券期货合约之外，其他合约到目前为止并不很成功。

1）美国的91天短期国库券

短期国库券是美国货币市场上进行交易的主要金融工具。短期国库券指的是由美国政府财政部发行的1年期以下的各种证券。它是美国政府的一项直接债务，也是联邦政府融通资金使用最广泛的金融工具。联邦储备银行也经常利用短期国库券市场，通过影响短期贴现利率进行公开市场调节。短期国库券是通过拍卖方式发行的。1年期的国库券是每月拍卖一次，91天~182天的国库券固定在每周拍卖一次。其票面额最小为1万美元，每周发行的91天~182天的国库券大约在60亿~70亿美元，未兑现的短期国库券一般在几千亿美元以上。商业银行一般都持有大量的短期国库券，一旦现金不足，就会在市场上出售。其他一些金融机构、工商企业、个人及国外投资者（包括外国政府）也购买国库券，作为短期投资。有些外国中央银行的美元资产很大一部分是美国国库券。因此，短期国库券市场非常庞大，并且具有很高的流动性。在资金市场上，国库券由于几乎没有任何风险，被广泛用于充当借款的抵押品，同时也主要用来进行投资，获取比较稳定的利息收益。

在实际买卖和转让时，短期国库券的价格是用年贴现率的形式进行报价的。用贴现率来表示国库券的收益是不确切的，一是因为贴现率是以票面值为基数来计算的；二是它将一年按360天算。年贴现率的计算公式如下：

$$\text{年贴现率}=\frac{(\text{票面额}-\text{价格})}{\text{票面额}}\times\frac{360}{\text{到期天数}} \tag{6-1}$$

到期国库券的收益率是以实际的购买价格为基础来计算的。既然购买价格要低于票面额，收益率总是要超过所报出的贴现率。在计算收益率时，要以一年365天为基数来计算。收益率的计算公式为：

$$收益率=\frac{(票面额-价格)}{价格}\times\frac{365}{到期天数} \tag{6-2}$$

2）短期国库券期货合约的特点

（1）交易单位。短期国库券期货合约代表一定数量的短期国库券，美国芝加哥商品交易所规定每个短期国库券期货合约代表的是100万美元的91天（13周）期的短期国库券。

（2）交割月份。短期国库券期货合约的交割月份为每季的最后一个月份，即每年的3月、6月、9月和12月。

（3）价格。在短期国库券期货合约的报价中，期货合约的价格是按市场的价格指数来计算的，具体计算时是用1减去年贴现率再乘上100，即：

$$报价指数=（1-年贴现率）\times 100 \tag{6-3}$$

在短期国库券期货价格的报价表中，通常列有最高价、最低价、开盘价、清算价、每日变动幅度、清算的贴现率、未平仓数以及每天的交易数量等。

由上，年贴现率$=\frac{(票面额-价格)}{票面额}\times\frac{360}{到期天数}$，所以如果以100为面值时，可得出如下公式：

$$价格=100-100\times 年贴现率\times\frac{到期天数}{360} \tag{6-4}$$

一张91天到期交割的短期国库券的实际价格应为：

$$价格=100-年贴现率\times\frac{1}{4}\times 100（单位：万美元） \tag{6-5}$$

或者

$$价格=100-（100-报价指数）\times\frac{1}{4}（单位：万美元） \tag{6-6}$$

例如：如果贴现率为7%，期货合约的报价指数就为93（100-7），到期交割时的实际价格就是98.25万美元（$100-(100-93)\times\frac{90}{360}$）。

假设现在短期国库券的实际价格为P_0，一段时间之后价格为P_1，则有：

$P_0=100-(100-P_{0报价})\times 0.25$（单位：万美元）

$P_1=100-(100-P_{1报价})\times 0.25$（单位：万美元）

$\Delta P_{实际}=P_1-P_0=\Delta P_{报价}\times 0.25$（单位：万美元）

一张短期国库券期货合约报价价格（报价指数）变动$\Delta P_{报价}$时，实际价格的变动就是$\Delta P_{报价}\times 0.25$万美元$=\Delta P_{报价}\times 25\times 100$美元。

芝加哥商品交易所对短期国库券期货合约价格的涨跌幅度做出规定，其最小变化幅度为报价指数变化幅度的1%，或称为一个基点（one basis point），合25美元。短期国库券报价指数变化的最大幅度为60个基点，或相当于1 500美元（60×25）。

（4）交割方式。短期国库券期货合约是允许实际交割的期货合约。按照芝加哥商品交易所的规定，通知日（notification day）为交割月份第三次拍卖短期国库券之后的第二个营业日（第三个拍卖日就是交割月份的第三个星期二，通知日也就是交割月份的第三个星期三），这一天也是短期国库券期货合约的最后交易日，在通知日这天，愿意进行实际交割的持有空头或多头的交易者要通知清算所准备进行实际交割。这些多头交易部位和空头交易部位由清算所来配对，然后由清算所通知多头或空头者的银行，第二天再进行付款或交货。短期国库券期货合约的交割方式在金融期货中是最简单和最方便的。

3）短期国库券期货交易的主要参加者

从理论上讲，任何个人或机构，只要能负担短期利率的变动风险，或想从对短期利率的正确预测中谋利，都会被卷入短期国库券期货市场。而在实践中，此市场的主要参加者是那些主要从事短期借贷业务的机构，如银行、经纪行、证券经营商、企业、政府部门和投机者。

4）短期国库券期货交易的应用举例

某证券经营商担心利率风险，买入价值1亿美元3个月短期国库券期货，买入时短期国库券期货报价为96.15美元，到期平仓时其报价为96.66美元，那么该证券经营商购买短期国库券期货的盈亏额是多少？

做多短期国库券期货合约数=1亿美元÷100万美元/张=100（张）

做多短期国库券期货盈亏额=100×（96.66−96.15）×100×25

=100×0.51×100×25=12.75（万美元）

6.2.2 欧洲美元期货

欧洲美元是在20世纪50年代美苏冷战时期产生的。苏联、东欧诸国和中国等社会主义国家担心突发事件会导致美国政府冻结和没收它们在纽约联邦银行的存款（1979年伊朗的人质危机事件确实使伊朗银行账户遭到冻结）。为了避免这种可能性，这些国家把它们的美元存款余额转移到了欧洲的银行。

今天，欧洲美元这一术语已被应用到任何一个在美国联储局管辖范围以外的商业银行的美元存款。银行偏好欧洲美元胜于国内存款，因为欧洲美元不需要缴纳存款准备金。即银行得到的每一欧洲美元都可以再投资于任何地方。银行对于欧洲美元的喜好导致了欧洲美元存款有较高的利率。

尽管欧洲美元有这一较大的优势，但也比美国国内存款风险大很多。它们可能会被发行所在地的政府没收或冻结，而且在美国以外没有必要的存款保险。尤其需要指出，欧洲美元不是能够买卖的债券，而是一种不可转让的银行存款。

大多数的欧洲美元活跃于欧洲，所以欧洲美元的利率通常以伦敦同业银行拆放利率为基础。为了满足利率期货合约的要求，LIBOR的计算方式同奥林匹克体操运动的计分方式是一样的，即票据交换所以12家大银行的同业拆放利率为标的利率，去掉两个最高值和两个最低值，剩余8个利率的平均值为LIBOR。

芝加哥商品交易所开设的欧洲美元利率期货交易始于1981年12月，很快受到了企业的财务主管们和其他避险者的极大欢迎。在1991年12月1日，欧洲美元期货的未平仓合约第一次高达100万份，即合约价值超过1兆欧洲美元。到2000年9月，未平仓合约增加了3倍，达到了300万份合约。

如同短期国库券期货合约，欧洲美元期货合约的基础资产是3个月期限、面值100万美元的存款。这一工具是不可转让的定期存款而不是可以转让的债券。尽管如此，欧洲美元利率期货合约到期交割是现金结算而非真实的现货交割。

1）3个月期的欧洲美元存单

欧洲美元存单是国际资金市场上的最基本的短期证券。欧洲美元存单市场在20世纪60年代中期和70年代初期发展最快。当时，借贷者用它来对付和避开美国联邦政府储备金和美国存款账户利息率封顶的政策。现在有关的政策规定被取消了，而欧洲美元市场却留存了下来，成为短期投资的一个主要市场。由于对欧洲美元存款没有存款储备金的规定，所以欧洲美元的银行存款利息率要高于美国国内的可转让大额存单的存款利率，欧洲美元的银行存款利息率一般是由伦敦的同业拆放利率（LIBOR）决定的。

由于美国国内银行可以购买或投资于欧洲美元存单，期限从隔夜一直到6个月，有的甚至长达5年。因此，欧洲美元市场的利率就与美国的短期利率，如隔夜的联邦基金利息率、不同期限的可转让大额存单（CD）和商业票据的利率具有很强的相关性。鉴于以上原因，欧洲美元期货合约成为最活跃的利率期货合约。

2）欧洲美元期货合约的特点

（1）交易单位。与短期国库券期货合约一样，每个期货合约代表100万美元的存款。

（2）交割月份。欧洲美元期货合约的交割月份为每年各季度的最后一个月份，即每年的3月、6月、9月和12月。

（3）价格。芝加哥商品交易所的国际货币市场和伦敦国际金融期货交易所两个期货市场上的欧洲美元期货合约的报价方式非常相似，欧洲美元期货合约的价格是以报价指数来表示的，即用100减去欧洲美元期货的利率的百分点数。

欧洲美元期货最小的交易单位或最小的价格变化幅度为25美元，也就是一个基点，最高的价格变化幅度为100个基点，即为2 500美元。

（4）交割方式。欧洲美元期货合约的实际交割与一般的期货合约不同，它是在交割月份的指定日期以美元现金直接清算，并不进行欧洲美元存单的实际交割。

3）欧洲美元期货合约的应用

对欧洲美元期货合约的应用与短期国库券期货合约的应用几乎完全一样。

6.3　中长期利率期货合约

如果说短期利率期货合约是成交金额最大的合约，那么，成交合约数量最多的就是中长期利率期货合约，有时也叫债券期货，特别是芝加哥期货交易所的美国财政部债券合约。某些商品交易者认为长期国债期货交易与其他期货交易相比是最为复杂的期货交易。对于旁观者而言，长期国债期货交易规模最为庞大、交易规则也最为庞杂；在CBOT的长期国债期货交易池现场中，有时经纪人会超过700人，由此可见长期国债期货市场的深度和效率以及为什么该合约能受到机构投资者如此青睐的原因。

美国长期国债在许多方面都和企业债券很相似。它们都半年付息，从发行日到到期日的最长期限都为30年，在资本市场中都可以便利地交易。长期国债和中期国债的两个区别是：（1）在期限上，中期国债的期限自发行日计算为10年以内；（2）某些长期国债在发行15年后可以随时赎回（美国财政部从1984年后不再发行可赎回国库券）。

美国财政部很少提前赎回债券，但偶尔也发生过。2000年1月14日，美国财政部提前赎回了所有票面利率为8.25%、到期日为2000年5月15日—2005年5月15日的长期国库券（按美国财政部的规定必须提前4个月发布赎回公告）。这样在2000年5月15日以后，这些债券停止支付利息。在提前赎回之前，此类债券的市场价格都有微小的溢价，但在到期日都以票面价值赎回。由于提前赎回会给投资者造成损失，因此投资者购买长期国债都十分关注赎回条款。

所有新发行的长期国债和中期国债都是以记账登记方式来发行，美国财政部不再发行凭证式国债。尽管记账方式并不要求债券的持有者剪息票，但债券仍然有票面利率，即支付债券利息的名义利率。如果面值1 000美元的债券的票面利率是8.5%，每年债券需要政府支付利息85美元。但实际上6个月支付一次利息，即每次支付42.50美元。

长期国债之间的区别在于发行者、票面利率和到期的年份。例如，美国政府债券代号为“6.25，23”，实际上指的是2023年到期的票面利率为6.25%的国库券。

美国芝加哥期货交易所的中长期国债期货在国际利率期货市场上具有特殊的地位和作用，使该交易所的中长期国债期货成为其他国家和地区在开设利率期货交易时纷纷加以学习、借鉴的榜样。因此，我们主要以芝加哥期货交易所的中长期国债期货为范本，对中长期利率期货进行分析介绍。

6.3.1 交易单位及报价方式

目前芝加哥期货交易所上市的中长期国债期货主要有长期国债期货、10年期国债期货、5年期国债期货和2年期国债期货，其中后面三种属于中期国债期货。长期国债期货、10年期国债期货和5年期国债期货的交易标的物都是面值10万美元的美国国债，2年期国债期货的交易标的物是面值20万美元的美国国债，每一个期货合约在任何日期的现券市场上都有许多种符合交割标准的债券可以用于交割。

芝加哥期货交易所的中长期国债期货合约以点（point）来报价。合约面值分为100点，每一点代表合约面值的百分之一，即1 000美元（长期国债期货、10年期国债期货及5年期国债期货）或2 000美元（2年期国债期货）。其中，长期国债期货交易的最小变动价位为1/32点，即31.25美元（1 000×1/32）；10年期国债期货和5年期国债期货交易的最小变动价位为1/32点的1/2，即15.625美元（1 000×1/32×1/2）；2年期国债期货交易的最小变动价位为1/32点的1/4，即15.625美元（2 000×1/32×1/4）。

【例6-1】假设某长期国债期货合约的报价为97-00，则表示该合约价值97 000美元（1 000×97）。如果期货价格下跌10/32点，即表示该合约价格下跌了312.5美元（31.25×10），则该合约目前的价格为96-22，也就是96 687.5美元（1 000×96+31.25×22）。

6.3.2 每日价格涨跌幅限制

每日价格涨跌幅限制又称涨跌停板制度。该项制度规定，当每天的期货交易价格上涨或下跌达到一定幅度时，交易暂时停止。涨跌停板制度在期货交易价格暴涨暴跌时，对于稳定投资人的情绪，冷却市场投机气氛具有积极的作用，是期货市场风险管理中的一项重要措施。目前世界上绝大多数期货交易所都实行涨跌停板制度。

芝加哥期货交易所的中长期国债期货交易也实行涨跌停板制度。具体规定是这样的，长期国债期货、10年期国债期货和5年期国债期货的每日价格最大涨跌幅度是前一交易日结算价基础上的上下各3点，也就是每张合约3 000美元；可以扩大到4.5点，即每张合约4 500美元。但是，从交割月前两个工作日起取消价格涨跌幅限制。2年期国债期货的每日价格最大涨跌幅度是前一交易日结算价基础上的上下各1点，也就是每张合约2 000美元；可以扩大到11.5点，即每张合约23 000美元，从交割月前两个工作日起取消价格涨跌幅限制。

6.3.3　合约月份

芝加哥期货交易所所有中长期国债期货的合约月份都是3月、6月、9月和12月。投资者最长可以交易两年以内的期货合约，但交易最活跃的通常是即期月份的合约。

6.3.4　最后交易日

芝加哥期货交易所的长期国债期货、10年期国债期货和5年期国债期货的最后交易日相同，都是交割月最后工作日前的第7个工作日；而2年期国债期货的最后交易日与前三者不同，为当月拍卖2年期国债发行日前的第2个工作日和当月最后工作日中较早的一个。

6.3.5　最后交割日与交割方法

长期国债期货、10年期国债期货和5年期国债期货的最后交割日为交割月的最后工作日，2年期国债期货的最后交割日为最后交易日后第3个工作日。芝加哥期货交易所所有中长期国债期货的交割都通过联邦记账电子转账系统进行，而不是通过实物券的交收来完成到期期货合约的实物交割。尽管国债期货的实物交割比率非常低，但是实物交割机制的存在却是非常必要的，它保证了国债期货价格在到期时能够和现货价格趋于一致，这对国债期货功能的正常发挥是至关重要的。

6.3.6　交易时间

芝加哥期货交易所的中长期国债期货通过口头喊价和计算机自动对盘两种方式进行交易。口头喊价的交易时间是芝加哥时间上午7：20到下午2：00，每周一到周五交易；计算机自动对盘交易分下午场、夜场和日场三场，下午场交易时间是芝加哥时间下午2：15到下午4：30，每周一至周四交易，夜场交易时间是芝加哥时间下午6：00到次日凌晨5：00，每周日至周四交易，日场交易时间是芝加哥时间上午5：30到下午2：00，每周一至周五交易。

6.3.7　合约代码

芝加哥期货交易所中长期国债期货的合约代码见表6-1：

表6-1　芝加哥期货交易所中长期国债期货的合约代码

	长期国债期货	10年期国债期货	5年期国债期货	2年期国债期货
口头喊价	US	TY	FV	TU
电子交易	ZB	ZN	ZF	ZT

自1975年芝加哥期货交易所推出美国国民抵押协会抵押贷款期货以来，利率期货取得了迅速发展，目前该交易所中长期国债期货与期权的交易量已经占到全美国期货市场交易量的25%以上。

6.3.8 长期国债期货合约应用

【例6-2】某投资者担心利率风险，买入价值1亿美元的长期国债期货，买入时长期国债期货价格为96-20，到期平仓时其价格为97-16，那么该投资者购买长期国债期货的盈亏额是多少？

做多长期国债期货合约数=1亿美元÷10万美元/张=1 000张

做多长期国债期货盈亏额=1 000×（$97\frac{16}{32}-96\frac{20}{32}$）×1 000

=1 000×0.875×1 000=87.5（万美元）

6.4 国际金融市场主要利率期货品种

目前世界上许多国家均已开设了利率期货交易，在此将对目前世界上主要的利率期货合约做一个简要的介绍。

6.4.1 美国合约

美国主要的利率期货交易场所是芝加哥期货交易所（CBOT）与芝加哥商品交易所（CME）（两者合并为芝加哥商品交易所集团，CME Group Inc.），其中中长期利率期货交易主要集中在CBOT，短期利率期货交易主要集中在CME。因为前面章节我们已经讲了很多关于美国的利率期货交易品种，在此不再赘述。

6.4.2 德国合约

1990年以前，期货交易在德国是非法的，直到1990年德国议会才通过修改法律赋予期货交易合法地位。1990年1月26日，德国期货交易所（DBT）成立，同年11月推出了德国国债期货。后来德国期货交易所通过同瑞士期权与金融期货交易所（SOF-FEX）合并，成立了欧洲交易所（EUREX）。欧洲交易所目前主要的利率期货合约见表6-2至表6-7。

1）欧元SCHATZ期货（FGSB）合约

表6-2 欧元SCHATZ期货合约

合约标准	德国联邦政府发行的名义短期债务工具，期限为1.75年到2.25年，票面利率为6%
合约价值	100 000欧元
交割	由空方交割德国联邦国库券，原期限低于2.25年，剩余期限至少1.75年；此外，还包括德国联邦债券、4年期德国联邦中期债券、德国政府债券，剩余期限1.75年到2.25年，债券最低发行量为20亿欧元
价格决定	以面值的百分数表示，保留两位小数

续表

最小价格波动	为0.01%，相当于10欧元
交割日	各自交割月的10日（交易所工作日）；否则为后一个交易所工作日
交割月	3月、6月、9月、12月的3个连续季月
通知	持有空头头寸的清算会员必须在到期交割月最后交易日的收盘后规定时间内通知欧洲交易所将交割何种债券
最后交易日	相关交割月交割日的前第2个交易所交易日。该日该合约交易到CET12：30p.m.终止
每日结算价格	该交易日收盘前15分钟内的最后5笔的以成交量为权重的平均价；如果最后1分钟内发生了5笔以上交易，那么以最后1分钟所有交易的加权平均价作为结算价；如果不能得到这样的价格，或是产生的价格并不合理地代表了市场情况，那么欧洲交易所将指定官方结算价
最后结算价	为该日最后30分钟内10笔的加权平均价；如果最后1分钟内有10笔以上交易，则为最后1分钟内所撮合的所有交易的加权平均价。最后结算价在最后交易日的CET12：30p.m.来决定
交易时间	8：00a.m.—7：00p.m.CET

2）欧元BOBL期货（FGBM）合约

表6-3 欧元BOBL期货合约

合约标准	德国联邦政府发行的名义中期债务工具，期限为3.5年到5年，票面利率为6%
合约价值	100 000欧元
交割	由空方交割德国联邦债券、德国联邦中期债券、德国政府债券，剩余期限3.5年到5年，债券最低发行量为20亿欧元
价格决定	以面值的百分数表示，保留两位小数
最小价格波动	为0.01%，相当于10欧元
交割日	各自交割月的10日（交易所工作日）；否则为后一个交易所工作日
交割月	3月、6月、9月、12月的3个连续季月
通知	持有空头头寸的清算会员必须在到期交割月最后交易日的收盘后规定时间内通知欧洲交易所将交割何种债券
最后交易日	相关交割月交割日的前第2个交易所交易日。该日该合约交易到CET12：30p.m.终止
每日结算价格	该交易日收盘前15分钟内的最后5笔的以成交量为权重的平均价；如果最后1分钟内发生了5笔以上交易，那么以最后1分钟所有交易的加权平均价作为结算价；如果不能得到这样的价格，或是产生的价格并不合理地代表了市场情况，那么欧洲交易所将指定官方结算价
最后结算价	为该日最后30分钟内10笔的加权平均价；如果最后1分钟内有10笔以上交易，则为最后1分钟内所撮合的所有交易的加权平均价。最后结算价在最后交易日的CET 12：30p.m.来决定
交易时间	8：00a.m.—7：00p.m.CET

3）欧元BUND期货（FGBL）合约

表6-4 欧元BUND期货合约

合约标准	德国联邦政府发行的名义长期债务工具，期限为8.5年到10.5年，票面利率为6%
合约价值	100 000欧元
交割	由空方交割德国政府债券，剩余期限8.5年到10.5年，债券最低发行量为20亿欧元
价格决定	以面值的百分数表示，保留两位小数
最小价格波动	为0.01%，相当于10欧元
交割日	各自交割月的10日（交易所工作日）；否则为后一个交易所工作日
交割月	3月、6月、9月、12月的3个连续季月
通知	持有空头头寸的清算会员必须在到期交割月最后交易日的收盘后规定时间内通知欧洲交易所将交割何种债券
最后交易日	相关交割月交割日的前第2个交易所交易日。该日该合约交易到CET12：30p.m.终止
每日结算价格	该交易日收盘前15分钟内的最后5笔的以成交量为权重的平均价；如果最后1分钟内发生了5笔以上交易，那么以最后1分钟所有交易的加权平均价作为结算价；如果不能得到这样的价格，或是产生的价格并不合理地代表了市场情况，那么欧洲交易所将指定官方结算价
最后结算价	为该日最后30分钟内10笔的加权平均价；如果最后1分钟内有10笔以上交易，则为最后1分钟内所撮合的所有交易的加权平均价。最后结算价在最后交易日的CET 12：30p.m.来决定
交易时间	8：00a.m.—7：00p.m.CET

4）欧元BUXL期货（FGBX）合约

表6-5 欧元BUXL期货合约

合约标准	德国联邦政府发行的名义长期债务工具，期限为20年到30.5年，票面利率为6%
合约价值	100 000欧元
交割	由空方交割德国政府债券，剩余期限20年到30.5年。债券最低发行量为50亿欧元
价格决定	以面值的百分数表示，保留两位小数
最小价格波动	为0.01%，相当于10欧元
交割日	各自交割月的10日（交易所工作日）；否则为后一个交易所工作日
交割月	3月、6月、9月、12月的3个连续季月
通知	持有空头头寸的清算会员必须在到期交割月最后交易日的收盘后规定时间内通知欧洲交易所将交割何种债券
最后交易日	相关交割月交割日的前第2个交易所交易日，该日该合约交易到CET12：30p.m.终止
每日结算价格	该交易日收盘前15分钟内的最后5笔的以成交量为权重的平均价；如果最后1分钟内发生了5笔以上交易，那么以最后1分钟所有交易的加权平均价作为结算价；如果不能得到这样的价格，或是产生的价格并不合理地代表了市场情况，那么欧洲交易所将指定官方结算价
最后结算价	为该日最后30分钟内10笔的加权平均价；如果最后1分钟内有10笔以上交易，则为最后1分钟内所撮合的所有交易的加权平均价。最后结算价在最后交易日的CET 12：30p.m.来决定
交易时间	8：00a.m.—7：00p.m.CET

5）COMI期货（COMI）合约

表6-6 COMI期货合约

合约标准	瑞士联邦政府发行的名义中期债务工具，期限为3年到8年少1天，票面利率为6%
合约价值	100 000瑞士法郎
交割	由空方交割瑞士联邦政府债券，剩余期限3年到8年少1天。债券最低发行量为5亿瑞士法郎。如果是可赎回债券，第一和最后赎回日必须在3年到8年少1天之间
价格决定	以面值的百分数表示，保留两位小数
最小价格波动	为0.01%，相当于10瑞士法郎
交割日	各自交割月的10日（交易所工作日）；否则为后一个交易所工作日
交割月	3月、6月、9月、12月的3个连续季月
通知	持有空头头寸的清算会员必须在到期交割月最后交易日的收盘后规定时间内通知欧洲交易所将交割何种债券
最后交易日	相关交割月交割日的前第2个交易所交易日。该日该合约交易到CET12：30p.m.终止
每日结算价格	该交易日收盘前15分钟内的最后5笔的以成交量为权重的平均价；如果最后1分钟内发生了5笔以上交易，那么以最后1分钟所有交易的加权平均价作为结算价；如果不能得到这样的价格，或是产生的价格并不合理地代表了市场情况，那么欧洲交易所将指定官方结算价
最后结算价	为该日最后30分钟内10笔的加权平均价；如果最后1分钟内有10笔以上交易，则为最后1分钟内所撮合的所有交易的加权平均价。最后结算价在最后交易日的CET 12：30p.m.来决定
交易时间	8：00a.m.—7：00p.m.CET

6）CONF期货（CONF）合约

表6-7 CONF期货合约

合约标准	瑞士联邦政府发行的名义长期债务工具，期限为8年到13年，票面利率为6%
合约价值	100 000瑞士法郎
交割	由空方交割瑞士联邦政府债券，剩余期限8年到13年。债券最低发行量为5亿瑞士法郎。如果是可赎回债券，第一和最后赎回日必须在8年到13年之间
价格决定	以面值的百分数表示，保留两位小数
最小价格波动	为0.01%，相当于10瑞士法郎
交割日	各自交割月的10日（交易所工作日）；否则为后一个交易所工作日
交割月	3月、6月、9月、12月的3个连续季月
通知	持有空头头寸的清算会员必须在到期交割月最后交易日的收盘后规定时间内通知欧洲交易所将交割何种债券
最后交易日	相关交割月交割日的前第2个交易所交易日。该日该合约交易到CET12：30p.m.终止
每日结算价格	该交易日收盘前15分钟内的最后5笔的以成交量为权重的平均价；如果最后1分钟内发生了5笔以上交易，那么以最后1分钟所有交易的加权平均价作为结算价；如果不能得到这样的价格，或是产生的价格并不合理地代表了市场情况，那么欧洲交易所将指定官方结算价
最后结算价	为该日最后30分钟内10笔的加权平均价；如果最后1分钟内有10笔以上交易，则为最后1分钟内所撮合的所有交易的加权平均价。最后结算价在最后交易日的CET 12：30p.m.来决定
交易时间	8：00a.m.—7：00p.m.CET

6.4.3 英国合约

英国主要的利率期货交易场所是1982年成立的伦敦国际金融期货交易所（LIFFE），在该交易所上市的利率期货合约主要有：英国长期国债期货、5年期英国国债期货以及德国、日本、意大利长期国债期货（见表6-8至表6-11）。

1）英国长期国债期货合约

表6-8 英国长期国债期货合约

交易单位	面值为100 000英镑的7%票面利率的名义债券
交割月份	3月、6月、9月、12月最近3个交割月份可以交易
第一通知日	交割月首日前的第2个工作日
最后通知日	最后交易日后的第1个工作日
交割日	交割月中的任何一日（卖方选择）
最后交易日	交割月最后工作日的前第2个工作日上午11：00
报价	每名义100英镑
最小价格波动	0.01英镑（10英镑/张）
交易时间	08：00—18：00
交易平台	LIFFE CONNECT电子交易系统

2）5年期英国国债期货合约

关于5年期英国国债期货的相关条款说明和上述英国长期国债期货的条款完全相同，只不过国债标的的期限有所差异。

3）德国长期国债期货合约

表6-9 德国长期国债期货合约

交易单位	面值为100 000欧元的4%票面利率的名义债券
交割月份	3月、6月、9月、12月最近3个交割月份可以交易
交割日	交割月的第10个工作日
最后交易日	交割日前2个法兰克福工作日的12：30（法兰克福时间）
报价	每名义100欧元
最小价格波动	0.01欧元（10欧元/张）
交易时间	07：00—18：00
交易平台	公开喊价

4）日本长期国债期货合约

表6-10 日本长期国债期货合约

交易单位	面值为10 000万日元的6%票面利率的名义债券
交割月份	3月、6月、9月、12月最近3个交割月份可以交易
交割日	最后交易日的次日。到期未平仓合约将根据东京证券交易所同月份合约的第2天的开盘价进行现金结算
最后交易日	东京证券交易所最后交易日前一个工作日的16：00
最小价格波动	10 000日元
交易时间	07：00—16：00
交易平台	LIFFE CONNECT电子交易系统

5）意大利长期国债期货合约

表6-11 意大利长期国债期货合约

交易单位	面值为100 000欧元的6%票面利率的名义意大利长期国债
交割月份	3月、6月、9月、12月最近3个交割月份可以交易
交割日	交割月的第10个工作日
最后交易日	交割月最后工作日的前第4个工作日上午11：30
报价	每名义100欧元
最小价格波动	0.01欧元（10欧元/张）
交易时间	07：00—18：00
交易平台	LIFFE CONNECT电子交易系统

6.4.4 日本合约

东京证券交易所（TSE）于1985年推出利率期货，目前交易品种有5年期、10年期、20年期日本国债期货和美国长期国债期货（见表6-12、表6-13）。

1）日本国债期货合约

表6-12 日本国债期货合约

项目	5年期日本国债期货	10年期日本国债期货	20年期日本国债期货
上市日期	1996.02.16	1985.10.19	1988.07.08
交易时间	上午9：00—11：00、下午12：30—15：00	上午9：00—11：00、下午12：30—15：00	上午9：00—11：00、下午12：30—15：00
名义利率	6%	6%	6%
交割等级	距到期日不少于3年、不多于5年的日本国债	距到期日不少于7年、不多于11年的日本国债	距到期日不少于15年、不多于21年的日本国债

续表

项目	5年期日本国债期货	10年期日本国债期货	20年期日本国债期货
合约月份	3月、6月、9月、12月	3月、6月、9月、12月	3月、6月、9月、12月
交割日期	合约月份的20日	合约月份的20日	合约月份的20日
最后交易日	交割日前第7个工作日	交割日前第7个工作日	交割日前第7个工作日
合约单位	面值10 000万日元的日本国债	面值10 000万日元的日本国债	面值10 000万日元的日本国债
最小变动价位	1个基点的1%，即每张合约10 000日元	1个基点的1%，即每张合约10 000日元	1个基点的1%，即每张合约10 000日元
每日价格波动幅度	2个基点，即每张合约200万日元	2个基点，即每张合约200万日元	3个基点，即每张合约300万日元
交割选择权	卖方选择权	卖方选择权	卖方选择权

2）美国长期国债期货合约

表6-13 美国长期国债期货合约

上市日期	1989.12.01
交易时间	上午9：00—11：00、下午12：30—15：00
名义利率	8%
交割等级	距到期日不少于15年的不可赎回的美国国债或者距最早赎回日不少于15年的可赎回的美国国债
合约月份	3月、6月、9月、12月
交割日期	合约月份的最后一个工作日
最后交易日	与CBOT相同
合约单位	面值100 000美元的美国国债
最小变动价位	1个基点的1/32，即每张合约31.25美元
每日价格波动幅度	CBOT前一交易日结算价上下各3个基点
交割选择权	卖方选择权

6.4.5 法国合约

法国的利率期货交易场所是法国国际期货交易所（MATIF），该交易所上市的利率期货全部以欧元标价，期货合约的基础资产是由法国、德国及荷兰等欧盟国家的主权债券混合而成，符合规定的债券均可参与交割，MATIF打破了利率期货的基础资产只能由一个发行者发行的传统做法，选择了由几个欧洲主权国家组成的发债者名单，既反映了欧洲经济一体化的趋势，也代表了利率期货发展的一个新方向。该交易所上市的利率期货合约如下（见表6-14至表6-18）：

1）30年期欧洲债券期货合约

表6-14 30年期欧洲债券期货合约

符号	EVL
基础资产	25~35年由欧洲货币联盟国家发行的欧元标价的票面利率为5.5%的名义国债
交易单位	100 000欧元
报价	面值的百分比，报到小数点后两位
最小价格波动	1个基点，面值的0.01%相当于10欧元
合约周期	3月、6月、9月、12月中的连续2个到期月
初始保证金	通常为2 500欧元
最后交易日	交割月第3个周三的前2个工作日
第一交易日	在一个合约到期后的第1个交易日
交割	以结算价为基础。由卖方从25~35年合格的以欧元标价的国债正式名单中挑选。发行者从该合约上市前决定的一个欧洲货币联盟国家名单中挑选。到期全部赎回。交割月结算日前1个月的最低流通量大于50亿欧元
每日价格波动	200基点
NSC交易时间	开始前：7：45a.m.—8：00a.m. 交易期：8：00a.m.—10：00p.m. 结算日的转换：5：00p.m.

2）中期国债期货合约

表6-15 中期国债期货合约

符号	ELT
基础资产	8~10年名义政府债券。从1999年6月起合约票面利率为3.5%。每个第一交易日，MATIF规定了可用于交割的欧洲货币联盟国家名单
交易单位	100 000欧元
报价	面值的百分比，报到小数点后两位
最小价格波动	1个基点，面值的0.01%，相当于10欧元
合约周期	3月、6月、9月、12月中的连续3个到期月
初始保证金	通常为1 750欧元
最后交易日	交割月第3个周三的前2个工作日
第一交易日	在一个合约到期后的第1个交易日
交割	以结算价为基础。由卖方从8.5~10.5年合格的以欧元标价的国债正式名单中挑选。发行者从该合约上市前决定的一个欧洲货币联盟国家名单中挑选。到期全部赎回。交割月结算日前1个月的最低流通量大于60亿欧元
每日价格波动	140基点
NSC交易时间	开始前：7：45a.m.—8：00a.m. 交易期：8：00a.m.—10：00p.m. 结算日的转换：5：00p.m.

3）欧元所有主权债券期货合约

表6-16 欧元所有主权债券期货合约

符号	ETS
基础资产	8~10年名义政府债券，以欧元标价，到期还本，票面利率5.5%
交易单位	100 000欧元
报价	面值的百分比，报到小数点后两位
最小价格波动	2个基点，面值的0.02%，相当于20欧元
合约周期	3月、6月、9月、12月中的连续3个到期月
初始保证金	通常为1 500欧元
最后交易日	交割月第3个周三的前2个工作日
第一交易日	在一个合约到期后的第1个交易日
交割	以结算价为基础。由卖方从8~10年合格的以欧元标价的国债正式名单中挑选。发行者为欧洲货币联盟的主权国家或超国家组织。最小流通量为40亿欧元。债券组成由合约结算日前4个月确定
每日价格波动	140基点
NSC交易时间	开始前：7：45a.m.—8：00a.m. 交易期：8：00a.m.—10：00p.m. 结算日的转换：5：00p.m.

4）欧元5年期国债期货合约

表6-17 欧元5年期国债期货合约

符号	EMT
基础资产	4~5年名义政府债券，欧元标价，从1999年6月起合约票面利率为3.5%。每周第1个交易日，MATIF规定了可用于交割的欧洲货币联盟国家名单
交易单位	100 000欧元
报价	面值的百分比，报到小数点后两位
最小价格波动	1个基点，面值的0.01%，相当于10欧元
合约周期	3月、6月、9月、12月中的连续2~3个到期月
初始保证金	通常为1 000欧元
最后交易日	交割月第3个周三的前2个工作日
第一交易日	在一个合约到期后的第1个交易日
交割	以结算价为基础。由卖方从4~5年合格的以欧元标价的国债正式名单中挑选。发行者从该合约上市前决定的一个欧洲货币联盟国家名单中挑选。到期全部赎回。交割月结算日前1个月的最低流通量大于50亿欧元
每日价格波动	80基点
NSC交易时间	开始前：7：45a.m.—8：00a.m. 交易期：8：00a.m.—10：00p.m. 结算日的转换：5：00p.m.

5）欧元2年期国债期货合约

表6-18 欧元2年期国债期货合约

符号	E2Y
基础资产	1.5~2.5年名义政府债券。票面利率为3.5%。由欧洲货币联盟国家发行，欧元标价
交易单位	100 000欧元
报价	面值的百分比，报到小数点后两位
最小价格波动	1个基点，面值的0.01%，相当于10欧元
合约周期	3月、6月、9月、12月中的连续2~3个到期月
初始保证金	通常为500欧元
最后交易日	交割月第3个周三的前2个工作日
第一交易日	在一个合约到期后的第1个交易日
交割	以结算价为基础。由卖方从1.5~2.5年合格的以欧元标价的国债正式名单中挑选。发行者从该合约上市前决定的一个欧洲货币联盟国家名单中挑选。到期全部赎回。交割月结算日前1个月的最低流通量大于50亿欧元
每日价格波动	40基点
NSC交易时间	开始前：7：45a.m—8：00a.m 交易期：8：00a.m—10：00p.m 结算日的转换：5：00p.m

6.4.6 中国合约

中国的利率期货早在1991年就有交易，但“3·27国债期货事件”使得利率期货暂停交易，直到2013年9月6日重新开始上市交易。截止到2019年3月，中国金融期货交易所有3个品种的利率期货上市交易，为2年期国债期货、5年期国债期货和10年期国债期货（见表6-19、表6-20、表6-21）。

1）2年期国债期货合约

表6-19 2年期国债期货合约

合约标的	面值为200万元人民币、票面利率为3%的名义中短期国债
可交割国债	发行期限不高于5年，合约到期月份首日剩余期限为1.5~2.25年的记账式附息国债
报价方式	百元净价报价
最小变动价位	0.005元
合约月份	最近的3个季月（3月、6月、9月、12月中的最近3个月循环）
交易时间	09：15—11：30、13：00—15：15
最后交易日交易时间	09：15—11：30
每日价格最大波动限制	上一交易日结算价的±0.5%
最低交易保证金	合约价值的0.5%
最后交易日	合约到期月份的第2个星期五
最后交割日	最后交易日后的第3个交易日
交割方式	实物交割
交易代码	TS
上市交易所	中国金融期货交易所

2）5年期国债期货合约

表6-20　　5年期国债期货合约

合约标的	面值为100万元人民币、票面利率为3%的名义中期国债
可交割国债	合约到期月份首日剩余期限为4~5.25年的记账式附息国债
报价方式	百元净价报价
最小变动价位	0.005元
合约月份	最近的3个季月（3月、6月、9月、12月中的最近3个月循环）
交易时间	09：15—11：30、13：00—15：15
最后交易日交易时间	09：15—11：30
每日价格最大波动限制	上一交易日结算价的±1.2%
最低交易保证金	合约价值的1%
最后交易日	合约到期月份的第2个星期五
最后交割日	最后交易日后的第3个交易日
交割方式	实物交割
交易代码	TF
上市交易所	中国金融期货交易所

3）10年期国债期货合约

表6-21　　10年期国债期货合约

合约标的	面值为100万元人民币、票面利率为3%的名义长期国债
可交割国债	发行期限不高于10年、合约到期月份首日剩余期限不低于6.5年的记账式附息国债
报价方式	百元净价报价
最小变动价位	0.005元
合约月份	最近的3个季月（3月、6月、9月、12月中的最近3个月循环）
交易时间	9：15—11：30、13：00—15：15
最后交易日交易时间	9：15—11：30
每日价格最大波动限制	上一交易日结算价的±2%
最低交易保证金	合约价值的2%
最后交易日	合约到期月份的第2个星期五
最后交割日	最后交易日后的第3个交易日
交割方式	实物交割
交易代码	T
上市交易所	中国金融期货交易所

6.5 利率期货的定价

与商品期货相比，利率期货的定价比较复杂。在期货交易中，期货合约到期交割的比率是非常低的，这在利率期货交易中也不例外。在这一节中，我们主要讲中长期利率期货的定价，而短期利率期货的定价只做简单的介绍。

6.5.1 短期利率期货定价

事实上，当我们给短期利率期货合约定价时，我们实际上是在计算其远期合约的价格。当利率已知，远期合约的价格等于期货价格。但是，当我们要对利率期货进行定价时，情况可能就不一样了，因为它们价格变化主要来自于利率的随机变化。理论上说，利率期货的价格要比计算的远期合约价格稍微低一点。

1）持有成本模型

（1）持有成本模型介绍

关于持有成本模型我们在金融期货简介中提到过，在此只简要讲述。

$$F = S + C - I \tag{6-7}$$

其中，F为期货理论定价。S为现货价格，在国库券期货中，该资产就是距期货合约交割日还有91天到期的国库券；在欧洲美元期货中，该资产指欧洲美元。C为持有成本，持有成本通常是指融资购买标的物所需支付的利息成本与拥有标的物期间所能获得收益之间的差额。I为持有收益，在一般的短期利率期货合约中，没有持有收益，也就是说I=0。

（2）举例

距交割日（T+91）天，投资者买入短期国债现货价格97万美元，借款利率5.85%。

C = 970 000×5.85%×90÷360=14 186（美元）

距到期日91天的期货理论价格：

F=970 000+14 186=984 186（美元）

2）无风险套利定价

短期利率期货的定价包括到期定价和到期前定价两部分。短期利率期货交易的交割结算价是人为规定的，它等于100减去现货市场利率的百分点数，即：

$$P=100-i\times 100 \tag{6-8}$$

不过，到期之前利率期货的定价并不取决于现货价格，而取决于远期利率。关于远期利率，我们应用在前面的章节中所得出的结果。那么有：

$$P=100-\frac{i_n N - i_d D}{(N-D)\left(1+i_d\frac{D}{360}\right)} \tag{6-9}$$

其中各个符号的含义见第2章。

根据上述公式所得到的是短期利率期货在到期前的理论价格，它与实际价格存在一定差异。导致差异的原因有两点：一是有时需要使用插值法推算某些现货市场利率；二是LIBOR的报价本身只能精确到0.0625%。短期利率期货在到期前的实际价格与现货价格之间也存在差异而且甚至是较大的差异，这个差额就是我们下面要讲的基差。

如果把现货价格定义为100减去现货市场利率的百分点数，那么我们可以用下式表示利率现货与期货的价格差异也就是基差。

基差=现货价格-期货价格 (6-10)

解释基差产生原因的是所谓“填补缺口”原则，即在同一时间段里进行一次性投资和连续两次投资的收益率应当相等。

当长期利率高于短期利率时，我们称之为正收益曲线；当长期利率低于短期利率时，我们称之为负收益曲线。远期利率协议和短期利率期货则从各自的角度对正负收益曲线进行描述。短期利率期货将正和负收益曲线分别描述为：现货价格高于期货价格和现货价格低于期货价格。

基差与收益曲线方向一致。正基差与正收益曲线相对应；负基差与负收益曲线相对应。当期货交割日越来越靠近的时候，期货价与现货价也越来越靠近，这一过程被称作收敛。

6.5.2 中长期利率期货定价

实际上，利率期货进行实物交割的比例非常低，在美国的中长期国债期货交易中，最后进行实物交割的比例在1%左右，其他国家的情况也大致相同。尽管利率期货实物交割的比例很低，但实物交割的重要性却丝毫不能忽视，它对期货价格和现货价格二者之间的关系有着重要的影响。投资人若想通过利率期货交易进行避险，他就必须关注期货价格和现货价格之间的关系。关于这一点，我们在短期利率期货定价中有一定的介绍，将那些原理应用于中长期利率期货中，也可以部分地说明问题。中长期利率期货交易中，每一个期货合约都有许多合格的现货债券作为交割标的，凡是到期期限符合规定的国债现券都可以用于交割。例如，芝加哥期货交易所规定，到期期限在15年以上的美国长期国债可用于长期国债期货的交割；到期期限在6年半至10年之间的美国国债可用于10年期国债期货的交割；原期限不长于5年3个月，剩余期限不少于4年3个月的中期国债可用于5年期国债期货的交割；原期限不长于5年3个月，剩余期限不少于1年9个月但不多于2年的中期国债可用于2年期国债期货的交割。在诸多合格可交割债券中，究竟选择哪一个券种作为交割标的，其决定权在卖方。在通常情况下，卖方会选择最经济的债券作为交割标的，国债期货的价格走势也与该券种的价格最密切，这个最有利于卖方进行交割的券种称为最便宜可交割债券（cheapest to deliver，CTD）。

对于这些理解我们有层次地来介绍。首先来看转换因子。

1）转换因子

刚才我们提到，在中长期国债期货中，只要到期期限符合规定的债券都可以作为交割标的进行交割。然而，在国债现券市场上，符合交割标准的券种由于票面利率、到期日的不同，它们的市场交易价格也不同，这使得现券市场上可供选择的债券相当复杂，卖方要从中选出最便宜可交割债券也是需要经过精心筛选才能得到。

（1）转换因子的概念

转换因子是指可使中、长期国债期货合约的价格与各种不同息票利率的可用于交割的现货债券价格具有可比性的折算比率。

基于对利率理论的认识，我们知道，由于利率和期限的不同，各个债券品种的价格与国债期货价格之间并没有直接的可比性。一个债券品种的价格比其他债券品种的价格低，并不代表用这个债券品种进行实物交割比其他债券品种要便宜。卖方如果要确定哪一种债券是最便宜可交割债券，就首先必须在债券现货价格和期货价格之间建立起一种可以直接进行比较的关系。为了达到这个目的，通常利用转换因子（conversion factor，CF）将不同期限、不同票面利率的各合格交割债券的价格进行一番调整，以便使各个现券券种的价格和国债期货的价格之间能够直接进行对比，以确定哪一种债券是最便宜可交割债券。

转换因子，本质上是一种折算比率，通过这个折算比率可以将各种可用于交割的现券的价格，调整为可以与期货价格进行直接比较的价格。以美国中长期国债期货为例，由于目前美国中长期国债期货的票面利率为6%（2000年3月以前一直是8%），转换因子实质上是将面值1美元的可交割债券在剩余期限内的现金流量，用6%的标准折现率所折成的现值。

实际上，在中长期利率期货的交易中，转换因子的计算是非常重要的。在计算某种可交割债券的转换因子时，首先必须确定该债券的剩余期限，然后以标准利率（6%）为贴现率，将面值为1美元的该种债券在其剩余期限内的所有现金流量折算为现值，这个现值就是该债券的转换因子。所以，我们看到，要想获得中长期利率期货的转换因子首先需要确定债券的剩余期限。

（2）剩余期限的确定

要想确定债券的剩余期限，通常是以中长期国债期货合约第一交割日为起点，以可交割债券到期日或者最早赎回日（如果是可提前赎回债券）为终点，然后，将这一期间按季取整后的期限作为该债券的剩余期限。例如，1996年11月某交易者准备以息票利率为10%、到期日为2012年7月15日的长期国债进行1996年12月到期的美国长期国债期货的实物交割，则从国债期货的第一交割日1996年12月1日到该债券的到期日2012年7月15日共有15年7.5个月，按季取整后该债券的剩余期限为15年6个月。如果该交易者以一个可提前赎回债券进行实物交割，假定该债券的到期日为2020年7月15日，则该债券的剩余期限为18年6个月，即从国债期货的第一交割日1996年12月1日到该债券的最早赎回日2015年7月15日共有18年7.5个月，按季取整后就是18年6个月。由此可见，用这种方法确定的剩余期限只是一个近似值，那么，以此为依据计算出的转换因子，实际上也只能是一个近似的转换因子，而不是精确的转换因子。不过，我们通常也就用这个近似的转换因子来计算发票金额以及得出最便宜可交割债券。在确定了可交割债券的剩余期限以后，我们就可以通过一定的公式将转换因子计算出来。

（3）转换因子的计算

转换因子的计算有许多不同的方法，结果基本相同。在此我们只介绍一种常用的计算转换因子的方法。这种方法比较简单，在实际中运用得较多，目前芝加哥期货交易所就是运用这种方法来计算转换因子。其计算公式为：

$$CF=\frac{1}{1.03^{X/6}}\left[\frac{C}{2}+\frac{C}{0.06}\left(1-\frac{1}{1.03^{2N}}\right)+\frac{1}{1.03^{2N}}\right]-\frac{C}{2}\times\frac{(6-X)}{6} \tag{6-11}$$

其中，CF为转换因子；N为剩余期限中的完整的年数；X为剩余期限中不足一年而按季取整的月数；C为以年利率表示的债券息票利率。

在这个公式中，我们实际上是将剩余期限分为两个部分，一是完整的年数N，二是不足一年而按季取整的月数X。这样，当$X=0$、3、6时，适用此公式，例如，如果剩余期限是20年8个月，则$N=20$，$X=6$；当$X=9$时，则令$2N=2N+1$，$X=3$，此公式演变为：

$$CF=\frac{1}{1.03^{3/6}}\left[\frac{C}{2}+\frac{C}{0.06}\left(1-\frac{1}{1.03^{2N+1}}\right)+\frac{1}{1.03^{2N+1}}\right]-\frac{C}{2}\times\frac{(6-3)}{6} \tag{6-12}$$

再比如，如果剩余期限是20年10个月，则$2N=41$，$X=3$。

一般来说，实际息票利率高于国债期货合约息票利率的可交割债券，其转换因子大于1；而实际息票利率低于国债期货合约息票利率的可交割债券，其转换因子小于1。

2）发票金额

（1）发票金额的概念及计算公式

发票金额是指在中长期国债期货交割时，期货合约的买方应该向卖方交付的实际金额，又称交割应付价格。发票金额根据国债期货合约的交割结算价格、卖方所交付的债券品种以及实际交割日期确定。其计算公式如下：

$$M=N(P\cdot CF\cdot L+I) \tag{6-13}$$

其中，M为发票金额；N为交割的期货合约数量；L为交易单位，一般是100 000元；P为期货合约的交割结算价格；CF为卖方所交付券种的转换因子；I为每一合约的应计利息。

从上述公式可以看出，发票金额实际上由两部分组成，一部分是本金发票金额，另一部分是应计利息。本金发票金额是最基础的一部分，具体计算是指用到期期货合约的交割结算价格乘以相应的转换因子，将用于交割的债券的价格进行调整，经调整后的实际交割的合约总值。

（2）应计利息

应计利息是指实际用于交割的债券从上次付息日至期货合约交割日这一期间所产生的利息。由于美国的中长期国债都是每半年支付一次利息，其付息日与期货合约的交割日往往不在同一时间。于是，从上一次付息日到期货合约的交割日这一期间所产生的利息理应归原来的债券持有者，即期货合约的卖方所有。因此，期货合约的买方为了取得这一债券，就必须在支付本金发票金额的同时，支付这一期间的应计利息。应计利息的计算公式如下：

$$I=F\cdot i\cdot\frac{1}{2}\cdot\frac{t}{H} \tag{6-14}$$

其中，I为应计利息；F为债券的面值（长期国债期货合约、10年期国债期货合约和5年期国债期货合约的面值为10万美元，2年期国债期货合约的面值为20万美元）；i为实际用于交割的债券的息票利率；t为从上次付息日到期货合约交割日的天数；H为半年的天数。

关于半年的天数H，美国财政部有统一的规定，具体见表6-22。

3）中长期利率期货的价格理论

（1）理论上的期货价格

由前面章节可知，通过转换因子，可以在现货价格和期货价格之间建立共同点，以便

表6-22 **半年的天数对照表**

计息期间	如果计息开始与计息结束的日期是所列月份的1日或15日		如果计息开始与计息结束的日期是所列月份的最后1日	
	平年	闰年	平年	闰年
1月到7月	181	182	181	182
2月到8月	181	182	184	184
3月到9月	184	184	183	183
4月到10月	183	183	184	184
5月到11月	184	184	183	183
6月到12月	183	183	184	184
7月到次年1月	184	184	184	184
8月到次年2月	184	184	181	182
9月到次年3月	181	182	182	183
10月到次年4月	182	183	181	182
11月到次年5月	181	182	182	183
12月到次年6月	182	183	181	182
1年	365	366	365	366

资料来源 Department of the Treasury Circular No.300，4th Rev。

进行相互比较。美国中长期国债期货价格所反映的是，在特定的期限与收益率下，息票利率为6%的最便宜可交割债券的价格近似值。如果将期货价格乘上任何可交割债券的转换因子，所得结果称为调整后期货价格。相反，如果将任何可交割债券的价格除以相应的转换因子，所得结果称为调整后现货价格。以上表述可以用下列公式表示：

调整后期货价格=期货价格×转换因子 (6-15)

调整后现货价格=现货价格÷转换因子 (6-16)

在中长期国债期货进行实物交割以前，最便宜可交割债券的调整后现货价格必须根据持有成本而做调整，调整之后的价格称为理论上的期货价格。在中长期国债期货合约的存续期内，期货价格往往会依循最便宜可交割债券的调整后现货价格的走势。但是，这两者并不是完全一致，通常情况下两者之间存在一定的差距，这个价差称为基差。在理论上，基差应该等于持有成本。因此，中长期国债期货的理论价格应该等于调整后的现货价格扣除持有成本。从理论上讲，如果调整后的期货价格，等于现货价格扣除持有成本，那么对于投资人而言，选择购买现货还是购买期货，由于成本相同，二者并没有差异。

理论上的期货价格=调整后现货价格-持有成本 (6-17)

公式中的持有成本是指在现货债券的持有期间内，债券的息票利息收入与短期借款利息支出的差异。期货合约持有成本的计算公式如下：

$$C=\frac{1}{CF}\left[(P+A)r\cdot\frac{T}{360}-Y\cdot\frac{T}{360}\right] \tag{6-18}$$

其中，C为持有成本净额；CF为转换因子；P为最便宜可交割债券的价格；A为从最近一次付息日到购买现货债券日期之间的应计利息；r为短期借款利率（1年以360天计）；T为从购买现货债券日期到期货合约结算日的天数；Y为所购买的现货债券的息票年利率。

（2）理论期货价格与实际期货价格

从道理上讲，实际期货价格应该等于上述理论上的期货价格，但在实际操作中，这种情况相当罕见，因此也就产生了许多获利的机会。美国中长期国债期货在合约设计上，赋予了卖方一定的交割决定权，这是导致实际期货价格与理论值不同的主要原因。卖方的交割决定权形成所谓的隐含卖出选择权，对卖方有利，作为对期货合约买方的补偿，买方应当在价格上获得若干折让。因此，市场上买卖双方对卖方交割权利的评价就会反映在实际的期货价格上，其结果使实际的期货价格往往比理论值偏低，至于低多少，则视市场对隐含卖出选择权的价值评判而定。

在国债期货合约的交割中，合约的卖方有三个方面的选择权：一是交割对象的选择权；二是交割日期的选择权；三是交割时间的选择权。

交割对象的选择权是指期货合约的卖方可以在国债现货市场上众多的符合交割标准的券种中间任选一种用于实物交割。这就使得卖方有足够的选择余地，从中选出对他最便宜的合格交割债券来交割。

交割日期的选择权是指期货合约的卖方可在交割月份的任意一个营业日进行交割，这样，卖方可以根据市场条件及其变化选择最有利的交割日期来交割。根据交易规则，在国债期货合约的最后交易日以后，卖方还有7个营业日可以用于交割。在这7个营业日中，现货市场各种可交割债券的价格仍然在变动，而期货市场则已经停止了该月份合约的交易，因而其交割结算价已经固定。于是，如果现货市场价格下跌，则卖方在这7个营业日中可以买到更便宜的可交割债券用于实物交割。

交割时间的选择权是指在国债期货市场收市以后，卖方可以在一定时间内向结算公司BOTCC发出交割通知，以准备交割。根据交易规则规定，在交割月份的每一天，卖方都可以在美国中部标准时间下午8：00以前，通知结算公司将履行交割手续。但是期货市场的收盘时间是下午2：00，在期货市场收盘以后，现券交易仍在继续进行，因此对卖方而言，在交割月份的每一天，他都有6个小时的时间，可以等待现货价格下跌再补进，从而获利。如果在下午2：00期货市场收盘以后，现券价格大幅下跌，卖方可以在现货市场买进可交割债券，然后，在同一天的下午8：00以前，卖方通知结算公司进行交割。由于结算公司BOTCC按照结算价格计算交割应付价格，而卖方所买进的用于交割的现货价格（调整后现货价格）比结算价格低，卖方因此可以获利。如果等到第二天期货市场开市后再通知交割，则卖方会因为期货结算价格也大幅度下跌而失去这个获利的机会。

（3）期货价格的运用

在了解了中长期利率期货的定价原理之后，就可以分析国债现货与期货的价格关系，来判断期货交易的价格是否高于或低于理论值。如果实际的期货价格高于理论价格，说明期货价格存在被高估现象；反之，如果实际的期货价格低于理论价格，说明期货价格存在被低估现象。

利用利率期货进行对冲避险的投资人，可以分析实际价格与理论价格之间的关系，据以进行对冲交易。在可能的情况下，卖出对冲应选择在期货价格被高估的时机进行，在期货价格被低估时再进行反向买入平仓；买入对冲应选择在期货价格被低估的时机进行，在期货价格被高估时再进行反向卖出平仓。

对于套利者而言，应该选择在期货价格被高估时，买入现货同时卖出期货，这称为持有现货套利；在期货市价被低估时，考虑卖出现货买进期货，这称为卖出现货套利。值得注意的是，卖出现货套利的风险一般比较大。因为卖出现货套利通常是这样操作的：在期货市价被低估时，套利者向他人借入最便宜可交割债券并在国债现货市场上卖出，同时，在期货市场上买进国债期货。等到期货合约到期交割时，用交割时取得的最便宜可交割债券，还给当初借给他债券的人。但是，当国债现货价格以及市场收益率水平变动时，市场上的最便宜可交割债券也会跟着改变，这样会造成一种结果，即该套利者所收回的债券很可能已经不是他当初所抛出的券种。由于给该套利者提供融券的人通常希望到时收回原来的券种，由此会产生一种矛盾，增大了卖出现货套利这种交易方式的风险。

值得注意的是，在判断期货价格是高估或者低估时，必须要考虑隐含卖出选择权的价值判断问题。我们在上文中讲过，由于卖方享有交割的选择权，所以买方要在价格上获得若干补偿。因此，如果仅以持有成本来衡量，期货价格似乎被低估了，但是，若将隐含卖出选择权的价值考虑进去，那么实际上期货价格可能并没有被低估。

4）最便宜可交割债券

在中长期国债期货的交割过程中，国债现货市场上总是存在着许多种可供卖方选择的合格交割债券。这些可交割债券有着不同的息票利率和剩余期限，因此有着不同的现货市场价格，运用转换因子调整后的现货价格也不相同。在这许多种现货债券中，卖方可以从中选出一种对他最为有利的债券用于交割，这种债券就是最便宜可交割债券。

（1）利用基差判别最便宜可交割债券

在中长期国债期货合约的存续期内，期货价格往往会依循最便宜可交割债券的调整后现货价格的走势。但是，这二者并不是完全一致，通常情况下两者之间存在一定的差距，这个价差称为基差。在理论上，基差应该等于持有成本，中长期国债期货的理论价格应该等于调整后的现货价格扣除持有成本。但实际上，由于卖方的隐含卖出选择权的存在，使得基差并不等于持有成本，而是等于持有成本加上隐含卖出选择权价值，即：

基差=持有成本+隐含卖出选择权价值 （6-19）

上式又可变形为：

隐含卖出选择权价值=基差-持有成本 （6-20）

由于　基差=调整后现货价格-实际期货价格

调整后现货价格=理论期货价格+持有成本

那么有：

基差=理论期货价格+持有成本-实际期货价格

理论期货价格+持有成本-实际期货价格=持有成本+隐含卖出选择权价值

将等号两边的“持有成本”约去，得出：

隐含卖出选择权价值=理论期货价格-实际期货价格 (6-21)

式中隐含卖出选择权价值实际上就是扣除持有成本后的基差。在众多的合格交割债券中，扣除持有成本后的基差最小者，就是最便宜可交割债券。

（2）利用隐含回购利率判别最便宜可交割债券

对从事实物商品交易的人而言，持有成本比较容易衡量，因为实物商品在运输及仓储上都会有明确而具体的费用。但是，在金融市场上却没有明确而具体的仓储运输费用可以视为持有成本。对金融工具而言，所谓的持有成本纯粹指债券利息收入与短期借款利息支出之间的差额。

通常，人们在解释期货合约的持有成本时，都会用到隐含的回购利率这一概念。

在金融期货市场，隐含回购利率是指国债期货价格中所隐含的短期借款利率。如上文所述，在推算理论上的期货价格时，要考虑持有成本，即债券利息收入与短期借款成本之差。计算公式如下：

理论期货价格=调整后现货价格-（债券利息收入-短期借款成本） (6-22)

如果将实际期货价格、调整后现货价格和债券利息收入代入上式，反解短期借款利率，求得使等式的左右两边相等的借款利率，即为隐含回购利率。

实际期货价格=调整后现货价格-（债券利息收入-隐含回购利率）

隐含回购利率=实际期货价格-调整后现货价格+债券利息收入 (6-23)

以上公式的解就是隐含回购利率*IRR*。利用这个公式，代入相关的现货价格以及债券息票利率，可以求出每一个合格交割债券的*IRR*。在所有合格交割债券中，*IRR*最高者表示所获得的利润最大，该债券也就是最便宜可交割债券。换句话说，如果卖方能以低于IRR的利率借款购得现货债券，就能获得借款利率与*IRR*之间的差价。

在实务中，通常利用以下公式计算隐含回购利率*IRR*。

$$IRR=\frac{FP_t\cdot CF+AI_d-(CP_{st}+AI_t)}{CP_{st}+AI_t}\times\frac{360}{N_{T-t}} \tag{6-24}$$

其中，IRR为隐含回购利率；FP_t为时间t的期货价格；CF为转换因子；AI_d为从上次付息日到期货合约交割日的债券应计利息；CP_{st}为时间t的现货债券价格；AI_t为从上次付息日到时间t的债券应计利息；N_{T-t}为从时间t到期货合约交割日之间的天数。

目前世界上大多数资讯公司都会刊登各种合格交割债券的价格、基差、持有成本以及隐含回购利率等指标，以方便投资人从中选出最便宜可交割债券。在这些指标中，最重要的指标就是隐含回购利率。尽管隐含回购利率这个概念刚开始对许多人来说可能比较难以理解，但是在具备了金融和财务方面的必要知识后，人们就会领会到这个指标的内在含义。

6.6 利率期货的套利

期货交易的参与者可以分为套期保值者、投机者、套利者三种类型。

套利交易是指买入一个期货合约的同时卖出另一个相关的期货合约，从这两个期货合约未来价格关系的变动中赚取差价。套利交易通常有三种类型：跨期套利、跨品种套利与跨市场套利。

套利交易的关键在于两个相关期货合约的价格变动关系是否足以使这两个合约在平仓后产生利润。投资者在进行套利交易时所关心的不是期货价格的上涨或下跌，而是两个相关期货合约之间价差的变化。

套利交易是在相关的两个期货合约之间同时建立多头部位与空头部位，因此与单纯建立多头或空头部位相比，套利交易的风险相对较小。由于风险较小，套利交易的保证金水平也比较低，例如芝加哥期货交易所的10年国债期货/长期国债期货套利交易的保证金水平是每手500美元，比长期国债期货每手2 000美元的保证金水平低得多。套利交易这种交易方式，因为其风险较小及成本较低，所以深受投资者的欢迎。

在利率期货交易中，由于不同期限及不同品种利率期货合约的价格变化对收益率变动的敏感程度不同，因此在市场上存在着大量的套利机会。从操作手法来看，利率期货的套利交易与商品期货并没有什么区别，但由于利率期货的定价机制比通常的商品期货复杂得多，因此利率期货套利交易的技巧性和复杂程度要高于商品期货，对交易者综合素质的要求也相应比较高。本章将对利率期货的套利交易进行介绍。

6.6.1 跨期套利交易

对于利率期货合约，跨期套利是基于对可储存的金融工具的持仓成本或者收益曲线的变化预测而进行的套利行为。可储存的利率期货包括长期债券期货合约、中期债券期货合约等。由于长期债券期货合约是期货市场上交易量最大的可储存金融工具的期货合约，下面介绍的长期债券期货的跨月份套利交易的做法和分析同样适用于其他的可储存的金融期货合约。

1）熊市套利

在利率期货交易中，熊市套利是指交易者卖出近期货的同时，买入远期货，寄希望于在看涨的市场中，远期货合约价格上涨的幅度大于近期货合约价格上涨的幅度；如果市场看跌，则希望远期货合约价格下跌的幅度会小于近期货合约价格下跌的幅度。

在熊市套利的实际操作中，交易者是通过预测收益曲线的变化来发现熊市套利机会的，现举例说明。

（1）收益曲线为正向时的套利

当收益曲线为正向时，也就是正向持仓市场长期利率高于短期利率，在期货市场上反映的期货价格为远期货比近期货价格低。现假设，收益曲线上短期利率为10%，长期利率为20%，如果现货债券价格为100，则根据持仓成本模型，3个月后的期货价格就为97.5，6个月后的期货价格就为95。

如果预计持仓成本会发生变化，那么，所有的期货价格必然会逐渐地调整到反映这种持仓成本变化的水平。例如，交易者估计收益率曲线会发生变化，如短期收益率从10%上升到15%（收益曲线会变得平坦），那么3个月和6个月的期货台约的价格就会调整到能反映15%的短期借贷成本与20%的长期息票利率之间的关系。由于短期借款成本的提高，使长期债券的持有者的收益相对减少。期货对现货的贴水也会变小（如图6-1所示）。

如果短期利率从10%上升到15%，那么3个月的期货均衡价格也会从97.5向上调整到98.75，其计算步骤是：

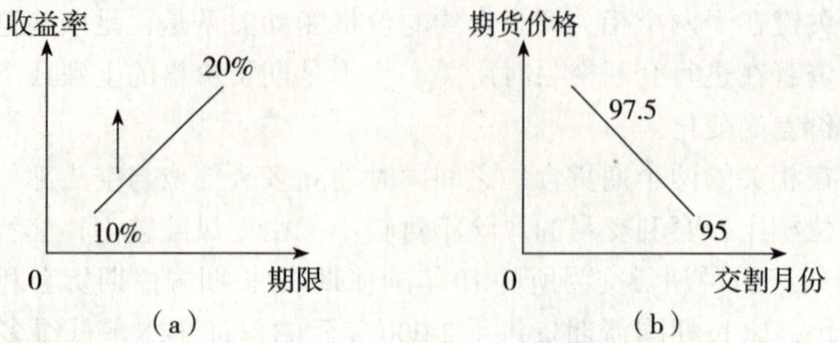

图 6–1　收益曲线为正向时的期货价格

P=100+（0.15–0.20）×0.25×100=98.75

6 月份的期货价格会从 95 上升到 97.5，即：

P=100+（0.15–0.20）×0.50×100=97.5

如果交易者预计价格会发生如上变化，即现货市场的利率会上升，那么在正向持仓市场条件下，他就可以进行熊市套利，即卖出近期货，同时买入远期货，从而在市场发生预料的变化时再分别平仓。

（2）收益曲线为负向时的套利

当收益曲线为负向时，期货市场为负向持仓市场，长期利率收益要小于短期利率收益，在期货市场上反映的期货价格就为远期货比近期货价格高。现假设，收益曲线上短期利率为 10%，长期利率为 5%。如果现货债券的价格为 100，那么根据持仓成本模型，3 个月后的期货价格就应为 101.25，6 个月后的期货价格就应为 102.50（如图 6–2 所示）。

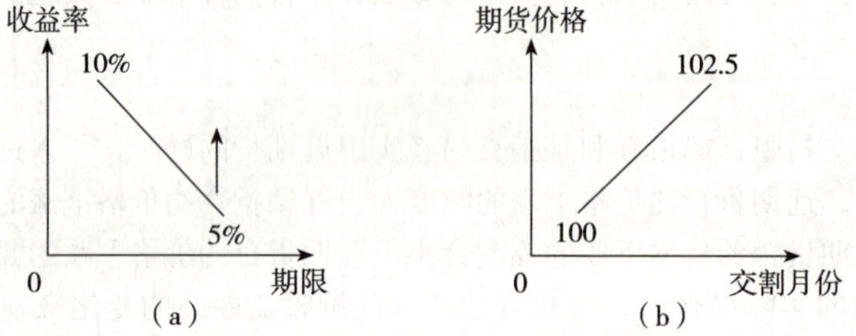

图 6–2　收益曲线为负向时的期货价格

假如预计短期利率相对长期利率会上涨，如从 10% 上升到 15%，这就意味着短期的借款成本增加（相对于远期票息收入的 5%）。这样近期货与远期货价格之间的差额就要反映出这种借款成本的增加。3 月份的期货合约的价格就会从 101.25 上升到 102.50。即：

P=100+（0.15–0.05）×0.25×100=102.50

6 月份的期货价格会从 102.50 上升到 105，即：

P=100+（0.15–0.05）×0.5×100=105

如果交易者预计价格会发生上述变化，即短期利率对长期利率大幅度上升，那么在负向持仓市场的条件下，他可以进行熊市套利，即卖出近期货的同时，买入远期货，从而在市场发生预料变化时再分别平仓，套取一定的利润。

2）牛市套利

在利率期货交易中，牛市套利是指交易者买入近期货的同时，卖出远期货，寄希望于在看涨的市场中，近期货价格的上涨幅度会大于远期货价格的上涨幅度；在看跌的市场中，近期货价格的下跌幅度会小于远期货价格的下跌幅度。

在牛市套利的实际操作中，交易者是通过预测收益曲线的变化来发现牛市套利机会的，现举例说明如下。

假如，收益曲线为正向，长期利率高于短期利率，期货市场远期货价格低于近期货价格。例如短期利率为10%，长期利率为20%，那么根据持仓成本模型，在现货债券价格为100的情况下，3个月后的期货价格为97.5，6个月后的期货价格就为95（如图6-3所示）。

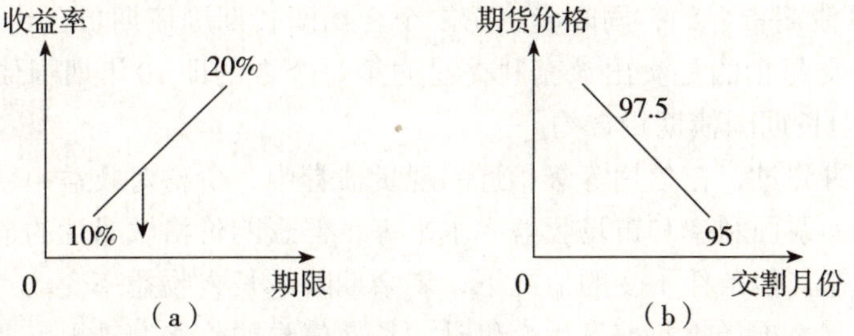

图6-3 牛市套利

交易者预计短期利率会从10%下调到5%，这样，对于持有长期债券者，净收益会增加，因为投资于债券的短期成本减少了，因此，期货市场价格就要反映这种长期债券投资收益增加的情况，期货价格会发生如下变化：

由于短期利率从10%降到5%，那么3个月的期货价格就应调整到：

P=100+（5%-20%）×0.25×100=96.25

6个月的期货价格会调整到：

P=100+（5%-20%）×0.5×100=92.5

基于上述预测，交易者就可以进行牛市套利。

上述例子是在收益曲线为正向时的牛市套利，如果收益曲线为负向时，即预计出现负向持仓市场的短期利率下降时，交易者同样可以做牛市套利，这里不再赘述。

3）跨期套利应该注意的问题

在上述各种跨期套利中，我们实际上是基于如下的假设条件展开的：假定长期收益率和现货债券的出售价格都保持不变，也就是在套利过程中，现货债券一直是按票面价格100出售的，因此，期货价格的变化是随着短期利率的变化而变化的。然而，在金融市场上，长期债券的长期收益率并不是固定不变的，它同短期利率一样也在不断变化。而长期收益率的变化又会影响到长期债券的现货出售价格，进而会影响跨月份套利的结果。

6.6.2 跨品种套利交易

跨品种套利交易是指购买或出售一个利率工具的期货合约，同时出售或购买另外一个与该工具不同但相关的利率工具的期货合约，在合约到期前的某个日期将两个合约同时平仓，从两个期货合约价格差异的变化中获利。跨品种套利交易中所涉及的两个利率工具必须具有真实的内在关系，否则只是同时进行的两笔不相关的买进与卖出交易。

相关的固定收益证券之间存在着特定的价差关系，随着市场条件的变动，这些证券所对应的期货合约的价格走势是可以预测的，因此在这些不同利率工具的期货合约之间存在着套利的空间。在芝加哥期货交易所，利率期货的跨品种套利交易是一种非常受欢迎的交易方式，主要品种有10年期/长期国债期货套利交易、5年期/长期国债期货套利交易以及

5年期/10年期国债期货套利交易，其中10年期/长期国债期货套利交易最为活跃。

跨品种套利交易的报价方式与跨期套利交易相同，为两个不同品种期货合约间的价差，以1/32点来表示。例如，若2000年9月份交割的美国10年期国债期货的价格为98-28，同一交割月份的长期国债期货的价格为98-14，则9月份交割的10年期/长期国债期货套利交易的报价为0-14。买入10年期/长期国债期货套利交易指的是买入该套利交易的第一个合约即10年期国债期货合约，同时卖出第二个合约即长期国债期货合约；卖出10年期/长期国债期货套利交易指的是卖出该套利交易的第一个合约即10年期国债期货合约，同时买入第2个合约即长期国债期货合约。

在前面我们讲到过，在信用等级相近的现货债券中，价格对收益率变化的敏感性取决于多种因素，例如票面利率和市场收益率水平等，但影响价格敏感性的最重要的因素是债券的剩余期限，在其他条件不变的情况下，剩余期限越长，收益率变动对债券价格变化的影响越大。因此，当市场收益率发生变化时，长期债券的价格变动幅度要大于短期债券。

利率期货的跨品种套利交易，就是利用不同到期期限的债券价格对收益率变动的敏感性不同来进行的。在收益率同步变动的情况下，由于长期债券的价格敏感性高于短期债券，因此投资者在预期收益率将上升时，可以买入套利交易，即买入期限较短债券的期货合约、卖出期限较长债券的期货合约。如收益率的变化果然如投资者的预期，则两个期货合约的价格将会同时下跌，但是跌幅的大小有所不同，期限较长债券所对应的期货合约的价格下跌幅度要大于期限较短债券所对应的期货合约的价格下跌幅度，二者的价差扩大，这时买入套利交易就会产生盈利。反之，当投资者预期收益率将要下跌时，应该进行卖出套利交易。因为在这种情况下，期限较长债券所对应的期货合约的价格上涨幅度要大于期限较短债券所对应的期货合约的价格上涨幅度，两者的价差缩小，在这种情况下卖出套利交易将会产生盈利。

一般，当进行利率期货的跨品种套利交易时，一定要考虑收益率曲线形状变化所可能产生的影响。如果投资者的目的是想从收益率曲线的形状改变中获利，那么在进行套利交易时，就应该使两种债券间的相对价格敏感性保持不变，这可以通过设定一定的套利系数来实现。套利系数可以由两种期货合约各自所对应的最便宜可交割债券（CTD）的基点价值（BPV）和其转换因子（CF）计算出来。10年期国债期货合约对长期国债期货合约的套利系数计算公式为：

$$\begin{aligned}\text{套利系数}&=\frac{\text{长期国债期货的基点价值}}{\text{10年期国债期货的基点价值}}\\&=\frac{\text{长期国债期货}CTD\text{的基点价值}\div\text{长期国债期货}CTD\text{的转换因子}}{\text{10年期国债期货}CTD\text{的基点价值}\div\text{10年期国债期货}CTD\text{的转换因子}}\\&=\frac{\text{长期国债期货}CTD\text{的基点价值}}{\text{10年期国债期货}CTD\text{的基点价值}}\times\frac{\text{10年期国债期货}CTD\text{的转换因子}}{\text{长期国债期货}CTD\text{的转换因子}}\end{aligned}\tag{6-25}$$

当各种期限的收益率发生不同步的变化时，收益率曲线的形状会发生变化。如果预期收益率曲线将变得更为陡峭，投资者应按照套利系数买入套利交易；如果预期收益率曲线将变得平坦，投资者应按照套利系数卖出套利交易。

6.6.3 长期债券与短期国库券期货合约之间的套利

长期债券期货合约是在美国芝加哥商品交易所内进行交易，而短期国库券期货合约则是在美国芝加哥商品交易所外进行交易。这两种期货合约的价格虽然确定方法不同，但是它们都主要受短期利率水平影响。由于金融市场资金流动极为方便，加上这两个期货市场对投资者来讲都很容易进入，因此，这两个期货市场价格反映的短期利率水平应该是一致的。如果出现不一致，投资者就会选择收益率较高的市场进行投资，套利者也会出现，促使这两个市场间的短期利率趋于一致。

短期国库券反映的短期利率比较好计算，例如，3月份的短期国库券期货价格应该反映的是从3月份到6月份的90天的短期利率，短期利率的百分点数也就是用100减去3月份期货价格。长期政府债券所反映的短期利率不像短期国库券那么直观，但是，我们可以通过公式将短期利率计算出来。

长期债券与短期债券期货合约之间的套利出现在这两个市场的短期利率水平不一致时。假如3月份短期国库券期货市场的短期利率为10%，同时长期债券期货市场的短期利率为5%，这样市场上就出现了两个不同的利率水平，因此市场上的投资者会选择收益率较高的市场投资，进而这两个利率会逐渐调整到相等的水平，即3月份的短期国库券的期货利率会向5%调整，或者长期债券的期货利率向10%调整。这样，这两个市场间就可以进行套利了。

两个市场套利的具体步骤是：在短期国库券期货市场先建立多头的交易部位，因为利率下降会导致期货市场的价格升高。在长期债券期货市场，由于交易者预计持仓成本中的短期利率会上升，远期货价格的上升幅度会大于近期货价格的上升幅度，那么他就可以进行熊市套利，即卖出近期货的长期债券期货合约，同时买进远期货。因此，在短期国库券期货利率高于长期债券短期利率时，套利者就可以在短期国库券期货市场建立多头，同时在长期债券期货市场做一个熊市套利。如果短期国库券期货利率低于长期债券短期利率，则套利的做法正好相反。

上述套利之所以可行是因为短期国库券和长期债券期货价格中都包括了对同一阶段短期利率的预测。如果这两个市场的短期利率不一致，那么这种不同会由于上述套利的存在而逐渐消失，两个期货市场的价格所反映的预期短期利率将趋于一致。

需要注意的是，在长期债券与短期国库券期货套利中，长期债券期货合约的面值为10万美元，而短期国库券期货合约的面值为100万美元，因此，在进行上述套利时，交易者需用10个长期债券期货合约对1个短期国库券期货合约。

6.7 利率期货的套期保值

6.7.1 利率期货套期保值特点

1）利率期货的套期保值是以金融资产作为保值对象

金融资产指的是货币以及代表一定量货币的金融工具，如存单，短期、中期和长期政府债券，公司债券，票据等。在具体交易中，金融资产反映的是一种借贷关系。

金融资产的借贷，实际上就是金融资产的买卖，它同一般实际商品的买卖一样都具有一定的市场价格，而且价格是不断波动的。然而，在金融资产的借贷中有一个非常重要的特点，那就是金融资产的借贷价格与市场利息率水平存在着反比例的关系，即市场利率上升，金融资产的借贷价格就下降；市场利率下降，金融资产的借贷价格就上升。这一点可以从金融资产的借贷价格的确定中得到证明：一笔借贷的价格是由贷款者在持有借贷凭证期间取得预期现金流动按一定的利率水平进行折现后的价值。例如，长期政府债券预计的现金流动就是持有者在债券期限内不同阶段取得的票息收入再加上债券到期时所偿还的本金，该现金流动按一定利率水平折现后即是该债券的价格；短期政府债券由于只在到期时按票面金额发生现金流动，所以其价格就是票面金额按一定的利率水平折现后的价值。

因此，任何金融资产的借贷者在借贷过程中都要面临利率波动的风险。

利率期货交易是以代表一定数量的利率资产的标准化期货合约作为交易对象。而在金融资产中，交易量最大、信誉最稳定、最典型的利率资产就是短期、中期和长期政府债券。它们在现货交易中具有巨大的市场，具备了期货商品的各项条件，因此，短期、中期和长期政府债券等利率期货合约一上市便受到了广大交易者的欢迎。特别是许多企业和金融机构，如银行、保险公司、共同基金、证券承销商和各种抵押贷款机构纷纷利用利率期货市场对其金融资产的借贷进行套期保值。

利率期货交易之所以能够为金融资产提供保值手段，是因为利率期货合约的价格同金融资产的价格都受同一个利率因素的影响，从而使得两者的价格波动具有较强的相关性。现货市场中金融资产的借贷者为了避免利率波动所带来的损失，可以用利率期货交易来临时替代已经发生的或将要发生的借贷活动。例如，某个企业打算在半年以后筹措一笔贷款用于扩大再生产，但是却担心半年以后在签订贷款协议时，市场利率上涨，增加借款成本，为了固定贷款利率，该企业可以事先在期货市场上出售利率期货合约。一旦市场利率上涨，交易者在期货市场平仓所取得的收益可以用来弥补现货市场中贷款利率上涨所带来的损失。

2）绝大多数的利率期货套期保值为替代保值

由于利率期货合约和金融资产的价格都受同一个利率因素的影响，所以利率期货合约价格和金融资产价格的波动方向是一致的，利率期货就成为对金融资产进行保值的重要手段。

但是，利率期货合约所代表的利率资产，如政府债券、美元存单等都是有一定具体规格的，例如CME短期利率期货合约有两种，一种是代表100万美元的91天到期的短期国库券，另一种是代表100万美元的3个月期的欧洲美元存单；芝加哥商品交易所的长期利率期货合约代表的是8%票息的20年期的长期政府债券。利率期货合约的价格波动反映的是市场利率对特定规格的利率资产价格产生的影响。而在现货市场的借贷交易中，各种金融资产（包括各种政府债券）的规格和特征与期货合约所代表的金融资产的规格和特征存在一定的差异。这种差异使利率波动对各种不同规格的金融资产价格产生的影响也有不同。

6.7.2 套期保值比率

1）套期保值比率的含义

套期保值比率（hedge ratio，HR）是指为了达到理想的保值效果，套期保值者在建立交易头寸时所确定的期货合约总价值与所保值的现货合同总价值之间的比率关系。

用简单的公式来表述套期保值的比率如下：

$$HR=\frac{期货合约总价值}{现货合同总价值} \tag{6-26}$$

由于现货债券的票面利率、剩余期限不同，因此现券价格对利率变化的敏感程度也不同。在运用利率期货对现货债券进行套期保值时，现券数量与期货合约数量在绝大多数情况下并不是1∶1的关系，套期保值者经常会面临基差风险，从而会在一定程度上影响套期保值的效果。然而，基差风险也并不是不能克服的。运用套期保值比率这一概念，人们可以尽量降低基差风险。所谓套期保值比率，是指当标的现货部位的价值发生变动时，欲使期货部位的价值产生某一特定变动量所需的期货合约数。例如，如果投资人要想达到完全避险的效果，他的目的是使现货部位的价格变动完全被期货部位的价格变动所抵销。

风险管理的主要目的是要改变现货部位的风险报酬状况，以满足特定的投资目的。期货合约可以作为现货的替代品，能够非常有效地达到风险管理的目标。然而，影响利率期货套期保值的效果的重要因素是套期保值比率。

投资者如果想以期货部位价值的变化完全抵销现货部位价值的变化，达到完全套期保值的效果，那么期货与现货价格必须维持下列关系：

$$\Delta 现货价格=\Delta 期货价格 \tag{6-27}$$

即现货部位的价格变动等于期货部位的价格变动，其目的在于使现货部位的损失（利润）与期货部位的利润（损失）的变异性为最小。当期货部位与现货部位两者的价格敏感性越接近时，套期保值的效果越好。

不过，期货与现货的价格变化并不是1∶1的关系，套期保值比率就是用来衡量为了抵销现货价格敏感性变异程度所需要的期货合约数。

$$\Delta 现货价格=\Delta 期货价格\times 套期保值比率 \tag{6-28}$$

例如，如果国债现货价格变异性是国债期货的两倍，那么套期保值比率为2，即投资组合中每一单位的现货债券需要两倍金额的期货合约来为其保值。在这种情况下，如现货价格变动10%，期货价格会相对变动5%，因此，通过套期保值比率就可以消除两者的价格变异性：

$$\Delta 现货价格（10\%）=\Delta 期货价格（5\%）\times 2$$

值得注意的是套期保值比率会受价格及时间的影响，要随特定时间及价格下的基差风险而调整，由于现货和期货对时间及价格改变所产生的敏感性不同，所以套期保值比率必须随之调整。

此外，在采用期货合约进行避险时，还有两项重要的因素必须加以考虑——基差风险和流动性。由于期货合约是一种标准化的合约，而现货市场上的债券品种纷繁复杂，有时候，当采用流动性大的期货合约时，常常造成难以接受的基差风险；而如果采用基差风险小的期货合约，则有可能面临流动性不足的问题，所以利率期货的套期保值者必须在这两者之间做一个取舍。

有一个实例可以说明这种现象。美国长期国债期货成功推出后不久，芝加哥期货交易所又推出了10年期国债期货。投资者如果拥有到期期限在7~10年的中期国债投资组合，为了达到套期保值的目的，投资者应该选择10年期国债期货，因为10年期国债期货与该投资组合的价格变动的相关程度最高，因而保值效果应该较好。但是在10年期国债期货刚刚推出的几年内，由于其流动性较小，所以尽管长期国债期货合约的基差风险较大，投资者仍然愿意选择长期国债期货来进行保值。

2）套期保值比率的计算方法

（1）转换因子加权法

转换因子使国债现货与期货的价格敏感性接近相等，可以作为衡量套期保值比率的方法。例如，转换因子为1.4742，表示现货价格敏感性约为期货价格敏感性的147.42%，而另一个债券的转换因子为0.9328，表示其现货价格敏感性是期货价格敏感性的93.28%。用转换因子代替套期保值比率可以得到下式：

Δ现货价格=Δ期货价格×转换因子　　(6-29)

转换因子可以用来近似衡量套期保值比率，但这种方法也有它的局限性。由于期货价格紧随着当时的最便宜可交割债券的价格而变动，如果保值者用期货所对冲的债券不是最便宜可交割债券，那么当期货的价格随着最便宜可交割债券的价格而变动时，会造成期货部位的价值变动不能与保值者现货部位的价值变动保持一致，也就是说存在着基差风险。

（2）基点价值加权法

基点价值（basis point value，BPV）是指债券收益率变化一个基点（0.01个百分点）所造成该债券价格变化的幅度，即：

基点价值（BPV）=Δ债券价格变化/Δ收益率　　(6-30)

例如，到期期间还有19年的债券的收益率由9%上升至9.01%，导致该券的价格下跌了64.31美元，则在当时的到期期间及收益率下，该券的基点价值为64.31美元。当收益率改变时，将基点价值乘以收益率变动的基点数，就可以得出债券价格变动的大小。需要注意的是基点价值随着收益率及到期期间的改变而改变，特定的基点价值仅仅在一个狭窄的收益率变动幅度范围内才是有效的，因此基点价值是动态变化的，必须随时做出调整。由于：

Δ现货价格=Δ期货价格×套期保值比率

将上式加以调整，可得：

套期保值比率=Δ现货价格÷Δ期货价格

=（现货BPV×Δ收益率）÷（期货BPV×Δ收益率）

=现货BPV÷期货BPV　　(6-31)

这个公式中隐含的基本假设是收益率的改变会同时影响现货与期货价格，由于价格变化是唯一的变量，所以可以用基点价值代替价格变化来求出套期保值比率。

公式“基点价值（BPV）=Δ债券价格变化/Δ收益率”中的现货部位价值在收益率变动时，其变化如下：

Δ现货价格=现货BPV×Δ收益率　　(6-32)

由于利率期货价格是随着最便宜可交割债券的价格而变化，公式中期货部位价值的变化如下：

Δ期货价格=Δ最便宜可交割债券现货价格÷转换因子

当收益率改变时，基点价值可以用来代替现货或期货价格的变化。因此得到：

期货BPV=Δ期货价格÷Δ收益率
=Δ最便宜可交割债券现货价格÷转换因子÷Δ收益率
=Δ最便宜可交割债券现货价格÷Δ收益率÷转换因子
=最便宜可交割债券现货BPV÷转换因子 (6-33)

基点价值法是计算套期保值比率的有效方法，因为基点价值仍以绝对金额表示期货及现货部位对收益率改变的价格敏感性。因此，如果套期保值比率是*N*%，则现货部位的基点价值应为期货部位基点价值的*N*%。

（3）久期法

详见上一章。

（4）套期保值比率的调整

运用利率期货不仅可以为标的物相同的利率工具进行保值，也可以为标的物不同的利率工具如其他国家的债券、公司债券、抵押证券等进行保值，这种套期保值方式称为交叉保值。在这种情况下，套期保值比率就必须根据信用风险等其他一些因素进行调整。

在运用交叉保值的时候，通常使用β系数对套期保值比率进行修正。β系数是通过将被保值对象的收益率的变动率对利率期货合约的最便宜可交割债券收益率的变动率进行回归分析所得出的相关系数。使用β系数的目的是消除由信用风险所带来的被保值对象与期货合约之间的收益率变动差异。举个例子来说，假如德国国债的β系数小于1，这表示当市场收益率改变时，德国国债的收益率变化幅度小于美国国债期货的收益率变化幅度。由于其β系数小于1，再乘以由基点价值或持续期间算出的套期保值比率，得出的修正后的套期保值比率要小于修正前的套期保值比率。这表明为了达到完全避险的效果，运用较少的期货合约就可以达到目的。

6.7.3 套期保值策略

前面我们介绍了在运用利率期货为投资组合进行保值时如何确定套期保值比率，在此我们说明利率期货套期保值的基本策略。

1）卖出套期保值

持有固定收益证券的投资者，为避免因利率上升使投资组合价格下跌，可以卖出利率期货，以期货市场的盈利来弥补投资组合价格下跌所带来的损失。

2）买入套期保值

投资者如果计划在未来某一时间购买一定数量的固定收益证券，但又担心将来利率下跌使所要购买的债券价格上涨，可以买进利率期货，事先锁定购买价格，以减少因购买成本增加而带来的损失。

3）交叉套期保值

如果投资者所持有的债券没有相应的期货合约，那么他可以选择另外一种相关的利率期货合约来为他所持有的债券进行保值，这种保值方式叫作交叉套期保值。在进行交叉套期保值时，最重要的是必须找出与所持有的债券价格走势相关性最强、流动性较好的期货合约。

4）动态套期保值

上述所讨论的套期保值策略都有一个前提，即投资者希望在避险期间完全不受市场变动的任何影响，能够达到100%的避险，也就是完全套期保值。经过完全套期保值的投资组合，虽然可以规避潜在的风险，但同时也失去了市场出现有利走势时能获利的机会。因此，某些投资者在进行避险操作时，有意使套期保值比率低于100%，也就是使其投资组合带有部分的风险，这种套期保值策略称为动态套期保值。

投资者在运用动态套期保值时，通常根据投资组合价格的变动，来机动调整其套期保值比率。当投资组合价格上扬时，降低套期保值比率，使较大比例的资产暴露在风险下面，从而获得市场向好时的获利机会；当投资组合价格下跌时，适当提高套期保值比率，甚至使套期保值比率高于100%，以规避价格下跌的不利影响。

举个例子来说，为了规避价格下跌的损失，已经采取完全套期保值的投资组合，一旦发现价格逐步上扬，投资者即可买回部分期货合约，降低套期保值比率，以便在价格继续上扬时，拥有获利的机会。保值比率越低，投资组合暴露的风险越大，可能的获利就越大。所以，动态套期保值的操作原则为：对卖出保值而言，当市场看跌时，提高套期保值比率；当市场看涨时，降低套期保值比率。对买入保值而言，当市场看跌时，降低套期保值比率；当市场看涨时，提高套期保值比率。

本章小结

利率期货就是以利率或附息债券为标的的金融期货，是为规避利率风险而使用的一种期货，它的标的一般是国债或欧洲美元债券。

利率期货是第二次世界大战后世界经济格局发展变化的产物。利率期货是利率市场化和债券市场特别是中短期国债市场膨胀的产物：（1）利率期货反映未来市场利率水平及走向；（2）利率期货可规避因市场利率变动而产生的潜在风险；（3）利率期货推动债券二级市场的发展，促进国债的发行。

利率期货合约按期限可以分为短期利率期货合约和中长期利率期货合约。

短期利率期货合约指的是要求交割与短期利率有关的金融证券的期货合约，主要有美国短期国库券期货合约和欧洲美元期货合约。

短期国库券期货合约代表一定数量的短期国库券，美国芝加哥商品交易所规定每个短期国库券期货合约代表的是100万美元的91天（13周）期的短期国库券。

芝加哥期货交易所上市的中长期国债期货主要有长期国债期货、10年期国债期货、5年期国债期货和2年期国债期货。长期国债期货、10年期国债期货和5年期国债期货的交易标的物都是面值10万美元的美国国债，2年期国债期货的交易标的物是面值20万美元的美国国债。

芝加哥期货交易所的中长期国债期货合约以点来报价。合约面值分为100点，每一点代表合约面值的1%，即1 000美元（长期国债期货、10年期国债期货及5年期国债期货）或2 000美元（2年期国债期货）。其中，长期国债期货交易的最小变动价位为1/32点；10年期国债期货和5年期国债期货交易的最小变动价位为1/32点的1/2；2年期国债期货交易的最小变动价位为1/32点的1/4。

转换因子是指可使中长期国债期货合约的价格与各种不同息票利率的可用于交割的现货债券价格具有可比性的折算比率。

要想确定债券的剩余期限，通常是以中长期国债期货合约第一交割日为起点，以可交割债券到期日或者最早赎回日（如果是可提前赎回债券）为终点，然后将这一期间按季取整后的期限作为该债券的剩余期限。

发票金额是指在中长期国债期货交割时，期货合约的买方应该向卖方交付的实际金额，又称交割应付价格。

调整后期货价格=期货价格×转换因子

期货交易的参与者可以分为套期保值者、投机者、套利者三种类型。套利分为跨期套利交易、跨品种套利交易。利率期货的套期保值是以金融资产作为保值对象。

套期保值的比率是指为了达到理想的保值效果，套期保值者在建立交易头寸时所确定的期货合约总价值与所保值的现货合同总价值之间的比率关系。

$$HR=\frac{\text{期货合约总价值}}{\text{现货合同总价值}}$$

关键概念

利率期货　转换因子　套期保值比率

综合训练

6.1　单项选择题

1）当利率期限结构向上时，远期利率、零息票利率、附息票债券利率关系是（　　）。

A.附息票债券>零息票利率>远期利率

B.零息票利率>附息票债券>远期利率

C.远期利率>零息票利率>附息票债券

D.附息票债券>远期利率>零息票利率

2）通过利率期货价格而获得某种未来的利率信息，这是利率期货市场的主要功能之一，被称为（　　）功能。

A.风险转移　　B.商品交换

C.价格发现　　D.锁定利润

3）套利者和投机者的区别是（　　）。

A.交易方式的不同　　B.利润的来源不同

C.交易动机不同　　D.承担风险程度不同

4）以下关于利率期货的说法错误的是（　　）。

A.按所指向的基础资产的期限，利率期货可分为短期利率期货和长期利率期货

B.短期利率期货就是短期国债期货和欧洲美元期货

C.长期利率期货包括中期国债期货和长期国债期货

D.利率期货的标的资产都是固定收益证券

5）国债期货合约是一种（　　）。

A.利率风险管理工具　　B.汇率风险管理工具

C.股票风险管理工具　　D.信用风险管理工具

6）未来将购入固定收益债券的投资者，如果担心未来市场利率下降，通常会利用利率期货的（　　）来规避风险。

A.买进套利　　B.买入套期保值

C.卖出套利　　D.卖出套期保值

6.2　多项选择题

1）利率期货的空头套期保值者（　　）。

A.为了防止未来融资利息成本相对下降

B.为了防止未来融资利息成本相对上升

C.持有固定收益债券，为规避市场利率下降的风险

D.持有固定收益债券，为规避市场利率上升的风险

2）以货币市场的各类债务凭证为标的的利率期货均属短期利率期货，以下属于短期利率期货的有（　　）。

A.中长期国库券期货

B.3个月期欧洲美元定期存款期货

C.各种期限的商业票据期货

D.道琼斯股票指数期货

3）下列关于利率期货合约的说法，正确的有（　　）。

A.CME的3个月期国债期货合约指数的最小变动点是1/2个基本点

B.一个CME的3个月期国债期货合约的最小变动价值是12.5美元

C.一个CME的3个月期欧洲美元期货合约的最小变动价值是12.5美元

D.CME规定，对于现货月合约，3个月期欧洲美元期货的指数最小变动点为1/2个基本点

4）面值为100万美元的3个月期国债，当指数报价为92.76时，以下正确的有（　　）。

A.年贴现率为7.24%　　B.3个月贴现率为7.24%

C.3个月贴现率为1.81%　　D.成交价格为98.19万美元

5）利率期货的多头套期保值者，买入利率期货合约是因为保值者估计（　　）所引致的。

A.债券价格上升　　B.债券价格下跌

C.市场利率上升　　D.市场利率下跌

6.3　问答题

1）简述利率期货产生与发展的过程。

2）简述利率期货的作用。

3）简述短期国库券期货合约的特点。

4）简述欧洲美元期货的特性。

6.4 计算题

1）某投资者担心利率变动带来风险，买入价值1 000万美元3个月短期国库券期货，买入时价格为96.20，到期平仓时其价格为96.85，那么该投资者购买该期货的盈亏额是多少？

2）2008年5月5日，某共同基金管理人计划2个月后卖出价值1亿美元长期国债，决定做利率期货保值。已知：5月5日，0807长期国债期货价格95-21，7月5日，0807长期国债期货价格94-25。求：国债期货盈亏额。

知识拓展6-1 中国金融期货交易所2年期、5年期、10年期国债转换因子和应计利息计算公式

第7章

外汇期货

学习目标

通过本章的学习，了解外汇期货的基本内容；学会利用外汇期货合约进行汇率风险防范；熟知外汇期货各货币品种交易单位、合约代号等；掌握外汇期货定价方法。

7.1 外汇期货概述

7.1.1 外汇期货的产生与发展

外汇期货随固定汇率制崩溃、浮动汇率制兴起而产生，世界各国政治、经济形势的不断变化使得外汇市场上汇率变动较为频繁，外汇期货也成为国际外汇市场上比较重要的一种保值和投机工具。

简单地说，外汇期货就是将两个国家之间的货币及货币的兑换作为期货标的的合约，也叫货币期货。

外汇期货合约是货币远期兑换的标准化合约，是在交易所交易的期货合约。

外汇期货合约是在美国交易所最早上市交易的金融期货，1972年诞生于芝加哥商品交易所，当时正值世界各主要货币之间开始进行自由浮动。在这之前，美元的价格是钉住黄金的，而世界大多数国家的货币与美元挂钩。一旦美国放弃金本位，而且美元汇率也不再受政府的管制而随市场力量波动，这样国际金融家们就会面临一种新的风险。正如芝加哥人喜欢说的那样，"风险创造需求，需求创造交易商，剩下的就只是实践了"。外汇期货很快就被认为是处理风险的一种有效方法。

7.1.2 外汇期货合约

1）外汇期货合约交易所及合约特点

在当今的国际市场上，发起最早、规模最大的外汇期货交易所当数美国芝加哥商品交易所（CME）的国际货币市场分部（IMM），该机构成立于1972年，是在固定汇率制转向浮动汇率制时应运而生的，并由此成为世界上最大的外汇期货交易所。其他主要的外汇期货交易所包括伦敦的国际金融期货交易所（LIFFE）、纽约期货交易所、新加坡的国际金融交易所等。

在此，我们着重对美国芝加哥商品交易所的国际货币市场分部的一些合约做以介绍。

CME的国际货币市场分部可交易的外汇期货合约的相关货币包括英镑、加拿大元、澳大利亚元、日元、瑞士法郎、欧元等。

CME的国际货币市场分部的外汇期货交易采用美国的直接标价法，即以一单位外币所兑换的美元数来标价。

CME的国际货币市场分部的外汇期货合约的标准到期日为1、3、4、6、7、9、10、12月的第3个星期三。此外，投资者还可进行即期月合约交易，该即期月合约是以下一个标准到期日为到期日的期限较短的期货合约。期货交易的最后交易日为到期日之前的第2个工作日，即通常为到期日之前的星期一。

为防范买方或卖方的违约风险，买卖双方须向交易所交纳一定数额的保证金，称为初始保证金。此外，由于期货交易采取逐日清算制度，故还设有一定数额的维持保证金。交易所根据市场情况还可以相应提高保证金比例，以保证期货交易的正常进行。

CME的国际货币市场分部进行的大多数外汇期货合约交易均以反向交易来抵销原有期货头寸，只有很少一部分期货合约进行实物交割。

2）外汇期货合约规格

外汇期货合约是以外汇作为交割内容的标准化期货合约。与现汇远期合约相比，外汇期货合约在交易单位、价格、交割期等方面均有许多不同之处。我们仍然以CME的国际货币市场分部的外汇期货合约为基础进行介绍。

（1）交易单位

每一份外汇期货合约都由交易所规定标准交易单位。目前，国际货币市场经营7种外币期货，这7种外币的期货合约中对交易单位的规定不完全相同。例如，欧元期货合约的交易单位是每份合约125 000欧元。几种外币的交易单位规定见表7-1：

表7-1　外汇期货合约的交易单位

欧元期货合约	125 000欧元
加拿大元期货合约	100 000加元
日元期货合约	12 500 000日元
瑞士法郎期货合约	125 000瑞士法郎
澳大利亚元期货合约	125 000澳大利亚元
墨西哥比索期货合约	1 000 000墨西哥比索
英镑期货合约	62 500英镑

（2）交割月份

国际货币市场所有外汇期货合约的交割月份都是一样的，为每年的3月、6月、9月和12月。交割月的第3个星期三为该月的交割日，如这一天为非营业日，则顺延一天。最后交易日为交割日前倒数第二个营业日。

（3）通用代号

在具体交易操作中，交易所和期货经纪商以及期货行市表都是用代号来表示外汇期货。这几种货币外汇期货的通用代号见表7-2：

表 7-2　外汇期货的通用代号

币种	英镑	加元	欧元	日元	墨西哥比索	瑞士法郎	澳大利亚元
代号	BP	CD	EU	JY	MP	SF	AU

（4）最小价格波动幅度

国际货币市场对每一种外汇期货报价的最小变动幅度做了规定，在交易场内，经纪人所做的出价或叫价只能是最小变动幅度的倍数。例如，英镑期货合约的最小变动额为每英镑0.0005美元，如果上一个交易价格为1.8700美元，下一次交易报价上升最小到1.8705美元，下降最小到1.8695美元。瑞士法郎期货合约价格的最小变动额为每瑞士法郎0.0001美元，如果上一次交易价格为0.8015美元，在下次交易中，报价若提高，至少要到0.8016美元，报价若下降，下降最小幅度是0.0001美元到0.8014美元。货币期货合约的最小变动价位见表7-3：

表 7-3　外汇期货的最小价格波动幅度

币种	英镑	加元	欧元	日元	墨西哥比索	瑞士法郎	澳大利亚元
最小价格波幅	0.0005美元	0.0001美元	0.0001美元	0.0000001美元	0.00001美元	0.0001美元	0.0001美元

（5）每日涨跌停板

每日涨跌停板是一项期货合约价格在一天之内比前一个营业日的结算价格高出或低过的最大波动幅度。按照各期货交易所交易规则的规定，当交易所内买卖双方出价或叫价超过每日停板额时，则成交无效，因此，当价格升到或降到停板额时，交易所宣布停止交易。国际货币市场外汇期货合约价格波动最大幅度各有不同，例如，英镑期货合约价格的最大波动幅度为1 250美元，加元的最大价格波动幅度为750美元。其他货币期货合约的最大价格波动幅度见表7-4：

表 7-4　货币期货合约的每日涨跌停板

币种	英镑	加元	欧元	日元	墨西哥比索	瑞士法郎	澳大利亚元
涨跌停板幅度	1 250美元	750美元	1 250美元	1 250美元	1 500美元	1 875美元	1 250美元

3）外汇期货合约应用

现在时间为某年3月1日，假设美国一个出口商与德国厂商签订合约，出口价值1亿欧元的商品，3个月后结售汇，为防范汇率波动风险，美国出口商做外汇期货交易套期保值。

3月1日欧元期货价格为：EUR1=USD1.1980

3个月后，6月1日欧元期货价格为：EUR1=USD1.1610

此时，即期汇价为：EUR1=USD1.1580/90

问美国出口商实际收入多少美元？

如果3月1日，3个月期欧元对美元远期价格为1.1910/20，那么该出口商做远期交易与期货交易套期保值，哪个更合适？

因为，3个月后美国出口商收入欧元，所以为避免欧元贬值，卖出欧元期货。

（1）做空欧元期货合约数=100 000 000÷125 000=800（张）

（2）做空欧元期货盈亏额=800×（1.1980−1.1610）×12.5=370（万美元）

（3）美国出口商实际收汇额=1×1.1580+0.037=1.195（亿美元）

（4）远期外汇交易收入美元=1×1.1910=1.191（亿美元）

（5）期货交易套期保值比远期交易套期保值多收入0.004亿美元（1.195−1.191），所以期货交易更合适。

4）外汇期货交易与远期外汇交易的比较

实际上，在外汇期货交易产生之前，远期外汇的交易市场就已经相当发达和完善。外汇期货交易的产生使远期外汇交易的目的也可以在期货交易所内实现，因为每份期货合约都规定在交割月份可以进行外汇的实际交割。而远期外汇交易也可以通过对冲来实现盈亏结算。这样，外汇期货交易与远期外汇交易就具有了某些相似之处。然而，这两个市场却并行不悖，既相互竞争，又相互补充。这一点，我们可以通过对这两个市场的比较看出。外汇期货交易与远期外汇交易的区别主要反映在以下几个方面：

（1）外汇期货交易是在期货交易所内通过公开竞价，就标准化合约进行交易；远期外汇交易多数是在银行同业市场中通过电话、电传等通信工具，由交易双方协商成交价和成交金额。

（2）期货交易的参加者比较广泛，有银行、公司、财务机构以及个人；而远期外汇交易主要是在银行间进行，或者大公司委托银行进行买卖，个人或小公司参与买卖的机会很少。

（3）外汇期货价格由买卖双方在交易所竞价成交，由交易所对外公布；远期外汇的买卖价由银行自己报出。

（4）凡参加期货交易的人均要按规定交足保证金；而在远期外汇买卖中，除偶然对小客户收一点保证金之外，绝大多数交易都不用交保证金。

（5）期货交易由清算所按清算价格每日结算盈亏；而远期外汇交易的盈亏在规定的清算日结算。

（6）外汇期货交易金额越少，成本越低，金额越大，成本越高；而远期外汇交易金额越少，成本相对高，金额越大，成本相对低。

（7）外汇期货交易者对任何人的报价都是一样的；而在远期外汇交易中，银行对大公司的报价往往比对小公司的报价优惠，其原因主要是远期外汇交易比外汇期货交易的风险大。

（8）外汇期货交易中，买卖双方的责任关系是通过清算所作为媒介来实现的；而远期外汇交易双方则具有直接的责任关系。

通过比较可以看出，期货交易与远期外汇交易各有利弊。

外汇期货交易的优点是：期货汇率是在公开的市场上通过集中竞价形成的，因此比较合理。另外，外汇期货合约在交割前可以方便地进行对冲，加上外汇期货交易的金额可大可小，因此，它既为套期保值者提供减少或消除汇率波动风险的工具，也使那些无力问津远期外汇交易的公司或个人也能加入外汇买卖的行列。远期外汇交易也有其优点，如交易时间不受限制，交易金额可以灵活掌握，银行在买卖远期外汇时还可向客户提供某些咨询服务等。

那么，在面临着外汇期货交易与远期外汇交易两种选择时，我们究竟选用哪一种呢？

第一，这种选择应取决于交易者的目的，期货交易主要是回避风险和投机，实际交割的情况很少，故需实际交割者应选择远期外汇买卖。

第二，交易成本和价格也是一个要考虑的重要因素。当期货交易价格和成本优于远期交易价格和成本时，通常采用期货交易，反之亦然。

由此可见，银行间的远期外汇交易与期货交易既相互竞争，又相互补充。而且，巨大的、发展十分完善的远期外汇市场为标准化的汇率期货市场提供了发展的基础。

7.2 外汇期货定价

外汇期货的外币交割是通过交易所的清算公司选定一家该外币发行国的某家银行来进行清算的。

简单说，期货的价格就是基础资产或金融工具的即期价格和持有成本的函数。持有一种货币而非另外一种货币的成本实际上就是用两国现行利率之差来衡量的机会成本。本地货币的利率就是相关国家现行的“无风险”利率。

和外汇远期市场一样，外汇期货也根据利率平价理论定价。这表明有着同等风险和期限的证券在价格上的差异量与两国利率之差正好相等而方向相反。

假设在X国居住的某个人出售X国的外汇期货合约。通过卖出一份合约建仓，许诺会交割一定数量的外汇。假设合约要求在6个月内交割，而且国内的利率比X国的利率要高。此种情况下可以投资于这种货币直到必须交割为止。同样，期货合约的买方可以把用来支付外汇的资金进行投资。因为国内的利率略高于X国的利率，因此此人会获得更多的利息。其间的差异就体现为对X国远期合约买者的一种补偿，即远期合约价格的贴水。

我们已经讨论过利率和投机行为对远期外汇汇率的决定性作用，但是，在现实的外汇市场中，影响汇率波动的因素错综复杂，各种因素所起的作用都不一样，即使是同一因素，在不同时间和不同国家所起的作用也不一样。下面，我们仅选择一些影响汇率波动的最基本的因素进行分析。这些因素由于都是比较确定的，因此在各国之间就相对具有较客观的可比性。但是这里要指出的是，我们在预测汇率期货价格波动时往往不能以一个因素作为判断的根据，而应该综合各种基本因素，因为有些因素相互之间具有抵消作用。

1）利率

利率作为一国信贷状况的基本反映，对汇率波动能起到决定性的作用。利率水平直接对国际资本流动产生影响，高利率国家发生资本内流，低利率国家则发生资本外流，而资本流动则会造成外汇市场供求关系的变化，从而对汇率波动产生直接的影响。一般而言，一国利率提高，将导致该国信贷紧缩，货币升值；反之，则导致该国货币贬值。

2）国际收支

简言之，国际收支就是一个国家的货币收入总额与付给其他国家的货币支出总额的对比。如果货币收入总额大于货币支出总额，便是出现国际收支顺差；反之，则是国际收支逆差。国际收支状况对一国汇率的变动能产生直接的影响。国际收支发生顺差，就会引起外国对该国货币需求的增加与外国货币供应的增加，因此，顺差国货币的对外汇率就会上浮；反之，一国国际收支发生逆差，该国货币对外汇率就会下浮。国际收支的项目很多，其中贸易收支直接影响外汇供求，往往对国际收支状况影响较大，因此它对汇率变动起了决定性的作用。一般而言，外贸顺差，本币汇率就上升；反之，就下降。

3）经济增长率

经济增长率的变化往往会导致汇率的变化。但是，经济增长对汇率的影响比较复杂，在不同的国家、不同的时间，其影响都不一样。一种情况是，经济增长加快，可以增加外汇市场对本币的信心，特别是出口导向的国家，经济增长加快表明出口增加，因而可能导致本币汇率上升。另一种情况是，一国经济增长加快，出口保持不变，则会增加本国的需求，从而会引起进口增加，外汇需求旺盛，导致本币汇率下浮。因此，经济增长率变化不是一个孤立因素，它对汇率的影响是同其他因素交织在一起而起作用的。

4）通货膨胀

一般而言，通货膨胀会导致本币汇率下浮，通货膨胀的缓解会使汇率上浮。通货膨胀对汇率的影响主要通过以下三个途径：第一，直接影响到货币本身实际代表的价值与购买力，通货膨胀加剧，本币的实际购买力下降，本币对外发生贬值；第二，由于通货膨胀，国内物价上涨，一般会引起出口商品竞争力减弱，进口商品增加，导致外汇市场供求发生变化，从而使本币汇率下浮；第三，通货膨胀还会对外汇市场产生心理影响，削弱本币在国际市场上的信用地位，从而导致汇价下跌。从实践上看，通货膨胀引起货币国内贬值到对外贬值要有一个过程，一般需要半年，甚至几年。

5）政治局势

一国政治局势的变化，以及其他国家的政治局势变化都会对外汇市场产生影响。政治局势的变化一般包括政治冲突、军事冲突、选举和政权更迭，以及不同政治家对国家经济政策的态度和观点等。这些政治因素对汇率的影响有时很大，但是一般影响的时间不会很长，只是引起汇率短暂的波动。

除了上述各种因素外，还有其他一些因素也可能对汇率产生重大影响，如一国外汇政策、财政赤字、投机因素等。但是，这里要指出的是，引起汇率波动的因素错综复杂，有时个别因素起主导作用；有时各种因素一起发生作用；有时各因素的作用还会相互抵消；有时某一因素的主要作用，突然被另一因素所代替。但总的来说，利率对远期和期货汇率起着决定性的作用，国际收支可以基本确定汇率的长远走势，经济增长和通货膨胀对汇率能产生从属作用，而政治局势变动可以加剧汇率的波动。

7.3 外汇期货的应用

7.3.1 外汇交易风险和外国债券

假设在一项投资组合里有价值2 500万美元的外国债券，绝大部分都来自于德国、瑞典和法国。其中一部分债券还有5个月到期，而其他债券则是在18个月以内到期。这个投资组合的平均息票率是4.40%。投资者相信在3个月后欧洲国家的货币对美元将有可能贬值，而他还想继续保持这个投资组合的收益。以往他都是通过每种相关货币的期货合约来达到这个目的的。然而随着欧洲逐渐向一种标准化的货币过渡，他注意到有一些期货特别是德国马克合约的交易量或持仓量很小，这一点让他很关注。

他决定尝试一种不同类型的套期保值，也就是在芝加哥商品交易所使用新的欧元外汇期货合约。这种合约的面值是125 000欧元，而且和其他外汇期货的原理是一样的。他知道1欧元的当前价值是0 .94310美元，所以他的2 500万美元的投资组合等价于26 508 324欧元。因每份期货合约价值125 000欧元，投资者算出来有212份欧元期货合约就可以完成对所有风险的套期保值，于是他卖空了212份合约。

7.3.2 风险的处理

在确认了外汇风险头寸的存在后，需要做出一个决策决定应该做什么。总的来说，投资组合的管理者面临三种选择：忽略风险、降低或者消除风险和对风险进行套期保值。

1）忽略风险

一个投资者可能会意识到与一种非美国证券相关的外汇交易风险，但是却认为这种风险是全球投资活动的自然现象。如果你认为外汇的变动幅度趋缓或者风险头寸的美元数额与解决它而采取措施的成本相对要小的话，这个策略也可能是恰当的。

如果预期美元对外国证券将会贬值，那么什么也不做也是恰当的选择。这是因为美元的贬值会导致美国人持有的以外币标价的证券会获得盈利。

2）降低或者消除风险

这种选择是抛出外国证券，或者减少持有这种风险头寸的规模。当然，这是处理问题的一种选择，然而却是相当极端的。如果美元预期有很大程度的贬值，那么这也是个可以考虑的办法。

3）对风险进行套期保值

套期保值是指在市场中建一个头寸来对冲另外一个头寸。对外汇风险进行套期保值也可以称为抵补风险套期保值。对外汇风险进行套期保值的途径有很多，最简单的方法就是通过远期市场或者期货市场。

7.3.3 外汇期货的套期保值

货币期货与一般商品期货一样，都可以作为套期保值工具来防范未来的价格不利波动的可能性。由于期货合约为标准化合约，当所保值的货币数额不是相应期货合约大小的整数倍时，利用货币期货合约不能进行完全保值，或者确切地说有一部分货币将成为受险头寸。此外，一般交易所进行的货币期货交易不一定包括所有货币。

货币期货合约买卖双方风险分布为对称型，即买方或卖方同等程度地承受汇率变动风险；这一点有别于期权类合约买卖双方不对称的风险分布。

由于国际贸易通常为远期支付，即买卖合约签订日期与支付日期有一定的时间间隔，国际贸易的双方将承受汇率变动风险。为锁定未来某一时点上（即支付日）的汇率，可以利用货币期货合约进行保值，与远期合约一样，货币期货合约的套期保值者可以达到锁定未来某一时点汇率的目的，可以回避未来某一时点上汇率的不利变动，但无法利用汇率的有利变动获得额外的好处。当然，对于保值合约的使用者而言，他们关注的仅仅为价格的锁定功能，而非价格的变动是否有利。利用价格的有利变动而获利是投机者的行为方式。

由于投机者承担了价格变动风险，交易的流动性得以增强。

外汇期货的套期保值就是运用外汇期货交易来临时替代现货市场上的外汇交易，以此来达到转移外汇汇率波动风险的目的。

在这里，我们将根据不同保值者的情况，介绍一下不同的外汇期货保值策略。

1）出口商的保值策略

出口贸易合同一般是远期交货合同，从签约到收回货款有一个过程。在多数情况下，货款是以外币来计价和支付的，出口商须将外汇折成本币，因此，任何汇率的波动都会对出口商的实际收入产生影响，特别是在远期付款的条件下，如果计价货币对本币贬值，那么他会受到很大的损失，使出口利润下降，甚至于出口发生亏损。对此，出口商可以利用外汇期货采取卖期保值的方法来避免损失。

2）进口商的保值策略

进口商在贸易中要承担受领货物和支付货款的义务。如果一笔货款是以外汇支付的，那么他须将本币兑换成外汇来支付。万一计价货币升值，他就要用更多的本币来兑换用以支付的外汇，这样就不可避免地增加了进口成本。为了减少汇率波动风险，进口商可以利用外汇期货进行套期保值。其方法就是，一旦确定了对外支付的时间，就立即在期货市场上预先购买所需外汇，用以临时替代预计会发生的现货外汇交易。等到对外实际支付外汇时再在期货市场上平仓。一旦支付货币升值，期货交易所取得的盈利就会弥补汇率波动所造成的损失。这就是所谓的买期保值的方法。

3）借款者的套期保值策略

一般借款者不会遇到汇率波动的风险。但是，如果该借款者筹措的是外汇资金，那么就有可能遭到汇率波动带来的损失。为了防止外汇汇率上浮给他带来损失，他就可以通过外汇期货交易进行套期保值。

4）投资者的保值策略

在国际市场上，投资者总是将资金投放到投资回报率较高的市场上，然而，在境外投资常常会碰到汇率波动的风险。虽然在境外市场上可能取得较高的投资回报率，但将投资所得折成本币时，就可能由于汇率波动而使本币的投资收益率下降，因此，国际投资者需要利用外汇期货交易来达到保值的目的。

5）外汇期货的替代保值

外汇期货的替代保值是指运用外汇期货合约对不存在期货交易的外汇汇率波动进行保值。有些货币，如荷兰盾，本身还不存在期货市场，但是由于荷兰盾对美元的汇率波动与瑞士法郎有极强的相关性，因此，我们就可以用瑞士法郎期货合约为荷兰盾对美元的汇率波动提供保值手段。这里要指出的是，欧洲许多货币对美元汇率的波动均具有很强的相关性。

7.3.4 外汇期货的套利交易

外汇期货套利交易是指套利者同时买入和卖出两种相关外汇期货合约，过一段时间再将手中的合约同时平仓，从两种合约的相对价格变动中获利。

套利活动可分为三种类型：跨市场套利、跨币种套利、跨时期套利。

1）跨市场套利

跨市场套利是在一个交易所买入一种外汇期货合约的同时，在另外一个交易所出售同种外汇期货合约，以期从中获利。

【例7-1】某年4月1日，某套利者在国际货币市场以1英镑=1.8000美元的价格买入4份6月期英镑期货合约，同时在伦敦国际金融期货交易所以1英镑=1.8100美元的价格出售10份6月期英镑期货合约，这里卖出份数是买入份数的2.5倍，是因为伦敦国际金融期货交易所每份英镑期货合约为25 000英镑，而国际货币市场每份英镑期货合约为62 500英镑。为保证实际金额一致，期货合约的份数不一样。

当这两个合约快到期时，比如5月20日，以1英镑=1.8200美元的价格分别在两个市场平仓。那么：

（1）在国际货币市场的盈亏为：

62 500×4×（1.8200−1.8000）=5 000（美元）

（2）在伦敦国际金融期货交易所的盈亏为：

25 000×10×（1.8100−1.8200）=−2 500（美元）

总的盈亏为：5 000−2 500=2 500（美元）

2）跨币种套利

跨币种套利是指套利者买入一个币种的期货，同时卖出另一种货币的期货合约，以此来进行套利。

3）跨时期套利

跨时期套利是指套利者对同一币种不同交割月份的期货合约进行交易，在买入某一月份合约的同时卖出另一月份的合约，以此进行套利。

7.3.5 外汇风险管理中的关键问题

对于许多投资经理来说，外汇风险是总风险中的一个重要的组成部分，并且也是最有实用价值的。如果外汇风险是可以忽略的，那么它一定是被有意识地忽略而不是被遗漏。有效的风险管理步骤如下：

（1）界定并测量外汇风险头寸；

（2）构建一个监测风险头寸及汇率变化的管理体系；

（3）确定套期保值的责任制；

（4）制定套期保值策略。

本章小结

外汇期货随固定汇率制崩溃、浮动汇率制兴起而产生，外汇期货就是将两个国家之间的货币及货币的兑换作为期货标的的合约，也叫货币期货。

外汇期货合约是在美国交易所最早上市交易的金融期货，1972年诞生于芝加哥商品交易所。

在现在的国际市场上，发起最早、规模最大的外汇期货交易所当数美国芝加哥商品交易所（CME）的国际货币市场分部（IMM）。

CME的国际货币市场分部可交易的外汇期货合约的相关货币包括英镑、加拿大元、澳大利亚元、日元、瑞士法郎、欧元等。

CME的国际货币市场分部的外汇期货交易采用美国的直接标价法，即以一单位外币所兑换的美元数来标价。

外汇期货的外币交割是通过交易所的清算公司选定一家该外币发行国的某家银行来进行清算的。

和外汇远期市场一样，外汇期货也根据利率平价理论定价。这表明有着同等风险和期限的证券在价格上的差异量与两国利率之差正好相等且方向相反。

影响期货汇率波动的主要因素有：(1) 利率；(2) 国际收支；(3) 经济增长率；(4) 通货膨胀；(5) 政治局势。

关键概念

外汇期货　外汇期货合约　套期保值　外汇期货套利交易

综合训练

7.1　单项选择题

1）外汇远期合约与外汇期货合约的相同点主要表现在（　　）方面。

A.标的资产　　　　B.结算方式

C.流动性　　　　B.市场定价方式

2）假定英镑和美元2年期的无风险连续复利率分别是2%和3%，英镑对美元的即期汇率是1.5669，那么2年后到期的英镑/美元期货合约的理论价格为（　　）。

A.1.5885　　B.1.5669　　C.1.5985　　D.1.5585

3）某投资者预期欧元将升值，于是在4月5日在CME以1.1825的价格买入5手6月份交割的欧元对美元期货合约。到了4月20日，期货价格变为1.2430，于是该投资者将合约卖出平仓，则该投资者（　　）美元。(不计手续费等费用)

A.盈利37 812.5　　　　B.亏损37 812.5

C.盈利18 906.25　　　　D.亏损18 906.25

4）假设当前期货交易的保证金比率为5%，那么合约价值每变动10%，投资者的持仓盈亏将变动（　　）(和交易保证金相比)。

A.5%　　B.10%　　C.200%　　D.0.05%

5）假设当前欧元对美元期货的价格是1.3502（即1.3502美元=1欧元），合约大小为125 000欧元，某交易者买入了10张欧元期货合约。10天后，欧元对美元期货的价格变为1.3602，交易者卖出10张合约对冲平仓，那么交易者（　　）。

A.盈利12 500美元　　　　B.盈利13 500欧元

C.亏损12 500美元　　　　D.亏损13 500欧元

6）某交易者买入10张欧元期货合约，成交价格为1.3502（即1欧元=1.3502美元），合约大小为125 000欧元。若期货价格跌至1.3400，交易者的浮动亏损为（　　）（不计手续费等交易成本）。

A.12 750美元　　　　B.10 500美元

C.24 750美元　　D.22 500美元

7.2　多项选择题

1）外汇期货市场的功能主要表现在（　　）。

A.降低汇率风险

B.增加经济主体经营的稳定性

C.可以清除贸易和金融交易的全部风险

D.增加经济主体的经营收益

2）美国某投资机构分析美联储将降低利率水平，决定投资外汇期货市场，可以（　　）。

A.买入日元期货　　B.卖出日元期货

C.买入加元期货　　D.卖出加元期货

3）外汇期货合约中标准化规定包括（　　）。

A.交易单位　　B.交割期限

C.交易频率　　D.最小价格变动幅度

4）外汇期货的特性包括（　　）。

A.标准化合约　　B.双向交易

C.保证金制度　　D.当日无负债制度

5）外汇期货交易与外汇现货保证金交易的区别有（　　）。

A.外汇现货保证金交易的交易市场是无形的和不固定的

B.外汇现货保证金交易没有固定的合约

C.外汇现货保证金交易的币种更丰富，任何国际上可兑换的货币都能成为交易品种

D.外汇现货保证金交易的交易时间是间断的

6）下列适合做外汇期货买入套期保值的情形包括（　　）。

A.外汇短期负债者担心未来货币升值

B.外汇短期负债者担心未来货币贬值

C.国际贸易中的进口商担心付汇时外汇汇率下跌造成损失

D.国际贸易中的进口商担心付汇时外汇汇率上升造成损失

7）6月1日，某美国进口商预期3个月后需支付进口货款2.5亿日元，目前的即期汇率为USD／JPY＝146.70，该进口商为避免3个月后因日元升值而需付出更多的美元来兑换成日元，就在CME外汇期货市场进行（　　）。

A.多头套期保值　　B.空头套期保值

C.卖出套期保值　　D.买入套期保值

8）决定外汇期货合约定价的因素，除即期汇率、距交割日天数外，还取决于（　　）。

A.两国通行汇率的差异　　B.两国通行利率的差异

C.即期汇率与远期汇率的差异　　D.全年天数的计算惯例的差异

9）人们通常把外汇风险划分为两大类，即（　　）。

A.利率风险和购买力风险　　B.会计风险和经济风险

C.利率风险和会计风险　　D.经济风险和购买力风险

7.3　问答题

1）简述外汇期货的产生与发展过程。

2）介绍外汇期货的合约规格。

3）各外汇期货的通用代号是什么？

4）简述外汇期货与远期外汇交易的关系。

7.4　计算题

假设2012年1月1日，美国某进口商与德国厂商签约进口价值3亿欧元成套设备，3个月后货到支付1亿欧元，6个月后设备安装调试后支付剩余款项，美国进口商为防范外汇风险，决定做外汇期货套期保值。已知：1月1日，IMM 1204期货价格为EUR1=USD1.2250，1207期货价格为ERU1=USD1.2600；4月1日IMM 1204期货价格为EUR1=USD1.2470；7月1日IMM 1207期货价格为EUR1=USD1.2886。

求进口商做外汇期货套期保值盈亏额。

知识拓展7-1
交叉汇率期货
市场

第8章

股指期货

学习目标

通过本章的学习，掌握股票价格指数的编制方法；了解股指期货的内涵；知道几个主要股指期货的合约规格，尤其是合约乘数。

股票指数期货是以股票市场的价格指数作为其交易标的物的期货。世界上第一种股票指数期货合约是由美国密苏里州的堪萨斯市农产品交易所（KCBT）在1982年2月24日推出的价值线综合平均指数期货合约。自股票指数期货交易产生以来，在短短的十几年里，已经取得了很大的成功。虽然股票指数期货是现在的金融期货中产生较晚的一个品种，但它是20世纪80年代金融创新过程中出现的最重要、最成功的金融工具之一。目前，股票指数期货的交易规模日趋扩大，交易市场和交易品种不断出现，已经具备相当的规模，建立起比较完善的市场体系，股票指数期货已经成为世界金融期货市场上交易最活跃的期货品种之一。

8.1 股指期货概述

8.1.1 股指期货的定义

股票指数期货，简称股指期货，是指以股票指数为标的物的期货合约。它是以股票市场的股价指数为交易标的物的期货，是由交易双方订立的、约定在未来某一特定时间按成交时约定好的价格进行股价指数交易的一种标准化合约。股指期货可以用来防范股票市场的价格变动风险，回避股市的系统性风险。

下面介绍系统性风险和非系统性风险。

股票投资者在股票市场上面临的风险可分为两种：一种是股市的整体风险，又称为系统性风险，即所有或大多数股票的价格一起波动的风险；另一种是个股风险，又称为非系统性风险，即持有单个股票所面临的市场价格波动的风险。通过投资组合，即同时购买多种风险不同的股票，可以较好地规避非系统风险，但不能有效地规避整个股市下跌所带来的系统风险。进入20世纪70年代，西方国家股票市场波动日益加剧，投资者规避股市系统风险的需求也越来越迫切。由于股票指数基本上能代表整个市场股票价格变动的趋势和幅度，人们开始尝试着将股票指数改造成一种可交易的期货合约，并利用它对所有股票进行套期保值，规避系统风险，于是股指期货应运而生。

利用股指期货进行套期保值的原理是根据股票指数和股票价格变动的同方向趋势，在股票的现货市场和股票指数的期货市场上进行相反的操作以抵消股价变动的风险。股指期货合约的价格等于某种股票指数的点数乘以规定的每点价格。各种股指期货合约每点的价格不尽相同。

比如，某投资者在香港股市持有总市值为200万港元的8种上市股票。该投资者预计东南亚金融危机可能会引发香港股市的整体下跌，为规避风险，需要进行套期保值，在13 000点的价位上卖出3份3个月到期的恒生指数期货。随后的两个月，股市果然大幅下跌，该投资者持有股票的市值由200万港元贬值为155万港元，股票现货市场损失45万港元，这时恒生指数期货亦下跌至10 000点，于是该投资者在期货市场上以平仓方式买进原有的3份合约，实现期货市场的平仓盈利45万港元（（13 000−10 000）×50×3），期货市场的盈利恰好抵销了现货市场的亏损，较好地实现了套期保值。同样，股指期货也像其他期货品种一样，可以利用买进卖出的差价进行投机交易。

股指期货除具有金融期货的一般特点外，还具有一些自身的特点。股指期货合约的交易对象既不是具体的实物商品，也不是具体的金融工具，而是衡量各种股票平均价格变动水平的无形的指数；一般商品和其他金融期货合约的价格是以合约自身价值为基础形成的，而股指期货合约的价格是股指点数乘以人为规定的每点价格形成的；股指期货合约到期后，合约持有人只需交付或收取到期日股票指数与合约成交指数差额所对应的现金，即可了结交易。

8.1.2 股票价格指数

1）股票价格指数介绍

股票价格指数是用以表示多种股票平均价格水平及其变动并衡量股市行情的指标。

在股票市场上，成百上千种股票同时进行交易，各种股票价格各异、价格种类多种多样，因此，需要有一个总的尺度标准来衡量股市价格的涨落，观察股票市场的变化。用股票价格平均数指标，来衡量整个股票市场总的价格变化，能够比较准确地反映股票行情的变化和发展趋势。股票价格指数一般是由一些有影响力的金融机构或金融研究组织编制，并且定期及时公布。世界各大金融市场都编制股票价格指数，将一定时点上成千上万种此起彼落的股票价格表现为一个综合指标，代表该股票市场的一定价格水平和变动情况。计算股票价格指数的方法有三种。

（1）算术股价指数法

算术股价指数法是以某交易日为基期，将采样股票数量的倒数乘以各采样股票报告期价格与基期价格的比之和，再乘以基期的指数值。其计算公式为：

$$\text{算术股价指数}=\frac{1}{\text{采样股票数}}\times\sum\left(\frac{\text{报告期价格}}{\text{基期价格}}\right)\times\text{基期指数值} \tag{8-1}$$

例如，某股票市场以A、B、C三种股票为样本，基期价格分别为20美元、45美元、25美元，报告期价格分别为32美元、54美元、20美元，基期指数值定为100，则：

$$\text{该股市报告期算术股价指数}=\frac{1}{3}\times\left(\frac{32}{20}+\frac{54}{45}+\frac{20}{25}\right)\times 100=120$$

说明报告期的股价比基期上升了20个点。

（2）算术平均法

①简单股票价格算术平均指数

该方法是先选定具有代表性的样本股票，然后以某年某月某日为基期，并定好基期指数值，最后计算某一日样本股票的价格平均数，将该平均数与基期平均价格相比，即得出该日的股票价格平均指数，其计算公式如下：

$$P\text{平均}=\frac{\text{样本股票价格之和}}{\text{样本股票数量}} \tag{8-2}$$

$$\text{简单股票价格算术平均指数}=\text{基期指数值}\times\frac{P\text{报告期平均}}{P\text{基期平均}} \tag{8-3}$$

例如，样本股票有4只股票，报告期价格分别为10元、15元、20元、25元，基期股价平均为7元，基期指数值为100。则：

$$\text{简单股票价格算术平均指数}=100\times\frac{\frac{10+15+20+25}{4}}{7}=250$$

②修正的简单股票价格算术平均指数

股票市场上企业常常有增资和拆股行为，使股票股数迅速增加，股票价格也会相应降低，因此，有必要对简单股票价格算术平均指数进行修正。对其修正，主要是对分母进行处理。具体做法是：用增资或拆股后的各种股票价格的总和除以增资或拆股前一天的平均价格作为新分母，这个新分母也就是道式除数。其计算公式为：

$$\text{道式除数}=\frac{\text{增资或拆股后各种股票的价格总和}}{\text{增资或拆股前一天的价格平均数}} \tag{8-4}$$

$$\text{修正的简单股票价格算术平均指数}=\frac{\text{报告期股票价格总和}}{\text{道式除数}} \tag{8-5}$$

这种方法能够保持指数的连续性和可比性，更真实地反映股票市场的变动情况。这一方法是由道·琼斯股票价格平均指数的创始人查尔斯·道首创的，现在的道·琼斯股票价格平均指数采用的就是修正的简单股票价格算术平均指数。

（3）加权股票价格平均指数

股票市场上不同的股票地位也不同，对股票市场的影响也有大小。简单算术平均法忽略了不同股票的不同影响，有时难以更加准确地反映股票市场的变动情况。加权平均法按样本股票在市场上的不同地位赋予其不同的权数，地位重要的权数大，地位次要的权数小。将各种样本股票的价格与其权数相乘后求和，再被权数扣除，得到的就是加权平均后的股票价格指数。这里的权数，可以是股票的交易额，也可以是股票的发行量。其计算公式如下：

$$\text{加权股票价格平均指数 } I=\frac{\sum_{j=1}^{n}W_j\cdot P_j}{\sum_{j=1}^{n}W_j\cdot P_0}\cdot I_0 \tag{8-6}$$

式中，I为加权股票价格平均指数；W_j为第j种样本股票的权数；P_j为第j种样本股票的报告期价格；P_0为基期价格；I_0为基期价格指数。

仍用以上数据举例，样本股票有4只股票，报告期价格分别为10元、15元、20元、25元，基期股价分别为8元、5元、6元、9元，基期指数值为100。此时，4只股票的权数为其流通股股数，分别为2亿、1亿、7 000万、3 000万。则：

$$W_1=\frac{2}{2+1+0.7+0.3}=0.5$$

$$W_2=\frac{1}{2+1+0.7+0.3}=0.25$$

$$W_3=\frac{0.7}{2+1+0.7+0.3}=0.175$$

$$W_4=\frac{0.3}{2+1+0.7+0.3}=0.075$$

$$I=\frac{\sum_{j=1}^{n}W_j\cdot P_j}{\sum_{j=1}^{n}W_j\cdot P_0}\cdot I_0=\frac{0.5\times10+0.25\times15+0.175\times20+0.075\times25}{0.5\times8+0.25\times5+0.175\times6+0.075\times9}\times100=202.51$$

2）国内外几个主要的股票价格指数

（1）道·琼斯股票价格平均指数

道·琼斯股票价格平均指数是世界上历史最为悠久的股票指数。它是1884年由道·琼斯公司的创始人查尔斯·道开始编制的。其最初的股票价格平均指数是根据11种具有代表性的铁路公司的股票，采用算术平均法进行计算编制而成的，发表在查尔斯·道自己编辑出版的《每日通讯》上。其计算公式为：股票价格平均数=入选股票的价格之和÷入选股票的数量。自1887年起，道·琼斯股票价格平均数开始分成工业和运输业两大类，其中，工业股票价格平均指数包括12种股票，运输业股票价格平均指数则包括20种股票，并且开始在道·琼斯公司出版的《华尔街日报》上公布。1929年，道·琼斯股票价格平均指数又增加了公用事业类股票，使其所包含的股票达到65种，并一直延续至今。现在的道·琼斯股票价格平均指数是以1928年10月1日为基数，因为这一天收盘时的道·琼斯股票价格平均指数恰好约为100美元，所以就将其定为基准日。而以后股票价格与基期相比计算出的百分数，就成为各期的股票价格指数，所以现在的股票指数普遍用点来做单位，而股票指数每一点的涨跌就是相对于基准日的涨跌百分数。道·琼斯股票价格平均指数最初的计算方法是用简单算术平均法求得，当遇到股票的除权除息时，股票指数将发生不连续的现象。1928年后，道·琼斯股票价格平均指数采用了新的计算方法，即在计点的股票除权或除息时采用连接技术，以保证股票指数的连续，从而使股票指数计算方法得到了完善，并逐渐推广到全世界。

目前，道·琼斯股票价格平均指数共分4组，第一组是工业股票价格平均指数。它由30种有代表性的工商业公司的股票组成，且随经济变化而发展，大致上反映了各个时期美国整个工商业股票的价格水平，这也就是人们通常所引用的道·琼斯工业股票价格平均数。第二组是运输业股票价格平均指数。它包括20种有代表性的运输业公司的股票，即8家铁路运输公司、8家航空公司和4家公路货运公司。第三组是公用事业股票价格平均指数，由代表美国公用事业的15家煤气公司和电力公司的股票所组成。第四组是平均价格综合指数。它是综合前3组股票价格平均指数所选用的、共65种股票而得出的综合指数，这组综合指数虽然为优等股票提供了直接的股票市场状况参数，但现在通常引用的是第一组工业股票价格平均指数。

道·琼斯股票价格平均指数是目前世界上影响最大、最具权威的一种股票价格指数，原因之一是道·琼斯股票价格平均指数所选用的股票都是有代表性的，这些股票的发行公司都是在本行业中具有重要影响的著名公司，其股票行情为世界股票市场所瞩目，各国投资者都极为重视。为了保持这一特点，道·琼斯公司对其编制的股票价格平均指数所选用的股票经常予以调整，不断地用具有活力的更富有代表性的公司股票去替代那些失去代表性的公司股票。自1928年以来，用于计算道·琼斯工业股票价格平均指数的30种工商业公司股票，已有30多次更换，几乎每两年就要有一个新公司的股票代替老公司的股票。原因之二是，公布道·琼斯股票价格平均指数的新闻载体——《华尔街日报》是世界金融界最有影响力的报纸。该报每天详尽报道其每个小时计算一次的采样股票平均指数、百分比变动率以及每种采样股票的成交数额等，并注意对股票分股后的股票价格平均指数进行校正。而在纽约证券交易所的营业时间里，则每隔半小时公布一次道·琼斯股票价格平均指数。原因之三是，这一股票价格平均指数自编制以来从未间断，可以用来比较不同时期的股票行情和经济发展情况，成为反映美国股市行情变化最敏感的股票价格平均指数之一，是观察市场动态和从事股票投资的投资者的主要参考。当然，由于道·琼斯股票价格平均指数是一种成分股指数，它包括的公司仅占目前2 500多家上市公司的极少部分，而且多是热门股票，且未将近年来发展迅速的服务性行业和金融业的公司包括在内，所以它的代表性也一直受到质疑和批评。从1996年5月25日开始，它还针对我国的股票市场编制了道·琼斯中国股票指数。

（2）标准普尔500指数

标准普尔500指数是由美国最大的证券机构标准普尔公司编制发表，用以反映美国股票市场行情变化的股指指数。标准普尔500指数最早编制于1923年，当时所选取的股票只有233种，1957年后扩大为500种。目前的标准普尔500指数是在1976年7月重新调整后编制的，它主要选用在纽约证券交易所上市的500种股票作为样本股票，其中包括400种工业类股票、40种公用事业类股票、20种运输业类股票和40种金融类股票。标准普尔500指数是一种历史悠久且具有重大影响的股票价格指数，它采取的是加权平均的计算方法，以1941—1943年间的平均市价总额为基期值，以10作为基期指数值，并以各种股票的发行量为权数进行计算。标准普尔500指数具有抽样面广、代表性强，且能比较精确地反映各种股票的价格对整个市场行情的影响等优点，因此，它被普遍地认为是一种理想的股票指数期货合约的标的指数。

（3）纽约证交所股票价格指数

纽约证券交易所股票价格指数是由纽约证券交易所编制的股票价格指数。它始于1996年6月，采用加权平均法编制，先是普通股股票价格指数，后来改为混合指数，包括在纽约证券交易所上市的1 500家公司的1 570种股票。具体计算方法是将这些股票按价格高低分开排列，分别计算工业股票、金融业股票、公用事业股票、运输业股票的价格指数，最大和最广泛的是工业股票价格指数，由1 093种股票组成；金融业股票价格指数包括投资公司、储蓄贷款协会、分期付款融资公司、商业银行、保险公司和不动产公司的223种股票；运输业股票价格指数包括铁路、航空、轮船、汽车等公司的65种股票；公用事业股票价格指数则包括电话电报公司、煤气公司、电力公司和邮电公司的189种股票。纽约证交所股票价格指数以1965年12月31日为基期，基期指数确定为50点，采用的是综合指数形式。纽约证券交易所每半个小时公布一次指数的变动情况。虽然纽约证券交易所编制股票价格指数的时间不长，但它可以全面、及时地反映其股票市场活动的综合状况，因而较受投资者欢迎。

（4）英国金融时报股票指数

金融时报股票指数是由伦敦证券交易所编制，并在《金融时报》上发布的股票指数。根据样本股票的种数，金融时报股票指数分为30种股票指数、100种股票指数和500种股票指数等三种指数。目前常用的是金融时报工业普通股票指数，其成分股由30种具有代表性的工业公司的股票构成，最初以1935年7月1日为基期，通过计算30种主要工业股的几何平均数而得到，但作为几何平均数，其长期绩效不如其他以算术平均数为基础的指数，同时，金融时报30种股票价格指数的市场代表性较差，其成分股仅占总市值的30%。所以，为了提高指数的市场代表性，后来调整为以1962年4月10日为基期，基期指数为100，采用几何平均法计算的各种金融时报精算指数（FTA）。这些指数分别代表了各个产业板块的市场表现，而以FTA所有股票指数作为衡量整体市场的基准指数。FTA所有股票指数是由700多只成分股组成，指数市值超过英国股票市场总市值的90%，是一种市值加权的算术平均数。该指数因而被视为英国股票市场的基准指标，投资组合和基金经理人的业绩都是以FTA所有股票指数作为评估的基准。

作为股票指数期货合约标的，金融时报股票指数则是以市场上交易较频繁的100家最大的上市公司的股票为样本编制的指数，它是由《金融时报》和伦敦证券交易所联合推出的，推出的主要原因是为了解决金融时报3种股票指数的成分股太少、市场代表性不足、不利于避险的缺点以及FTA所有股票指数的成分股太多的不足。金融时报-证券交易所100种股票指数的100家成分股的市值约占英国股票市场总市值的70%，它与FTA所有股票指数的相关性很高，约为98%的比例。为了确保该指数能及时更新，金融时报-证券交易所100种股票指数的成分股是根据一个名单来选择，该名单由120家市值最大的上市公司所构成。一个“操控委员会”至少每季度召开一次会议，评估金融时报-证券交易所100种股票指数的成分股，同时有权及时更换成分股，以保证指数有足够的市场代表性。金融时报-证券交易所100种股票指数在1984年1月开始正式运作。

（5）日经股票平均指数

日经股票平均指数是“日本经济新闻社道·琼斯股指平均指数”的简称。起初，该指数由东京证券交易所模仿道·琼斯平均价格指数的编制方法编制而成，以东京证券交易所上市的225种具有代表性的股票作为样本股票编制成的股票平均指数，其中轻工业类51种（食品加工类12种、纤维7种、造纸4种、化学15种、医药品8种、石油3种、橡胶制品2种）、制造业89种（水泥玻璃窑业8种、钢铁制造4种、非铁金属制品12种、机械15种、电气机器29种、造船2种、汽车9种、精密工业6种、其他制造业3种、矿业1种）、服务业26种（水产1种、贸易8种、零售8种、服务业9种）、金融业21种（银行12种、证券4种、保险4种、其他金融服务1种）、建筑业13种（建设8种、不动产5种）、公用事业25种（铁路巴士7种、海运3种、陆运2种、空运2种、仓储1种、通信5种、电力3种、瓦斯2种）。日经股票平均指数采用道·琼斯公司的修正方法编制，不仅使股票价格的平均指数不会因一些市场流通性差的高价股的大起大落而受到影响，以至于使指数的运行脱离整个市场行情，而且能保持股指指数的连续性，所以日经股票平均指数是日本较有代表性的股票指数，常常被用来反映日本经济和股票市场情况的变化。

（6）香港恒生指数

香港恒生指数是由香港恒生银行的一个全资子公司“恒生指数服务有限公司”所编制

的用来反映香港股市每日平均股指行情的系统性指标，于1964年开始在内部使用。该指数以1964年7月31日为基期，以100为基期指数，以样本股票的发行股数为权数，采用加权平均法编制而成。在1969年开始公开公布，用以反映香港股市行情。香港恒生指数后来由于技术原因改为以1984年1月13日为基期，基期指数定为975.47。目前，香港恒生指数的样本股票共有33种，其中包括4种金融业股票、6种公用事业股票、9种房地产股票以及14种工商业股票。这33种成分股票占香港联合证券交易所上市股票总市值的较大比重，编制者恒生指数服务有限公司的目标是确保指数成分股的总市值能达到联合交易所上市股票总市值的70%左右，这一点和其他主要指数如标准普尔500指数的覆盖率相似。成分股票主要根据程度、影响、股票数量、基地等4个指数选定。此外，由于各行业所占的股值大小及其成分差别很大，为了更准确地反映各个行业的实际动态，恒生指数从各上市公司中分别列出了银行财务、工业制造、地产建筑、综合企业、仓储运输、酒店旅游、公用事业、百货业八大类。一般来说，银行约占20%，地产市值约占27%，公用事业约占19%，这三大类约占上市股票总市值的65%。恒生指数在交易时间内每分钟计算一次。

恒生指数是香港证券市场上历史最悠久、地位最重要的股价指数，它的涨跌变化可在很大程度上反映股票的升值或贬值。虽然它只有33种样本股票，但由于其悠久的历史和其他的原因，至今在国际金融市场上仍被广泛接受。1986年5月，香港期货交易所推出了恒生指数期货交易，这也是香港的第一种金融期货。现在香港恒生指数市场有近一半的市场买卖是来自香港的散户，另外有19%的买卖是香港机构投资者，海外的投资者占这个市场买卖的28%（会员公司账户的买卖是6%）。到底投资者买卖恒生指数的目的是什么？1999年有74%的交易是用来做买卖，有17.5%的交易是用于套期保值。虽然香港恒生指数的波动有时候很厉害，但是仍可保证市场的运作顺利、稳定、公平及有秩序，没有什么大问题，而且越来越多的投资者参与恒生指数期货市场，这充分说明其市场运作符合国际标准，是能够发挥股票指数期货的基本功能的。

（7）主要市场指数

主要市场指数（major market index）是芝加哥期货交易所为开办股票指数期货交易而专门编制的一种指数。芝加哥期货交易所从在纽约证券交易所上市的工业股票中选取20种蓝筹股作为样本股票，以1983年为基期，令基期指数为200，编制了主要市场指数，并以此为标的物推出了股票指数期货交易。20世纪80年代初期，芝加哥期货交易所想以道·琼斯工业平均指数为标的物来推出股票指数期货合约，但遭到了道·琼斯公司的极力反对，并不惜采取法律手段，结果道·琼斯公司获得最后的胜利，在这种情况下，芝加哥期货交易所才选择自己编制主要市场指数。在主要市场指数的组成股票中有16种是道·琼斯工业平均指数的成分股。这样的话，主要市场指数和道·琼斯工业平均指数所包含的股票有大量的重合，所以两者联系紧密。这两种指数在计算上虽然除数不同，但如果主要市场指数乘以5，其所得到的结果与道·琼斯工业平均指数极为接近。由于主要市场指数主要用来跟踪道·琼斯工业平均指数，所以在世界上也享有很高的知名度。

（8）价值线综合平均指数

价值线综合平均指数是由美国阿诺尔德·伯恩哈德公司采用算术平均法，对在纽约证券交易所的所有上市股票、美国证券交易所的部分股票以及在场外市场上交易的共计

1 700种股票加权编制而成的股价指数。在价值线综合平均指数的计算上，小企业的权重大于标准普尔500指数和纽约证券交易所股票价格指数，因此，价值线综合平均指数与这两种综合指数的相关性较小。

价值线综合平均指数是所有股票指数中包含范围最广的一种指数。在营业日，股票价格有变动，则股指指数每3分钟变动一次。价值线综合平均指数以1961年6月30日为基期，基期指数为100。由于该指数采用算术平均法编制，因而比纽约证券交易所综合股指指数（该指数对大公司的股票赋予较大的权数）更能真实地反映一般股票的细微变化，更加变化无常，从而对于投机者有更大的吸引力。但是，由于在1 700种股票中，有的股票价格上涨，有的股票价格下跌，相互抵销的结果是使个别股票的涨跌对整个股票指数影响较小。

（9）沪深300指数

沪深300指数，是由中证指数有限公司（China Securities Index Co.，Ltd.）编制。中证指数有限公司成立于2005年8月25日，是由上海证券交易所和深圳证券交易所共同出资发起设立的一家专业从事证券指数及指数衍生产品开发服务的公司。

沪深300指数是沪深证券交易所于2005年4月8日联合发布的、反映A股市场整体走势的指数。沪深300指数的编制目标是反映中国证券市场股票价格变动的概貌和运行状况，并能够作为投资业绩的评价标准，为指数化投资和指数衍生产品创新提供基础条件。中证指数有限公司成立后，沪深证券交易所将沪深300指数的经营管理及相关权益转移至中证指数有限公司。中证指数有限公司同时计算并发布沪深300的价格指数和全收益指数，其中价格指数实时发布，全收益指数每日收盘后在中证指数公司网站和上海证券交易所网站上发布。

沪深300指数是以2004年12月31日为基期，基点为1 000点，从上海和深圳证券市场中选取300只A股作为样本，其中沪市179只，深市121只。其计算是以调整股本为权重，采用派许加权综合价格指数公式进行计算。其中，调整股本根据分级靠档方法获得。凡有成分股分红派息，指数不予调整，任其自然回落。沪深300指数会对成分股进行定期调整，其调整原则为：①指数成分股原则上每半年调整一次，一般为1月初和7月初实施调整，调整方案提前两周公布。②每次调整的比例不超过10%。样本调整设置缓冲区，排名在240名内的新样本优先进入，排名在360名之前的老样本优先保留。③最近一次财务报告亏损的股票原则上不进入新选样本，除非该股票影响指数的代表性。

8.1.3 股票指数期货的产生

前面已经讲了利率期货和货币期货，与这些期货交易品种一样，股指期货也是适应市场规避价格风险的需求而产生的。

从20世纪40年代开始，西方发达的市场经济国家的股票市场取得了飞速发展，上市股票数量不断增加，股票市值迅速膨胀。比如纽约证券交易所，2000年其上市公司总数量为2 798家，总股本为3 412亿股，股票市值为17万亿美元，而这些数值在1940年的时候分别是：上市公司总数量为931家，总股本为16.8亿股，股票市值为573亿美元。将两个年份的相应数据进行对比，分别增长了2倍、202倍、300倍。股票市场迅速膨胀的过程，同时也是股票市场结构不断发生变化的过程。“二战”以后，以信托投资基金、养老基金、共同基金为代表的机构投资者取得快速发展，它们在股票市场中占有越来越大的比例，并逐步居于主导地位。机构投资者通过分散的投资组合降低风险，然而进行组合投资的风险管理只能降低和消除股票价格的非系统性风险，而不能消除系统性风险。随着机构投资者持有股票的不断增多，其规避系统性价格风险的要求也越来越强烈。

另外，随着科学技术的发展，股票市场的交易方式也在不断地发展进步。比如美国，最初的股票交易是以单种股票为对象的。1976年，为了方便散户的交易，纽约股票交易所推出了指定交易循环系统（DOT），该系统直接把交易所会员单位的下单房与交易池联系了起来。此后该系统又发展为超级指定交易循环系统（SDOT），对于低于2 099股的小额交易指令，该系统保证在3分钟之内成交并把结果反馈给客户；对于大额交易指令，该系统虽然没有保证在3分钟内完成交易，但毫无疑问，其在交易上是享有一定的优惠和优势的。与指定交易循环系统几乎同时出现的是：股票交易也不再是只能对单个股票进行交易，而是可以将多种股票“打包”用一个交易指令同时对其进行买卖，即进行程序交易（program trading，亦常被翻译为程式交易）。对于程序交易的概念，历来有不同的说法。纽约股票交易所从实际操作的角度出发，认为超过15种股票的交易指令就可称为程序交易；而一般公认的说法则是，作为一种交易技巧，程序交易是高度分散化的一揽子股票的买卖，其买卖信号的产生、买卖数量的决定以及交易的完成都是在计算机技术的支撑下完成的，它常与衍生品市场上的套利交易活动、组合投资保险以及改变投资组合中股票投资的比例等相联系。伴随着程序交易的发展，股票管理者很快就开始了“指数化投资组合”交易和管理的尝试，“指数化投资组合”的特点就是股票的组成和比例都与股票指数完全相同，因而其价格的变化与股票指数的变化完全一致，所以其价格风险就是纯粹的系统性风险。在“指数化投资组合”交易的实践基础上，同时为适应规避股票价格系统性风险的需要，市场开发了股票指数期货合约。

基于这些市场需求，堪萨斯城市交易所在经过深入的研究分析之后，在1977年10月向美国商品期货交易委员会提交了开展股票指数期货交易的报告。但由于商品期货交易委员会与证券交易委员会关于股票指数期货交易管辖权存在争执，另外交易所也未能就使用道·琼斯股票指数达成协议，因而该报告迟迟未获通过。直到1981年，新任商品期货交易委员会主席和新任证券交易委员会主席声明，明确规定股指期货合约的管辖权属于商品期货交易委员会，才为股指期货的上市扫清了障碍。1982年2月16日，堪萨斯城市交易所开展股指期货交易的报告终于获准通过，24日，该交易所推出了道·琼斯综合指数期货合约的交易。交易一开市就很活跃，当天成交近1 800张合约。此后的4月21日，芝加哥商业交易所推出了S&P500股指期货交易，当天成交的合约就达到3 963张。随后，其他国家和地区也先后开始了股票指数的期货交易。

8.1.4 股票指数期货的特征

由于资本市场发展所带来的避险需要和商品期货交易积累的大量经验，股指期货应运而生。股票指数期货交易的实质，是投资者将其对整个股票市场价格指数的预期风险转移至期货市场的过程，通过对股票趋势持不同判断的投资者的买卖，来冲抵股票市场的风险。正是由于股指期货的推出和成功实践，传统期货的实物交割制度才衍化为现金交割制度。

1）股指期货的交易优势

股指期货的主要优势在于低成本性和高流动性。与股票交易和商品期货相比，股票指数期货有重要的优势，主要表现在以下几方面：

（1）提供较方便的卖空交易

卖空交易的一个先决条件是必须首先从他人手中借到一定数量的股票。国外对于卖空交易有较严格的限制，这就使得在金融市场上，并非所有的投资者都能很方便地完成卖空交易。例如，在英国只有证券做市商才能借到英国股票；而美国证券交易委员会规则10A-1规定，投资者借股票必须通过证券经纪人来进行，还得交纳一定数量的相关费用。因此，卖空交易并非人人可做。而进行指数期货交易则不然。实际上有半数以上的指数期货交易中都包括拥有卖空的交易头寸。

（2）交易成本较低

相对于现货交易，指数期货交易的成本是相当低的。指数期货交易的成本包括：交易佣金、买卖价差、用于支付保证金的机会成本和可能的税项。如在英国，期货合约是不用支付印花税的，并且购买指数期货只进行一笔交易，而想购买多种（如100种或者500种）股票则需要进行多笔、大量的交易，交易成本很高。而美国一笔期货交易（包括建仓到平仓的完整交易）收取的费用只有30美元左右。有人认为指数期货交易成本仅为股票交易成本的1/10。

（3）较高的杠杆比率

在英国，对于一个初始保证金只有2 500英镑的期货交易账户来说，它可以进行的金融时报100种指数期货的交易量高达70 000英镑，杠杆比率为28：1。由于保证金交纳的数量是根据所交易的指数期货的市场价值来确定的，交易所会根据市场的价格变化情况，决定是否追加保证金或是否可以提取超额部分。

（4）较高的市场流动性

研究表明，指数期货市场的流动性明显高于现货股票市场。从国外股票指数期货市场发展的情况来看，使用股票指数期货最多的投资人当属各类基金（如各类共同基金、养老基金、保险基金）的投资经理，另外还有承销商、做市商、股票发行公司等市场参与者。总之，股票指数期货的高流动性与广泛的市场参与基础和较低的市场交易成本息息相关。

2）指数期货报价方式的特殊性

股票指数期货的标的物股票指数是一种非常特殊的“商品”，它本身没有具体的实物形式，是一种看不见、摸不着的东西，因此也应该是无所谓价格的。同时，股票指数期货一般采取现金结算的方式，而不是实物交割的方式。因此，股票指数期货的这些不同于其他金融期货的特点决定了它有着独特的报价方式。

在股票指数期货交易中，合约的交易单位是以一定的货币金额与标的指数的乘积来表示。其中，一定的货币金额是由合约所固定的。因此，期货市场只以各合约的标的指数的点来报出它的价格。例如，在CBOT上市的主要市场指数期货合约规定，交易单位为250美元与主要市场指数的乘积。因此，若期货市场报出主要指数为100点，则表示一张合约的价值为25 000美元。主要市场指数每上涨（下跌）1点，则表示1张合约的价值增加（减少）250美元。值得一提的是，期货市场报出的指数在一定程度上反映交易双方对未来股市行情的预测。因此，这一指数通常与现货市场的指数不同。不过，期货交易的预测是根据现货市场的行情及其变动趋势做出的。

3）股指期货标的物的特殊性

股指期货的标的物是股票价格指数，股票价格指数是反映整个股票市场上各种股票的市场价格的总体水平及其变动情况的一种指标。由于受到经济、政治、心理等因素的影响，股票的价格不断发生变化，使投资者面临较大的市场价格风险。有时某种股票价格的升降与整个股市的走势不一致，表现为无规则的变化。针对这种难以预测的风险，投资者往往不单独投资于某一种股票，而是将资金分散投资于多种股票。将多种股票组合成一组股票，这样，即使组合中某一种股票的价格变动方向与众不同，但组合内的多种股票价格的走势是有规律的，是与整个股市价格的走势相一致的，就可以根据股市价格的变动方向进行市场预测。也就是说，在股票市场上，各种股票的价格在同一时间是互不相同的，并且都随着时间的推移在不断变化。有的股价上涨，有的股价下跌，当然其涨跌的幅度也各不相同。面临如此变化的股票市场，单用某一种股票的价格变化来描述整个市场的股市动态是远远不够的，只有将一组有代表性的股票的价格汇集起来，才可能形成有代表性的价格。但是，对于投资者来说，要逐一了解一个股票组合中众多股票的价格变化是非常困难的。因此，投资者为实现自己的投资目的，就迫切需要一种能够综合反映股市的价格水平和价格变化的指标来作为决策依据。为了适应这方面的需要，一些金融服务机构利用自己的业务知识和对市场较为熟悉的优势，编制出了股票指数期货，并公开发表，作为预测股票市场价格变化方向的重要依据。

4）股票指数期货交割方式的特殊性

以现金结算代替实物交割是股票指数期货交易的又一重大特点。股票指数期货交易之所以采取现金结算的交割方式，是因为股票指数期货的标的物没有具体的实物形式。尽管它可以看作是一个由样本股票组成的股票组合，但是要直接交割股票也是非常困难的。例如，标的资产为S&P500的指数期货合约，标的资产是代表一个500种股票的股票组合，要交割这样的一个股票组合不能不说是极为麻烦的一件事。当合约以现金结算时，每一个未平仓合约将于到期日得到自动冲销。也就是说，在合约到期日，卖方无须交付股票，买方也无须交付合约总值，而只是根据最后结算价格计算出买卖双方的盈亏金额，通过借记或贷记保证金账户而得以结清部位。对于大多数股票指数期货合约来说，其最后结算价格就是在最后交易日该合约的标的指数的现货收盘价格。最后结算价格等于现货收盘价格这一规则的一个例外情况是S&P500的指数期货合约，该期货合约的最后结算价格取决于最后交易日次日早晨标的指数的开盘价格。

8.1.5 股指期货交易的主要功能

一般来说，期货交易的功能有两个：一是价格发现功能；二是套期保值功能。作为金融期货的一种，指数期货也具有这两个功能。

所谓价格发现功能，是指利用期货市场公开竞价交易等交易制度，形成一个反映市场供求关系的市场价格。具体来说就是，指数期货市场的价格能够对股票市场未来走势做出预期反应，与现货市场上的股票指数一起，共同对国家的宏观经济和具体上市公司的经营状况做出预期。从这个意义上讲，股指期货对经济资源的配置和流向发挥着信号灯的作用，可以提高资源的配置效率。

套期保值功能是指投资者买进或卖出与现货数量相等但交易方向相反的期货合约，以期在未来某一时间通过卖出或买进期货合约，从而补偿因现货市场价格变动所带来的实际损失。股指期货的这种套期保值功能，有利于丰富股票市场参与者的投资工具，带动或促进股票现货市场交易的活跃，并减轻集中性抛售对股票市场造成的恐慌性影响，对平均股价水平的剧烈波动起到缓冲作用。

8.2 股指期货的运作

8.2.1 股指期货的交易规则

以股票指数为基础交易物的期货合同称为股票指数期货。由于它的标的物的独特性质，决定了其独特的交易规则。

1）交易单位

在股指期货交易中，合约的交易单位以一定的货币金额与标的指数的乘积来表示。其中，一定的货币金额是由合约所固定的。因此，期货市场只以各合约的标的指数的点数来报出它的价格。例如，在CBOT上市的主要市场指数期货合约规定，交易单位为250美元与主要市场指数的乘积。因此，若期货市场报出主要市场指数为410点，则表示一张合约的价值为102 500美元；而若主要市场指数上涨了20点，则表示一张合约的价值增加了5 000美元。

2）最小变动价位

股票指数期货的最小变动价位（即一个刻度）通常也以一定的指数点来表示。如S&P500指数期货的最小变动价位是0.05个指数点。由于每个指数点的价值为500美元，因此，就每个合约而言，其最小变动价位是25美元，它表示交易中价格每变动一次的最低金额为每合约25美元。

3）每日价格波动限制

自1987年10月股灾发生以后，绝大多数交易所均对其上市的股票指数期货合约规定了每日价格波动限制，但各交易所的具体规定不同。这种不同既体现在限制的幅度上，也体现在限制的方式上。同时，各交易所还经常根据具体情况对每日价格波动进行限制。

4）结算方式

以现金结算是股票指数期货交易不同于其他期货交易的一个重要特色。在现金结算方式下，每一个未平仓合约将于到期日得到自动冲销。也就是说，交易者比较成交及结算时合约价值的大小来计算盈亏，进行现金交收。

8.2.2 国内外金融市场主要股指期货介绍

1）标准普尔500综合股票指数期货

1982年4月，芝加哥商品交易所指数与期权市场分部推出了标准普尔500综合股票指数期货，简称S&P500期货，其合约的规格如表8-1所示。

表 8-1 标准普尔500综合股票指数期货合约规格

交易单位	500美元×S&P500股指指数
最小变动价位	0.05个指数点（每张合约为500×0.05=25美元）
每日价格波动限制	1987年10月以前没有限制；不得高于或低于前一交易日结算价5个指数点
合约月份	3月、6月、9月、12月
最后结算价格	由合约月份的第3个星期五的S&P500股票价格指数的构成股票的市场收盘价所决定
最后交易日	最终结算价格确定日的前一个工作日
交割方式	根据主要市场指数期货的收盘价实行逐日结算，并于最后交易日根据主要市场指数的收盘价实现现金结算

2）香港恒生指数期货

香港恒生指数期货合约的规格如表8-2所示。

表 8-2 香港恒生指数期货合约规格

交易单位	50港元×恒生指数（以整数计算）
最小变动价位	1个指数点（每张合约为50港元）
每日价格波动限制	不高于或低于前日收市指数500点，但现货月份除外
合约月份	现货月份和3月、6月、9月、12月
最后结算价格	以最后交易日每5分钟报出的恒生指数的平均值去掉小数点后的整数作为最后结算价格
最后交易日	交割月最后第2个营业日
交割方式	在最后交易日之后的第1个营业日开始以现金进行结算
交易时间	交易时间为星期一至星期五香港时间上午10：00—12：30和下午2：30—3：45
保证金	每张合约的保证金为15 000港元，如果出现因价值变化使得保证金低于7 000港元以下的情况，客户必须重新补足保证金

3）日经股票平均指数期货

以日经股票平均指数为标的物的股票指数期货合约首先由新加坡的国际货币交易所于1986年9月推出，接着在1988年的9月，日本的大阪证券交易所也推出了日经股票平均指数期货交易。大阪证券交易所的日经股票平均指数期货合约的主要规格如表8-3所示。

表8-3 大阪日经225指数期货合约规格

交易单位	1 000日元×日经225平均数
最小变动价位	10个基本点（每合约10 000日元）
每日价格波动限制	不高于或低于前一交易日结算价格的3%
合约月份	3月、6月、9月、12月
最后结算价格	期货的未平仓合约的结算价格不是以合约到期日的收盘价为准，而是采用标的指数的隔天（到期日的第2个交易日）开盘价，这是日本市场的特点之一。所以，指数的收盘价格与实际结算价格之间可能有相当大的差异
最后交易日	结算日之前3个营业日
交割方式	合约月份的第10个（或第11个）营业日以现金结算
交易时间	日本时间上午9：00—11：15；下午1：00—3：15，公休日为上午9：00—11：15，最后交易日比平时早15分钟收盘

4）组约证交所股票价格指数期货

1982年5月，纽约期货交易所推出了纽约证交所股票价格指数期货交易，其合约规格如表8-4所示。

表8-4 纽约证交所股票价格指数期货合约规格

交易单位	500美元×纽约证交所股票价格指数的点数
最小变动价位	0.05个指数点，即5个基本点，每个合约的最小变动价位是25美元
每日价格波动限制	无
合约月份	3月、6月、9月、12月
最后结算价格	最后结算价格是根据构成纽约证交所股票价格指数的所有上市股票在合约月份的第3个星期五的开盘价格，经特别计算而求得的
最后交易日	合约月份的第3个星期四，如该日不是纽约期货交易所或纽约证券交易所的营业日，则最后交易日为该日前1个营业日
交割方式	在合约到期时以现金结算
交易时间	纽约时间上午9：30—下午4：15

5）主要市场指数期货

主要市场指数期货是芝加哥期货交易所于1984年7月正式推出的，交易合约的主要规格如表8-5所示。

表8-5 主要市场指数期货合约规格

交易单位	2 500美元×主要市场指数点
最小变动价位	0.05个基本点，即每张合约125美元
每日价格波动限制	不高于前一交易日结算价格80个指数点，不低于前一交易日结算价格50个指数点。如果价格低于前一交易日结算价格，协调价格限制额及交易停板额将根据道·琼斯工业平均指数每下降250点和400点计算
合约月份	最初3个连续月份及紧跟着的3个以3月、6月、9月、12月循环的月份
最后交易日	合约月份的第3个星期五，最终结算日为最后交易日的次日
交割方式	主要指数期货根据主要市场指数期货的收盘价实行逐日结算，并于最后交易日根据主要市场指数的收盘价实行现金结算
交易时间	芝加哥时间上午8：15—下午3：15
保证金	投机买卖时，期初保证金3 500美元，维持保证金1 500美元；套期保值交易时，期初保证金1 500美元，维持保证金1 500美元

6）价值线综合平均指数期货

1982年2月24日，美国堪萨斯期货交易所推出了价值线综合平均指数期货合约，价值线综合平均指数期货合约是世界上第一只股票指数期货，它是以价值线综合股指指数作为标的物的股票指数期货。价值线综合平均指数期货合约的规格如表8-6所示。

表8-6 价值线综合平均指数期货合约规格

交易单位	500美元×价值线综合股指指数
最小变动价位	0.05个指数点，即5个基本点，每个合约的最小变动价位是25美元
每日价格波动限制	价格波动限制为500个基本点，即每张合约2 500美元，交易所还可根据具体情况和具体需要进行调整
合约月份	3月、6月、9月、12月
最后交易日	交割月最后的营业日
交割方式	按最后结算价以现金结算
交易时间	上午8：30—下午3：15（堪萨斯市时间）
结算价格	按合约月份的最后交易日收盘时的价值线平均指数的收盘价格结算

7）伦敦金融时报指数期货

1984年5月，伦敦国际金融期货交易所推出了英国金融时报-证券交易所100种股票指数的期货交易，该期货交易以英国金融时报-证券交易所100种股票指数为标的物，其基期为1984年1月3日，基期指数为1 000。该合约的主要规格如表8-7所示。

表8-7　伦敦金融时报指数期货合约规格

交易单位	25英镑×FT-SE 100指数
最小变动价位	0.05个指数点，即每个合约的最小变动价位是1.25英镑
合约月份	3月、6月、9月、12月
最后交易日	合约月份的第3个星期五
交割方式	在合约到期日以交易所交收结算价实行现金结算而不交割股票
交易时间	伦敦时间上午8：35—下午4：10
结算价格	最后交易日上午10：10—10：30之间的FT-SE 100指数的平均水平

8）沪深300股指期货

沪深300股指期货合约的主要规格如表8-8所示。沪深300指数是由上海和深圳证券市场中选取300只A股作为样本编制而成的成分股指数。

表8-8　沪深300股指期货合约规格

合约标的	沪深300指数
合约乘数	每点300元
报价单位	指数点
最小变动价	0.2点
合约月份	当月、下月及随后2个季月
交易时间	上午9：15—11：30，下午1：00—3：15
最后交易日交易时间	上午9：15—11：30，下午1：00—3：00
每日价格最大波动限制	上一个交易日结算价的±10%
最低交易保证金	合约价值的12%
最后交易日	合约到期月份的第3个星期五，遇国家法定假日顺延
交割日期	同最后交易日
交割方式	现金交割
交易代码	IF
上市交易所	中国金融期货交易所

沪深300指数样本覆盖了沪深市场六成左右的市值，具有良好的市场代表性。沪深300指数是沪深证券交易所第一次联合发布的反映A股市场整体走势的指数。它的推出，丰富了市场现有的指数体系，增加了一项用于观察市场走势的指标，有利于投资者全面把握市场运行状况，也进一步为指数投资产品的创新和发展提供了基础条件。

9）上证50股指期货

上证50股指期货合约的主要规格如表8-9所示。上证50指数是根据科学客观的方法，挑选上海证券市场规模大、流动性好的最具代表性的50只股票组成样本股，以便综合反映上海证券市场最具市场影响力的一批龙头企业的整体状况。上证50指数自2004年1月2

日起正式发布。其目标是建立一个成交活跃、规模较大、主要作为衍生金融工具基础的投资指数。

表 8-9　　上证 50 股指期货合约规格

合约标的	上证50指数
合约乘数	每点300元
报价单位	指数点
最小变动价位	0.2点
合约月份	当月、下月及随后2个季月
交易时间	上午：9：15—11：30，下午：13：00—15：15
最后交易日交易时间	上午：9：15—11：30，下午：13：00—15：00
每日价格最大波动限制	上一个交易日结算价的±10%
最低交易保证金	合约价值的8%
最后交易日	合约到期月份的第3个星期五，遇国家法定假日顺延
交割日期	同最后交易日
交割方式	现金交割
交易代码	IH
上市交易所	中国金融期货交易所

10）中证500股指期货

中证500股指期货合约的主要规格如表8-10所示。中证500指数是根据科学客观的方法，挑选沪深证券市场内具有代表性的中小市值公司组成样本股，以便综合反映沪深证券市场内中小市值公司的整体状况。其样本空间内股票扣除沪深300指数样本股及最近一年日均总市值排名前300名的股票，剩余股票按照最近一年（新股为上市以来）的日均成交金额由高到低排名，剔除排名后20%的股票，然后将剩余股票按照日均总市值由高到低进行排名，选取排名在前500名的股票作为中证500指数样本股。

表 8-10　　中证 500 股指期货合约规格

合约标的	中证500指数
合约乘数	每点200元
报价单位	指数点
最小变动价位	0.2点
合约月份	当月、下月及随后2个季月
交易时间	上午：9：15—11：30，下午：13：00—15：15
最后交易日交易时间	上午：9：15—11：30，下午：13：00—15：00
每日价格最大波动限制	上一个交易日结算价的±10%
最低交易保证金	合约价值的8%
最后交易日	合约到期月份的第3个星期五，遇国家法定假日顺延
交割日期	同最后交易日
交割方式	现金交割
交易代码	IC
上市交易所	中国金融期货交易所

8.2.3 股指期货应用举例

（1）美国某投资人担心股价风险，买入标准普尔500股指期货进行套期保值，投入资金量为1亿美元（不考虑保证金问题）。

已知：2月20日，S&P500期货价格为1 459.70，5月20日，同一到期日的S&P500期货价格为1 525.10。求指数期货交易盈亏额（不考虑保证金）。

做多股指期货合约数=100 000 000÷（1 459.70×500）=137（张）

做多股指期货盈亏额=137×（1 525.10−1 459.70）×500=4 479 900（美元）

（2）国内某投资人投机沪深300股指期货，投入资金1 000万元，做多沪深300股指期货，建仓时期指报价2 900点，次日平仓，平仓时期指价格为2 950点，不考虑手续费，若该投资者满仓操作，保证金比例为12%，则其盈亏额是多少？

做多沪深300股指期货合约数=$\dfrac{10\,000\,000}{12\% \times 300 \times 2\,900}$=95（张）

做多股指期货盈亏额=95×300×（2 950−2 900）=142.5（万元）

8.3 股指期货的定价与投资

股票指数期货属于可储存期货商品类，它的价格与绝大多数可储存类的商品期货和中长期政府债券等金融期货一样，都是由持有成本决定的。如果股票指数期货的市场价格与持有成本所决定的均衡价格不一致或相互背离，那么市场上就会出现套购或套利的行为，从而使期货市场价格又回到原有的均衡水平。

8.3.1 股指期货合约的持有成本模型定价

股指期货实际上就是将个性化很强的各个股票抽象为具有同质性的、能代表众多股票共同特征的、特殊的股票资产。这一资产的实现就是股票指数的价值化。根据这一点，股票指数期货实际上就可以理解为同质化的股票资产。

对股票指数期货进行理论上的定价，是投资者做出买入或卖出合约决策的重要依据。股指期货实际上可以看作是一种证券的价格，而这种证券就是这种指数所涵盖的股票所构成的投资组合。

与其他金融工具的定价一样，股票指数期货合约的定价在不同的条件下也会出现较大的差异。但是有一个基本原则是不变的，即由于市场套利活动的存在，期货的真实价格应该与理论价格保持一致，至少在趋势上是这样的。

为说明股票指数期货合约的定价原理，我们假设投资者既进行股票指数期货交易，同时又进行股票现货交易，并假定：

（1）投资者首先构造出一个与股市指数完全一致的投资组合（即二者在组合比例、股指的“价值”与股票组合的市值方面都完全一致）。

（2）投资者可以在金融市场上很方便地借款用于投资。

（3）卖出一份股指期货合约。

（4）持有股票组合至股指期货合约的到期日，再将所收到的所有股息用于投资。

（5）在股指期货合约交割日立即卖出全部股票组合。

（6）对股指期货合约进行现金结算。

（7）用卖出股票和平仓的期货合约收入来偿还原先的借款。

假定在1999年10月27日某种股票市场指数为2 669.8点，每个点“值”25美元，指数的面值为66 745美元，股指期货价格为2 696点，股息的平均收益率为3.5%；2000年3月到期的股票指数期货价格为2 696点，期货合约的最后交易日为2000年3月19日，投资的持有期为143天，市场上借贷资金的利率为6%。再假设该指数在5个月期间内上升了，并且在3月19日收盘时收在2 900点，即该指数上升了8.62%。这时，按照我们的假设，股票组合的价值也会上升同样的幅度，达到72 500美元。

按照期货交易的一般原理，这位投资者在指数期货上的投资将会出现损失，因为市场指数从2 696点的期货价格上升至2 900点的市场价格，上升了204点，则损失额是5 100美元。

然而投资者还在现货股票市场上进行了投资，由于股票价格的上升得到的净收益为5 755美元（72 500−66 745），在这期间获得的股息收入大约为915.2美元，两项收入合计6 670.2美元。

再看一下其借款成本。在利率为6%的条件下，借得66 745美元，期限143天，所付的利息大约是1 569美元，再加上投资期货的损失5 100美元，两项合计6 669美元。

在上述案例中，简单比较一下投资者的盈利和损失，就会发现无论是投资于股指期货市场，还是投资于股票现货市场，投资者都没有获得多少额外的收益。换句话说，在上述股指期货价格下，投资者无风险套利不会成功，因此，这个价格是合理的股指期货合约价格。

由此可见，对指数期货合约的定价（F）主要取决于3个因素：现货市场上的市场指数（I）、金融市场上的借款利率（R）、股票市场上股息收益率（D）。即：

$$F = I + I\cdot(D - R) = I\cdot(1 - R + D) \tag{8-7}$$

其中，R为年利率；D为年股息收益率，在实际计算过程中，如果持有投资的期限不足1年，则相应进行调整。

同样需要指出的是，上面公式给出的是在前面假设条件下的指数期货合约的理论价格。在现实生活中，要全部满足上述假设存在一定的困难。首先，在现实生活中再高明的投资者要想构造一个完全与股市指数结构一致的投资组合几乎是不可能的，当证券市场规模越大时更是如此；其次，在短期内进行股票现货交易，往往使得交易成本较大；再次，由于各国市场交易机制存在差异，如在我国目前就不允许卖空股票，这在一定程度上会影响指数期货交易的效率；最后，股息收益率在实际市场上是很难得到的，因为不同的公司、不同的市场在股息政策上（如发放股息的时机、方式等）都会不同，并且股票指数中的每只股票发放股利的数量和时间也是不确定的，这必然影响到正确判定指数期货合约的价格。

从国外股指期货市场的实践来看，实际股指期货价格往往会偏离理论价格。当实际股指期货价格高于理论股指期货价格时，投资者可以通过买进股指所涉及的股票，并卖空股指期货而获利；反之，投资者可以通过上述操作的反向操作而获利。这种交易策略称为指数套利（index arbitrage）。然而，在成熟市场中，实际股指期货价格和理论期货价格的偏离，总处于一定的幅度内。例如，美国S&P500指数期货的价格，通常位于其理论值的上下0.5%幅度内，这就可以在一定程度上避免风险套利情况的发生。

8.3.2 股指期货交易的类型

股指期货交易的类型主要有三种：投机交易、套利交易和套期保值交易。

1）投机交易

股指期货的投机交易是指投资者根据自己对股指期货价格变动趋势的预测，通过看涨时买进、看跌时卖出而获得利润的交易行为。股票指数期货的投机交易分为多头投机和空头投机。

（1）股指期货的多头投机是指当投机者预测股市将上升时，买入股票指数期货合约，等到行情上涨到一定高度的时候再卖出月份相同、数量相等、方向相反的股票指数期货合约以对冲平仓、获利了结的一种交易策略。

（2）股指期货的空头投机是指当投机者预测股市将下跌时，卖出股票指数期货合约，等到行情下跌到一定价位的时候再买入月份相同、数量相等、方向相反的股票指数期货合约以对冲平仓、获利了结的一种交易策略。

当投资者预测股市将上升时，可买入股票现货增加持仓，也可以买入股票指数期货合约。这两种方式在预测准确时都可盈利。相比之下，买卖股票指数期货的交易手续费比较便宜。当投资者预测股市将下跌时，可卖出已有的股票现货，也可卖出股指期货合约。卖出现货是将以前的账面盈利变成实际盈利，是平仓行为，当股市真的下跌时，不再能盈利。而卖出股指期货合约，是从对将来的正确预测中获利，是开仓行为。由于有了卖空机制，当股市下跌时，即使手中没有股票，也能通过卖出股指期货合约获得盈利。

2）套利交易

股指期货的套利交易是指投资者同时交易股指期货合约和相对应的一揽子股票的交易策略，以谋求从期货、现货市场同一组股票存在的价格差异中获利。当期货实际价格高于理论价格时，卖出股票指数期货，买入指数中的成分股组合，以此可获得无风险套利收益；当期货实际价格低于理论价格时，买入股票指数期货，卖出指数中的成分股组合，以此获得无风险套利收益。套利交易主要分为跨市套利和跨期套利两种。

3）套期保值交易

在现代投资理论中，股票市场的风险被划分为系统风险和非系统风险。股票市场的非系统风险可以通过认股的多样化来避免。一般认为，只要认购15~20种不同的股票，就可以几乎完全避免非系统风险，剩下的只有系统风险了。对于系统风险，股票资产的持有者只能通过股票指数期货的套期保值将其降到最低程度。

股票指数期货的套期保值也分为卖期保值和买期保值两种做法。做卖期保值者多为临时或长期持有股票者，如股票投资者、承购股票后的股票承销商、持有众多股票资产的基金经理等。股票指数期货的卖期保值比较容易理解。在市场上还有许多做买期保值的人，如准备进行股票投资者、打算通过认股来兼并另一个企业的公司等。

（1）套期保值的概念和基本原理

传统的套期保值是指生产经营者同时在期货市场和现货市场进行方向相反的交易，用一个市场的盈利弥补另一个市场的亏损，从而在两个市场建立起对冲机制，以规避现货市场的价格波动所带来的风险。在股票指数期货的套期保值交易中，现货市场就是股票市场，那么股票指数期货的套期保值交易就是在股票指数期货市场和股票市场中进行方向相反的交易，通过互补盈亏来达到消除股票市场价格波动所带来的风险的目的。

套期保值之所以能够实现规避价格风险的功能是因为期货市场中存在着两个基本原理：

①同种商品的期货价格走势与现货价格走势一致。

②现货市场与期货市场价格随着期货合约到期日的临近，两者趋向一致。

在套期保值的操作中应遵守以下原则，否则所做的交易就有可能达不到原有的规避风险的目的。

①交易方向相反原则。

②交易种类相同原则。

③交易数量相等原则。

④交易月份相同或相近原则。

（2）股票指数期货套期保值交易

传统的套期保值有两种基本类型，即买入套期保值和卖出套期保值。

买入套期保值是指交易者先在期货市场买入期货，以便将来在现货市场买进现货时不致因价格上涨而给自己造成经济损失的一种套期保值方式。这种用期货上的盈利对冲现货市场亏损的做法，可以将远期价格固定在预计的水平上。

卖出套期保值是指交易者先在期货市场上卖出期货，当现货价格下跌时以期货市场的盈利来弥补现货市场的损失，从而达到保值目的的一种套期保值方式。

①卖出股票指数期货套期保值。

由于股票市场是通过股票上涨来获得利润的，为了防止因股票价格下跌而出现的亏损，在股票指数期货套期保值交易中主要运用的是卖出套期保值。股票指数期货卖出套期保值交易主要是已经拥有股票的投资者或者是准备持有股票的投资者，预计股市将要下跌或对于未来股市的走势不确定，出于预防风险的考虑，在期货市场卖出股票指数期货合约，以规避市场风险。

股票指数期货合约和股票的价格是不相同的，这一点与传统商品的套期保值在决定套保数量的时候就完全不同，因此，股票指数期货套期保值成功与否的关键在于计算正确的对冲比率，并由此计算出合适的套保数量，以使现货的风险能被期货抵消。

②买入股票指数期货套期保值。

如果投资者看涨大盘，但由于种种原因不能或不愿买入股票，则利用做多股票指数期货就能达到套期保值甚至获利的目的。

（3）套期保值比率的确定

套期保值的比率指的是为达到理想的保值效果，套期保值者在建立交易头寸时所确定的期货合约总价值与所保值的现货合同总价值之间的比率关系。

在股票投资中，投资者所要保值的股票一般都不可能包括股票价格指数中所含有的全部种类的股票。因此，投资者股票的价格波动就会与股票指数价格波动幅度不一致，这样，在做套期保值时就会存在基差变动的风险。为了尽可能地进行理想化保值，投资者应事先弄清自己持有的股票价格波动与整个股票市场价格指数变化的关系，进而确定套期保值的比率。

然而，我们不能用确定利率期货的套期保值比率的方法来决定股票指数期货的套期保值比率，因为与利率波动对金融工具价格的影响相比较，股票价格的波动具有不确定性。

在确定股票指数期货套期保值比率时，我们引入投资理论中的风险系数概念。

风险系数，又被称为β系数，它常常被用来度量系统风险的大小程度。通常假定市场的风险系数为1。如果某组股票的风险比平均风险大，其风险系数就大于1；如果某组股票的风险比平均风险小，其风险系数就小于1。β系数是衡量股票指数发生变化时，各股票价格的反应敏感程度。如果某只股票的β系数数值为1.0，表示大盘上涨或下跌时，股票价格也会出现相同百分比的走势。若某只股票的β系数为0.5，表示股票指数发生1%的变化时，该股票价格平均会出现0.5%的变化。同样，若某只股票的β系数为1.5，则表示股票指数发生1%的变化时，该股票价格平均会出现1.5%的变化。对投资者来说，不必用复杂的线性回归分析法来计算β系数，一般主要的咨询服务机构都会提供特定时间内每只股票的β系数。虽然β系数是历史资料，有可能出现“过去的表现不保证未来的业绩”，但是它仍是显示股票指数如何影响个股的最佳指标，以计量的方法表示个股价格的敏感程度。

通常股票指数期货的套期保值应当选择与股票现货组合关系最密切的股指期货合约，在决定合约数量时，还要用线性回归分析法来衡量股票指数和投资组合的相关性——β系数，因为并不是所有的股票投资组合的涨跌都与指数的涨跌完全一致。除了指数基金外，可以说大多数都不一致。这时候，运用股指期货尽管可以回避大盘涨跌的风险，却无法回避投资组合中个股的风险，所以要用β系数来确定合约数量。

运用投资组合内个股的已知β系数，投资者可以计算整个投资组合的加权算术平均β系数。当股市处于上涨行情时，β系数大于1的投资组合会有优于股票指数的表现，也就是我们常说的个股跑赢大势。当股市处于下跌行情时，β系数小于1的投资组合其下跌的幅度也会小于股票指数，即表现出一定的抗跌性。因此，投资者也可以参考β系数，利用股票指数期货交易来达到调整其投资组合的目的。

如果套期保值者想对某一种股票进行保值，那么他可以用这种股票的β系数来作为套期保值的比率，即$HR=\beta$。建立保值期货交易部位的合约数就为：

$$\text{期货合约数}=\frac{\text{被保值股票价值}}{\text{一个期货合约金额}}\times\beta \tag{8-8}$$

其中，β为该股票的风险系数，β越大，股票投资风险越高，做套期保值所需合约数就越多。

如果投资者不是对某一种股票进行保值，而是对一组特定的股票进行保值，那么，β系数的确定就不能简单地用算术平均方法得出，一般β系数为每种股票风险系数的加权平均，其权数就用市场价值。

现在我们举一个实例来说明加权β系数的计算方法。

假设，某基金有下列10种股票投资，单价、股数、市场价值以及β系数如表8-11所示。

表 8-11 **10种股票的市场表现**

股票种类	单价	股数	市场价值	β	W	加权β
A	24.25	1 000	24 250	0.75	0.0862	0.0647
B	42.50	1 000	42 500	1.20	0.1511	0.1813
C	7.25	1 000	7 250	0.95	0.0258	0.0245
D	19.50	1 000	19 500	0.90	0.0693	0.0624
E	17.885	1 000	17 885	1.05	0.0636	0.0668
F	34.625	1 000	34 625	1.80	0.1231	0.2216
G	33.00	1 000	33 000	1.25	0.1173	0.1466
H	20.75	1 000	20 750	1.00	0.0738	0.0738
I	50.75	1 000	50 750	1.15	0.1804	0.2075
J	30.75	1 000	30 750	1.55	0.1019	0.1579
总计			281 260			1.21

此表中，市场价值=单价×股数

$$\text{风险系数权重}W = \frac{\text{市场价值}}{\text{市场总价值}} \tag{8-9}$$

$$\beta = W_A \cdot \beta_A + W_B \cdot \beta_B + \cdots + W_J \cdot \beta_J \tag{8-10}$$

现该基金经理要以NYSE综合指数期货合约做套期保值，其指数期货价格为97.60，1个期货合约的金额为48 800美元（97.60×500）。建立期货套期保值交易头寸的期货合约数为：

$$\text{期货合约数}=\frac{\text{被保值股票价值}}{\text{一个期货合约金额}}\times\beta=\frac{281\,260}{48\,800}\times 1.21=6.97$$

这样，该笔套期保值需要7个期货合约。

本章小结

股票指数期货是以股票市场的股价指数为交易标的物的期货，是由交易双方订立的、约定在未来某一特定时间按成交时约定好的价格进行股价指数交易的一种标准化合约。股指期货可以用来防范股票市场的价格变动风险、回避股市的系统性风险。

利用股指期货进行套期保值的原理是根据股票指数和股票价格变动的同方向趋势，在股票的现货市场和股票指数的期货市场上进行相反的操作来抵消股价变动的风险。股指期货合约的价格等于某种股票指数的点数乘以规定的每点价格。各种股指期货合约每点的价格不尽相同。

股票价格指数是用以表示多种股票平均价格水平及其变动并衡量股市行情的指标。计算股票价格指数的方法有三种：（1）算术股价指数法；（2）算术平均法；（3）加权股票价格平均指数。

股指期货的交易优势：（1）提供较方便的卖空交易；（2）交易成本较低；（3）较高的杠杆比率；（4）较高的市场流动性。

股指期货的定价仍采用持有成本模型。

股指期货交易的类型主要有三种：投机交易、套利交易和套期保值交易。

关键概念

股票指数期货　股票价格指数

综合训练

8.1 填空题

1）股票市场上一般面临两种风险，分别为________、________。

2）计算股票价格指数的方法有三种，分别为________、________、________。

3）股指期货交易的类型主要有三种，分别为________、________、________。

8.2 单项选择题

1）股指期货可以用来防范股票市场的价格变动风险，回避股市的（　　）。

A.非系统性风险　B.系统性风险　C.所有风险　D.个别风险

2）全球最著名、最普及的股指期货合约是（　　）。

A.道·琼斯指数期货合约　B.金融时报指数期货合约

C.纽约证交所综合指数期货合约　D.标准普尔500指数期货合约

3）股指期货最基本的功能是（　　）。

A.提高市场流动性　B.降低投资组合风险

C.所有权转移和节约成本　D.规避风险和价格发现

4）投资者预测股指将下跌，于是卖出某一月份的股指期货合约，一旦股指期货下跌后再买入平仓从中获取差价，这种交易方法称为（　　）。

A.套期保值　B.跨期套利　C.期现套利　D.投机交易

5）当价格低于均衡价格，股指期货投机者低价买进股指期货合约；当价格高于均衡价格，股指期货投机者高价卖出股指期货合约，从而最终使价格趋向均衡。这种做法可以起到（　　）作用。

A.承担价格风险　B.增加价格波动　C.促进市场流动　D.减缓价格波动

6）当沪深300指数期货合约1手的价值为120万元时，该合约的成交价为（　　）点。

A.3 000　B.4 000　C.5 000　D.6 000

7）股指期货采取的交割方式为（　　）。

A.平仓了结　B.样本股交割

C.对应基金份额交割　D.现金交割

8）股指期货交割是促使（　　）的制度保证，使股指期货市场真正发挥价格晴雨表的作用。

A.股指期货价格和股指现货价格趋向一致

B.股指期货价格和现货价格有所区别

C.股指期货交易正常进行

D.股指期货价格合理化

9）投资者预测股指将下跌，于是卖出某一月份的股指期货合约，一旦股指期货下跌后再买入平仓从中获取差价，这种交易方法称为（　　）。

A.套期保值　　B.跨期套利　　C.期现套利　　D.投机交易

10）如果投资者预测股票指数后市将上涨而买进股指期货合约，这种操作属于（　　）。

A.正向套利　　B.反向套利　　C.多头投机　　D.空头投机

8.3　多项选择题

1）股票指数期货的交易（　　）。

A.现在多数市场已经超过了股票的交易

B.成本低于股票交易

C.杠杆作用比股票交易更明显

D.执行过程一般快于股票交易

2）导致股指期货发生市场风险的因素包括（　　）。

A.价格波动　　B.保证金交易的杠杆效应

C.交易者的非理性投机　　D.市场机制是否健全

3）影响股指期货市场价格的因素有（　　）。

A.市场资金状况　　B.指数成分股的变动

C.投资者的心理因素　　D.通货膨胀

4）影响股指期货价格的宏观经济因素主要包括（　　）。

A.通货膨胀　　B.价格趋势

C.利率和汇率变动　　D.政策因素

5）某客户在某期货公司开户后存入保证金500万元，在8月1日开仓买进9月沪深300指数期货合约40手，成交价格1 200点，同一天该客户卖出平仓20手沪深300指数期货合约，成交价为1 215点，当日结算价位1 210点，交易保证金比例为15%，手续费为单边每手100元，则客户的账户情况是（　　）。

A.当日平仓盈亏90 000元　　B.当日盈亏150 000元

C.当日权益5 144 000元　　D.可用资金余额为4 061 000元

6）关于股指期货交易，正确的说法有（　　）。

A.政府制定的方针政策不会直接影响股指期货价格

B.投机交易不能增强股指期货市场的流动性

C.套利交易可能是由于股指期货与股票现货的价差超过交易成本所造成的

D.股指期货套保交易的目的是规避股票组合的系统性风险

8.4　问答题

1）简述股指期货的交易优势。

2）股指期货交易的主要功能是什么？

3）股指期货的交易规则有哪些？

4）国际市场上有哪些主要的股指期货，各自的合约条款有什么特点？

8.5 计算题

1）某投资者计划1个月后买进股票，如果现在买进成本为6 000万美元，现在S&P500指数为1 320，1个月期指为1 330（每点乘数为500美元）。1个月后现货指数为1 345点，买入股票成本为6 050万美元。请问该投资者应该如何套期保值，并计算套期保值结果。

2）2011年5月1日，某共同基金管理人计划1个月后买入标准普尔500成分股，担心股价风险，决定做股指期货套期保值。

已知：5月1日，1109 S&P500指数期货价格1 335.00；6月1日，1109 S&P500指数期货价格1 382.00。

求：股指期货的盈亏额为多少？

知识拓展8-1
股指期货的期现套利及其作用

第9章

互换交易

学习目标

通过本章的学习，了解互换的基本概念、种类，互换市场的特征，掌握互换交易的核心工具，包括利率互换、货币互换、远期利率协议、长期外汇交易和长期利率（上限和下限）期权。学会应用利率互换和货币互换进行风险防范。

互换是金融工程的创新产品中相对比较成功的实例，也显示了金融创新所能够带来的巨大利益。自1980年出现以来，互换已经获得了较为迅速的发展，这是其他金融工具所无法比拟的。

互换交易的产生及发展有着深刻的历史背景，20世纪70年代及80年代，随着浮动汇率的确立，汇率风险成为金融机构及跨国公司需要认真对待的问题。而美国在70年代末的货币政策也使得80年代初期美国及整个世界利率变动幅度较大，利率风险管理也变成重要的问题。同时，欧洲债券市场的发展，使得跨国公司及金融机构可以很方便地涉足浮动利率债券市场，并随之产生将浮动利率债务转变为长期固定利率债务的需求。由于相关法规的相对宽松，国际互换市场上也出现了新型互换品种，如商品互换及股权互换。为了解决信用风险问题，信用互换也取得了比较快的发展。

一方面，经济全球化及金融全球化进程推动了互换市场的发展，另一方面，互换市场也促进了金融全球化进展。通过国家间互换安排，投资者可以不必直接进行相关外国证券的交易，从而有利于资产组合在国家间分散管理，而且由于互换市场的交易商由实力雄厚的金融机构承担，其交易成本相对较低，因此可提高全球金融市场的效率。

9.1 互换概述

9.1.1 互换的概念

互换（swap）是指互换双方达成协议并在一定的期限内转换彼此货币种类、利率基础及其他资产的一种交易。互换在本质上是一种远期合约，它与其他远期合约的不同之处在于，这种远期合约建立在交易双方交换有差别的同类基础资产之上。

互换交易的核心工具是：利率互换、货币互换、远期利率协议、长期外汇交易和长期利率（上限和下限）期权。这些互换交易的核心工具可以被广泛运用于资产与负债的管理中。

随着互换基本工具变种的不断出现，互换交易已逐步延伸到其他金融市场中。基本互换的变种主要涉及互换安排方式和双方交换的现金流形式，具体包括时间选择、到期日选择和名义本金等其他方面现金流方式的重新设计，以及基础互换、收益曲线互换、欠款再安排互换和指数差价互换等只涉及浮动利率现金流的互换交易。此外，互换期权市场近年来发展迅速，隐含利率和货币期权特点的混合互换交易也相继出现。在商品和股票等其他金融市场上，人们也越来越多地使用了互换技术。

9.1.2 互换的产生

互换起源于20世纪70年代开始流行的平行贷款（parallel loan）和背对背贷款（back-to-back loan）。

1）平行贷款

20世纪70年代初，许多国家实行的外汇管制限制了本国厂商对外的融资和投资，并采取了对对外投资进行征税的办法，以惩罚资金外流。一些企业为了逃避外汇监管便采取了平行贷款的对策。平行贷款涉及两个国家的母公司，其各自在国内向对方在境内的子公司提供与本币等值的贷款。例如，美国母公司向在其境内的英国子公司贷款，而英国的母公司向在其境内的美国子公司贷款，用于相互的投资。

贷款由银行作中介，两个子公司的两笔贷款分别由其母公司提供担保。贷款期限一般为5~10年，大多采用固定利率方式计息，按期每半年或一年向对方支付利息，到期各自将借款金额偿还给对方。由于平行贷款涉及两个单独的贷款合同，并分别具有法律效力，因此，若一方违约，另一方仍要继续执行合同。于是，为了降低违约风险，背对背贷款应运而生。

2）背对背贷款

背对背贷款，是指两个国家的公司相互直接提供贷款，贷款的币种不同但币值相等，并且贷款的到期日相同，双方按期支付利息，到期各自向对方偿还借款金额。

3）平行贷款和背对背贷款的特点

平行贷款和背对背贷款在结构和现金流量方面是相仿的，区别在于，背对背贷款规定在一方违约时，另一方有权将贷款抵销，而平行贷款没有规定这种抵销权，也没有相互提供抵押品。

平行贷款和背对背贷款绕开了外汇管制的限制，在当时发挥了一定的作用。但是随着浮动汇率制的实行，世界几种主要货币的外汇管制逐渐放松乃至彻底取消。这就给跨国公司向其海外子公司直接融资创造了便利条件。这时汇率风险已成为阻碍各投资者、筹资者间融资的重要因素。

背对背贷款已非常接近现代的货币互换交易。但就本质而言，背对背贷款毕竟是借贷行为，它在法律上产生新的资产与负债，双方互为对方的债权人和债务人；而货币互换则是不同货币间负债或资产的交换，是表外业务，不产生新的资产或负债，因而也就不会改变一个公司原有的资产与负债状况。

由于货币互换可有效地避免汇率风险，所以它逐渐取代了平行贷款和背对背贷款，得到了迅速的发展。实际上，由于银行的介入，货币互换还防范了平行贷款所产生的信贷风险。但是，在互换市场建立初期，仍然面临着这样一个问题：两家需要融资的公司在融资金额上应该正好相等。

在最初的时候，互换交易的双方，由银行充当中介方或经纪人。银行在了解了交易双方的各自需求之后，将有可能交易成功的客户组成交易对手，向其提出建议并协助进行谈判磋商，撮合交易成功。一旦成交，银行会收到一笔服务费，以后就不再参与互换的具体交易事项了。

随着交易市场的发展，当一时找不到合适的交易对手时，银行会自己充当互换的另一方，使交易迅速完成，同时期望在以后再寻找合适的交易方。有时银行也将两个并不完全相配的交换双方组成伙伴，而互换交易的差额部分由银行自己承担。

在这种模式中，银行才开始真正发挥金融中介的作用。银行不再以经纪人的身份参与互换交易，而成为互换交易的主体。银行自己来承担汇率风险和来自交易对手的信用风险。这时，就产生了“互换仓库”的概念。互换仓库是指银行吸纳并储存不相吻合的互换，并承担风险。银行也不再向互换双方收取酬金或劳务费，而是以向互换双方提供差额报价的形式，即出价（买入）与要价（卖出）之差来获取利润。

由于银行在互换交易中的角色变化，现在不需要再为寻找相称的交易对手而苦苦等待，结果极大地加速了市场的流动性，从而导致20世纪80年代中期以来互换交易额的急剧膨胀。

从时间表上看，货币互换是推出的第一种互换工具，它发生在1981年世界银行和国际商业机器公司IBM之间。在这次交易中，世界银行将它的2.9亿美元固定利率负债与IBM已有的瑞士法郎和德国马克的债务进行了互换。

发生于1982年的互换是最著名的互换，当时德意志银行发行了3亿美元的7年期固定利率欧洲债券，并安排与3家银行进行互换，换成以伦敦银行同业拆放利率（LIBOR）为基准的浮动利率。在该项互换中，德意志银行按低于LIBOR支付浮动利息，得到了优惠。而其他3家银行则通过德意志银行的很高的资信级别换得了优惠的固定利率欧洲债券。

由于外汇管制这一市场的不完善导致了货币互换，同样也是由于市场的不完善产生了利率互换。

有时候，大公司既可以按固定利率借款，也可以按浮动利率借款。但是在两个市场上风险溢价（risk premiums）常常不同。例如，一家AAA级公司可以按LIBOR+10个基点的浮动利率借入5年期资金，或者也可以按11%的固定利率借入相同期限的资金。而BBB级公司以LIBOR+50个基点的浮动利率或者按12%的固定利率借入相同期限的资金。可见，BBB级公司借入浮动利率资金时须付出40个基点的风险溢价，而借入固定利率资金时要支付100个基点的风险溢价。

假设AAA级公司希望以浮动利率借入资金，而BBB级公司希望以固定利率借入资金，则各自的筹资成本分别为LIBOR+10个基点和12%。但这样的市场是不完善的，因为存在着套利机会。例如，AAA级公司以固定利率11%借入资金，BBB级公司以LIBOR+50个基点的浮动利率借入资金，然后双方进行利率互换，由AAA级公司按LIBOR向BBB级公司定期支付浮动利息，同时从BBB级公司定期收入11.20%的固定利息，要使上述互换成交，则必须满足双方原先的偏好，即AAA级公司偏好以浮动利率借款而BBB级公司偏好以固定利率借款。

这样，就AAA级公司而言，支付11%的固定利率借款利息，收取11.20%的固定利率利息，再以LIBOR支付浮动利息，这相当于以LIBOR-20个基点的浮动利率借款。同理，BBB级公司以LIBOR+50个基点支付浮动利率借款利息，收取LIBOR浮动利率利息，再以11.20%支付固定利率利息，相当于以11.70%的固定利率借款。由此可见，互换双方都以各自偏好的筹资方式借款，但借款成本却都降低了30个基点。通过把AAA级公司和BBB级公司组成交易伙伴并进行利率互换，两家公司都从信贷市场的不完善性或市场的低效率中分别获得了好处。

9.1.3 互换交易的发展

自互换交易产生以来，互换业务在较短时间内已经发展成为具有多种样式的市场。而且在不同的发展阶段，其特征也不大一样。

1）发展初始阶段（1977—1983年）

这一阶段互换交易的主要特点有以下几点：（1）交易量小，互换双方的头寸金额与期限完全对应；（2）只有少数金融机构对互换交易有一定了解，互换双方及互换中介能赚取大量的互换利润；（3）大多数潜在的互换用户对互换交易持谨慎态度，人们对互换交易的定价、会计和税收处理还缺乏规范的做法。

在这一阶段，人们主要通过利用货币互换来克服外汇市场的不足，同时，借助于货币互换将不同的融资货币转换为其所期望的货币种类，从而避免汇率风险。

在这一阶段后期，国际互换市场的重点发生变化，为了降低融资成本，人们纷纷进行新证券发行套利，即借款者在互换市场上的动机已由过去的筹资型转变为降低成本型。国际银行及其他金融机构的高信用评级为新证券发行套利创造了前提条件。原先由于不需要筹集固定利率资金而发行欧洲债券的机构也开始发行（主要以美元计值）固定利率欧洲债券，然后，通过利率互换便可产生成本大大低于LIBOR的浮动利率。这种利率互换之所以得以进行，是因为另有一些浮动利率的筹资者担心未来的市场利率上浮而承受利率风险，于是便有了以浮动利率换固定利率的要求。

2）成长阶段（1983—1989年）

这一阶段互换交易的主要特点是：互换的作用不断扩大，互换不仅被用来进行资本市场套利，而且还被用来进行资产与负债管理；互换结构本身得以发展；互换中涉及的货币种类趋于多样化；互换市场的参与者数量和类型急剧增加。具体有：

（1）互换功能不断增强

最初，在互换交易中，交易一方想通过互换得到另一方在不同市场上（诸如某种融资渠道或有效税后成本等）相应的利益，因此，互换交易被最终视为能够帮助企业降低融资成本的一个新的融资渠道。然而，无论是哪一种套利行为，套利机会的出现与利用将最终消灭套利本身。随着货币互换和利率互换交易的不断增加，互换市场为人们带来的套利利润也在不断减少。于是，互换市场本身便发生了一些根本变化，它向两种不同但互补的方向发展：一是寻求新的套利机会，开发旨在利用可识别价格差异为互换双方带来纯经济利益的交易结构；二是不再仅仅将互换用于降低筹资成本，而是将互换视为帮助企业有效管理现有负债的一种工具。

既然市场力量使人们最初从事的固定利率与浮动利率之间的信用套利机会逐渐丧失，为了寻求新的套利机会，人们逐渐将一些证券新品种引入互换，产生了零息票债券互换、债务保证互换和双重货币债券互换等。可见，互换交易的形式是随着投资者和借款者的偏好而改变的。

另外，由于互换交易的基本套利本质在于它独立于具体的筹资或投资行为，即借款者可在市场条件最有利时发行证券筹资，此后再在互换市场条件有利时单独进行互换交易，或者在发行证券筹资之前，先在互换市场上进行互换交易；同时，互换的速度快且灵活性强，可以进行反向交易，双方借助于互换中介彼此可以保持匿名状态，因此，当人们对互换有了更进一步的认识之后，利用互换的目的也发生了根本性变化：企业开始积极地利用货币和利率互换来管理现有的负债，并在随后将互换引入现有资产管理中。

对于借款者而言，互换主要有四大功能：锁住浮动利率债务成本；创造定期浮动利率债务；根据利率预期积极地对固定利率债务成本进行管理；根据利率预期对浮动利率债务成本进行管理。

对于投资者而言，可以通过改变其投资的利率或货币基础，锁住资本投资收益，将投资组合中面临的利率风险和汇率风险降到最低限度。

（2）互换结构不断创新

在互换功能不断增强的同时，互换的技术结构也发生了重大创新。互换结构的创新主要表现在三个独立的领域：①为了完善资产与负债管理，将证券新品种用于互换交易中，古典互换结构进一步发展成为新负债互换结构。②越来越多的银行和企业发现，资产与负债一样也可以轻易进行互换，于是，资产互换市场应运而生。③互换市场的技术演变及互换功能的增强，最终使互换市场分化出双重市场：一级市场和二级市场。一级市场是互换双方最初从事交易的场所；二级市场是互换双方随后对原先互换合约进行交易的场所。

（3）国际互换市场迅速扩大

在这一阶段，国际债券初级市场已成为互换驱动型市场，约70%以上的债券发行是由互换驱动的，并且几乎所有国际债券市场上的定价也被互换所驱动。此外，资产互换使投资者可投资的范围大大拓展，投资者可根据其具体需要，通过购买基础债券便可创造出以某种货币或利率基础及有关指数表示的相应现金流的投资组合。

由于国际债券市场已日益成为互换驱动型市场，故多种货币的互换市场也相继发展起来。债券市场和互换市场的流动性与定价的关系也日益密切。

总之，在这一阶段，多种货币的利率互换和货币互换发展迅速，而美元利率互换仍占互换市场最大比例。国际货币互换虽不如利率互换的规模大，但其增长更为迅速。

（4）互换市场的参与者不断增加

互换市场的参与者主要分为两类：最终用户和互换交易商。最终用户是指出于某些经济或金融原因从事互换以规避利率和货币风险的实体；而互换交易商就是互换中介，其从事互换交易的目的是赚取费用。

在这一阶段，互换市场的最终用户多种多样，世界各地的银行和企业、保险公司、政府机构、国际金融机构等均在互换市场上表现活跃。

在这一阶段的早期发展过程中，大多数互换中介只是撮合互换双方进行互换交易，有时还为信用较差的互换一方提供信用担保。然而，随着互换市场最终用户的增加，一些潜在的互换对手越来越不愿意承担对方的信用风险。于是，一些大的商业银行和投资银行纷纷充当起互换中介，并从事相互冲抵的互换交易。

3）成熟阶段（1989年至今）

与20世纪80年代初相比，此时互换知识的普及使整个金融界对互换融资技术都已非常熟悉，大量机构进入互换市场，使得互换业务的获利空间大大缩小。同时，银行信用等级恶化，国际清算银行实施了表外业务资本充足性标准，这些外部环境的改变也加速了互换市场的成熟。其表现如下：

（1）产品的一体化程度提高

互换市场在成熟阶段的突出特点之一，是将互换市场视为衍生工具市场的一个组成部分。由于互换和其他金融衍生工具都能被分解成远期和期权合约，于是这一本质决定了互换产品具有一体化趋势，这就是所谓的金融工程。金融工程使互换和衍生交易进一步发展为包括远期和期权在内的、具有不同组合的复杂工具结构，并使这些产品的发展、推销、定价、避险及组合管理趋于一体化。

由于注重产品一体化，于是在金融机构内部，衍生工具业务也日益合并。在几家大银行里，它们已将互换视为其总的财务和风险管理的一个组成部分。

（2）产品的重点发生变化

在成熟阶段，互换市场的巨大变化带来的是产品重点发生显著变化。人们开始将互换产品划分为三类既独立但又密切相关的活动。

①商品产品，是指普通的利率互换、货币互换、远期合约、远期利率协议及利率上限期权和利率下限期权。②增值结构，是指特殊互换结构、高度组合的创新互换结构及这些工具在企业的资产与负债管理中的具体运用。③互换技术的跨市场拓展，是指人们在商品和股票等其他市场上逐渐扩大对基本互换技术的运用，以解决一些实际金融问题。

互换市场发展到成熟阶段后，金融机构不再满足于从简单的商品产品交易中获取的利益，而是日益重视那些增值并高度组合的互换结构的开发与利用。

与此同时，互换技术跨市场拓展也得到了发展。这一领域主要涉及商品市场（主要是能源产品）和股票市场，具体包括商品互换和股权互换，以及将隐含在与商品和股权相关的证券发行中的期权和远期头寸证券化的互换结构。

（3）人们日益重视改进组合风险管理技术

在成熟阶段，金融机构日益重视组合风险管理。所谓组合风险管理，是指在进行互换交易过程中，为防范风险而采取的各个步骤的统一管理，包括交易定价、风险评价、避险、开发组合管理技术、互换结算、风险报告及对互换损益和现金流进行分析。

（4）保证金融服务的合理性及对市场参与者进行重整

互换市场的成熟还体现在金融机构参与市场的合理性上。由于金融服务业的合理性以及人们对资本管理的重视，使更多的机构加入到互换市场中，而那些信用等级下降的机构又不得不退出市场，所以互换市场的参与者数目与质量始终处于不断调整之中。

总之，国际互换市场的产生与发展是金融发展的必然结果，而各种互换交易工具的使用必将进一步推动金融工程的发展。

尽管国际互换市场的发展速度如此迅猛，可在我国，互换市场还是一个空白。随着我国加入WTO，金融市场即将全方位、宽领域地向世界开放，互换市场必将在我国建立和发展起来。当然，在我国推广互换业务须具备以下几方面条件：一是要积极促使经济主体融资渠道多元化；二是必须抓紧时机完善国内金融市场，同时在某些方面还要积极借助于国际金融市场，实现“两条腿”走路；三是要努力加强银行的金融信息能力，并培养高资信的客户。

9.1.4 互换市场的特征

互换市场有一些与期货市场和期权市场不同的特征。

（1）更大的灵活性

互换市场的出现是为了摆脱期货市场和期权市场所固有的约束和限制。

互换交易是一种按需定制的交易方式，只要互换双方愿意，他们就可以从互换内容到互换形式完全按需要来设计，由此而形成的互换交易具有更大的灵活性。而期货合约和期权合约的内容都是高度标准化的，即合约的内容是不能随便更改的。例如，S&P 500指数期货合约是以一组特定的股票为基础资产，1年中只有4个固定的到期日。此外，期货和交易所交易的期权合约有效期都较短。一般情况下，期货合约的有效期大约为1~2年时间，即使期货合约的有效期在3年或3年以上，这类期货在临近到期之前一般也是没有流动性的。而期权合约的最长有效期一般不到1年。正是由于有效期比较短，期货合约和期权合约所具有的防范风险的功能就不可能被扩展到有效期以外。例如，某企业正在投资建设一个重大工程项目，它将面临与该项目有关的利率风险达10年之久，通过期货市场来防范这种利率风险，防范期大约只有3年，因此就不能满足该企业的特定需求。

上述问题，互换市场以其灵活性都可解决。

（2）更强的保密性

在期货和期权交易市场上，一些主要的经营机构很容易被识别出来。例如，在期货交易市场中，交易商很容易识别有些机构的活动情况。所以，通过交易所来进行交易就必然要失去一些保密性。而在互换市场上，只有互换对手方知道互换交易的具体情况，这种不公开化的交易有助于交易的保密性。

（3）没有政府监管

期货交易是通过期货交易所来进行的，期货交易市场一般由专门的机构加以监管，以美国以例，这种监管是通过美国商品期货交易委员会来实施的。同样，交易所交易的期权市场也是一个高度规范化的交易市场，这种市场也受到专门机构的监管。在美国，这种监管是通过证券交易委员会来进行的。

但在互换市场上，实际上不存在政府监管。美国商品期货交易委员会就曾经正式宣布不准备干预互换市场。因此，在可预见的将来，互换市场依然处于政府监管的范围之外。应该说，这对于互换市场是一条利好消息。

当然，互换交易本身也有局限性，这种局限性主要体现在以下三个方面：

①为了完成一项互换交易，互换一方必须找到愿意进行交易的另一方，如果一方要求的期限比较特殊或者交易的数额比较特殊，就可能很难找到另一方。

②由于互换合同是互换双方之间签订的协议，在没有征得对方同意之前，不得随意取消或更改交易合约的内容。

③在期货和期权市场中，交易所实际上起到了保证交易各方履行合约的作用，而在互换市场上就不存在这种履约保证者，因此，互换各方必须对对手方的信誉有足够的了解。

互换市场所面临的潜在（可能）的违约问题是它最严重的缺陷。要评估一个对手的金融信誉既困难成本又高，所以互换市场的参与方实际上仅限于经常参与互换交易的厂商和金融机构。几乎没有个人交易者参与互换市场。

9.1.5 互换交易的作用

（1）互换双方可以利用各自的比较优势，降低筹资成本，并防范互换各方面临的汇率、利率变动风险。

（2）互换交易可以使互换各方方便地筹集到所希望的期限、币种及利率结构的资金，并可使互换方资产、负债相匹配，以适应其资产、负债管理要求。

（3）通过互换业务，还可以将流动性较差的债务加以转换，并使互换方财务状况得以改善。

（4）通过互换，还可以使跨国公司避免外汇管制及税收政策方面的限制，以充分利用跨国公司的独特优势。

9.1.6 互换的种类

从所涉及的交易品种来划分，互换可分为货币互换、利率互换、商品互换、股权互换和信用互换，还有衍生互换。

我们在后面的章节中逐一介绍。

9.2 利率互换

9.2.1 利率互换的概念

利率互换是指同种货币间不同债务或资产在互换双方之间的调换。最基本的利率互换是固定利率的支付或收取与浮动利率的支付或收取的交换，或者称为典型的利率互换。

最普通的利率互换是一方同意向另一方支付固定利率，同时另一方同意向对方支付浮动利率。实际上只需某一方支付二者的净利差即可。支付固定利息的一方为互换买入方，支付浮动利息的一方为互换卖出方。

一项标准的利率互换至少应该包括以下几项内容：

（1）互换双方签订一份协议。

（2）根据协议双方各向对方定期支付利息。

（3）预先确定付息日期。

（4）付息金额根据名义本金确定。

（5）以同种货币支付利息。

（6）互换的一方是固定利率支付者，固定利率在互换之初商定；互换的另一方是浮动利率支付者，浮动利率参照互换期内某种特定的市场利率加以确定。

（7）双方互换利息，不涉及本金的互换。

9.2.2 利率互换概述

利率互换是那些需要管理利率风险的银行家、公司财务主管、资产组合经理们使用的常见工具。与其他金融衍生工具一样，互换可以使你在不必调整基础资产组合的条件下控制风险水平。助学金营销协会（Sallie Mae）在1982年签订了第一张互换合约。

一些固定利率资产会带来固定的利息，这些资产产生的收入水平不会随着市场利率的变动而变化。而其他资产却会有浮动的、变化的利息。典型的浮动利率是LIBOR或美国短期国债利率，使用最普遍的浮动利率是6个月期的浮动利率。

在一项互换交易中，有两个主要的参与者，其中一方支付固定利率，另一方支付确定标的的浮动利率。

随着互换市场的成长，很显然，标准化互换的出现既有助于市场的发展，又可以减少起草合同的相关的法律费用。运用互换交易的金融机构已经认识到不必每筹划一个新的互换交易都起草新的合同文本。

这便促使了国际互换交易商协会的诞生，国际互换交易商协会现已更名为国际互换和衍生产品协会（ISDA）。它的出现反映了大规模衍生市场需要标准化，ISDA为标准化互换提供了一套标准化术语和标准化的互换条件，包括利息计算的程序等。这些ISDA条款称为主协议，从1987年开始应用于诸多互换当中。

实际上互换中还会包含一个中介机构，或者说互换交易机构。为了赚取中介费用，互换交易机构要为进行互换的一方寻找一个交易对手，也许自己暂时来充当互换交易的另一方。如果互换交易机构在互换中仅作为代理人而不参与交易，则称其为互换经纪人。如果互换交易机构在互换中持有头寸，它就被称为互换交易商，也称互换银行。互换银行积累的一些互换的头寸，计入其互换账户。互换银行可以通过期货市场借助套期保值全部或部分对冲其互换账户的头寸，如果互换头寸全部匹配，即来自各种不同互换中的浮动利率和固定利率的支付义务全部抵消，这样互换银行不持有任何市场头寸，仅仅从交易中收取手续费。这笔费用表现为互换的一方（或双方）的借款利率略微升高。

互换可以把一个固定利率的负债转化为浮动利率的负债，或者相反。同样，也可以把一个浮动利率的投资转化为固定利率的投资，或者相反。

互换价格就是互换双方同意的固定利率。互换利率和互换价格是同一个意思，但用得比较少。假设协定的固定利率（互换价格）是8.50%，浮动利率是LIBOR+100个基点，互换的有效期就是互换协议的期限。互换的名义价值决定了利息的多少。在像这样的一个利率互换中，仅仅交付净现金流即可，不必让双方汇来汇去。需支付额较大的一方扣除对方欠自己的利息，把净差额划给对方。注意，在这个过程中谁也没有向对方支付本金，这也是为什么互换合同中采用术语“名义”的缘故。一家公司做了一个1亿美元的利率互换，并不意味着它真的借贷了1亿美元。

采用互换会产生一种风险，即交易对手信用风险。因为没有交易结算所来保证互换的实施。有可能互换的一方违约，结果并不像初看起来那样严重。有风险的数额只是一方欠另一方的净值加上互换安排无法完成的机会成本（可以设想到应该收取净现金流的一方不会违约，只有应支付净差额的一方才有可能违约）。

9.2.3 利率互换的特点

利率互换又称“利率掉期”，是交易双方将同种货币不同利率形式的资产或者债务相互交换。债务人根据国际资本市场利率走势，通过运用利率互换，将其自身的浮动利率债务转换为固定利率债务，或将固定利率债务转换为浮动利率债务的操作。利率互换不涉及债务本金的交换，即客户不需要在期初和期末与银行互换本金。

我们这里讲的利率互换都是指典型的利率互换，或叫基础利率互换。概括地讲，基础利率互换的特点有以下几点：

（1）一方是固定利率，另一方是浮动利率。

（2）固定利率在整个互换期内不变。

（3）浮动利率在每一期开始前确定，在结束时支付。

（4）互换期限一般是1年、2年、3年、4年、5年、7年或10年。

（5）名义本金在整个互换期内是不变的。

9.2.4 利率互换的功能

利率互换是一项常用的债务保值工具，用于管理中长期利率风险。客户通过利率互换交易可以将一种利率形式的资产或负债转换为另一种利率形式的资产或负债。一般来说，当利率看涨时，将浮动利率债务转换成固定利率债务较为理想；而当利率看跌时，将固定利率债务转换为浮动利率债务较好，从而可以规避利率风险，降低债务成本，同时还可以用来固定自己的边际利润，便于债务管理。

举例来看，某公司有一笔美元贷款，期限10年，从1997年3月6日至2007年3月6日，利息为每半年计息付息一次，利率水平为USD 6个月LIBOR+70个基点。公司认为在今后十年里美元利率呈上升趋势，如果持有浮动利率债务，利息负担会越来越重。同时，由于利率水平起伏不定，公司无法精确预测贷款的利息负担，从而难以进行成本计划与控制。因此，公司希望能将此贷款转换为美元固定利率贷款。这时，公司可与银行续做一笔利率互换交易。

经过利率互换，在每个利息支付日，公司要向银行支付固定利率7.320%，而收入的USD 6个月LIBOR+70个基点，正好用于支付原贷款利息。这样一来，公司将自己今后十年的债务成本一次性地固定在7.320%的水平上，从而达到了管理自身债务利率风险的目的。利率互换形式十分灵活，可以根据客户现金流量的实际情况做到“量体裁衣”，既适用于已有债务，也可以用于新借债务，还可以做成远期起息。

9.2.5 典型利率互换的应用分析

对利率互换的应用，我们主要是基于固定利率和浮动利率之间的交换。具体过程通常有以下几步：第一，互换双方利用各自的比较优势（其原理近似于国际贸易的比较优势理论），在相对条件比较优惠的资本市场或货币市场各自筹集债务。第二，互换双方直接或间接将所筹集的债务互相交换，以满足互换方各自的筹集要求。如果不通过债务互换，互换双方很难直接举借条件比较优惠的债务，而不得不承担较高的利息成本。通过利率互换，互换双方先举借各自不需要但条件相对优惠的债务，然后各取所需，从而分别降低直接筹资成本，或者防范利率风险，进而实现各自的资产和负债管理目标。

一般而言，利率互换期初及期末均不必交换本金，互换双方各自筹集债务的名义本金相同。在整个互换期间内，互换双方只进行利息支付的交换，通常互换双方只计算利息支付差额，这样可以降低信用风险。

1）债务互换

假定互换方A信用等级较高，在长期资本市场上可筹集到比较优惠的固定利率长期债务，该公司因为考虑到债务结构中固定利率债务偏多而浮动利率债务偏少，其债务组合经理有充足理由认为在将来一定期限内利率走势趋于下跌。为防范利率风险，降低负债成本，该公司债务组合经理希望在整个债务组合中增加浮动利率债务比重，而相应减少该公司固定利率债务，于是做互换交易。

互换方B的信用等级相对A要低一些，互换方B在短期浮动利率市场借款条件相对于其在长期固定利率市场借款条件要优惠一些，该公司希望增加固定利率债务，以适应该公司的定息资产匹配要求。两公司借款情形如表9-1所示。

表9-1　互换方的利率互换比较优势

借款人	A	B	比较优势	总计
定息市场	11.0%	12.5%	1.5%	1.25%
6个月LIBOR	LIBOR+0.125%	LIBOR+0.375%	0.25%	

分析如下：

（1）在没有中介的情况下

双方共有比较优势1.25%，各自可得0.625%（1.25%÷2）。在没有中介的情况下双方的互换图如图9-1所示。

图9-1　没有中介情况下的互换示意图

对互换方A来说，因为可获得优惠0.625%，所以有：

11%+LIBOR-X=LIBOR+0.125%-0.625%

上式左边为实际支付成本，右边为可从市场获得的浮动利率减去节省额。

解得：X=11.5%

用互换方B来检验。

对于互换方B而言，实际成本为：

LIBOR+0.375%+X-LIBOR=11.875%

如此，互换方B比从市场获得固定利率可节省成本为：

12.5%-11.875%=0.625%

这个数恰好等于前边提到的B可获得的优势利率。

（2）有中介时，假设中介收取手续费0.15%

此种情况下，互换双方共可获得优势利率额为1.1%（1.25%-0.15%），各自可获得0.55%（1.1%÷2），则双方的互换图如图9-2所示。

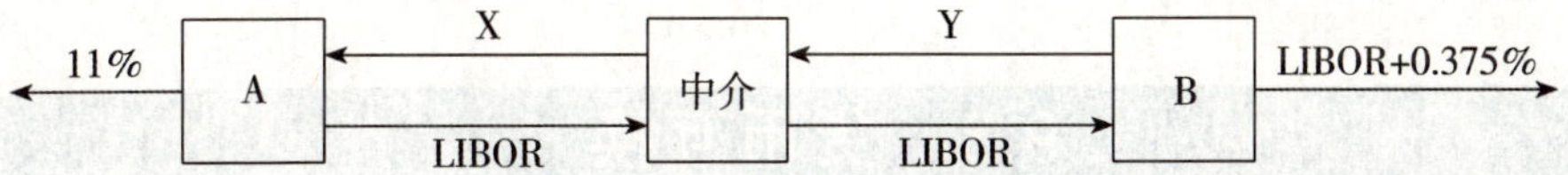

图9-2 有中介时的互换示意图

对互换方A来说，因为可获得优惠0.55%，所以有：

11%+LIBOR-X=LIBOR+0.125%-0.55%

上式左边为实际支付成本，右边为可从市场获得的浮动利率减去节省额。

解得：X=11.425%

对于互换方B有：LIBOR+0.375%+Y-LIBOR=12.5%-0.55%

解得：Y=11.575%

用中介来检验。

对于中介有：Y-X+LIBOR-LIBOR=11.575%-11.425%=0.15%

这个数正好是银行中介所收取的中介费。

2）基差互换

基差互换是指两种不同利率基础的浮动利率互换，也可称之为基础利率互换。

也就是说，它是指两个浮动利率的互换，但这两个浮动利率的基础并不一样。比如，一个是基于LIBOR的浮动利率，而另一个是基于美国短期国库券市场利率。当互换双方对自己所持有的债券有比较优势，同时还需要对方的利率负债，那么这两方就可以进行基差互换。基差互换的具体操作过程与上面提到的负债互换一样。

3）资产互换

资产互换与债务互换，基本的变化便是将持有人的债务变为资产即可。具体来讲，资产互换是指互换方对所持资产的现金流根据需要加以调整的利率互换。与债务互换一样，通过资产互换可以将原来的固定利率资产组合调整为浮动利率的资产组合，以防范利率上升的风险；同时，资产互换还可使浮动利率收益资产组合转化为固定利率收益的资产组合，以防范利率下跌的风险。通过资产互换还可以不必出售所持资产而达到调整资产组合、改变资产持续期的目的，从而使资产组合经理可以很方便地在不承担资产损失的前提下管理相应资产。

4）举例

基于上述分析，举一个经常在实际应用及考试中用到的例题来分析。

【例9-1】A公司借固定利率贷款利率为6%，借浮动利率贷款利率为LIBOR+0.1%；B公司借固定利率贷款利率为8.5%，借浮动利率贷款利率为LIBOR+0.8%；互换银行中介费用0.2%。

求：两个公司各自发挥自己的比较优势，经过互换交易各自的筹资成本？

A公司的固定利率有优势，B公司的浮动利率有优势。

互换差价=（8.5%-6%）-［（LIBOR+0.8%）-（LIBOR+0.1%）］-0.2%=1.6%

A、B两个公司各得0.8%（1.6%÷2），则

A筹资成本为：LIBOR+0.1%-0.8%= LIBOR-0.7%

B筹资成本为：8.5%-0.8%=7.7%

（互换图略）

9.3 货币互换

货币互换是指持有不同种货币的交易双方，以商定的筹资本金和利率为基础，进行货币本金的交换并结算计息。

货币互换的基本特征是：

（1）互换双方使用的货币不同。

（2）到期需有一个本金交换。

（3）在生效日本金可交换也可不交换。

（4）互换双方可以是固定利率互换，也可以是浮动利率互换，或者是浮动利率与固定利率互换。

我们也可以把利率互换理解成双方使用同种货币的货币互换。从这个角度看，本金的互换是无关紧要的，因为采用同种货币，其本金互换的最终结果总是零。

9.3.1 货币互换概述

1）货币互换的产生

货币互换的产生早于利率互换。从历史上看，曾经有过两家中央银行间的短期货币互换安排。例如，在20世纪60年代，某些国家发现自己美元短缺，于是就以自己国家货币作抵押从另一个国家的中央银行借入美元，并且支付利息。到期时，借入国归还美元，借出国归还抵押货币。现代的货币互换与此差别不大。

1971年8月，国际货币基金组织废除《布雷顿森林协议》后，外汇风险使企业遭受了巨大损失。在废除之前，全世界采取美元钉住黄金价格的固定汇率制。

在协议废除后，货币实行自由浮动，直到市场达到均衡价格。浮动汇率使外汇市场急剧波动。动荡意味着有风险，因此人们就会寻找办法衡量并控制它。1972年，芝加哥商品交易所在其国际货币市场引入了外汇期货合约。如前所述，这一市场长盛不衰，尽管欧元期货合约的产生吞并了几种单一的货币期货合约。

1981年所罗门兄弟公司首次以经纪人身份进行了货币互换业务，互换对手分别是IBM公司和世界银行，它们同意互换一系列瑞士法郎对德国马克的现金流。这一创新引起市场的广泛关注。在随后几年里，货币互换的交易量迅速上升。今天，货币互换已成为跨国公司财务主管最喜欢的风险管理工具之一，它可以提供一种在较长时期锁定汇率的方便机制，因此可以作为防范外汇风险的套期保值工具。

2）货币互换外汇风险防范

来看一下货币互换应如何防范外汇风险。考虑下面的例子，假设美国某跨国公司在德国的分公司与德国一家公司签订了一份3年期的合同。美国分公司在3年期间每6个月向德国公司支付100万欧元的原材料费用。假设当前汇率是1欧元对0.9美元，合同规定以欧元支付。对美国公司来说，由于美元对欧元贬值会导致公司财务主管增加支付美元数额，从而不利于公司的财务报表。假设这家公司在投资组合中持有价值2.5亿美元的国库券。

为降低外汇风险，财务主管可以签订一份如下3年期的货币互换协议：名义价值为

2 000万欧元（等价于2 250万美元）；浮动利率为美元LIBOR利率；固定利率为8%。这位财务主管可以把2.25千万美元的国库券变现，并支付现金给互换对手，而对手支付给这家公司2.5千万欧元。财务主管会按照欧元LIBOR利率进行投资。

支付欧元的固定利息为100万欧元（25 000 000×8%×0.5）；支付浮动利率利息款项等于0.5×$LIBOR×$22.5。

在每一个支付期，财务主管以美元LIBOR利率的利息收入来满足互换所需要的现金流，再用100万欧元互换收入来支付借款。因此，与每一期支付现金流相关的外汇风险消失了。

3）货币互换本金

在货币互换中，双方首先按照当时的外汇价格交换货币本金，而后定期地按照事先约定的利率互相向对方支付利息。互换结束时，再把各自的货币本金交换回来。这种安排是一种相互交换借款的方式。

4）货币互换的功能

货币互换又称“货币掉期”，是指交易双方在一定期限内将一定数量的货币与另一种一定数量的货币进行交换。

货币互换是一种常用的债务保值工具，主要用来控制中长期汇率风险，把以一种外汇计价的债务或资产转换为以另一种外汇计价的债务或资产，达到规避汇率风险、降低成本的目的。早期的“平行贷款”“背对背贷款”就具有类似的功能。但是无论是“平行贷款”还是“背对背贷款”仍然属于贷款行为，在资产负债表上将产生新的资产和负债。而货币互换作为一项资产负债表外业务，能够在不对资产负债表造成影响的情况下达到同样的目的。

例如，公司有一笔日元贷款，金额为10亿日元，期限7年，利率为固定利率3.25%，付息日为每年6月20日和12月20日。1996年12月20日提款，2003年12月20日到期归还。

公司提款后，将日元兑换成美元，用于采购生产设备。产品出口得到的收入是美元收入，而没有日元收入。

从以上的情况可以看出，公司的日元贷款存在着汇率风险。具体来看，公司借的是日元，用的是美元，2003年12月20日时，公司需要将美元收入换成日元还款。那么，到时如果日元升值，美元贬值（相对于期初汇率），则公司要用更多的美元兑换日元来还款。这样，由于公司的日元贷款在借、用、还上存在着货币不统一，就存在着汇率风险。

公司为控制汇率风险，决定与中国银行续做一笔货币互换交易。双方规定，交易于1996年12月20日生效，2003年12月20日到期，使用汇率为1美元=113日元。这一货币互换过程为：

（1）在提款日（1996年12月20日）公司与中国银行互换本金。

公司从贷款行提取贷款本金，同时支付给中国银行，中国银行按约定的汇率水平向公司支付相应的美元。

（2）在付息日（每年6月20日和12月20日）公司与中国银行互换利息。

中国银行按日元利率水平向公司支付日元利息，公司将日元利息支付给贷款行，同时按约定的美元利率水平向中国银行支付美元利息。

(3) 在到期日（2003年12月20日）公司与中国银行再次互换本金。

中国银行向公司支付日元本金，公司将日元本金归还给贷款行，同时按约定的汇率水平向中国银行支付相应的美元。

从以上可以看出，由于在期初与期末，公司与中国银行均按预先规定的同一汇率（1美元=113日元）互换本金，且在贷款期间公司只支付美元利息，而收入的日元利息正好用于归还原日元贷款利息，从而使公司完全避免了未来的汇率变动风险。

5）关于货币互换的几点说明

货币互换的利率形式，可以是固定利率换浮动利率，也可以浮动利率换浮动利率，还可以是固定利率换固定利率。期限上主要外币一般可以做到10年。

货币互换中所规定的汇率，可以用即期汇率（spot rate），也可以用远期汇率（forward rate），还可以由双方协定取其他任意水平，但对应于不同汇率水平的利率水平会有所不同。

在货币互换中，期初的本金互换可以省略，但对应的美元利率水平可能会有所不同。这样，对于那些已经提款使用的贷款，仍然可以使用货币互换业务来管理汇率风险。

9.3.2 货币互换的程序

货币互换一般有如下步骤：

(1) 本金的互换。互换双方首先以约定的协议汇率在货币互换期初进行相关货币的本金的交换。要注意期初不一定进行本金交换，除非是新发生债务（借款或债券）。如果是对现有未到期债务进行互换安排，则在期初不必交换本金。

(2) 定期的利息互换。在每个货币互换支付期，货币互换双方分别支付所交换来的对方债务的利息，或者收取交换来的对方资产的利息收益。

(3) 本金返还。在互换期末，货币互换双方按约定的协议利率互相交还所换得的货币的本金，同时收回自身原来持有的货币的本金，到期时货币互换必须相互交换本金。

9.4 其他互换

除典型的利率互换和货币互换外，互换还有很多其他种类。这其中有基于利率互换的衍生非标准互换，有基于货币互换的非标准互换，有商品互换、股权互换，也有其他衍生互换。

9.4.1 基于利率互换的衍生非标准互换

一般意义上的利率互换是指固定利率对浮动利率的互换，也称为典型互换。除了一般互换，利率互换还可以有不同形式的名义本金互换及不同形式的票息支付互换。

1）本金变化的利率互换

本金变化的互换是指互换的名义本金在整个互换期间内发生变化，即不同于典型的利率互换在整个互换期内名义本金保持不变。本金变化的互换包括本金递减互换、本金累加互换及季节性互换等。

(1) 本金递减互换

本金递减互换类似抵押贷款等本金分期偿还的情形，互换名义本金也以相近似的方式逐期减少。本金递减互换包括抵押贷款互换等。

本金递减互换的特殊情形为年金互换。年金互换的名义本金递减类似于固定利率贷款的本金偿还情形。

(2) 本金累加互换

本金累加互换是与本金递减相对应的本金变化的互换，即在整个互换期内互换名义本金逐期累加。

(3) 季节性互换

季节性互换是指本金递减型互换和本金累加型互换混合使用的互换，即根据不同时期，互换的名义本金随季节的变化增加或者减少。这种互换通常适用于季节性较强的行业，如零售业的销售淡季与旺季的不同借款需求。

2) 票息变化型利率互换

利率互换还可以有多种票息变化形式，即不同于典型的固定利率对浮动利率的普通利率互换。票息变化型利率互换主要包括以下几种形式。

(1) 零息利率与浮动利率互换

它类似于零息债券，即互换一方的利息支付只在互换期末一次进行，互换另一方则照常定期支付固定利率或浮动利率相应的利息。零息票互换适用于相关于零息债券的现金流调整目的，如将零息债券的到期一次支付本利和的现金流转换为固定利率债券或浮动利率债券的定期支付利息的现金流，如图9-3所示。

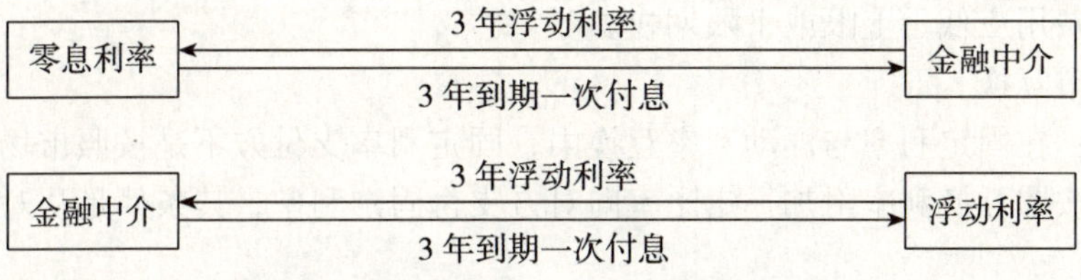

图9-3 零息利率与浮动利率互换示意图

(2) 浮息对浮息互换（基差互换）

对于基差互换前文已有所介绍。图9-4为浮息对浮息互换示意图。

图9-4 浮息对浮息互换示意图

①概念：在利率互换中，双方以基于不同浮动利率指数计算的浮动利率进行互换。

②举例：LIBOR与存款证综合指数利率互换，CD浮动指数（一批有代表性的大银行发行的CD收益率变化指数）。

一家公司通过CD筹集资金投资6个月期LIBOR+1%浮息债券，期限2年，该公司预测2年期内CD利率上涨，LIBOR变化不大。

③背景：如果美国国内银行坏账增加，CD发行利率提高，收入CD收益，但欧洲美元银行经营稳定，LIBOR变化不大，支付LIBOR使CD负债与资产相匹配。

（3）反转互换

反转互换是指互换双方在互换期间某一时期变化互换角色，即互换一方由互换买方变化为互换卖方，即由固定利率支付方转换为浮动利率支付方。

（4）收益曲线互换

①概念：互换一方以短期浮动利率与长期债券的浮动利率互换。

②举例：以6个月LIBOR与30年期政府浮动利率债券的浮动利率互换。

③原因：互换一方预测利率曲线下倾，长期债券浮动利率会低于短期LIBOR利率，降低筹资成本。

（5）合成互换

当利率互换市场与利率上限、下限期权市场价差过大时，可以通过利率双限协议合成制作互换，并在利率互换市场与利率上限及下限期权市场中进行套利活动，合成互换可以通过互换方使用利率双限协议期权而制成。合成互换有时也叫附带利率上限与利率下限互换。

①附带利率上限互换：浮动利率支付方在互换期间可通过互换中介购入一个利率上限，从而抑制未来利率上涨的风险。

第一，浮动利率支付方预测利率下跌，将固定利率支付换取浮动利率支付。

第二，为防止预测错误，支付一笔期权费，购入利率上限期权，一旦浮动利率突破上限，由期权卖方支付超过上限的利率差额。

②附带利率下限互换：浮动利率收入方在互换期间买入利率下限期权，从而抑制未来利率突破下限的风险。

③附带利率上下限互换：浮动利率支付方或收入方在互换期间买入利率上下限期权。上下限期权费用应低于上限或下限期权。

（6）离市互换

①概念：在固定利率与浮动利率互换中，固定利率支付方不是按照市场报价确定互换利率，而是按照互换利率附加一定比率向对方支付固定利率，其条件是从对方获得一笔初始资金。

②举例：A公司以固定利率支付换取浮动利率支付，互换价格6%，A公司愿意从第二次互换开始支付6%，条件是互换开始时，从对方得到一笔初始资金，如100万元。

③离市互换的目的：

第一，项目启动之初，需要一笔资金，项目投产后，现金回流充足，可以保证溢价支付。

第二，预测市场利率提高，项目启动增量资金。

第三，发行债券缴付偿债基金。

第四，发行债券要支付发行费用。

第五，预测LIBOR上升。

（7）参与互换

参与互换是指利率互换的浮动利率接受方（同时也是固定利率支付方）在浮动利率下跌时，相应降低所支付的固定利率，所调整比率称为参与率。

（8）非平价互换

普通的利率互换可视为平价互换，即在互换初期互换双方不发生现金流动，相当于以市场利率发行的定息或浮动利息债券的发行价等于债券的面值。而利率互换也可以看作是定息债券与浮动利息债券的交换。非平价互换的固定利率不同于普通的平价互换的互换利率。

3）带期货及期权特性的利率互换

互换也可以与期货或期权结合在一起，或者使互换附带期货及期权特征。与一般的利率期货（或远期利率协议）及债务工具的期权相比，区别只在于前者可以对未来一段期间内（互换期）的利率变动风险加以防范，而后者只能处理在未来某个时点现金流的变动。

带有期货及期权特性的互换主要包括延期确定利率的互换、利差锁定互换、远期互换、可延期互换、附看涨期权互换、附看跌期权互换及远期互换期权和美式互换期权。

（1）延期确定利率的互换

①概念：双方先达成互换协议，如期限、本金、互换方向等，但互换的固定利率在第一次互换前某个日期确定。

②目的：互换一方预测最近的将来固定利率会朝着对自己有利的方向变动。

（2）利差锁定互换

①概念：在互换协议中，先确定互换价格中的附加比率及其他条件，但不马上确定国库券利率，双方协议在第一次互换前某一时刻确定。

②目的：说明互换双方对固定利率走势的预测截然相反。

（3）远期互换

①概念：在标准互换协议中，规定互换合同生效日期推迟到未来某一日期。

②举例：A公司须筹集一笔5年期的资金，现在可以按有利条件取得2年期固定利率贷款，在第2年结束时可按浮动利率取得3年期浮动利率贷款。

（4）可延期互换

①概念：允许一方在互换到期时选择延长或终止互换。互换与期权相结合，拥有选择权一方须付出期权费。

②举例：A方与B方达成2年期互换协议，A方支付固定利率，B方支付浮动利率；A方如果预测2年后市场利率会继续下降，向银行购买2×4延期互换期权，届时：

第一，利率下降，A方继续互换，期限2年。

第二，利率上涨，A方放弃期权，终止互换。

（5）附看涨期权互换

它类似于附看涨期权债券，是指互换方通过买入所附看涨期权，以便在将来不利情形中执行所买入的看涨期权而成为原有互换利率的互换买方，即支付固定利率同时收取浮动利率，以冲抵原有互换的卖方头寸（支付浮动利率同时收取固定利率）。

（6）附看跌期权互换

它类似于附看跌期权债券，是指看跌期权的买方有权在互换期间的任何时刻以原有互换的互换利率卖出互换，即支付浮动利率同时收取固定利率，以冲抵原有互换的买方头寸（支付固定利率同时收取浮动利率）。

买入所附看涨期权或看跌期权同样应支付给相应期权的卖方一定补偿，即买入看涨期权或看跌期权的价格。该价格既可以预先支付给期权卖方（也是互换对方或交易商），也可以在互换期内分期偿还。

(7) 远期互换期权

期权买方支付保险费，在有效期内买进两种权利，一是互换买权，二是互换卖权。

①互换买权。

互换买权是指期权买方有权在互换交易中付定息、收浮息，其实质为买进支付固定利率的权利。比如，投资者持有固定利率资产，预测期权有效期市场利率上涨，可以买进互换买权。

期权到期日：第一，市场利率LIBOR超过固定利率，执行期权；第二，市场利率LIBOR低于固定利率，放弃期权。

期权签约日：期权费与期权有效期成正比，与互换期限成正比。

期权买方不直接互换而采用互换期权（买权）的原因在于：第一，利率能否上涨现在难以判断；第二，互换有效期到期日利率走势必会明朗。

②互换卖权（实质为看跌互换期权）。

互换卖权是指期权买方有权在未来互换交易中收定息、付浮息，即期权买方有权卖出固定利率的支付权（收浮息的权利）。比如，期权买方有固定利率债务，担心利率下跌（但现在利率走势不明朗），所以买进互换卖权（即看跌互换期权）。

期权到期日：第一，市场利率下跌，执行期权，互换交易开始；第二，市场利率上升，放弃期权；第三，市场利率不变，根据宏观基本面数据，预测利率走势决定执行期权或放弃期权。

(8) 美式互换期权

美式互换期权是指期权买方支付保险费，获得在互换有效期内决定继续互换或终止互换的权利。

①看涨期权互换：期权买方有权决定在利率上涨时，继续互换，利率下跌时终止互换。

举例1，固定利率债权人换浮动利率债权，利率提高，继续互换；利率下跌，终止互换。

举例2，浮动利率债务人换固定利率债务，利率提高，继续互换；利率下降，终止互换。

②看跌期权互换：期权买方有权决定在利率下跌时，继续互换，在利率上涨时终止互换。

举例1，浮动利率债权人换取固定利率债权，利率下跌，继续互换；利率上涨，终止互换。

举例2，固定利率债务人换取浮动利率债务，利率下跌，继续互换；利率上涨，终止互换。

4) 其他衍生利率互换

(1) 议价互换

大多数互换的初始定价是公平合理的，不存在有利于交易一方而不利于交易另一方的问题，也就是说，没有必要从互换一开始就由交易一方向另一方支付利息差。然而，在议价互换交易中，固定利率不同于标准的市场利率，因此一方须补偿另一方一定的差额。如一个公司发行浮动利率债券，希望利用互换将其浮动利率支付转变成固定利率支付，还能支付发行债券的前端费用，这时就可以设计一份议价互换。借款方（债券发行公司）收取一笔初始资金和定期浮动利息，同时以高于普通互换市场利率的固定利率支付利息。高出固定利率的边际额可以在互换期内将发行债券的前端费用有效地加以分摊。

（2）零息互换与后期确定互换

零息互换又称零息票互换，在这种互换中固定利息支付现金流被一次性支付所取代，一次性支付可以在互换初期，但更常见的是在期末。后期确定互换是指其浮动利率确定日不是在计息期开始之前，而恰好是在结束之际。所以浮动利率的确定是滞后的，因此，这种互换也称为伦敦银行同业拆放利率滞后互换。如果某交易方认为利率走势将与市场预期有出入，那么这种互换就很有吸引力。例如，在一个上升的收益曲线状况下，远期利率高于现行市场利率，这会反映在互换的固定利率定价上，后期确定互换的定价也将较高。如果固定利率的接受方确信市场利率将比参照的远期利率上升更缓慢时，后期确定互换比标准利率互换更为有利。

（3）异币种基础利率互换

异币种基础利率互换又称差异互换，是一种基础利率互换，但又与基础利率互换有所不同。它是对两种浮动利率现金流量进行互换。这两种现金流量的计息基础分别以两种货币的浮动利率为依据，但两种利息现金流量均以同种货币表示。在这一互换中最初收到净支付额。如果利率随着远期收益变化，这些净收益将变成净支付，在互换中相当长一段时期甚至在整个互换期中都将受益。不过异币种基础利率互换比较难以归类，因其包含了两种不同货币的利率，像是一个货币互换，但又是用一种货币支付，这又类似于一个利率互换。

9.4.2 基于货币互换的非标准互换

货币互换除典型的定息对定息不同货币互换外，还包括定息对浮息货币互换、欧洲货币单位互换、三角互换及多角互换等。

（1）定息对浮息货币互换

这种互换也叫交叉票息货币互换。如果不涉及不同的货币间交换，则变成典型的固定利率对浮动利率互换，区别只在于以一种货币支付固定利率的同时以另一种货币支付浮动利率，且货币互换在期初和期末还进行不同货币本金的交换。而利率互换中的本金只为名义本金。

（2）欧洲货币单位互换

随着以欧元计价的债券市场的发展，关于欧元的交叉票息货币互换也日益兴起。通过这种互换，可以将以欧元计的债券本金和利率的支付（或收取）转换为其他货币的本金和利息的支付（或收取）。

（3）三角互换及多角互换

三角互换是指参与互换交易的互换方为三方，它主要适用于货币互换方涉及三种不同的货币，而由于普通的货币互换只涉及两种不同的货币间的交换，因而须引入第三方提供第三种货币的交换。

三角互换还可以进一步发展为四角、五角互换等，关键在于能否找到持有不同货币且有多种货币需求的货币互换方。

除上述几种互换之外，货币互换还可以对流动性较差的债券（如某些欧洲债券缺乏持续交易的流动性）和私募债券进行货币互换，以满足跨国公司和金融机构不同的融资需求及资产组合国际化的要求。

对于资产组合国际化的管理者，经常需要在灵活、方便的欧洲债务市场进行投资或者筹集资金，但许多欧洲债务缺乏足够的流动性而不易调整资产组合的持续期，同时由于在国家间分散资产组合，资产组合经理还须处理所面临的汇率风险。通过货币互换，就可以将外币计值的资产或负债转换为本币计值的资产或负债，进而防范了汇率风险，同时不仅充分利用了欧洲债券市场的种种便利条件，而且满足了在国家间分散资产组合的要求，从而降低了所持资产的总体风险。

9.4.3 商品互换

1）商品互换概述

商品互换（commodity swap）是指交易双方中，一方为一定数量的某种商品，按照每单位的固定价格定期向交易的另一方支付款项，另一方也为特定数量的某种商品按照每单位的浮动价格向前一方付款。这里的浮动价格是以定期观察到的即期价格为基础计算的年平均数。

在商品互换交易中的商品，通常是指同一种商品，有时也指不同的商品。若是同一种商品，则不需要交换名义本金；反之，就要求交换名义本金。但实际上，现金市场上所有交易都是交换实际本金的，所以名义本金的交换并不常常发生。

商品互换的相关资产主要包括能源类商品，同时也可进行规模比较小的贵金属及铜铝类等基础金属类商品互换。能源类商品主要为原油、汽油、加热油、天然气及煤炭等。商品互换的期限一般为1个月至5年。商品互换的相关商品大多为可进行商品期货及期权交易的商品。

第一例商品互换是于1986年由美国大通曼哈顿银行最先推出的，但还未等到商品互换这种交易形式形成完善、稳定的交易机制，商品期货交易委员会（CFTC）就对这些互换合约的合法性提出了质疑。商品期货交易委员会的介入使它直接与国际互换交易商协会（ISDA）发生了冲突，于是便展开了旷日持久的论战。与此同时，已经开展业务的银行将它们的大部分业务转移至海外。

1989年7月，商品期货交易委员会签发了一项承认商品互换合法性的声明，但要求交易必须符合特定的准则。这些准则本身并没有多少重要性，但它们在很大程度上反映了现行的商业惯例。截至1989年年底，实际的商品互换成交量约达80亿美元。与利率互换、货币互换相比，这个数字显然小很多，但已显示出该市场巨大的发展潜力。

与货币互换和利率互换相比，由于所交易商品的价格风险远高于金融资产的价格风险，因而商品互换风险大于货币互换和利率互换风险。

与进行商品期货和期权交易一样，使用商品互换同样可以防范相应商品的价格风险，将价格变动风险转让给乐于承担风险的投资者。

二者不同之处在于，商品互换属于场外交易，而且商品互换期限可以比较长；交易所内商品期货及期权交易一般期限较短，而且保值成本相对比较高。

由于相关商品价格波动较大，商品互换中介商要比金融互换（货币互换和利率互换）

中介商承担更大的风险，所以石油互换交易商通常为石油贸易商。由于石油贸易商同时进行石油现货交易，这样在处理其石油互换头寸时比较灵活、方便，并可相应降低相关风险。

对于发行债券或利用贷款筹集所建项目资金的公司来讲，由于偿还债务的资金来源于所建项目的商品出售利润（如生产能源类商品），如果相关商品（如石油）价格下跌，则对偿债现金流产生不利影响，从而影响所建项目债务的偿还计划。如上所述，由于商品价格变动较大，对于这类公司而言，更有必要利用商品互换进行价格风险防范，以应付较长期限价格的不利变动风险。一般来讲，银行也愿意对进行商品互换安排的公司的拟建项目提供项目贷款。

下面让我们看一个简单的例子：一石油开采者A方希望将他在以后5年内出售石油的价格固定下来，他每月平均产量8 000桶；同时，另一石油精炼与化学药品制造商B方希望将他在5年内购买石油的价格固定下来，他每月需求量是12 000桶。为达到各自的目的，他们就分别与互换经纪人进行互换交易，同时，又各自在现货市场上进行现货交易。

互换的最终使用者在进行互换交易时，即期市场上的该种石油交易价为15.25美元/桶。B方同意按照15.30美元/桶的价格每月向经纪人付款，经纪人则按前一个月的石油日平均价格对B方付款。与此同时，A方按前一个月的石油平均价格向经纪人付款，经纪人则按15.20美元/桶的价格对A方付款。从中可以看出，如此支付款项有助于石油厂家和石油精炼厂将石油的交易价格固定下来，互换经纪人从中赚取每桶0.1美元的利润。

这笔商品互换的两部分互换交易中，名义本金存在差异，这是个值得注意的问题。如果A方、B方不通过经纪人而直接进行互换交易，可能由于双方有不同的名义本金需求而使互换失败。但引入互换经纪人后，两个互换都获得了成功。对于未配平的名义本金可能带来的风险，互换经纪人可以作为4 000桶石油固定价格的支付者与第三方进行互换交易，以消除风险。若一时找不到适当的交易者，互换经纪人也可以在期货市场上进行套期保值，以规避风险。

2）商品互换举例

（1）石油互换

如图9-5为石油互换示意图。

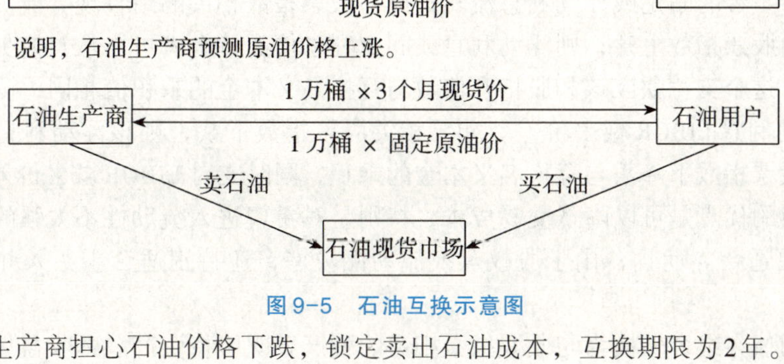

图9-5　石油互换示意图

①石油生产商担心石油价格下跌，锁定卖出石油成本，互换期限为2年。

②石油用户担心石油价格上涨，锁定买进石油成本。

③2年互换期间：第一，石油价格平均超过固定价格，生产商获利减少；第二，石油价格平均低于固定价格，石油用户成本偏高；第三，石油价格平均等于固定价格，双方生产稳健经营。

④问题：为什么双方不用石油期货防范风险？

第一，每月每季度都做期货交易保值比较麻烦；第二，石油现货价格和期货价格容易受突发事件影响而大幅波动，而石油生产与汽油、柴油生产厂家对价格反应滞后，做期货保值投机慢；第三，突发事件看似偶然，实际上容易人为操纵。

⑤举例：石油生产商担心价格下跌，做空石油期货，大军火商与石油财团及政府官方勾结，制造突发事件，造成石油价格暴涨，会击穿石油期货账号，待石油生产商开足马力生产石油时，价格已经大幅回落。

炼油厂商担心价格上涨，做多石油期货，石油财团与政府勾结可以突然发布动用石油战略储备打低油价，也可以击穿账户，所以石油期货风险极大。

（2）钢铁互换

钢铁品种繁多，没有期货市场保值，互换交易保值可以防范价格风险，如图9-6所示。

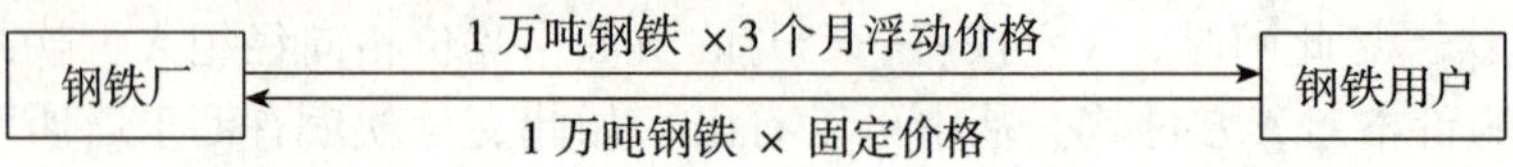

图9-6　钢铁互换示意图

9.4.4　股权互换

1）股权互换概述

在股权互换中，一方以一定名义本金作为基础定期向互换的另一方支付固定利率利息，另一方则以与股票指数收益相联系的浮动利率向对方支付利息。浮动利率的变动带来资本利得。这里的股票指数可以是综合指数，如S&P500指数、日经指数，也可以是特定行业的指数，如石油工业指数和公用事业指数。

股权互换是1989年开始进入市场的。股权互换同样属于一种合成互换，它类似于资产互换，即可将所持资产的现金流加以转换，如将所持债券组合的利息收益流转换成与股票指数相关的现金流。股权互换的交易机制与其他互换一样，债券投资者可以通过股权互换将所持债券组合的固定或浮动利息流转换成与股票指数相关的组合现金流。如果两个互换支付日期内股票指数上升，则浮动利息或固定利息债券持有者可以从互换另一方收取相应的支付款，这个支付款应该和股指升值数与互换名义本金的乘积值相同，同时对互换交易商支付浮动利息LIBOR减去价差。如果相关股票指数下跌，则该浮动利息债券投资者一方面支付股票指数下降数与互换名义本金的乘积，同时支付LIBOR减去价差。

股权互换的优点是可以降低交易成本，特别是对希望进入流动性不太强的外国股票市场的投资者更适合。而且，由于股权互换流动性较差，还特别适合于买入并持有的投资策略。

将原有的债券组合转换为与股票指数相关的资产表明所持资产总体收益只与相关指数的上下变动相关，而不是如一般股票组合投资者按股分红。

股权互换期限通常为1~5年。而且与利率互换相似，通常为每季度或半年支付一次。股权互换经常涉及的股票指数主要有S&P500、日经225指数、东京股票指数TOPIX、法国的CAC40指数、英国的金融时报指数及德国的DAX指数等。

2）股权互换举例

某基金投资一证券投资组合P，其收益率与S&P100股票指数高度相关。基金经理人担心利率敞口风险，决定利用股权互换避险。在这个股权互换中，基金经理人同意在一定名义本金基础上支付互换交易商S&P100指数所带来的收益率，同时向互换的另一方收取每年8.75%的固定利率。现金支付每季度进行一次，名义本金定为1亿美元。

这个简单的例子表明了基金经理人如何利用股权互换规避利率风险。股票指数收益可正可负。如果它是正值，基金经理人将向互换交易商支付一定金额；如果它是负值，基金经理人将向互换交易商收取一定金额。在上述基本股权互换的基础上，还产生出了许多变形：

（1）上例中，互换交易商支付的是固定利率，当然他也可以支付浮动利率。

（2）名义本金在上例中是固定的。我们还可以根据市场上股票指数的水平构造出不断变化的名义本金。

（3）在股票收益的支付上设定上限和下限。在上例中，如果S&P100指数的收益超过了收益上限，基金经理人只需支付上限利率收益；反之，如果指数收益低于下限，基金经理人则不得不支付下限利率收益。

9.4.5 不常见的互换

1）互换期货

互换期货是1991年开设的。图9-7为互换期货示意图。

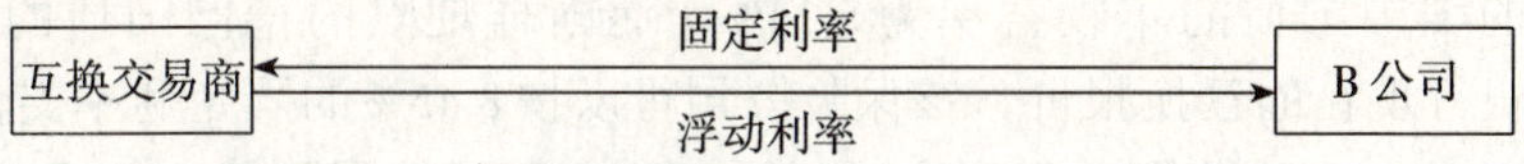

图9-7 互换期货示意图

①概念：以3年期和5年期6个月LIBOR的固定利率互换价格（互换利率）为标的物的期货交易。

②解释：3年期的6个月LIBOR互换价格是一个品种，5年期的6个月LIBOR的互换价格是另一个品种。

③合约规格：

1个合约单位2 500万美元。

每Bps的盈亏：25 000 000×0.01%×1/2=1 250（美元）。

报价：100-互换价格（平均价）（如8.43%-8.47%，8.45，100-8.45=91.55）。

④操作：预测互换价格上涨（3年、5年）做空互换期货。

预测互换价格下跌，做多互换期货。

⑤参与者：互换交易商、投机商。

⑥举例：互换交易商在互换储存期间为防范利率风险，可用互换期货对冲保值。

市场利率LIBOR上涨，互换价格也会随之上涨，做空互换期货，其收益可弥补交易对手的损失。

2）艺术品价格指数与LIBOR或一组债券组合的收益率互换

功能：（1）为艺术品收藏家防范价格风险；（2）对艺术品价格走势有预测能力的投机商进行投机的工具。

艺术品价格指数与经济走势有关：经济繁荣，社会游资增加，投资艺术品；经济萧条，资金紧缺，拍卖艺术品套取现金。

9.5 互换的应用

9.5.1 互换的基本应用

利率互换和货币互换的实际应用范围非常广，为投资者和金融管理人员创造了无数机会，为金融的发展拓展了广阔的空间。下面简单介绍几个互换的应用。

（1）锁定融资成本

锁定融资成本是互换的主要应用价值之一。假定一家公司现在按6月期伦敦银行同业拆放利率LIBOR+100个基点借入资金，它担心利率会在未来3年的借款期内上涨，为此它做了一笔为期3年、每半年付息一次的普通利率互换交易，以8.75%的固定利率支付利息，同时收取6月期的LIBOR浮动利率利息。这样一笔利率互换交易可以把该公司未来3年的借款成本锁定在9.75%的水平上（实际年利率为9.99%）。

（2）资产联动互换

假定一家总部设在美国的保险公司正在设法提高以美元计价的证券资产的收益率。目前10年期的美国国债的年收益率为8.14%，而同样期限的德国国债的年收益率为8.45%。根据银行现在的互换报价，该保险公司可以按8.45%的固定利率支付马克利率，同时按8.51%的固定利率收取美元利息。如果该公司购买德国国债，然后进行互换，就可以收取8.51%的美元年收益率，比直接投资于美国国债的年收益率高出大约37个基点。

（3）负债联动互换

假如有一家英国公司，在国内资本市场上已筹集了大量资金，现在它正在寻找新的融资渠道。英镑市场目前的固定利率为10.50%，浮动利率为伦敦银行同业拆放利率LIBOR+90个基点，这样的利率标价表明要从英镑市场获得进一步融资，公司已难以承受利率成本。公司决定转向正在迅速崛起的欧元债券市场，在这里公司可按8.75%的固定利率筹资，但是该公司不愿承担英镑对欧元的贬值风险，因此进行固定利率-浮动利率英镑对欧元互换，即支付LIBOR+50个基点的浮动利率英镑利息，同时收取固定利率为8.75%的美元利息，这一合成的英镑融资方式使公司的借款成本最终保持在LIBOR+50个基点上，比以浮动利率直接借入英镑资金的成本要低40个基点。

9.5.2 互换交易的风险

对于互换交易而言，由于互换方信用等级不尽相同，互换每一方面临的风险程度也不尽相同，但即使是AAA级公司和金融机构，同样也存在着违约拒付的风险，只不过信用等级越高，则违约拒付的概率越小。

如果由中介机构参与安排互换业务，则中介机构，如商业银行和投资银行可以承担互换双方的信用风险。对货币互换而言，互换中介还可能承担汇率风险和利率风险。但如果中介机构发生违约情形，则互换双方均须承担中介机构违约产生的后果，不管这结果是好是坏。换句话说，即使中介机构承担了互换双方的信用风险，但对互换方而言，还须面临中介机构的信用风险。即使是高信用等级的投资银行或商业银行，由于其资产有限，也存在违约拒付，甚至破产倒闭的可能，只不过这种可能性相对要小得多。

一般来讲，互换交易面临的风险主要包括下列几种方式：

1）信用风险

这是互换交易所面临的最主要风险，也是互换方及中介机构因种种原因发生的违约拒付等不能履行合约的风险。与单纯的贷款合同相比，互换合同的信用风险属于双边风险，即互换双方均有可能发生违约拒付风险，这是因为互换双方需同时进行支付。在货币互换中，一般还需同时交换本金。贷款合同的风险则是借款方违约拒付利息和贷款本金的风险，所以贷款合同风险是单边信用风险。

互换合同中关于合约中止的损失赔偿实际上也不一定能完全补偿因中止合约带来的潜在损失。

2）市场风险或价格风险

对于利率风险和汇率风险，由于互换期限通常多达数年之久，对于互换买卖双方而言，还存在着所进行的互换合约的互换利率的变动风险。互换的价格风险可以利用互换期权、附期权互换、可展期互换及互换与利率上限、下限及双限协议结合来加以防范，还可以利用带期货特征的互换，如远期互换、展期互换等加以消除或降低。

另外，由于互换方或中介银行违约导致的信用风险的直接结果就是互换方面临的价格风险，即按现行互换市场价格（互换利率）重新安排新的互换合约有可能面临不同的利率水平。对货币互换而言，还可能面临汇率变动的风险。

3）不对应风险

对于现金流不同的互换，容易产生不对应风险。支付日期不对称的利率互换，如半年支付一次的欧洲债券和3个月支付一次的欧洲美元LIBOR浮动利率互换，其现金流量不一定对称，则存在不对应风险，一般由中介银行吸收这部分风险。

4）流动性风险

如果互换交易方想要推出互换交易，则还存在着流动性风险。一般退出互换交易可以在互换市场上进行反向交易，互换二级市场的活跃程度影响着互换的流动性。

相比之下，利率互换的二级市场比较活跃。但不管怎样，互换的二级市场很难达到债券市场的活跃水平。

5）资金收付风险

一般而言，互换交易对互换方信用等级要求相对较高，而信用等级相对较低者可能无法进入互换市场，或者即使可以进行互换交易，很可能条件不甚优惠。这样，风险保值者可以借助于其他保值工具，如利率上限及下限协议，来对较长期限的现金流加以风险保值。

本章小结

互换（swap）是指互换双方达成协议并在一定的期限内转换彼此货币种类、利率基础及其他资产的一种交易。

互换交易的核心工具有利率互换、货币互换、远期利率协议、长期外汇交易和长期利率（上限和下限）期权。

互换起源于20世纪70年代开始流行的平行贷款（parallel loan）和背对背贷款（back-to-back loan）。

互换市场的特征：（1）更大的灵活性；（2）更强的保密性；（3）没有政府监管。

互换市场的局限性：（1）为了完成一项互换交易，互换一方必须找到愿意进行交易的另一方，如果一方要求的期限比较特殊或者交易的数额比较特殊，就可能很难找到另一方；（2）由于互换合同是互换双方之间签订的协议，在没有征得对方同意之前，不得随意取消或更改交易合约的内容；（3）在期货和期权市场中，交易所实际上起到了保证交易各方履行合约的作用，而在互换市场上就不存在这种履约保证者，因此互换各方必须对对手方的信誉有足够的了解。

互换交易的作用：（1）互换双方可以利用各自的比较优势，降低筹资成本，并防范互换各方面面临的汇率、利率变动风险；（2）互换交易可以使互换各方方便地筹集到所希望期限、币种及利率结构的资金，并可使互换方资产负债相匹配，以适应其资产负债管理要求；（3）通过互换业务，还可以将流动性较差的债务加以转换，并使互换方财务状况得以改善；（4）通过互换，还可以使跨国公司避免外汇管制及税收政策方面的限制，以充分利用跨国公司的独特优势。

按所涉及交易品种划分，互换可分为货币互换、利率互换、商品互换、股权互换及信用互换，还有衍生互换。

利率互换是指同种货币间不同债务或资产在互换双方之间的调换，最基本的利率互换是固定利率支付或收取与浮动利率支付或收取的交换，或者叫典型的利率互换。

利率互换分为债务互换和资产互换。

货币互换是指持有不同种货币的交易双方，以商定的筹资本金和利率为基础，进行货币本金的交换并结算计息。

货币互换的程序：（1）本金的互换；（2）定期的利息互换；（3）本金返还。

其他互换主要包括基于利率互换的衍生非标准互换、基于货币互换的非标准互换、商品互换、股权互换等。

关键概念

互换　利率互换　货币互换

综合训练

9.1 填空题

1）利率双限是________和________的结合。

2）互换的最基本类型包括________和________。

3）利率互换的种类包括________、________、________。

9.2 单项选择题

1）标准的利率互换是指（　　）。

A.固定利率与浮动利率的互换　　B.固定利率之间的互换

C.浮动利率之间的互换　　D.资产或负债互换

2）货币互换市场的信用风险（　　）。

A.广泛存在

B.被限制在固定汇率和浮动汇率的差额上

C.等于浮动汇率支付者所应支付的款额的全部

D.A和C

3）关于货币互换与利率互换的比较，下列描述错误的是（　　）。

A.利率互换只涉及一种货币，货币互换涉及两种货币

B.货币互换违约风险更大

C.利率互换需要交换本金，而货币互换则不用

D.货币互换多了一种汇率风险

4）最为常见的互换类型是（　　）。

A.期货互换　　B.货币互换　　C.股权互换　　D.商品互换

5）各种互换中，（　　）交换两种货币的本金并且固定利息。

A.标准利率互换　　B.固定换固定的利率互换

C.货币互换　　D.本金变换型互换

6）货币互换在期末交本金时的汇率等于（　　）。

A.期末的市场汇率　　B.期初的市场汇率

C.期初的约定汇率　　D.期末的约定汇率

9.3 多项选择题

1）以下说法正确的有（　　）。

A.在货币互换中，本金通常没有交换

B.在货币互换开始时，本金的流动方向通常与利息的流动方向相反，而在互换结束时，两者的流动方向则是相同的

C.在货币互换开始时，本金的流动方向通常与利息的流动方向相同，而在互换结束时，两者的流动方向则是相反的

D.在货币互换中，本金通常是不确定的

2）互换具有的特点包括（　　）。

A.约定双方在未来确定的时点交换现金流

B.是多个远期协议的组合

C.既可用于规避汇率风险，又管理不同币种的利率

D.可以降低资金成本，发挥比较优势

3）签订利率互换协议时需要确定未来支付现金流的（　　）。

A.日期　　B.计算方法　　C.支付额度　　D.币种

4）标准利率互换中收取浮动一方与（　　）具有相同的利率风险。

A.固定利率债券的空头　　B.浮动利率债券的空头

C.浮动利率债券的多头　　D.固定利率债券的多头

9.4　问答题

1）简述互换的作用。

2）简述互换的特征。

3）如何进行利率互换？

4）简述货币互换的程序。

9.5　计算题

已知：A公司借固定利率贷款利率为6%，借浮动利率贷款利率为LIBOR+0.1%；B公司借固定利率贷款利率为7.4%，借浮动利率贷款利率为LIBOR+0.6%；互换银行中介费用0.1%。

求：两个公司各自发挥自己的比较优势，经过互换交易后各自的筹资成本为多少？

知识拓展9-1
人民币利率互换

第10章

互换定价

学习目标

通过本章的学习，了解利率期限结构的内涵、种类；掌握零息票利率、远期利率与互换利率之间的关系；学会利用零息票利率计算互换利率。了解利率互换、货币互换、商品互换、股权互换的基本定价方法。

互换定价主要有利率互换定价和货币互换定价。其中，利率互换定价更多的是基于固定利率与浮动利率的利率定价，本书用利率期限结构来算远期利率，然后再结合互换特性来对互换的利率进行定价。而货币互换定价同样可以应用利率互换定价原理。

10.1 利率期限结构

10.1.1 利率期限结构概述

利率期限结构（term structure of interest rates）是指在某一时点上不同期限资金的收益率（yield）与到期期限（maturity）之间的关系。利率的期限结构反映了不同期限的资金的供求关系，揭示了市场利率的总体水平和变化方向。

严格地说，利率期限结构是指某个时点不同期限的即期利率与到期期限的关系及变化规律。由于零息债券的到期收益率等于相同期限的市场即期利率，从对应关系上来说，任何时刻的利率期限结构是利率水平和期限相联系的函数。因此，利率的期限结构，即零息债券的到期收益率与期限的关系可以用一条曲线来表示，如水平线、向上倾斜和向下倾斜的曲线，甚至还可能出现更复杂的收益率曲线，即债券收益率曲线是上述部分或全部收益率曲线的组合。收益率曲线的变化本质上体现了债券的到期收益率与期限之间的关系，即债券的短期利率和长期利率表现的差异性。

10.1.2 利率期限结构理论

利率期限结构理论说明为什么各种不同的国债即期利率会有差别，而且这种差别会随期限的长短而变化。

1）预期理论

利率期限结构的预期理论首先由欧文・费歇尔（Irving Fisher）（1896）提出，是最古老的期限结构理论。预期理论认为，长期债券的现期利率是短期债券预期利率的函数，长期利率与短期利率之间的关系取决于现期短期利率与未来预期短期利率之间的关系。因此，如果预期的未来短期债券利率与现期短期债券利率相等，那么长期债券的利率就与短期债券的利率相等，收益率曲线是一条水平线；如果预期的未来短期债券利率上升，那么长期债券的利率必然高于现期短期债券的利率，收益率曲线是向上倾斜的曲线；如果预期的未来短期债券利率下降，则债券的期限越长，利率越低，收益率曲线就向下倾斜。

这一理论最主要的缺陷是严格地假定人们对未来短期债券的利率具有确定的预期；其次，该理论还假定，资金在长期资金市场和短期资金市场之间的流动是完全自由的。这两个假定都过于理想化，与金融市场的实际差距太大。

预期理论的基本观点如下：

（1）期限结构中隐含的远期利率是对未来即期利率的无偏差的估计。

（2）在特定的期限内，不同期限策略产生的预期收益率相同。

预期理论暗含着假设债券市场是高度有效的，有效的市场意味着消除了妨碍信息迅速扩散的市场缺陷和市场参与者能对这些信息迅速做出反应。

2）市场分割理论

预期理论对不同期限债券的利率之所以不同的原因提供了一种解释，但预期理论有一个基本的假定是对未来债券利率的预期是确定的。如果对未来债券利率的预期是不确定的，那么预期理论也就不再成立。只要未来债券利率的预期不确定，各种不同期限的债券就不可能完全相互替代，资金也不可能在长期债券市场与短期债券市场之间自由流动。

市场分割理论的最早倡导者是J.M.Culbertson。该理论认为，贷款者和借款者分割的市场行为基本上决定了收益率曲线的形态。一方面，他认为，由于法律限制和行为方式限制，机构贷款者偏好它们所经营的期限范围。例如，商业银行受存款负债的性质以及传统上强调流动性的影响，通常偏好中短期贷款，拥有长期负债的保险公司和其他贷款者则偏好较长期限的贷款。另一方面，有人认为，借款者的债务期限与其资金需要相关。例如，建筑厂房的公司通常采取策略以确保为厂房融资而承担的债务与预期从该厂房产生的现金流量相对应。在极端情况下，市场分割理论认为，某种特定期限的利率完全取决于该期限的供求状况，与其他期限的供求状况毫不相关。换言之，借款者和贷款者具有呆板的期限偏好，不论其他期限上的收益率具有多么强的吸引力，也不会背离他们的偏好。因此，贷款市场是完全分割化的。例如，如果有4个分割的市场，就会有4组供求曲线，将这些分割的曲线的交点连在一起，就决定了收益率曲线。图10-1为市场分割理论收益率与到期期限图。

与市场分割理论较为相近的一种变相提法是Franco Modigliani和Richard Sutch（1966）的优先置产理论。他们认为，不同类别的贷款者具有期限偏好习惯，虽然他们偏好自己的习惯，但是，如果在某一方面出现重大收益率诱导因素，他们将抛弃原习惯，然而，如果没有巨大的收益率诱导因素，贷款者将保持其偏好的期限范围，从而导致贷款市场局部分割，因此，跨期限套利不会完全消除各种不同期限范围上收益率的不一致。

如果市场上需要筹集数量相对较大的长期债务资金，长期利率相对于短期利率就会提高；如果市场上需要筹集数量相对较大的短期债务资金，就会出现相反的情况。

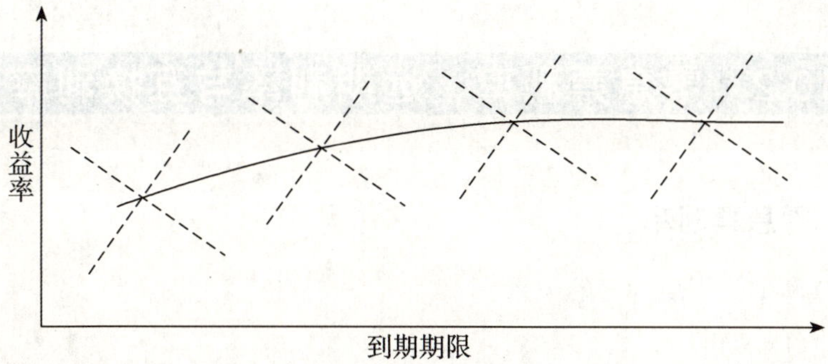

图 10-1　市场分割理论收益率与到期期限图

3）流动性偏好理论

如果市场中存在完全确定性，很明显，远期利率就是未来短期利率的准确预测。套利活动会使所有期限的利率与预期值一致，从而使投资者不论投资的纯贴水债券为何种期限，都会取得相同的收益率。远期利率中不包含任何风险补偿。然而，当我们进入不确定社会时，就出现了风险问题。因此，J.R.Hicks（1946）和其他一些经济学家认为，纯预期理论必须加以修正。

债券期限越长，投资者本金价值波动的风险越大。由于存在这种较高风险，投资者倾向于提供短期贷款。但是，为了降低不能偿还本金的风险，借款者倾向于借入长期借款。由于借款方必然让步，为了使投资者购买长期债券，就必须提供风险溢价（或称期限溢价），这种溢价附加在当期平均短期利率和未来短期利率之上。因此，远期利率是对未来利率有偏差的估算，比未来利率高出期限溢价额。

流动性偏好理论认为，投资者在投资决策时都偏好于流动性比较强的证券，所以长期利率必须含有流动性补偿，从而高于短期利率。

假设市场参与者预期未来短期利率与当前利率相同，由于远期利率中包含期限溢价，收益曲线就会向上倾斜。根据流动性偏好理论，与投资于短期债券并在每个到期日重新进行短期投资相比，长期债券投资会产生更高的预期收益。图 10-2 为流动性偏好理论收益率与到期期限图。

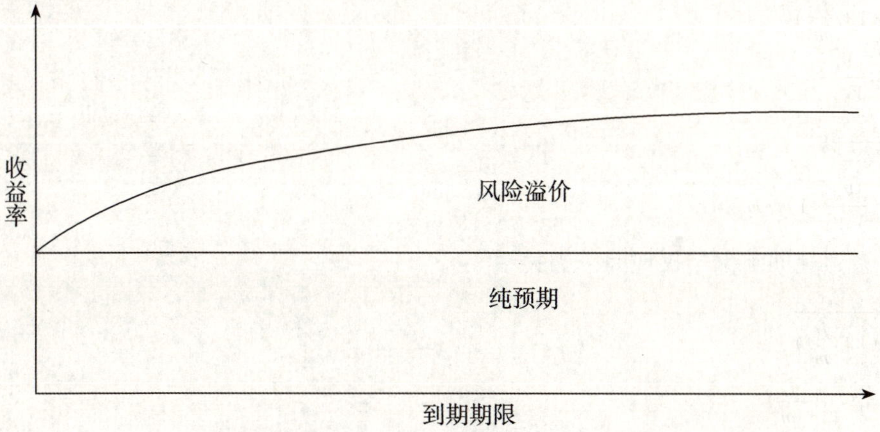

图 10-2　流动性偏好理论收益率与到期期限图

10.2 零息票利率、远期利率与互换利率

10.2.1 零息票利率

1）零息票利率与折现因子的关系

$$V_K=\frac{1}{1+r_K\cdot K}\text{（1年以内）} \quad (10\text{-}1)$$

$$V_K=\frac{1}{(1+r_K)^K}\text{（1年以上期限）} \quad (10\text{-}2)$$

其中，K为起息日至参考日的时间；V_K为发生于时间K时的折现因子；r_K为时间K时的零息票利率。

由上边公式可得：$r_K=\frac{1}{K}\left(\frac{1}{V_K}-1\right)$ 及 $r_K=\sqrt[K]{\frac{1}{V_K}}-1$

2）多个期限时折现因子的相互关系

$$V_K=V_n^{\frac{K}{n}} \quad (10\text{-}3)$$

其中，V_n为起息日至n时的折现因子；V_K为要计算的折现因子；n为起息日至n时刻的时间；K为起息日至K时刻的时间。

10.2.2 远期利率

1）远期利率和零息票利率的关系

$$V_1=\frac{1}{\left(1+\frac{r_1}{m}\right)} \quad (10\text{-}4)$$

$$V_2=\frac{V_1}{\left(1+\frac{f_1}{m}\right)} \quad (10\text{-}5)$$

$$V_{K+1}=\frac{V_K}{\left(1+\frac{f_K}{m}\right)} \quad (10\text{-}6)$$

$$1+\frac{f_K}{m}=\frac{V_K}{V_{K+1}} \quad (10\text{-}7)$$

$$\frac{f_K}{m}=\frac{V_K}{V_{K+1}}-1 \quad (10\text{-}8)$$

$$f_K=\left(\frac{V_K}{V_{K+1}}-1\right)\cdot m \quad (10\text{-}9)$$

2）系列远期利率与折现因子的关系

$$V_{K+1}=\frac{V_K}{\left(1+\frac{f_K}{m}\right)} \quad (10\text{-}10)$$

$$V_K=V_{K+1}\cdot\left(1+\frac{f_K}{m}\right) \quad (10\text{-}11)$$

$$V_K=\frac{V_K}{\left(1+\frac{f_K}{m}\right)}\cdot\left(1+\frac{f_K}{m}\right) \quad (10\text{-}12)$$

由 $V_{K+1}=\dfrac{V_K}{(1+\dfrac{f_K}{m})}$，得到

$$V_K=\frac{V_{K-1}}{(1+\frac{f_{K-1}}{m})},\quad V_{K-1}=\frac{V_{K-2}}{(1+\frac{f_{K-2}}{m})} \tag{10-13}$$

所以有

$$V_K=\frac{1}{(1+\frac{f_{K-1}}{m})}\cdot\frac{1}{(1+\frac{f_{K-2}}{m})}\cdot\cdots\cdot\frac{1}{1+\frac{f_0}{m}}=\prod_{j=0}^{K-1}\frac{1}{1+\frac{f_j}{m}} \tag{10-14}$$

10.2.3　互换利率

令 i_K 为互换利率，m 为每年付息次数。

$$i_K=\frac{1-V_K}{\sum_{j=1}^{K}\frac{V_j}{m}} \tag{10-15}$$

1）原理

（1）固定利率债券=附息票债券=面额债券（面额债券的到期收益率等于票面利率）。

（2）假设买入5年期面额债券的现金流如下：

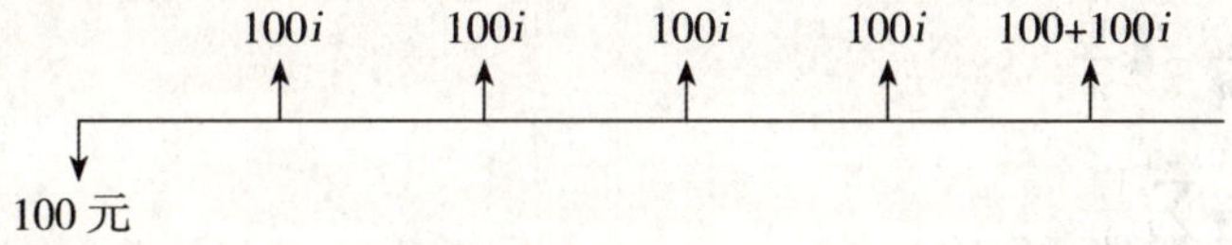

（3）以LIBOR借款为购买面额债券融资的现金流如下：

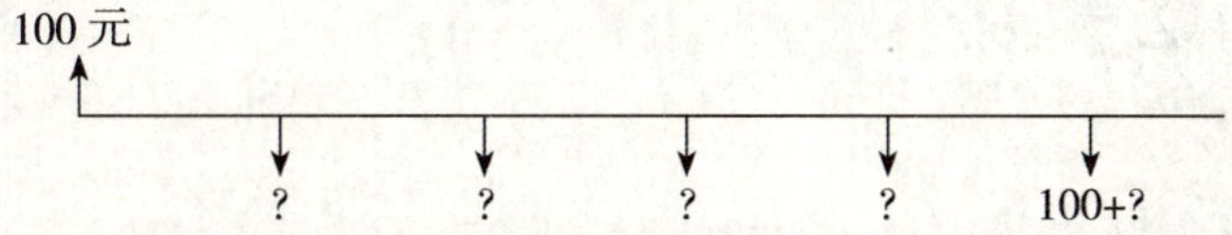

（4）结论：普通的固定利率与浮动利率互换价格即固定利率与面额债券的收益率或息票利率一致。

（5）理论上的互换定价等于找到一个恰当的固定利率或息票利率使所有现金流现值抵销为零。

（6）$P=\dfrac{100i_K}{m}V_1+\dfrac{100i_K}{m}V_2+\cdots+\dfrac{100i_K}{m}V_K+100V_K$。

V_1，V_2，…，V_K为每次付息日的贴现率；m为每年付息次数；i_K为息票利率。

（7）平价债券发行之初现值等于面值100，$P=\sum_{t=1}^{n}\dfrac{CFt}{(1+r)^t}+\dfrac{100}{(1+r)^n}$，$P$为利率期限的现值。

将P=100代入上式，等式两边同除以100，有如下结论：

$$1=\frac{i_KV_1}{m}+\frac{i_KV_2}{m}+\cdots+\frac{i_KV_K}{m}+V_K \longrightarrow 1-V_K=i_K\sum_{j=1}^{K}\frac{V_j}{m}$$

又有

$$i_K=\frac{1-V_K}{\sum_{j=1}^{K}\frac{V_j}{m}} \tag{10-16}$$

2）举例

已知3年期零息票利率10.5%，求理论上的3年期互换利率。

$$V_{3年}=\frac{1}{(1+10.5\%)^3}=0.7412$$

$$V_{2年}=V_n^{\frac{K}{n}}=0.7412^{\frac{2}{3}}=0.8190$$

$$V_{1年}=V_n^{\frac{K}{n}}=0.7412^{\frac{1}{3}}=0.9090$$

$$i_{k3年}=\frac{1-0.7412}{0.9090+0.8190+0.7412}\approx 10.48\%$$

3）互换利率扩展

将互换利率公式进行变形，可得

$$i_K=\frac{1-V_K}{\sum_{j=1}^{K}\frac{V_j}{m}}, \text{或} \quad 1-V_K=i_K\sum_{j=1}^{K}\frac{V_j}{m} \tag{10-17}$$

$$V_K=1-i_K\sum_{j=1}^{K}\frac{V_j}{m} \tag{10-18}$$

$$V_K=1-(i_K\sum_{j=1}^{K-1}\frac{V_j}{m}+i_K\frac{V_K}{m}) \tag{10-19}$$

$$V_K=1-i_K\sum_{j=1}^{K-1}\frac{V_j}{m}-i_K\frac{V_K}{m} \tag{10-20}$$

$$V_K+i_K\frac{V_K}{m}=1-i_K\sum_{j=1}^{K-1}\frac{V_j}{m} \tag{10-21}$$

$$V_K(1+\frac{i_K}{m})=1-i_K\sum_{j=1}^{K-1}\frac{V_j}{m} \tag{10-22}$$

$$V_K=\frac{1-i_K\sum_{j=1}^{K-1}\frac{V_j}{m}}{1+\frac{i_K}{m}} \tag{10-23}$$

公式的用途：已知5年期互换利率和1~4年的折现因子，可求出5年期的折现因子，进而求出6年期的折现因子，依此类推，连环推导可求出n年的折现因子，折现因子若已知，则可求出n年的互换利率。

10.2.4 零息票利率、远期利率与互换利率的关系

零息票利率、远期利率与互换利率的关系如图10-3所示。

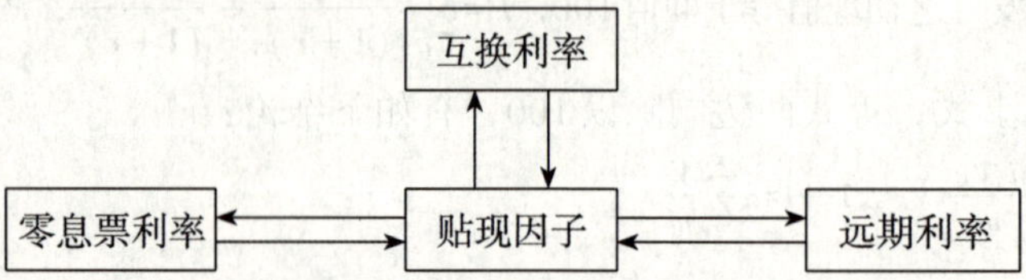

图10-3 零息票利率、远期利率与互换利率的关系图

10.3　互换定价

10.3.1　对互换定价的理解

1）从债券交易的角度理解互换

债券购买者将获得利息，债券发行者将支付利息。在纯粹的利率互换中，参与者身兼二职：参与者或者支付固定利率并收取浮动利率，或者支付浮动利率并收取固定利率。如果参与者既发行债券又购买债券，从逻辑上分析，参与者至少希望获得与其支付额一样多的利息。通常浮动利率债券接近其面值出售，主要是由于债券现金流将根据市场条件进行调整，从而使债券的吸引力保持相对稳定。由于浮动利率随市场条件波动，互换的吸引力在于其固定利率。固定利率7%的债券在高于当前市场利率的条件下将溢价出售，否则将折价出售。

如果某公司不参与互换交易将支付8%的利率，参与互换交易将支付7%的固定利率，那么互换对公司的有利之处是显而易见的，互换会因为公司节省了开支而具有价值。从另一方面来说，如果由于互换而使公司被迫支付高于当前市场利率的利息，则互换就对公司的交易对手有利，而对公司不利。

2）从一系列远期合约的角度理解互换

远期合约是一项不随市场变化而在未来特定交易日交换资产的合约，并且整个过程没有每日结算制度跟踪。在利率互换中，既定的支付日期均匀地分布于互换期限内，在每一特定的交易日，一方参与者支付固定利率的利息，并按当前的浮动利率收取利息，参与者的交易对手则做相反的支付。

具有单一支付日期的6个月互换与普通的6个月远期合约没有差别。在支付日，应支付较多利息的一方将向另一方支付利息差额并结束合约。每半年支付一次的一年期互换仅仅是两份远期合约的组合，一份远期合约具有6个月到期日，另一份远期合约具有12个月到期日。每一到期日的现金支付额都取决于当时的浮动利率。不管整个互换期限如何都将存在着同样的逻辑。

3）从一对期权合约角度理解互换

假定某公司同时买入上限期权并卖出下限期权，两者都具有同一交易日期和5%的执行价格。在下一支付日（亦即下次上限期权和下限期权的到期日），如果市场基准利率高于5%，公司将会由于买入上限期权而取得现金收入。如果标准利率低于5%，公司将会由于卖出下限期权而发生现金支付。如果市场基准利率正是5%，则两项期权都为平价期权，任何一方都没有任何支付。两种期权的现金流与买入5%固定利率互换的现金流完全相同。将互换固定利率视为期权执行价格，如果浮动利率高于互换执行价格，上限期权为实值期权，支付固定利率的一方获得现金收入。如果浮动利率低于互换固定利率，固定利率支付者必须向另一方支付相应的差额。用简单的术语和从固定利率支付者的角度看，如果浮动利率上升到某一特定水平之上，固定利率支付者将获得现金收入。相反，如果浮动利率低于特定水平，则固定利率支付者必须向对方支付现金。这种关系被称为上下限互换平价。

10.3.2 互换定价概述

从互换的构成来看，固定利率在分析利率互换中非常重要。市场将按逻辑步骤来确定互换价格。互换价格并不是由交易人员随意确定的，而是在所有的互换交易商最终对互换利率的走势达成一致意见的基础上根据基本的套利理论形成的。

当利率处于市场历史低位时，当前支付浮动贷款利率的公司借款者将会发现，如果采用浮动利率与固定利率的利率互换，将会节省利息支出。通过互换有效地将浮动利率支出转换为期限相同的固定利率支出，可以降低利息支付流的波动性，从而利用了当前低利率的优势。

1）LIBOR的远期利率曲线

如前所述，利率存在着期限结构。借款利率随着借款期限的不同而不同。对LIBOR来说，同样存在着利率期限结构，借款利率将视借款者何时借款和借款期限而定。

从现在开始以LIBOR利率借款3个月，则称为即期LIBOR。同样也可以签订在第3个月末借款3个月的合约，此合约称为3×6远期利率协议（FRA）。一份6×12远期利率协议是从现在开始的第6个月末借款6个月的远期合约。一份3×9远期利率协议是从现在开始的第3个月末借款6个月的合约，依次类推。3、6、9、12个月的LIBOR的利率曲线是上倾的。

2）初始条件定价

在互换初始时，固定利率的利息支付是明确可知的，但无法确定未来支付的浮动利率。最初的利率互换定价来自于市场定价。互换市场定价即互换价格是根据浮动利率方现金流的现值等于固定利率方现金流的现值来确定的。

从逻辑上看，如果我们不知道浮动利率的未来现金流，又如何能够确定浮动利率方的现值呢？答案在于市场将会根据即期收益率曲线和隐含远期利率曲线来对未来现金流给出最优估计，最终将存在唯一的利率来使互换固定利率一方的现金流现值等于互换浮动利率一方的现金流现值。

假设拥有一个一年期按季交换支付利息的互换，且固定利率和浮动利率双方均视一年为360天，季度则按实际天数计算。根据日历可以知道4个季度天数分别为91、90、92、92天。互换的名义本金对计算互换价格是无关紧要的，因为本金仅仅是1美元的倍数，而不影响利率本身，也可以用债券到期收益率来理解互换固定利率。债券的市场价值是根据相应的即期利率对债券每一期的未来现金流进行贴现而求得的，各期未来现金流现值的总和即为债券价格。如果已知债券价格，则可以令债券未来现金流的现值等于债券价格而得出唯一的利率，该利率即到期收益率。从特定的角度看，到期收益率可以看作是债券期限内即期利率的平均值；从另一角度看，互换价格是与远期利率相对应的未来期限各点的现金流贴现后的加权平均值。

同样，互换交易商是根据互换有效期内的远期利率曲线来为利率互换定价。互换价格是各种远期利率期限条件下令价值方程平衡的唯一利率。

3）互换报价

前面的讨论表明了远期利率曲线在决定互换价格中的重要性。市场中的利率变幻莫测，因此，与之相关的远期利率也随之改变。由于利率具有动态变化性，因此，用美国国库券收益率曲线并用最新发行的或正在发行的与互换期限相同的国库券收益率来进行互换报价就成为惯例。举例来说，用新发行的5年期政府债券的收益率来对5年期互换价格进行报价。

与其他任何金融工具一样，在每一给定时刻，对互换价格来说都会存在买价和卖价，交易商将互换差价加到相应的国库券收益率上。此增加额对交易商提供互换服务并承担潜在违约风险提供了补偿。

10.3.3　利率互换定价

一般而言，K期互换浮动利率一方的支付额现值可用下式计算：

$$PV_{浮动}=\sum_{i=1}^{K}f_{i-1}P_i\frac{d_i}{B}V_i \tag{10-24}$$

其中，$PV_{浮动}$为浮动利率一方的支付额现值；f_{i-1}为从时点i-1至时点i时的浮动利率；P_i为从时点i-1至时点i的名义本金；d_i为从时点i-1至时点i的天数；V_i为时点i的贴现因子；B为一年的天数。

固定利率的支付额现值也可按同样的方法进行计算：

$$PV_{固定}=r_K\sum_{i=1}^{K}P_i\frac{d_i}{B}V_i \tag{10-25}$$

其中，$PV_{固定}$为固定利率一方支付额现值；r_K为整个互换期的固定利率。

令固定利率一方支付额现值等于浮动利率一方支付额现值，就可求出固定利率。即：

$$r_K=\frac{PV}{\sum_{i=1}^{K}P_i\frac{d_i}{B}V_i} \tag{10-26}$$

其中，PV既可以是浮动利率一方的支付额现值，也可以是固定利率一方支付额现值。在计算PV时，远期利率可以通过国库券收益率曲线并利用零息票利率与预期利率的关系得到。

可见，用上面零息票利率定价方法是可以为互换利率定价的，并且运用它可以对任何种类、任何时期的互换进行定价或估算。一旦将互换分解成现金流量，就可以利用从市场利率求出的贴现因子来对现有互换估算，或对新的互换定价。这里要强调的是，互换定价中涉及的远期利率和贴现因子必须在市场报价的基础上计算得到，不能想当然地商定，否则定价的结果会导致不公平的交易。

计算互换利率分成两个步骤：第一，确定远期利率以确定每一期浮动支付额；第二，用适当的贴现因子计算每期浮动支付额的现值。这里所用到的理论在利率的期限结构部分已经讲过，当然这是一个相当麻烦的计算过程。

10.3.4　货币互换定价

利率互换定价原理可以扩大到货币互换定价上。首先考虑同一货币的普通互换，互换利率的水平应该使互换的定价公平、合理，即净现值为0。然后用本金的实际交换来取代浮动利息支付流量。

这种结构与第二种货币的反向利率互换结构结合起来，形成新的现金流量图。如果本金的兑换是以市场即期汇率为标准，那么两次兑换的本金等值。实际上相当于一个固定利率对固定利率的交叉货币互换。这样就求出了定价合理、可以以两种货币中任何一种来表示的净现值为0的普通货币互换的定价。因此，在固定利率对固定利率的交叉货币互换条件下，以各自货币表示的两种互换利率应该与利率互换条件下的利率相同。

10.3.5 商品互换的定价原理

在商品互换中，A方同意在时间t_1，t_2，…，t_n为某商品支付X美元，名义本金为N_P单位的这种商品；B方同意在时间t_1，t_2，…，t_n支付给A方商品的即期市场价格。那么A方在时间t_1所得的净收益为：

$$V(t_1,t_1)=[S(t_1)-X]N_P \tag{10-27}$$

其中，$S(t_1)$是该商品在时间t_1的即期价格。将上述净收益$V(t_1,t_1)$贴现到时间0，则有：

$$V(t_0,t_1)=\{PV_0[S(t_1)]-XB(0,t_1)\}N_P \tag{10-28}$$

其中，$B(0,t_1)$为在时间t_1的1美元在时间0的价值。在不考虑持有成本和便利收益的情况下，$S(t_1)$的现值就应等于商品在时间0的现价。但在实际情况下，持有成本和便利收益是不可忽视的。

我们已经知道远期价格包含了持有成本和便利收益等要素，所以可利用远期价格来表示$PV_0[S(t_1)]$。

考虑一商品的远期合约，其到期日为t_1，当合约到期时，远期合约所带来的现金流为：

$$S(t_1)-f(0,t_1)$$

其中，$f(0,t_1)$为远期价格。那么，该远期合约在时间0的价值为：

$$PV_0[S(t_1)]-f(0,t_1)B(0,t_1)$$

由于远期合约在时间0的价值为0，因此$PV_0[S(t_1)]=f(0,t_1)B(0,t_1)$。

所以有：

$$V(0,t_1)=[f(0,t_1)-X]B(0,t_1)N_P \tag{10-29}$$

以此类推，可以分别计算出该商品互换在t_1，t_2，…，t_n发生的净现金流的现值，加总求和后得：

$$V(0)=\sum_{i=1}^{K}[f(0,t_i)-X]B(0,t_1)N_P \tag{10-30}$$

这个表达式就是该商品互换在时间0的现值，它是由基础商品资产的远期合约和零息债券的价格所决定的。而上述变量在时间0时都是已知的，因此商品互换的价值可以确定。

10.3.6 股权互换的定价原理

在股权互换中，A方在时间t_1，t_2，…，t_n支付给B方股票指数的收益，这种收益在时间t_1可表示为：

$$R\ (t_1)=\frac{I_n(t_1)+d_n(t_1)}{I_n(t_0)}-1 \tag{10-31}$$

其中，I_n（t）为股指在时间t的价值；d_n（t_1）为股票在t_0到t_1时段所支付的股票红利。相同的定义适用于t_2，t_3，…，t_n支付给A方的固定利息R。那么，A方在时间t_n的净现金流为：

$$V(t_n,t_n)=[\overline{R}-R(t_n)]N_P \tag{10-32}$$

此处N_P表示名义本金，V（t_n，t_n）在时间t_{n-1}的现值为：

$$V([t_{n-1}],t_n)=\{\overline{R}B(t_{n-1},t_n)-PVt_{n-1}[R(t_n)]\}N_P \tag{10-33}$$

其中，B（t_{n-1}，t_n）为时间t_n的1美元在时间t_{n-1}的价值。

我们知道，PVt_{n-1}［I_n（t_n）+d_n（t_n）］=I_n（t_{n-1}），即股指及其所支付的股利的现值等于现在的股指价值，因此：

$$PVt_{n-1}\ [R\ (t_n)\ ]\ =PVt_{n-1}\ [\frac{I_n(t_n)+d_n(t_n)}{I_n(t_{n-1})}]\ -PVt_{n-1}=1-B\ (t_{n-1},\ t_n) \tag{10-34}$$

将上述结果代入V（t_{n-1}，t_n）中，有：

$$V(t_{n-1},t_n)=\{\overline{R}B(t_{n-1},t_n)-[1-B(t_{n-1},t_n)]\}N_P \tag{10-35}$$

所以，这个净现金流在0时的价值为：

$$V(0,t_n)=PV_0B(t_{n-1},t_n)=\{\overline{R}B(0,t_n)-[1-B(0,t_{n-1})-B(0,t_n)]\}N_P \tag{10-36}$$

其中，PV_0B（t_{n-1}，t_n）=B（0，t_n）。

依次类推，A方在时间t_1，t_2，…，t_n所发生的现金流在时间0的价值为：

$$V\ (0)\ =\sum_{i=0}^{n}V(0,t_i)=\{\overline{R}\sum_{i=1}^{n}B(0,t_i)-[1-B\ (0,\ t_n)\ ]\}N_P \tag{10-37}$$

上式表示股权互换的估值。当互换交易发生时，固定利率的确定应使上式为0。

本章小结

利率期限结构（term structure of interest rates）是指在某一时点上不同期限资金的收益率（yield）与到期期限（maturity）之间的关系。利率的期限结构反映了不同期限的资金供求关系，揭示了市场利率的总体水平和变化方向。

利率期限结构理论：预期理论、市场分割理论、流动性偏好理论。

零息票利率与折现因子的关系为$V_K=\frac{1}{1+r_K\cdot K}$及$V_K=\frac{1}{(1+r_K)^K}$或$r_K=\frac{1}{K}(\frac{1}{V_K}-1)$及$r_K=\sqrt[K]{\frac{1}{V_K}}-1$。

多个期限时折现因子的相互关系为$V_K=V_n^{\frac{K}{n}}$。

远期利率和零息票利率的关系为$f_K=(\frac{V_K}{V_{K+1}}-1)\cdot m$。

系列远期利率与折现因子的关系为$V_K=\frac{1}{(1+\frac{f_{K-1}}{m})}\cdot\frac{1}{(1+\frac{f_{K-2}}{m})}\cdot\dots\cdot\frac{1}{1+\frac{f_0}{m}}$

$$=\prod_{j=0}^{K-1}\frac{1}{1+\frac{f_j}{m}}。$$

互换利率：$i_K=\dfrac{1-V_K}{\sum_{j=1}^{K}\frac{V_j}{m}}$。

利率互换定价：$PV_{浮动}=\sum_{i=1}^{K} f_{i-1}P_i\frac{d_i}{B}V_i$，$PV_{固定}=r_K\sum_{i=1}^{K} P_i\frac{d_i}{B}V_i$，$r_K=\dfrac{PV}{\sum_{j=1}^{K} P_i\frac{d_i}{B}V_i}$。

货币互换定价与利率互换定价相似。

商品互换的定价原理：$V(0)=\sum_{i=0}^{n}[f(0,t_i)-X]B(0,t_1)N_P$。

股权互换的定价原理：$V(0)=\sum_{i=0}^{n}V(0,t_i)=\{\overline{R}\sum_{i=0}^{n}B(0,t_i)-[1-B(0,t_n)]\}N_P$。

关键概念

利率期限结构

综合训练

10.1 填空题

1）利率期限结构理论主要有三个，分别是________、________、________。

2）零息票利率、远期利率、互换利率之间的联系纽带是________。

10.2 单项选择题

1）当利率期限结构向上倾斜时，下列关于利率互换的说法正确的是（　　）。

A. 利率互换中，收到浮动利率的一方初期现金流为负，后期现金流为正，后期面临的信用风险较大

B. 利率互换中，收到浮动利率的一方初期现金流为正，后期现金流为负，后期面临的信用风险较大

C. 利率互换中，收到固定利率的一方初期现金流为正，后期现金流为负，后期面临的信用风险较大

D. 利率互换中，收到固定利率的一方初期现金流为负，后期现金流为正，后期面临的信用风险较大

2）利率期限结构说明远期利率比即期利率（　　）。

A. 大　　B. 小　　C. 相等　　D. 不一定

10.3 问答题

1）我们可以从不同的角度理解互换，应如何从以下三个角度来理解互换：

（1）从债券交易的角度。

（2）从一系列远期合约的角度。

（3）从一对期权合约角度。

2）LIBOR的远期利率曲线如何表示？

3）零息票利率与折现因子的关系怎么表示？

10.4 计算题

已知：3年期零息票利率10%。

求：理论上的3年期互换利率为多少？

知识拓展10-1
利率互换的定价理论

第11章

期权交易基础

学习目标

通过本章的学习，了解期权的基本内涵；掌握期权的要素，尤其是执行价格和期权费的概念。知道期权的分类；掌握看涨期权和看跌期权、欧式期权和美式期权的分类标准，了解期权交易与期货交易的区别。

期权是金融工程中非常重要的工具，是一种创新思想非常成功、各领域应用也非常广泛的工具。期权合约可涉及多种商品及金融资产。目前，期权市场已涵盖商品、货币、债务工具、股票及股票指数、金融期货、互换合约等。可以这样说，期权合约是衍生工具中最具活力的品种之一。

实际上，许多金融工具可以与期权结合或者附带上期权特征，如互换合约与期权合成为互换期权，债券与股票期权结合成为可转换债券等。许多金融期货合约可以合成为期货期权，如货币期货期权及欧洲美元期货期权等。此外，还可形成期权的期权合约，或称复合期权合约。

11.1 期权概述

11.1.1 期权的概念

期权（options）是一种选择权，期权的买方向卖方支付一定数额的期权费后，就获得这种权利，即拥有在一定时间内以一定的价格（执行价格）出售或购买一定数量的标的物（实物商品、证券或期货合约）的权利。

期权的买方行使权利时，卖方必须按期权合约规定的内容履行义务。相反，买方可以放弃行使权利，此时买方只是损失期权费，同时，卖方则赚取期权费。总之，期权的买方拥有执行期权的权利，无执行的义务；而期权的卖方只有履行期权的义务。

11.1.2 期权的产生与发展

期权交易的最初出现和使用是在17世纪荷兰郁金香交易狂热时期。当时的荷兰拥有世界上最大的金融市场，这为郁金香投机交易提供了非常适宜的条件。郁金香花尚未开，就以节节上涨的价格几易其手。如今所说的“看涨”和“看跌”期权在那时就被创造出来并被广泛交易。投机者并无意拥有郁金香，而是认定他们所买进的郁金香奇货可居，把对郁金香价格看涨的需求转化为期权工具，开始了以小博大的博弈。投资人只需支付市场价格15%~20%的保证金就可买入一个期权，然后在未来确定时期按确定价格买入郁金香。

金融产品的期权交易开始于19世纪90年代纽约股票交易所成立以后，华尔街的投资者及金融机构不断地提出有关期权的投资理念。19世纪后期出现了股票这种金融产品的期权交易，但由于没有一个规范的交易场所和标准的交易合约，期权交易受到了很大的制约。进入20世纪，期权没有大的发展，其声誉由于其过度投机而受到很大影响，那时期权不被大家所接受。

1973年4月26日，世界上第一个期权交易所——芝加哥期权交易所（Chicago Board Options Exchange，CBOE）成立。该期权交易所的正式成立，标志着以股票期权交易为代表的真正意义上的期权交易开始进入完全统一、标准化以及管理规范化的全面发展的新阶段。合约的标准化使原来买卖期权的交易者可以在期权到期日前对冲平仓，这样大大增加了市场的流动性。更为重要的是，芝加哥期权交易所增设了一个结算所，以保证买卖双方合约的履行，这样，交易者无须担心卖方的信用风险，因此吸引了大量的期权经纪商以及投资者。

在交易所刚成立时，交易量非常小，可供交易的只有16种普通股的看涨期权。大多数的投资者对交易所推出的期权品种的成功都持怀疑的态度。

同样是1973年，著名的布莱克-斯科尔斯（Black-Scholes）期权定价模型被交易所采用，由于该模型很好地解决了期权的定价问题，从而使期权交易量迅速放大，故期权交易在美国得到迅猛发展，美国成了世界期权交易中心。美国期权交易的迅速崛起和成功，带动了世界期权交易的形成与发展。

现在，期权交易已逐步成为现代投资中的一个重要领域。交易的品种有股票期权、股票指数期权、外汇期权、利率期权、商品期货期权及金融期货期权等。

11.1.3 期权的特点

期权是一种特殊的金融衍生品，它有如下一些特点：

（1）期权是一种权利的买卖。

（2）期权买方要获得这种权利就必须向卖方支付一定数额的费用（即期权费）。

（3）期权买方取得的权利是未来的。

（4）期权买方在未来买卖的标的资产是特定的。

（5）期权买方在未来买卖标的资产的价格是事先确定的（即执行价格）。

（6）期权买方根据自己买进的合约可以买进标的资产（看涨期权）或卖出标的资产（看跌期权）。

11.1.4 期权的功能

（1）资产风险管理。

（2）风险转嫁。期权的显著功能是将风险从一个投资者转嫁给另一个投资者。

（3）金融杠杆。期权交易有显著的杠杆作用。

（4）创造收益。期权投资可以为投资者带来很可观的收益。

11.1.5 期权的要素

构成一个期权，有很多要素，主要包括期权交易双方、执行价格、期权费、履约保证金、期权的数量、期权的基础金融资产等。

1）期权交易双方

（1）期权买方

期权买方是指买进期权合约的一方，是支付一定数额的期权费而持有期权合约者，故期权买方也称期权持有者。买进期权即为期权的多头。

期权买方只是买进期权合约的一方，而不一定就是买进标的资产的一方。执行看涨期权，期权买方就会买进相应数量的标的资产；而执行看跌期权，期权买方就会卖出一定数量的标的资产。

当投资者支付期权费买进期权建立多头头寸后，就享有了买进或卖出标的资产的权利，因为他并不负有义务，所以他仅以其投入的期权费承担有限的风险，但是却掌握了巨大的获利潜力。

（2）期权卖方

期权卖方与期权买方正好是对立的一方，期权卖方是指卖出期权合约的一方，从期权买方那里收取期权费，在买方执行期权时承担履约的义务。期权卖方也称期权出售者。卖出期权即为期权的空头。

期权卖方只是卖出期权合约的一方，而不一定就是卖出标的资产的一方。执行看涨期权，期权卖方就必须卖出相应数量的标的资产；而执行看跌期权，期权卖方就必须买进一定数量的标的资产。

如果期权买方在事先约定好的期限内没有执行其权利，那么该期权就会自动失效，卖方不必承担任何责任。对于现货期权，执行期权就是买卖相应的金融产品；而对于期货期权来说，执行合约时就是按相应的执行价格买入或卖出相应期货合约。

2）执行价格

执行价格，又称协定价格、行权价格、履约价格、敲定价格，是期权合约中事先确定的买卖标的资产的价格，即期权买方在执行期权时进行标的资产买卖所依据的价格。

3）期权费

（1）期权费的作用

期权费即期权的价格，是期权买方为了获取期权权利而必须向期权卖方支付的费用，是期权卖方承担相应义务的报酬。

期权费的重要意义在于：对于期权的买方来说，可以把可能遭受的损失控制在期权费金额的限度内；对于卖方来说，卖出一份期权立即可以获得一笔期权费收入，而并不需要马上进行标的物的买卖，这可能是非常有利可图的，但同时卖方面临一定的风险，即无论标的资产的价格如何变动，卖方都必须做好执行期权合约的准备。

（2）期权费的度量

期权费是买卖双方竞价的结果。期权费的大小取决于期权的价值，而期权的价值取决于期权到期月份、所选择的执行价格、标的资产的波动性以及利率等因素，投资者在竞价时会考虑这些因素对期权价值的影响。而期权价值的确定，也就是计算期权费，是十分复杂的，它是整个期权理论的核心。本书会在下一章介绍期权定价的相关理论。一般认为期权费由两部分组成：内在价值和外在价值。

11.1.6 目前国际市场上几个主要的期权交易所及其相应的主要上市品种

目前国际市场上几个主要的期权交易所及其相应的主要上市品种见表11-1。

表11-1 国际市场上几个主要的期权交易所及其相应的主要上市品种

交易所名称	主要上市期权品种
芝加哥期权交易所	股票期权（如微软公司股票期权、通用电气公司股票期权）；指数期权（如标准普尔100指数期权、标准普尔500指数期权）；利率期权（如短期利率期权、5年期利率期权、10年期利率期权）
芝加哥期货交易所	农产品期货期权（如大豆期货期权、玉米期货期权、小麦期货期权）；股票指数期货期权（如道·琼斯工业平均指数期货期权、小型道·琼斯指数期货期权）；债券期货期权（如10年期国债期货期权、30天联邦基金期货期权）
芝加哥商业交易所	畜产品期货期权（如活牛期货期权、黄油期货期权、猪肚期货期权）；股票指数期货期权（如标准普尔500指数期货期权、纳斯达克100种股票指数期货期权、小型标准普尔500指数期货期权）；利率期货期权（如3月期欧洲美元利率期货期权、伦敦银行同业拆借利率期货期权、十三周财政债券期货期权）；外汇期货期权（如欧元期货期权、日元期货期权、加拿大元期货期权）
费城股票交易所	股票期权（如微软公司股票期权、英特尔公司股票期权）；外汇期权（如英镑期权、加拿大元期权）；股票指数期权（如费城股票交易所银行业指数期权、费城股票交易所计算机制造业指数期权）
美国股票交易所	股票期权（如诺基亚公司股票期权）；股票指数期权（如纳斯达克100种股票指数期权、美国股票交易所综合指数期权）
伦敦国际金融期货期权交易所（LIFFE）	股票期权（如苹果公司股票期权、诺基亚公司股票期权）；股票指数期货期权（如伦敦金融时报100指数期货期权、法国40种股票连续标价指数期货期权）；利率期货期权（如3月期欧元利率期货期权、德国政府公债期货期权）；外汇期货期权（如欧洲美元期货期权）；商品期货期权（如可可期货期权、小麦期货期权、白糖期货期权）
欧洲期货交易所	股票期权；股票指数期货期权（如法国40种股票连续标价指数期货期权）；外汇期货期权（如美元期货期权、欧洲美元期货期权）；利率期货期权（如欧元债券期货期权）
欧洲证券交易所	股票期权；股票指数期权（如道·琼斯欧洲50指数期权、欧洲证券交易所100指数期权、伦敦金融时报100指数期权）；利率期权（如3月期欧洲货币单位的伦敦银行间同业拆借利率期权）；商品期货期权
韩国股票交易所	股票指数期权（如韩国股票交易所200种股票指数期权）
香港交易所	股票指数期权（如恒生指数期权）；股票期权（如联想集团股票期权、长江实业股票期权）

续表

交易所名称	主要上市期权品种
大阪证券交易所	股票期权；股票指数期权（如日经225种股票指数期权、日经300种股票指数期权）
东京国际金融期货交易所	利率期货期权（如3月期欧洲日元利率期货期权）
新加坡交易所	股票指数期权（如摩根台湾股价指数期权、日经225种股票指数期权、日经300种股票指数期权）；利率期货期权（如90天银行承兑票据期货期权、3年期政府公债期货期权）
悉尼期货交易所	利率期货期权；股票指数期货期权；商品期货期权
巴西商品与期货交易所	商品期货期权（如黄金期货期权、原糖期货期权、咖啡期货期权、棉花期货期权）；外汇期货期权（如小型美元期货外汇期权）；股票指数期权（如巴西50种股票指数期权）；利率期权（如一日短期利率期权、一日银行同业平均存款利率期权）

11.2 期权的类型

期权按照不同的分类标准有不同的分类方法，下面一一介绍。

11.2.1 看涨期权、看跌期权和双向期权

按期权的性质或所赋予的权力，期权可以分为看涨期权、看跌期权和双向期权。这也是期权市场中经常用到的一种分类方法。

1）看涨期权

看涨期权（call option），又称买权、买入选择权、认购期权、多头期权，是指期权的买方享有在规定的有效期限内按某一具体的敲定价格买进某一特定数量的相关标的资产的权利，但不同时负有必须买进的义务。

看涨期权的买方之所以要购买这一权利，是因为期权的买方对标的资产的价格看涨，故向期权的卖方支付一定的期权费，以获得按执行价格买入该种标的资产的权利。如果有关标的资产市场价格的变化与预测一致，即标的资产的市场价格高于执行价格，看涨期权的买方就可以按期权合约上约定的执行价格购买标的资产获得收益，这种收益可能是无限的。如果市场价格的变化与其预测相反，即标的资产市场价格小于或等于执行价格，看涨期权的买方放弃购买权利，最大损失为其支付的期权费。

看涨期权有买方，也有卖方。任何一种标的资产有看涨的，也会有看跌的。如果投资者一致看涨，期权费的价格将上涨，以便在较高的期权费下，买入看涨期权和卖出看涨期权处于均衡。下面举例具体说明买入看涨期权和卖出看涨期权的盈亏。

1月1日，标的物是股票A，它的期权执行价格为18.5美元。甲买入这个权利，付出5美元；乙卖出这个权利，收入5美元。2月1日，A股票价格上涨至19.05美元，看涨期权的价格涨至6美元。甲可采取两个策略：

(1) 行使权利。甲有权按18.5美元的价格从乙手中买入股票；乙在甲提出这个行使期权的要求后，必须予以满足，即便乙手中没有股票，也只能以19.05美元的市价在现货市场上买入而以18.5美元的执行价卖给甲。甲可以19.05美元的市价在现货市场上抛出，获利0.55美元，乙则损失0.55美元。

(2) 售出权利。甲可以6美元的价格售出看涨期权，甲获利1美元（6-5）。如果A股票价格下跌，即其股票市价低于敲定价格18.5美元，甲就会放弃这个权利，损失5美元期权费，乙则净赚5美元。

2）看跌期权

看跌期权（put option），又称卖权、卖出选择权、认沽期权、空头期权，是指期权的买方享有在规定的有效期限内按某一具体的敲定价格卖出某一特定数量的相关标的资产的权利，但不同时负有必须卖出的义务。

看跌期权的买方一般对相关的标的资产的市场价格看跌，所以买入看跌期权。如果在未来规定的时间内有关标的资产市场价格的变化与其预测一致时，即标的资产的市场价格低于执行价格，他就可以按期权合约约定的执行价格出售标的资产，期权的卖方必须买入。值得注意的是：看跌期权的买方是卖出标的资产，而相应的看跌期权的卖方则买入标的资产。如果标的资产的市场价格变化与其预测相反时，即标的资产的市场价格上涨，看跌期权买方也有不卖出标的资产的权利。同样，看跌期权有买方，也有卖方。与看涨期权一样，用一个具体例子说明看跌期权买方与卖方的盈亏。

1月1日，铜期货的执行价格为1 750美元/吨，A买入这个权利，付出5美元；B卖出这个权利，收入5美元。2月1日，铜价跌至1 695美元/吨，看跌期权的价格涨至55美元。此时，A可采取两个策略：

(1) 行使权利。A可以按1 695美元/吨的市价从市场上买入铜，而以1 750美元/吨的价格卖给B，B必须接受，A从中获利50美元，B则损失50美元。

(2) 售出权利。A可以55美元的价格售出看跌期权，从而获利50美元。如果铜期货价格上涨，A就会放弃这个权利而损失5美元，B则净赚5美元。

通过上面的例子可以得出以下结论：一是作为期权的买方（无论是看涨期权还是看跌期权）只有权利而无义务，其风险是有限的（亏损最大值为期权费），但在理论上其获利是无限的。二是作为期权的卖方（无论是看涨期权还是看跌期权）只有义务而无权利，在理论上其风险是无限的，但收益是有限的（收益最大值为期权费）。三是期权的买方无须付出保证金，卖方则必须支付保证金以作为必须履行义务的财务担保。

3）双向期权

所谓双向期权，是指期权的买方既享有在规定的有效期限内按某一具体的敲定价格买进某一特定数量的相关标的资产的权利，又享有在商定的有效期限内按同一敲定价格卖出某一特定数量的相关标的资产的权利。

11.2.2 欧式期权、美式期权

按执行时间的不同，期权主要可分为两种：欧式期权和美式期权。

欧式期权，是指只有在合约到期日才被允许执行的期权，期权的购买方只有在期权合约期满日（即到期日）到来之时才能执行其权利，既不能提前，也不能推迟。若提前，期

权出售者可拒绝履约；而若推迟，则期权将被作废。它在大部分场外交易中被采用。

美式期权，是指可以在成立后有效期内任何一天被执行的期权，期权购买方可于合约有效期内任何一天执行其权利的期权形式。当然，超过到期日，美式期权也作废。由此可见，美式期权与欧式期权相比，在权利的执行日期上有较大的弹性。因此，一般情况下美式期权的期权费也比欧式期权略贵一些，并且其多为场内交易所采用。

欧式期权和美式期权并没有任何地理位置上的含义，在欧洲国家的期权市场上也交易美式期权，而在美国的期权市场上也同样交易着欧式期权。目前，在世界各主要的期权市场上，美式期权的交易量远大于欧式期权的交易量。不难看出，相对于欧式期权来说，买进美式期权后，持有者可在期权有效期内根据市场行情的变动和自己的实际需要比较灵活而主动地选择有利的履约时间；相反，对期权出售者来说，卖出美式期权比卖出欧式期权将承担更大的风险，他必须随时为履约做好准备。就目前来说，美式期权因具有更大的灵活性，故发展相对迅速。

11.2.3　实值期权、虚值期权和平价期权

按期权当时的市价与协议价的大小关系不同，期权可分为实值期权、虚值期权和平价期权，或称溢价期权、损价期权和平价期权，有时也叫有利可图期权、无利可图期权和两平期权。

1）实值期权

实值期权，即有利可图期权，具有正内涵价值，即如果期权立即执行，买方能够获利时的期权。

当看涨期权标的资产的市场价格大于执行价格，或看跌期权标的资产的市场价格小于执行价格，如果买方决定执行期权，均会获利，此时期权为实值期权（不计交易成本）。

也就是说，实值期权为看涨期权时，其协定价低于相关资产现货价；实值期权为看跌期权时，其协定价高于市场价。

2）虚值期权

虚值期权，即无利可图期权，与有利可图期权恰好相反，具有负内涵价值，即如果期权立即执行，买方发生亏损时的期权。

当看涨期权标的资产的市场价格小于执行价格，或看跌期权标的资产的市场价格大于执行价格，如果买方决定执行期权，则会发生亏损，此时的期权称为虚值期权（不计交易成本）。

也就是说，虚值期权为看涨期权时，其协定价高于相关资产现货价；虚值期权为看跌期权时，其协定价低于市场价。

3）平价期权

平价期权又称两平期权，不具有内涵价值，即当期权标的资产的市场价格等于期权的执行价格时的期权。

当看涨期权或看跌期权的执行价格与标的资产的市场价格相等时，该期权表现为平价期权。

实值期权、平价期权和虚值期权与看涨期权、看跌期权的关系见表11-2。

表11-2　　实值期权、虚值期权和平价期权与看涨期权、看跌期权的关系

期权种类	看涨期权	看跌期权
实值期权	市场价格>执行价格	市场价格<执行价格
平价期权	市场价格=执行价格	市场价格=执行价格
虚值期权	市场价格<执行价格	市场价格>执行价格

11.2.4　按标的物划分的期权

按期权的标的物划分，期权可分为以下几类：

（1）股票期权。股票期权是指以某个证券交易所上市交易的某种股票为标的资产的期权合约。一般来说，作为股票期权标的的股票必定是公开上市交易的股票，但不是所有上市的股票都能作为股票期权的标的。

（2）外汇期权，也叫货币期权。外汇期权是指在某国相关期权交易所交易的，以其他国家的外汇作为标的资产的期权合约。对于外汇期权合约来说，每单位标的资产外汇的数量是固定的，但不同货币又有不同的数量单位。

（3）股票指数期权。股票指数期权是指以某国证券市场的某种股票价格指数作为标的资产的期权合约。

（4）利率期权。利率期权是指相关资产为定息债券的期权，在美国通常为短期国库券、中长期国债。

（5）期货期权（option on futures）。与普通期权相比，期货期权的相关资产为期货合约（即基础资产为期货合约），普通期权合约的相关资产为一般金融资产。

（6）期权的期权（option on option或者compound option），也称复合期权。

（7）特种期权，具体又分为：①可回视期权；②亚式期权；③障碍期权；④相对较优期权；⑤可选择期权；⑥百慕大期权等。具体内容本书将在后面章节介绍。

11.2.5　场内交易期权和场外交易期权

期权按交易场所的不同，可分为场内交易期权和场外交易期权。

1）场内交易期权

顾名思义，场内交易期权也是交易所交易期权、上市期权，一般在交易所的交易大厅内以固定的程序和方式进行公开交易，所交易的是标准化期权合约，即由交易所预先制定每一份合约的合约价值、执行价格、到期日、交易时间等。目前一些交易活跃的期权交易所有：韩国股票交易所、芝加哥期权交易所、美国股票交易所、芝加哥期货交易所、费城股票交易所、芝加哥商业交易所、太平洋股票交易所和欧洲期货交易所。

场内交易期权采用类似股票交易所的做市商制度。每种期权在交易厅中都有具体的位置，某一确定的期权由指定的做市商负责。做市商大都是实力较雄厚的机构。做市商对投资者同时报出买入价和卖出价。做市商从买入价与卖出价之间的差价中获利。为了限制做市商的利润，交易所规定了买卖价差的上限。芝加哥期权交易所规定，若期权费低于5美元，期权买卖价差不得超过0.25美元；期权费在5美元和10美元之间，期权买卖价差不得超过0.50美元；期权费在10美元和20美元之间，买卖价差不得超过0.75美元；期权费超过20美元，买卖价差不得超过1美元。

做市商的存在能够确保买卖指令可在某一价格立即执行而没有任何拖延。因此，做市商增加了期权市场的流动性。如做市商在对客户的买卖中，手中最后持有期权的净头寸，一般把净头寸指令下达到交易所。

交易所内的期权交易的清算一般由独立的清算公司来完成，如伦敦清算所，它负责伦敦所有期权、期货交易的清算。但有的期权清算公司隶属于其交易所，如芝加哥商业交易所的清算公司便隶属于其交易所。

2）场外交易期权

场外交易期权又称柜台期权、零售期权，是指不在交易所上市交易的期权。柜台交易期权与交易所交易期权有很大的不同，具体表现在以下几个方面：

（1）非标准化的合约。柜台交易的合约是非标准化的，而推出非标准化合约是有其内在原因的，因为交易所标准合约一般是单只股票或是股票指数（该指数与基金所选定股票的结构及权重很难一致）；另外，交易所标准合约到期日与基金管理者所需要的避险时间不吻合。所以，基金根据自己所持有的资产（主要对股票而言）进行套期保值而设计一些与自己股票组合一致的合约。非标准合约能满足基金特定的要求，且给投资者提供多种期权选择渠道，从而受到市场欢迎。

（2）缺乏流动性。交易所内的期权交易由于有做市商作为中介，只要满足做市商报价要求，投资者发出的任何交易指令均能成交。而柜台交易由于缺乏做市商，某些交易指令由于缺乏交易对手而无法成交，因而其流动性较差。

（3）违约风险大，但交易方便。交易所的期权交易是交易所或做市商作为合约交易对手，清算所作为结算的对手，因而违约风险较小。而柜台期权合约的履行，主要依靠交易双方的信用，缺乏交易所内交易期权的内在制度约束，因而风险大。正因为如此，柜台交易对参与者的信用要求比较高，特别是对卖方的声誉有较高的要求，这样就排斥了大量的无法达到其信用要求的中小投资者。柜台交易正因为不需要专门的交易所及清算公司，其交易是买卖双方直接接触，这样交易及结算程序就大大简化了。

（4）信息不公开。由于柜台交易是买卖双方私下达成的，有关交易信息是不公开的，所以除了交易双方，其他人无法确切掌握交易的有关信息。从竞争战略和商业秘密的角度来讲，这一点对于大的基金管理人具有极为重要的意义，这也正是柜台交易具有强大生命力的原因之一。

11.3 期权交易

11.3.1 期权履约

期权的履约有以下三种情况：

（1）买卖双方都可以通过对冲的方式实施履约。

（2）买方也可以将期权转换为标的资产的方式履约（在期权合约规定的敲定价格水平获得一个相应的现货头寸）。

（3）任何期权到期不用，自动失效。如果期权是虚值，期权买方就不会行使期权，直到到期任期权失效。这样，期权买方最多损失所交的期权费。

11.3.2 期权费

前已述及期权费，即期权权利费，就是购买或售出期权合约的价格。对于期权的买方来说，为了换取期权赋予买方的一定权利，他必须支付一笔期权费给期权卖方；对于期权的卖方来说，他卖出期权而承担了必须履行期权合约的义务，为此他收取一笔期权费作为报酬。由于期权费是由买方负担的，是买方在出现最不利的变动时所需承担的最高损失金额，因此期权费也称为“保险金”。

11.3.3 期权交易原理

买进一定敲定价格的看涨期权，在支付很少一笔期权费后，便可享有买入相关标的资产的权利。一旦价格果真上涨，便履行看涨期权，以低价获得标的资产多头，然后按上涨的价格水平高价卖出相关标的资产合约，获得差价利润，在弥补支付的期权费后还有盈利。如果价格不但没有上涨，反而下跌，则可放弃或低价转让看涨期权，其最大损失为期权费。看涨期权的买方之所以买入看涨期权，是因为通过对相关基础资产市场价格变动的分析，认定相关基础资产市场价格较大幅度上涨的可能性很大，所以，他买入看涨期权，支付一定数额的期权费。一旦市场价格果真大幅度上涨，那么，他将会因低价买入期权而获取较大的利润，大于他买入期权所付的期权费数额，并最终获利；他也可以在市场上以更高的期权费价格卖出该期权合约，从而对冲获利。如果看涨期权买方对相关基础资产市场价格变动趋势判断不准确，一方面，如果市场价格只有小幅度上涨，买方可履约或对冲，获取一点利润，弥补期权费支出的损失；另一方面，如果市场价格下跌，买方则不履约，其最大损失是支付的期权费数额。

11.3.4 期权交易合约

当进行某种期权交易时，期权合约的内容实质上就是期权买卖双方所要遵守的规则。下面介绍期权合约的相关条款。

1）标的资产

期权的标的资产很多，常见的主要有股票期权、股票指数期权、外汇期权、利率期权等。

2）交易代码

每个期权合约的具体代号，通常以一些英文字母来表示，每个代码代表一类具体的期权合约。比如，芝加哥期货交易所小麦期货期权公开喊价交易的交易代码为：“WY”代表看涨期权，“WZ”代表看跌期权，而电子交易的代码为“OZW”。

3）合约价值

合约价值是指每张期权合约所代表的要交易的标的资产的数量。

4）最小变动价位

最小变动价位指每张期权合约或每一交易单位标的资产报价时所允许价格变动的最小值。比如，芝加哥期货交易所小麦期货期权的最小变动价位是每蒲式耳1/8美分（6.25美元/张）；香港交易所恒生指数期权的最小变动价位是每张合约1点（每点为10港元）。

对于股票期权而言，根据不同的股票市场价格，其最小变动价位不同。股票的价格越高，最小的变动价位越大。芝加哥期权交易所股票期权（每张合约100股）的最小变动价位是：当股票价格在5美元到25美元之间时，最小变动价为2.5美元；当股票价格在25美元到200美元之间时，最小变动价为5美元；当股票价格高于200美元时，最小变动价为10美元。

5）涨跌停板幅度

涨跌停板幅度是指期权合约的期权费每日的波动幅度高于或低于上一个交易日期权费结算价的限制。如果达到涨跌停板，就暂停交易，以防止价格暴涨暴跌。比如，芝加哥期货交易所交易的小麦期货期权涨跌停板幅度是每蒲式耳不超过上一交易日期权费结算价30美分。值得注意的是，有的期权合约没有涨跌停板限制，如韩国股票交易所的200种股票指数期权就没有涨跌停板限制。

从目前世界期权交易所的做法看，基本上有以下三种：一是期权标的资产交易本身不设涨跌停板，从而相应的期权交易也没有涨跌停板的规定。如伦敦金属交易所的金属期货交易、伦敦国际石油交易所的能源期货交易等。二是期权标的资产交易有涨跌停板的规定，但相应的期权交易没有涨跌停板的规定。如纽约商品期货交易所的铜期货交易和原油期货交易都有涨跌停板的规定，但其相应的期货期权交易均没有涨跌停板的规定。三是期权标的资产交易和期权本身交易都有涨跌停板的规定。如芝加哥期货交易所的大豆、豆油、小麦期货等，期货期权的涨跌停板幅度与期货的涨跌停板幅度相等。

6）执行价格

执行价格是指在期权合约中事先约定的在履行合约时期权买方买入或卖出标的资产的价格。其执行价格接近标的资产的市场价格。通常对于同一标的资产的期权合约来说，会设置几个不同的执行价格，而且随着市场的变动会设置新的执行价格。当然，执行价格不同，期权合约的期权费也就不一样。

7）合约月份

合约月份是指期权买卖双方执行期权合约的月份。期权交易的月份分为季度周期性月份、非季度周期性月份和循环月份。普通期权合约月份一般是季度周期性月份的3月、6月、9月、12月；芝加哥期货交易所玉米期货期权、堪萨斯城交易所的小麦期货期权、纽约商品期货交易所的高级铜等商品期货期权交易月份是非季度周期性月份的3月、5月、7月、9月、12月；股票期权及股票指数期权交易月份是循环月份，它们是在1月份、2月份或3月份的基础上的循环，也就是在其基础上再加3个月。1月份的循环包括1月份、4月份、7月份和10月份这4个月份；2月份的循环包括2月份、5月份、8月份和11月份这4个月份；3月份的循环包括3月份、6月份、9月份和12月份这4个月份。如果还没有到当前月份的到期日，则交易的期权合约包括当前月到期期权、下个月到期期权和当前月循环中的下两个月的期权。例如，在1月初，交易的期权到期月份为1月份、2月份、4月份和7月份。如果当前月份的期权到期日已过，则交易的期权合约包括下个月到期期权、再下个月份到期期权和该月循环中的下两个到期月的期权。例如，在1月末，交易的期权的月份是2月份、3月份、4月份和7月份。当某一期权到期时，则开始交易下一个月期权。

8）交易时间

交易时间是指期权交易所规定的期权交易的具体时间。期权的交易时间由其交易所自行规定，不同的交易所交易时间各不相同。例如，纽约商品期货交易所铜的交易时间为纽约时间上午9：25—下午2：00；芝加哥期货交易所长期国债期货期权的交易时间为芝加哥时间上午9：20—下午2：00；香港交易所恒生指数期权的交易时间为香港时间上午9：45—12：30及下午2：30—4：15。

9）期权合约的最后交易日

期权合约的最后交易日指期权合约的最终有效日期。在到期日之前，期权买方任何时候均享有合同规定的权利，而若超过这一天期权合约自动作废。对多数股票期权来说，期权合约的最后交易日精确的到期时间是到期月第3个星期五之后的星期六美国中部时间的23：59。一般情况下是该月的第3个星期六，但也有例外。如果该月的第一天是星期六，那么第3个星期五之后的星期六则是该月的第4个星期六。

每个交易所在进行期权合约设计时，可能会根据本交易所的具体情况在合约中增加或减少部分内容。

11.3.5 期权交易场所与清算场所

1）期权交易所

世界上许多交易所都可以进行期权交易，这些交易所主要分布在北美（以美国为主）、欧洲和亚洲，其中主要的期权交易所集中于美国和欧洲，其交易量占全球场内大部分交易。

世界上主要的期权交易所有美国芝加哥期权交易所、费城股票交易所、美洲股票交易所、纽约股票交易所、太平洋股票交易所、芝加哥商品交易所、芝加哥交易所、伦敦金融期货交易所和新加坡国际货币交易所等。

在交易所进行交易的期权种类较多，如股票期权、股票指数期权、利率期权及利率期货期权、货币期权及货币期货期权。

2）期权清算公司

期权清算公司的作用与期货交易中的清算所的作用相同。对于交易所交易的期权买方而言，期权清算公司作为卖方与其交易；对于期权卖方而言，期权清算公司作为买方与之达成交易。期权清算公司作为期权交易的中介，可以保证买卖双方履行期权合约，承担卖方信用风险的同时确保期权的卖方履行其义务。此外，期权清算公司还可降低期权买方执行合约的成本。

期权清算公司的作用还在于可大大降低期权买方或卖方寻找交易对手的成本，同时使期权买卖双方可以及时地退出期权头寸。例如，某一看涨期权买方买入期权后卖出所持看涨期权，由期权清算公司直接在该投资者户头上对冲其头寸，使该投资者户头上期权净头寸为零。

期权清算公司由交易所会员组成，非期权清算公司成员必须通过期权清算公司对其所持期权头寸进行清算。

期权的买方在买入期权合约时，必须在买入期权后的下一个营业日支付期权价格，该费用记入期权清算公司相应账户，并将其作为期权买方的交易保证金。

为防范信用风险，期权清算公司要求其会员交纳一定数量的保证金。期权清算公司会员在该公司开立相应保证金账户，以满足其履行期权义务的要求。同样，期权清算公司也要求通过它进行交易清算的客户开立相应的保证金账户，以保证其履约。期权交易的经纪人要求期权卖方开立相应保证金账户，以保证期权卖方履行义务。通过上述一层层的保证金要求的安排，可以防范卖方违约风险，使期权交易顺利进行。

如果期权的买方执行所买入的期权合约，首先由该期权合约买方对其经纪人发出执行期权的通知，由经纪人对与其相关的期权清算公司会员发出执行期权的通知，该会员转而向期权清算公司发出执行期权指令。期权清算公司随后随机选择该期权某个尚未抵补卖方头寸的期权卖方会员，由该会员按照事先确定的顺序来选择该期权的卖方。对看涨期权而言，期权卖方应当按期权协定价交割期权相关资产。如果该看涨期权的卖方不能履行交割期权相关资产的义务，则由清算公司保证该期权买方能够顺利地执行该期权，即按协定价买入期权相关资产。对看跌期权而言，由清算公司保证该期权买方按协定价卖出期权相关资产。

在期权到期日，除非执行期权不能获利，凡实值期权买方均应执行该期权。当个人投资者及机构投资者所持期权的内在价值大于一定限度时，清算公司自动执行相应期权。

11.3.6 期权交易与期货交易的关系

期权交易与期货交易之间既有联系又有区别。

1）期权交易与期货交易的联系

（1）两者均是以买卖标准化合约为特征的交易。

（2）在价格关系上，期货市场价格对期权交易合约的敲定价格及期权费确定均有影响。一般来说，期权交易的敲定价格是以期货合约所确定的远期买卖同类商品交割价为基础，而两者价格的差额又是期权费确定的重要依据。

（3）期货交易是期权交易的基础交易内容。期货交易越发达，期权交易的发展就越具有基础，因此，期货市场发育成熟和规则完备为期权交易的产生和发展创造了条件。期权交易的产生和发展又为套期保值者和投机者进行期货交易提供了更多可选择的工具，从而扩大和丰富了期货市场的交易内容。

（4）期货交易可以做多做空，交易者不一定进行实物交收。期权交易同样可以做多做空，买方不一定要实际行使这个权利，只要有利，也可以把这个权利转让出去。卖方也不一定非履行不可，而可在期权买入者尚未行使权利前通过买入相同期权的方法来解除所承担的责任。

（5）它们都是在有组织的场所——期货交易所或期权交易所内进行交易。由交易所制定有关的交易规则、合约内容，由交易所对交易时间、过程进行规范化管理。

（6）两者的场内交易都采用标准化合约方式。由交易所统一制定其交易数量、最小变动价位、涨跌停板、合约价值、合约月份等标准。期权合约的月份与合约价值大都参照相应的期货合约，以方便交易。

（7）由于期权的标的物可以为期货合约，因此期权履约时买卖双方会得到相应的期货头寸。

（8）两者都由统一的清算机构负责清算，清算机构对交易起担保作用。清算所都是会员制，清算体系采用分级清算的方式，即清算所只负责对会员名下的交易进行清算，而由会员负责其客户的清算。有的期权由相应的期权交易所进行清算。

（9）两者都具有杠杆作用。交易时只需交相当于合约总额的很小比例的资金（保证金和期权费），能使投资者以小博大，因而成为投资和风险管理的有效工具。

2）期权交易与期货交易的区别

期权交易与期货交易也存在许多不同之处，主要体现在以下几点：

（1）期权的标准化合约与期货的标准化合约有所不同。在期货合约中，买卖的载体是标的资产，唯一的变量是期货合约的价格；而在相应的期权合约中，载体可以是标的资产，也可以是期货合约。

（2）买卖双方的权利与义务不同。在期货交易中，期货合约的买卖双方都有相应的权利和义务，在期货合约到期时双方都有履行平仓或交割的义务，并且大多数交易所是采用卖方申请交割的方式，即卖方决定在哪个注册仓库交割，买方在货物交割地点的决定上没有选择。而在期权交易中，期权的买方有权确定是执行权利还是放弃权利；卖方只有义务按买方的要求去履约，买方放弃此权利时卖方才不执行合约。

（3）履约保证金规定不同。期货交易的买卖双方都要交付保证金。期权的买方成交时支付了期权费，他的最大损失就是期权费，所以他不必交纳保证金；而期权的卖方收取期权费，出卖了权利，他的损失可能会很大，所以期权的卖方要支付保证金，且随价格的变化有可能要追加保证金。

（4）两种交易的风险和收益有所不同。期货交易的买卖双方风险和收益结构对称，而期权交易的买卖双方风险和收益结构不对称。

3）期权交易与期货交易选择策略

在选择投资和保值工具时，可以考虑以下几点：

（1）如果投资者非常肯定今后的价格走势将上升（或下降），应该选择期货交易方式，而不应做期权交易，否则将白白损失支付的期权费。

（2）如果投资者非常肯定价格基本持稳，则可通过卖出期权获取期权费，此时做期货交易可能无利可图。

（3）如果投资者确信价格将上涨，但同时又担心价格会不变甚至下降，则最好买入看涨期权，能充分利用期权的杠杆作用；同理，如果相信价格将下跌，但同时又担心价格会不变甚至上涨，则最好买入看跌期权。

（4）如果投资者肯定价格会大幅度上下波动，但不知道价格波动方向，则最佳策略是同时买入看涨期权和看跌期权。

（5）投资者可用期权作为期货头寸的跟踪止损措施。例如，期货多头成交价为50美元，当期货价上升为55美元时，投资者可以买进一份执行价为55美元的看跌期权作为止损措施，若期货价格继续上涨，投资者可以将先前的看跌期权平仓，买进另一更高执行价格的看跌期权，如此就可实现跟踪止损。若期货价格上涨，投资者可放心地等待获大利，因为投资者不必担心价格下降，即使下降，也可以以较高看跌期权执行价格将期货平仓。

总之，期货交易策略最好在牛市、熊市中采用，在市场整理阶段则难以操作。而期权在任何市场条件下均可采用，牛市、熊市、持稳市场、略有上扬及略有下跌的市场的各种条件下都可选择不同的期权投资方式，另外，如上所述，期权还可以用来控制期货投资的风险。

11.3.7 主要期权合约介绍

1）芝加哥期货交易所小麦期货期权合约

表11-3为芝加哥期货交易所小麦期货期权合约。

表11-3 芝加哥期货交易所小麦期货期权合约

交易代码	公开叫价；看涨期权WY；看跌期权WZ 电子交易；OZW
合约价值	一张芝加哥期货交易所5 000蒲式耳的小麦期货合约
最小变动价位	每蒲式耳l/8美分（每张合约6.25美元）
执行价格间距	前两个月份为5美分/蒲式耳；其他月份为10美分/蒲式耳。在交易开始时,公布1个平价期权、5个实值期权和5个虚值期权
每日价格最大波动限制	每蒲式耳不高于或低于上一交易日期权费结算价30美分（每张合约 1 500美元）
合约月份	3月、5月、7月、9月、12月
交易时间	公开叫价；周一至周五上午9：30—下午1：15 电子交易；周六至周日上午8：30—下午6：00（芝加哥时间）
最后交易日	距相应小麦期货合约第一通知日至少2个营业日之前的最后1个星期五
履约日	期货期权的买方可在到期日之前的任一营业日执行合约,但需在芝加哥时间下午6：00向芝加哥清算公司提出。最后交易日处于实值状态的期权头寸将被自动执行
合约到期日	最后交易日后的第一个星期六上午10：00（芝加哥时间）

2）芝加哥期权交易所利率期权合约

表11-4为芝加哥期权交易所利率期权合约。

表11-4 芝加哥期权交易所利率期权合约

交易代码	13星期债券：IRX 5年债券：FVX 10年债券：TNX 30年债券：TYX
标的资产	IRX是以最近拍卖的13星期美国短期债券的贴现率为基础的债券。新的短期债券的替代是在每星期拍卖后的第一个交易日，一般是星期一 FVX、TNX和TYX各自是以最近拍卖的5年、10年中期债券和30年长期债券的有效利率为基础的债券
执行价格间距	2.5点，每一间距点代表100美元
合约月份	IRX：3个连续近期月份，加上两个季度周期性月份（即3月份、6月份、9月份、12月份中的两个） FVX、TNX、TYX：3个连续近期月份，加上3个季度周期性月份
合约到期日	合约月份的第三个星期五之后的那个星期六

续表

乘数	100美元
期权类型	欧式期权
结算价格	利率期权的结算价格等于纽约联邦储备银行最后交易日中部时间下午2：30所报的“即期生息”（即期生息指的是最近发放的短期债券的年度化的贴现率,或最近发放的中期债券或长期债券的有效利率）利率。期权盈亏等于执行价格减结算价格乘以100美元
最后交易日	利率期权交易通常终止于合约到期日的前一个开市日（通常是星期五）
交易时间	美国中部时间（芝加哥时间）上午7：20—下午2：00

3）上海证券交易所上证50ETF期权合约

表11-4为上海证券交易所上证50ETF期权合约。

表11-4 上海证券交易所上证50ETF期权合约

合约标的	上证50交易型开放式指数证券投资基金（“50ETF”）
合约类型	认购期权和认沽期权
合约单位	10 000份
合约到期月份	当月、下月及随后两个季月
行权价格	5个（1个平值合约、2个虚值合约、2个实值合约）
行权价格间距	3元或以下为0.05元，3元至5元（含）为0.1元，5元至10元（含）为0.25元，10元至20元（含）为0.5元，20元至50元（含）为1元，50元至100元（含）为2.5元，100元以上为5元
行权方式	到期日行权（欧式）
交割方式	实物交割（业务规则另有规定的除外）
到期日	到期月份的第四个星期三（遇法定节假日顺延）
行权日	同合约到期日，行权指令提交时间为9:15-9:25，9:30-11:30，13:00-15:30
交收日	行权日次一交易日
交易时间	9:15-9:25，9:30-11:30（9:15-9:25为开盘集合竞价时间） 13:00-15:00（14:57-15:00为收盘集合竞价时间）
委托类型	普通限价委托、市价剩余转限价委托、市价剩余撤销委托、全额即时限价委托、全额即时市价委托以及业务规则规定的其他委托类型
买卖类型	买入开仓、买入平仓、卖出开仓、卖出平仓、备兑开仓、备兑平仓以及业务规则规定的其他买卖类型
最小报价单位	0.0001元
申报单位	1张或其整数倍
涨跌幅限制	认购期权最大涨幅＝max｛合约标的前收盘价×0.5%，min［（2×合约标的前收盘价－行权价格），合约标的前收盘价］×10%｝ 认购期权最大跌幅＝合约标的前收盘价×10% 认沽期权最大涨幅＝max｛行权价格×0.5%，min［（2×行权价格－合约标的前收盘价），合约标的前收盘价］×10%｝ 认沽期权最大跌幅＝合约标的前收盘价×10%
熔断机制	连续竞价期间，期权合约盘中交易价格较最近参考价格涨跌幅度达到或者超过50%且价格涨跌绝对值达到或者超过5个最小报价单位时，期权合约进入3分钟的集合竞价交易阶段

续表

开仓保证金最低标准	认购期权义务仓开仓保证金＝［合约前结算价+max（12%×合约标的前收盘价-认购期权虚值，7%×合约标的前收盘价）］×合约单位 认沽期权义务仓开仓保证金＝min［合约前结算价+max（12%×合约标的前收盘价-认沽期权虚值，7%×行权价格），行权价格］×合约单位
维持保证金最低标准	认购期权义务仓维持保证金＝［合约结算价+max（12%×合约标的收盘价-认购期权虚值，7%×合约标的收盘价）］×合约单位 认沽期权义务仓维持保证金＝min［合约结算价+max（12%×合标的收盘价-认沽期权虚值，7%×行权价格），行权价格］×合约单位

本章小结

期权（options）是一种选择权，期权的买方向卖方支付一定数额的期权费后，就获得这种权利，即拥有在一定时间内以一定的价格（执行价格）出售或购买一定数量的标的物（实物商品、证券或期货合约）的权利。

期权的功能：（1）资产风险管理；（2）风险转嫁，期权的显著功能是将风险从一个投资者转嫁给另一个投资者；（3）金融杠杆，期权交易有显著的杠杆作用；（4）创造收益，期权投资可以为投资者带来很可观的收益。

构成期权的要素有很多，主要包括期权交易双方、执行价格、期权费、履约保证金、期权的数量、期权的基础金融资产等。

执行价格，又称协定价格、行权价格、履约价格、敲定价格，是期权合约中事先确定的买卖标的资产的价格，即期权买方在执行期权时进行标的资产买卖所依据的价格。

期权费即期权的价格，是期权买方为了获取期权权利而必须向期权卖方支付的费用，是期权卖方承担相应义务的报酬。期权费是买卖双方竞价的结果。期权费的大小取决于期权的价值，而期权的价值取决于期权到期月份、所选择的执行价格、标的资产的波动性以及利率等因素，投资者在竞价时会考虑这些因素对期权价值的影响。而期权价值的确定，也就是计算期权费，是十分复杂的，它是整个期权理论的核心。

按期权性质或所赋予的权利，期权可以分为看涨期权、看跌期权和双向期权。看涨期权（call option），又称买权、买入选择权、认购期权、多头期权，是指期权的买方享有在规定的有效期限内按某一具体的敲定价格买进某一特定数量的相关商品期货合约的权利，但不同时负有必须买进的义务。看跌期权（put option），又称卖权、卖出选择权、认沽期权、空头期权，是指期权的买方享有在规定的有效期限内按某一具体的敲定价格卖出某一特定数量的相关商品期货合约的权利，但不同时负有必须卖出的义务。

按执行时间的不同，期权主要可分为两种：欧式期权和美式期权。欧式期权是指只有在合约到期日才被允许执行的期权，期权的购买方只有在期权合约期满日（即到期日）到来之时才能执行其权利，既不能提前，也不能推迟。美式期权是指可以在成立后有效期内任何一天被执行的期权，期权购买方可于合约有效期内任何一天执行其权利的期权形式。

按期权当时的市价与协议价的大小关系不同，期权可分为实值期权、虚值期权和平价期权，或称溢价期权、损价期权和平价期权，有时也叫有利可图期权、无利可图期权和两平期权。实值期权，即有利可图期权，具有正内涵价值，即如果期权立即执行，买方能够获利时的期权。虚值期权，即无利可图期权，与有利可图期权恰好相反，具有负内涵价值，即如果期权立即执行，买方发生亏损时的期权。平价期权又称两平期权，不具有内涵价值，即当期权标的资产的市场价格等于期权的执行价格时的期权。

按期权的标的物划分，期权可分为股票期权、外汇期权、利率期权、期货期权等。

期权交易与期货交易的区别在于：(1) 期权的标准化合约与期货的标准化合约有所不同；(2) 买卖双方的权利与义务不同；(3) 履约保证金规定不同；(4) 两种交易的风险和收益有所不同。

关键概念

期权　期权买方　期权卖方　执行价格　期权费　看涨期权　看跌期权　欧式期权　美式期权　实值期权　虚值期权　平价期权

综合训练

11.1　填空题

1）期权常见的类型是________和________。

2）在期权中，付给期权卖方的价格即为________。

3）按执行时间的不同，期权分为________和________。

11.2　单项选择题

1）(　　) 可以在到期日前任何一天行使。

A.欧式期权　　B.看涨期权　　C.美式期权　　D.看跌期权

2）期权的最大特征是 (　　)。

A.风险与收益的对称性

B.卖方有执行或放弃执行期权的选择权

C.风险与收益的不对称性

D.必须每日计算盈亏

3）下列期权中，属于实值期权的是 (　　)。

A.行权价为300，标的资产市场价格为350的看涨期权

B.行权价为350，标的资产市场价格为300的看涨期权

C.行权价为300，标的资产市场价格为350的看跌期权

D.行权价为300，标的资产市场价格为300的看涨期权

4）以下说法正确是 (　　)。

A.欧式期权的买方可在到期日前任何时间执行该期权

B.百慕大期权的买方可在到期日前任何时间执行该期权

C.美式期权的买方可在到期日前任何时间执行该期权

D.美式期权的卖方可享受执行期权的权力，但不必承担执行期权的义务

5）看涨期权的空头，拥有在一定时间内 (　　)。

A.买入标的资产的权利

B. 卖出标的资产的权利

C. 买入标的资产的潜在义务

D. 卖出标的资产的潜在义务

11.3 多项选择题

1）标识一期权必须确定的内容有（　　）。

A. 标的资产　　B. 期权时间价值

C. 期权到期日　　D. 期权敲定价

2）投资者在投资组合中加入期权产品的原因可能有（　　）。

A. 利用期权高杠杆功能

B. 利用期权具有有限损失的特性

C. 实现风险转移

D. 降低交易成本

3）按照买方权利划分，期权可以分为（　　）。

A. 现货期权　　B. 期货期权

C. 看涨期权　　D. 看跌期权

11.4 问答题

1）期权有哪些构成因素？

2）期权有哪些功能？

3）期权按当时的市价与协议价的大小关系不同划分，可分为哪几类？

4）特种期权主要有哪几种？

5）期权交易与期货交易是什么关系？

知识拓展11-1
上海期货交易所
期权投资者适当
性业务要点

第12章

期权定价理论

学习目标

通过本章的学习，了解期权的定价公式；知道期权价值可分为内在价值和外在价值；了解期权价格的影响因素；掌握期权的B-S定价方法；了解欧式和美式期权价格上下限；掌握欧式看涨看跌期权平价公式。

12.1 期权价格概述

12.1.1 期权定价概述

在所有的金融工程工具中，期权是一种非常独特的工具。因为期权给予买方一种权利，使买方既可以避免不利风险又可以保留有利风险，所以期权是防范金融风险的最理想工具。但要获得期权这种有利无弊的工具，就必须支付一定的费用，即期权价格。

期权和其他金融工程工具不同的地方在于它的不确定性。期权的持有者有执行期权的权利，但没有执行期权的义务。这就意味着期权的出售方无法预料期权在将来会不会被执行，从而也无法确定会不会产生相应的基础资产交易。

在这种不确定条件下，如果期权的定价像其他金融衍生产品的定价那样，通过设计某种无风险保值方案来确定其合理价格就有一定的难度。一般有两种方法来处理这种不确定性：一种方法是对基础资产在期权有效期内的价格变动做出假定，进而估计期权到期时的预期价格。利用这种方法对期权定价就是著名的布莱克-斯科尔斯期权定价模型。另一种方法是在出售期权时，设计一种无风险保值方案，然后根据基础金融资产市场价格的变化，对这种保值方案不断进行调整，直至期权到期。这种方法就是所谓的“双向式模型”或称“二项式模型”。

12.1.2 期权的价值构成

毫无疑问，期权价格受其标的资产价格的影响。期权执行价格与标的资产当前价格的关系用内在价值来表示，与标的资产未来价格的关系用外在价值来表示。一般认为期权费由两部分组成：内在价值和外在价值。

1）内在价值

内在价值（intrinsic value），是指期权按协定价格被执行时，期权所具有的价值。一般大于零。

看涨期权的内在价值=max{基础金融资产的市场价格-期权协定价格，0}　(12-1)

看跌期权的内在价值=max{期权协定价格-基础金融资产的市场价格，0}　(12-2)

2）外在价值

外在价值（extrinsic value），也叫时间价值（time value），即期权费减去内在价值后的余值。

在实务中，所有期权的出售方都要求买方支付的期权费高于期权的内在价值。原因在于：期权的非对称性表明期权卖方具有亏损的无限性和盈利的有限性特征，需要对卖方所承担的风险予以补偿。

在协定价格一定的条件下，时间价值的大小与期权有效期限的长短成正比，期权距到期的时间越长，金融资产市场价格发生变化的可能性越大，期权的时间价值就越大；反之，期权越临近到期日，时间价值就越小。

12.1.3 期权价格的影响因素

本书通过股票来对期权价格进行分析。

对于不分红的股票期权来说，期权的价格会受到以下因素的影响：股票现价、执行价格、到期期限、股票价格的波动率、无风险利率、期权有效期、预计发放的红利等。

在此，考虑当这些因素之一发生变化而其他因素保持不变时期权价格的变化。

1）股票现价

由于期权是以标的资产为基础而产生的衍生产品，股票现价成为确定期权发行价格及其交易价格走势的最主要因素。通常，期权发行时的股票价格越高，看涨（跌）期权的发行价格也就越高（低）。类似地，期权发行后随着正股价格的上升（下跌），看涨期权的二级市场交易价格相应上升（下跌）；而看跌期权的交易价格走势则刚好相反，随正股价格的上升（下跌），看跌期权的交易价格相应下跌（上升）。但上述分析只能在一定范围内成立，因为期权（发行或交易）价格的上涨，意味着期权投资成本向正股的投资成本趋近，其回报率会变小，期权会逐渐失去其高杠杆特性。

2）执行价格

期权所约定的执行价格越高，意味着该执行价格可能与看涨（跌）期权发行或交易时的股票现价之间的价差空间越小（大），则该期权持有人未来行使期权认购（售出）正股所获利润空间越小（大）。故执行价格越高的认购（沽）期权，其发行或交易价格往往越低（高）。

3）到期期限

当期权的有效期限增加时，美式看跌期权和看涨期权的价值都会增加。为了说明这一点，考虑其他条件相同但只有到期日不同的两个期权，则有效期长的期权其执行的机会不仅包含了有效期短的那个期权的所有执行机会，而且它的获利机会会更多。因此有效期长的期权的价值总是大于或等于有效期短的期权价值。

随着有效期的增加，欧式看跌期权和欧式看涨期权的价值并不一定必然增加。这是因为有效期长的期权的执行机会并不一定包含有效期短的期权的所有执行机会。有效期长的期权只能在其到期日执行。考虑同一股票的两个欧式看涨期权，一个到期期限为1个月，另一个到期期限为2个月。假定，预计在6周后将支付大量的红利。红利会使股票价格下降。这就有可能使有效期短的期权的价值超过有效期长的期权的价值。

4）波动率

简单地说，股票价格的波动率用来衡量未来股票价格变动的不确定性。随着波动率的增加，股票上升很高或下降很低的机会也随之增加。对于股票的持有者来说，这两种变动趋势将互相抵消。但对于看涨期权或看跌期权的持有者来说，则不是这样。看涨期权的持有者从股价上升中获利，当股价下跌时，由于他或她的最大损失就是期权费，所以他仅有有限的损失。与此类似，看跌期权的持有者从股价下跌中获利，当股价上升时，仅有有限的损失。因此，随着波动率的增加，看涨期权和看跌期权的价值都会增加。

5）无风险利率

无风险利率对期权价格的影响不是那么直接。当整个经济中的利率增加时，股票价格的预期增长率也倾向于增加。然而，期权持有者收到的未来现金流的现值将减少。这两种影响都将减少看跌期权的价值。因此随着无风险利率的增加，看跌期权的价格将减少。而对于看涨期权来说，前者将增加看涨期权的价格，而后者将倾向于减少看涨期权的价格。可以证明，对看涨期权来说，前者的影响将起主导作用，即随着无风险利率的增加，看涨期权的价格总是随之增加。

需要强调的是，所有这些结果都建立在其他变量保持不变的基础上。尤其是当利率上升（或下降）时，股票价格也将下降（或上升）。若考虑利率变化和随之而来的股价变化的效应，则可能会得出与上面相反的结论。

6）预期红利

在除息日后，股票的价格将降低。对于看涨期权的价值来说这是一个坏消息，而对于看跌期权的价值来说则是一个好消息。因此看涨期权的价值与预期红利的大小成反向变动，而看跌期权的价值与预期红利的大小成正向变动。

必须指出的是，期权的价格往往还要受期权的市场供求、发行人业绩等因素影响。

用表12-1来表示这些因素对期权价格的影响。

表12-1 期权价格与相关因素的关系

因素	看涨期权价格	看跌期权价格
股票现价越高	越高	越低
有效期越长	越高	越高
到期日越近	越低	越低
执行价格越高	越低	越高
波动率越大	越高	越高
无风险利率越高	越高	越低
预期红利越高	越低	越高

12.1.4 期权定价模型

目前期权定价模型主要有两种：布莱克-斯科尔斯模型和二项式模型。

12.2 布莱克-斯科尔斯（B-S）模型

12.2.1 期权定价理论概述

1900年以前，在美国与欧洲已大量存在权证（类似期权）。当时的权证一般期限都长，有的权证还是无限期的。从1970年4月13日开始期权在纽约证交所交易。

股票期权和权证相比则要晚许多，虽然股票期权在场外交易的时间也很久，但第一只全美标准化的期权合约交易是从1973年芝加哥期权交易所的看涨期权开始的。

人们开始研究期权的定价理论最早可以追溯到1900年，法国一位数学家路易斯·巴彻利尔（Louis Bachelier）在其所写的博士论文《投机理论》中，用"公平赌博"的方法（fair game approach），假设股票的价格满足布朗运动，推导出期权的定价公式。但他的工作并没有引起金融界的重视。在其后半个多世纪里，期权定价理论进展甚微。直到1956年，保罗·萨缪尔森发现了巴彻利尔的论文，并大力宣扬，人们才对巴彻利尔的理论有所了解，并且许多人对期权定价产生了兴趣，先后有许多经济学家投入其中，他们包括R.Kruizenga（1956年）、Sprenkle（1961年）、Ayres（1963年）、Boness（1964年）、Samuelson（1965年）、Thorp和Kassouf（1967年）、Samuelson和Merton（1969年）、Andrew H.Y.Chen（1970年），这些人对期权作了深入的研究，并且做出了卓越的成绩。当然，他们的公式也有这样那样的缺点，其中主要是这些公式中存在着多个参数，并且这些参数在现实中很难确切地估计出来，因此影响了其在现实中的应用。

1973年，Fischer Black和Myron Scholes发表了著名的论文《期权定价和公司财务》，提出了欧式看涨期权的定价公式，解决了困扰经济学家半个多世纪的难题。在这篇文章中，Black和Scholes把期权和股票看涨期权进行了区分，他们认为欧式看涨期权是种类繁多的股票期权中最为简单的一种，也是最便于研究的一种，而期权虽说可以近似地看作股票的看涨期权，但实际期权比股票看涨期权要复杂得多。因此Black、Scholes首先从最简单的股票期权——欧式看涨期权入手，得出了欧式看涨期权的B-S公式，然后Black在B-S公式的基础上推导出期权的定价公式。

Black、Scholes之后，人们回过头来再看B-S期权公式之前的期权定价公式，发现人们所研究的这些期权的定价公式其实应该是股票看涨期权的定价公式，在这些期权定价的研究中，人们一般忽视了期权复杂的条款，也没有考虑发行新股的稀释效应。

由于上述原因，本书在回顾1973年之前的期权定价理论时就把这一时期的期权定价理论——不考虑期权复杂的条款，也不考虑稀释效应，作为期权早期定价理论来考虑。

由于B-S期权公式理论的完善和实用性，人们对其进行了更深入的研究，现在其假设条件已被大大拓宽了，也更加接近于现实，并且人们把B-S期权公式应用到各种标的资产，得到了众多期权公式：股票指数期权、货币期权、期货期权等。对期权定价理论的研究，现在人们一般是建立在B-S期权公式之上的。

12.2.2 期权定价理论的发展

1）早期的期权定价理论

进行早期期权定价理论研究的，主要有Bachelier、Sprenkle、Bonessz、Samuelson和Trorp、Kassouf等，下面简单介绍一下他们的研究成果。

在介绍之前，为了叙述方便，先规定一些符号，以后如不特别说明，便不加改动。

S_0：股票初始价格

S：股票现价

S_T：在T时刻股票的价格

K：期权的执行价格

T：期权的到期时间

t：现在的时间

r：在T时刻到期的投资的无风险收益率

C：购买一股股票的欧式看涨期权的价值

σ：股票价格的波动率

$N(.)$：积累正态分布函数（其中$n(.)$为正态分布的密度函数）

根据定义，积累正态分布函数的函数表达式是：

$$N(d)=\frac{1}{\sqrt{2\pi}}\int_{-\infty}^{d} e^{\frac{x^2}{2}}\mathrm{dx} \tag{12-3}$$

知道了参数d，我们可以通过查表得到累积正态分布函数$N(d)$的值。

这些公式都应有以下假设：

（1）没有交易费。

（2）可以按无风险利率借入或贷出资金。

对期权定价理论进行开创性研究的学者是法国的Bachelier。1900年，在其博士论文中，他推导出了期权的解析估评公式。当然这是在一定的假设条件下得到的，这些条件包括：股票价格满足布朗运动；股票的收益率服从正态分布；期权的有效期内不付红利。该公式的不足之处是它允许有负的股票价格和期权价格，这显然和实际是不相符合的，而且该公式没有考虑货币的时间价值。由于其理论的不完备，计算结果的不准确，再加上当时市场的不发达，因此该定价公式在当时并没有引起人们的重视。其解析式为：

$$C=SN\left(\frac{S-K}{\sigma\sqrt{T-t}}\right)-KN\left(\frac{S-K}{\sigma\sqrt{T-t}}\right)+\sigma\sqrt{T-t}\,n\left(\frac{K-S}{\sigma\sqrt{T-t}}\right) \tag{12-4}$$

之后，很少有人关心Bachelier和他的论文，直到1956年为保罗·萨缪尔森所发现，在他的大力宣扬下，人们才对Bachelier的理论有所了解，并且许多人对期权的定价产生了兴趣。1961年，Sprenkle最先对Bachelier的定价公式进行重大修正，Sprenkle假设股票价格的动态过程满足几何布朗运动而非Bachelier所认为的布朗运动，并且引进了漂移度，这样他便消除了负的股票价格，并且允许人们有风险厌恶。在这些条件下，Sprenkle得出如下不付红利的期权定价公式：

$$C=e^{\rho(T-t)}SN(d_1)-(1-A)KN(d_2) \tag{12-5}$$

其中，ρ为股票价格的平均增长率；A为对风险的厌恶程度。

$$d_1=\frac{1}{\sigma\sqrt{T-t}}\left[\ln\frac{S}{K}+\left(\rho+\frac{1}{2}\sigma^2\right)(T-t)\right] \tag{12-6}$$

$$d_2=d_1-\sigma\sqrt{T-t} \tag{12-7}$$

Sprenkle的期权定价公式在理论上比Bachelier的定价公式前进了一步，他假设股票价格满足动态的几何布朗运动，较之Bachelier的假设更接近于现实，但正如从该公式中看到的那样，要想计算期权的价格，必须先对股票价格的平均增长率和对应的风险厌恶程度的参数ρ、A进行估计，这便大大减少了该公式的实际用途，因为这些参数很难估计。Sprenkle也曾试图估计这些参数的值，但并没有成功。

1963年，Boness把货币的时间价值引入期权定价，Boness利用股票的期望收益率，通过将到期股票的价格贴现来计算货币的时间价值，在假设股票价格满足几何布朗运动的前提下，提出不付红利的期权定价公式为：

$$C=SN(d_1)-Ke^{-\rho(T-t)}N(d_2) \tag{12-8}$$

其中，ρ为股票期望收益率。

$$d_1=\frac{1}{\sigma\sqrt{T-t}}\left[\ln\frac{S}{K}+\left(\rho+\frac{1}{2}\sigma^2\right)(T-t)\right] \tag{12-9}$$

$$d_2=d_1-\sigma\sqrt{T-t} \tag{12-10}$$

观察Boness公式，它和B-S期权定价公式已十分相似，区别只是B-S公式用r（无风险收益率）代替了ρ（股票收益率）。ρ这个系数是需要事先估计的，但估计它是件困难的事。

同样Samuelson在考虑货币的时间价值的情况下，假设股票价格满足几何布朗运动的前提，于1965年得到了不付红利的期权定价公式：

$$C=Se^{-(\rho-\alpha)(T-t)}N(d_1)-Ke^{-\alpha T}N(d_2) \tag{12-11}$$

其中，ρ表示股票价格的平均增长率；α表示期权的平均增长率。

$$d_1=\frac{1}{\sigma\sqrt{T-t}}\left[\ln\frac{S}{K}+\left(\rho+\frac{1}{2}\sigma^2\right)(T-t)\right] \tag{12-12}$$

$$d_2=d_1-\sigma\sqrt{T-t} \tag{12-13}$$

和前面的期权的定价公式相同，这个公式中有两个参数ρ、α是需要事先估计的，而要估计这两个参数的值也是困难的。

1969年，在另一篇文章中，Samuelson和Merton提出把期权价格当作股票价格的函数来看待的期权估价理论，他们意识到，贴现率至少有一部分应该由持有股票和期权的投资者来决定，但他们的公式最终依赖于一个“典型”投资者假定的效用函数，而这个效用函数是需要估计的。

Thorp和Kassouf在1967年给出了期权的一个公式，其方法有开创性意义。在这个公式的推导中，他们构造了一个头寸，这个头寸通过买入一项资产和卖出另一项资产来构成。然而Thorp和Kassouf没有意识到在无套利的情况下，对冲头寸的期望收益一定是无风险资产的收益。Black和Scholes意识到了这一点的重要性，并在其他人的基础上推导出B-S期权定价公式，然后得到期权的定价公式。

2）B-S模型

（1）假设条件

B-S模型假设期权是单个不确定性的函数，也就是标的资产价格的函数，利用标的资产和期权的一种组合，Black和Scholes构造了一个无风险对冲，使得它能导出一个解析公式。

这一模型提供了股票的欧式期权的无套利价值，它是股票价格S、协定价K、到期日T、无风险利率r和股票价格的波动率σ的函数。这个模型除波动率以外，只涉及可观测的变量，它已经成为交易者和做市商的基准。它还通过形成市场参与者可接受的崭新的定价技巧，为快速成长的期权、权证市场做出了贡献。

B-S期权公式主要应用于欧式看涨期权。其假设条件如下：

①股票价格遵循μ和σ为常数的随机过程。

②允许使用全部所得卖空衍生证券。

③没有交易费用或税收，所有证券都是高度可分的。

④在衍生证券的有效期内没有红利支付。

⑤不存在套利机会。

⑥证券交易是连续的。

⑦无风险利率r为常数且对所有到期日都相同。

有些假设条件可以放松，比如μ、r和σ可以是t的函数。

（2）布朗运动（维纳过程）介绍

布朗运动是马尔科夫随机过程的一种特殊形式。

①基本维纳过程

如果一个随机变量z的行为满足：

$$dz=\varepsilon\sqrt{dt} \tag{12-14}$$

那么，z遵循维纳过程，其中ε为从标准正态分布即$\varepsilon \sim N$（0，1）中随机抽取的一个随机值。

设B（t）是标准布朗运动，一般称X（t）$=B$（t）$+\mu t$为有漂移的布朗运动，其中常数μ称为漂移系数。容易看出，有漂移的布朗运动是一个以速率μ活动的过程。

②一般化维纳过程

变量X的一般化维纳过程用dz定义如下：

$$dX = adt + bdz \tag{12-15}$$

其中，a为漂移率的期望值，b为方差率的期望值。

③伊藤（Ito）过程

如果布朗运动的期望漂移率和方差率并非固定不变，而是随时间的变化而变化，那么，可以得出伊藤过程：

$$dX = a(X,t)dt + b(X,t)dz \tag{12-16}$$

（3）股票价格行为

我们总假定股票价格遵循一般化的维纳过程，即具有不变的期望漂移率和方差率，也就是投资者要求来自股票的期望百分比收益与股票价格无关。

期望漂移率为常数的假设显然是不恰当的，需要修正。假设以股票价格的比例表示的期望漂移为常数，意味着如果股票价格为S，S的期望漂移率为μS，μ为某一恒定参数。因此，在短时间间隔Δt后，S的增长期望值为$\mu S\Delta t$，参数μ是股票的期望收益率。

假设无论股票价格如何，短时间Δt后的百分比收益率的方差保持不变。设σ^2为股票价格比例变化的方差率，即$\sigma^2\Delta t$是Δt时间后股票价格比例变化的方差，$\sigma^2S^2\Delta t$是经过Δt后股票价格的实际变化的方差。因此，S的瞬态方差率为σ^2S^2。因此，S可以用瞬态期望漂移率为μS和瞬态方差率为σ^2S^2的Ito过程来表示：

$$dS=\mu Sdt+\sigma Sdz \tag{12-17}$$

这便是我们一般认为的股票价格S所遵循的随机过程。

它还可以转化为$\frac{dS}{S}=\mu dt+\sigma dz$，变量$\sigma$称为股票价格波动率，变量$\mu$为股票价格的预期收益率。

$\frac{dS}{S}=\mu dt+\sigma dz$有时也称为几何布朗运动，该模型的离散形式为：

$$\frac{dS}{S}=\mu\Delta t+\sigma\varepsilon\sqrt{\Delta t} \tag{12-18}$$

该方程式左边是短时间Δt后股票的收益比。$\mu\Delta t$项是这一收益的期望值，而$\sigma\varepsilon\sqrt{\Delta t}$项是收益的随机部分。随机部分的方差（也是整个收益的方差）为$\sigma^2\Delta t$。

同时，该方程式也表明$\frac{dS}{S}$是均值为$\mu\Delta t$、标准差为$\sigma\sqrt{\Delta t}$的正态分布，即

$\frac{\Delta S}{S}\sim\varphi\ (\mu\Delta t,\ \sigma\sqrt{\Delta t})$，即

$$\frac{\Delta S}{S}\sim N\ (\mu\Delta t,\ \sigma^2\Delta t) \tag{12-19}$$

如果我们把收益率$\frac{\Delta S}{S}$换成$\ln\frac{S_t}{S_0}$（我们一般都用$\ln\frac{S_t}{S_0}$来表示股票收益率），那么Δt就相应地换成t，结果就是：

$$\ln\frac{S_t}{S_0}\sim N\ (\mu t,\ \sigma^2 t) \tag{12-20}$$

那么有：

$$\frac{S_t}{S_0}\sim e^{N(\mu t,\sigma^2 t)} \tag{12-21}$$

又有：

$$S_t\sim S_0e^{N(\mu t,\sigma^2 t)} \tag{12-22}$$

这表明股票价格遵循几何布朗运动。

同时我们可得：

$$E\left[\frac{S_t}{S_0}\right]=e^{\mu t+\frac{\sigma^2 t}{2}} \tag{12-23}$$

（4）伊藤（Ito）定理

假设随机变量X遵循一般化的维纳过程，那么有：

$$dX=adt+bdz \tag{12-24}$$

$f(X,t)$是随机变量X及时间t的函数，那么有：

$$df=(\frac{\partial f}{\partial t}+\frac{\partial f}{\partial X}a+\frac{1}{2}\frac{\partial^2 f}{\partial X^2}b^2)\ dt+\frac{\partial f}{\partial X}bdz \tag{12-25}$$

这便是伊藤（Ito）定理公式。

运用到股票上，假设股票价格S遵循随机过程：

$$dS=\mu Sdt+\sigma Sdz \tag{12-26}$$

令$f(S,t)$为随机变量S及时间t的函数，一般$f(S,t)$代表标的股票S的某一种衍生性商品价格。那么有：

$$df=\left(\frac{\partial f}{\partial t}+\frac{\partial f}{\partial S}\mu S+\frac{1}{2}\frac{\partial^2 f}{\partial S^2}\sigma^2 S^2\right)dt+\frac{\partial f}{\partial S}\sigma S dz \tag{12-27}$$

（5）Black-Scholes微分方程

①Black-Scholes微分方程的基本概念

Black-Scholes微分方程是基于不付红利股票的任何一种衍生证券的价格都必须满足的方程。建立Black-Scholes微分方程的基本思路是，构造一个证券组合，这个证券组合中包含衍生证券头寸和标的股票头寸，并且这个组合在一个短的时期内保持无风险状态，这样根据无套利理论，这个无风险证券组合的收益一定为无风险收益r，从而可以构建一个方程，这个方程便是Black-Scholes微分方程。

因为股票价格和衍生证券的价格都受股价变动这同一个基本的不确性的影响。这意味着经过任意一个短时期，两者高度相关，如果建立一种恰当的股票和衍生证券的证券组合，股票头寸的盈利（损失）总是会与衍生证券的损失（盈利）相抵销，因而在短期内证券组合的总价值也就确定了，这便是无风险证券组合，在无套利的情况下，它只能获得无风险收益。

②Black-Scholes微分方程的方程式

由Ito定理（伊藤定理）得：

$$\frac{\partial f}{\partial t}+rS\frac{\partial f}{\partial S}+\frac{1}{2}\frac{\partial^2 f}{\partial S^2}\sigma^2 S^2=rf \tag{12-28}$$

其中，f为任一衍生证券的价格。这便是Black-Scholes微分方程。

③风险中性

风险中性定价是衍生证券分析中的一个最重要的工具，它来源于Black-Scholes微分方程的一个关键性质，即方程中不包含任何受投资者的风险偏好影响的变量，方程中出现的变量为股票当前价、时间、股票价格波动率和无风险收益，它们都独立于风险偏好。

由于方程中不存在风险偏好，那么风险将不会对其解产生影响，因此在对期权进行定价时，可以使用任何一种风险偏好，甚至可以提出一个非常简单的假设：所有投资者都是风险中性的。

在一个所有投资者都是风险中性的世界里，所有证券的预期收益率皆为无风险收益率r，这样，任何一个衍生工具的现值便是其期望值用无风险贴现率贴现的结果，这大大简化了衍生证券的分析。

风险中性的假设是求解Black-Scholes微分方程的人为假设，获得的方程的解对于所有世界都是成立的，而不仅仅是风险中性的世界。当进入风险世界时，股票价格的期望收益率改变了，衍生证券的期望收益率也改变了，这两种效果在构造无风险证券组合的过程中互相抵消。

（6）Black-Scholes期权定价公式

Black-Scholes微分方程，对于不同的标的变量 S的不同衍生证券，会有许多解，解这个方程时得到的特定衍生证券的定价公式 f取决于使用的边界条件，对于股票的欧式看涨期权，关键的边界条件为：

$$f = max\,(ST - K, 0) \tag{12-29}$$

由风险中性可知，欧式看涨期权的价格 C 是期望值的无风险利率贴现的结果：

$$C=e^{-r\,(T-t)}\,E\,[\,max\,(S_T-k,\ 0)\,] \tag{12-30}$$

对12-30式右边求值是一个积分过程，结果为：

$$C = SN\,(d_1) - Ke^{-r\,(T-t)}\,N\,(d_2) \tag{12-31}$$

$$d_1=\frac{\ln\left(\frac{S}{K}\right)+\left(r+\frac{\sigma^2}{2}\right)(T-t)}{\sigma\sqrt{T-t}} \tag{12-32}$$

$$d_2 = d_1 - \sigma\sqrt{T-t} \tag{12-33}$$

这便是B-S期权定价公式。

3）期权定价理论存在的问题

对期权定价的研究，现在人们一般是建立在B-S期权公式之上。虽然建立在B-S期权公式之上的期权定价公式在应用中和实际已相当接近，但期权和股票看涨期权毕竟有很大的区别，对定价的影响不同，主要表现为：

（1）期权是基础证券，其发行和执行都会影响公司的资本结构，特别是期权的执行会显著增加公司股份，从而会影响公司以每股计算的财务指标，进而会影响公司的管理和决策。而股票期权只是单纯的金融衍生工具，它的执行只需要合约双方交易，而不会对公司的股权结构及其他方面产生影响。

（2）期权的有效期长于股票期权。期权的有效期通常是以年计，而不是像股票期权那样通常不超过9个月，在这么长的时间内，股票的价格波动率、无风险利率等都会发生变化而不是常数。

（3）期权通常会含有复杂的条款。如有的期权的执行价格在特定的时间是可以改变的，在执行价格改变之前，它可能被执行；另外期权的合约中通常有赎回条款，以保护发行公司的利益。股票期权则是标准化的合约，并且由交易所制定。

由于期权比股票期权复杂得多，因此它的定价理论应和股票期权的定价有所区别，但现在人们探讨期权的定价还是建立在B-S期权公式的基础之上，新的定价方法还有待人们去探索。

4）期权定价中的波动率计算

在期权定价中，S（股票现价）、K（期权的执行价格）、T（期权的到期时间）和 t（现在的时间）都是已知的。对于 r（无风险收益率），我们可以选择一种被市场认同的利率代替。

价格波动率 σ（股票价格的波动率，或股票加期权的公司权益价值波动率）在期权定价中无疑是最重要的。从理论上说，定价模型需要输入的价格波动率是未来价格波动率。我们通过对标的股票历史波动率与行情波动方向与波动力度的分析，再结合我们对市场的理解，选取适当的波动率数值作为定价模型中的参数。但是对于 σ 的估计和统计计算，有不同的方法，并且时间跨度选择不同，σ 的值也有很大的差异。对波动率的计算大体有如下几种方法：

（1）通过从股票的历史交易数据中获取的股价标准差来计算波动率

这是最简单的一种方法，就是利用股价的标准差来计算波动率，一般不用。

（2）通过从股票的历史交易数据中获取收益率的标准差来计算波动率

假设在过去n周里的第t周股票收盘价为St，第t-1周的收盘价为S_{t-1}，则第t周的股票复利收益率为r_t=ln（S_t/S_{t-1}），那么，周收益率的标准差可用下面的公式计算：

$$\sigma=\sqrt{\sum_{t=1}^{n}\frac{(r_t-\bar{r})^2}{n-1}} \tag{12-34}$$

其中，$\bar{r}$=（1/n）$\sum_{t=1}^{n}r_t$，表示这n周里的股票收益率的均值。我们取一年的交易周数为n，可得年波动率公式：

$$\sigma_{年}=\sigma_{周}\cdot\sqrt{n} \tag{12-35}$$

如果我们采用股票日收益率来计算波动率将更准确，此时只需要相应地调整n和$\bar{r}$、r_t即可。

12.3 二项式定价模型

二项式定价模型是建立在“一价定律”基础上的一种理论，我们仍以看涨股票期权为例来讨论。

12.3.1 模型的假定

（1）某种股票的现行市场价格为S_0。

（2）一段时间后，股票的价格可能出现两种变化：上涨（S_u）或者下降（S_d）。

假定未来的价格变化只有以上这两种可能。在看涨期权到期时，期权的价值有可能增加或减少：$C_{上}$（股价上涨）或$C_{下}$（股价下跌）。

如果期权的协定价格为K，则有：

$$C_{上}=max(S_u-K,0) \tag{12-36}$$

$$C_{下}=max(S_d-K,0) \tag{12-37}$$

12.3.2 定价原理

构造一份无风险资产组合：以无风险利率r，借入数额为L的资金，用于购买N股股票。这份资产组合的价值就可以表达为：

$$V_0=NS_0-L \tag{12-38}$$

股票期权到期时，有两种可能：

如果股票价格上升，$V_{上}=NS_u-L$（1+r）；如果股票价格下跌，则$V_{下}=NS_d-L$（1+r），运用“一价定律”，假设期权到期时，这份资产组合价值恰好等于看涨期权的价值，有：

$$C_{上}=NS_u-L(1+r) \tag{12-39}$$

$$C_{下}=NS_d-L(1+r) \tag{12-40}$$

求解这一方程组，得：

$$N=\frac{C_{上}-C_{下}}{S_u-S_d} \tag{12-41}$$

$$L=\frac{C_{上}S_d-C_{下}S_u}{(S_u-S_d)(1+r)} \tag{12-42}$$

将N和L代入$V_0=NS_0-L$可得V_0，根据“一价定律”，等价资产以等价出售，所以$C_0=V_0$，则：

$$C_0=NS_0-L=S_0\frac{C_上-C_下}{S_u-S_d}-\frac{C_上S_d-C_下S_u}{(S_u-S_d)(1+r)} \tag{12-43}$$

这就是二项式期权定价公式。

12.4 期权价格上下限

在这一节中，我们来推导期权的相关价格及价格区间，并在第2节的符号背景下再引入下列符号：

C：股票的欧式看涨期权的价格。

P：股票的欧式看跌期权的价格。

C'：股票的美式看涨期权的价格。

P'：股票的美式看跌期权的价格。

下面我们将给出并推导期权的上下限，如果期权的价格超出上下限的约束，将产生套利机会。

12.4.1 期权价格的上限

欧式看涨期权或美式看涨期权的持有者有权以某一确定的价格购买一股股票。在任何情况下，期权的价值都不会超过股票的价值。因此，股票价格是期权价格的上限：$C\leqslant S$ 和 $C'\leqslant S$。

事实上，如果这一关系不成立，则套利者购买股票并卖出看涨期权，可轻易地获得无风险利润。

欧式看跌期权或美式看跌期权的持有者有权以K的价格出售一股股票。无论股票价格变得多么低，期权的价值都不会超过K。因此，$P\leqslant K$和$P'\leqslant K$。

对于欧式期权来说，我们知道在T时刻，期权的价值都不会超过K。因此现在期权的价值不会超过K的现值：

$$P\leqslant Ke^{-r(T-t)} \tag{12-44}$$

否则，套利者可出售期权并将所得收入以无风险利率进行投资，获得无风险收益。

12.4.2 不付红利的欧式看涨期权的下限

不付红利的欧式看涨期权的下限是：

$$C>max\{S-Ke^{-r(T-t)},0\} \tag{12-45}$$

证明如下：

我们考虑下面两个组合：

组合1：一个欧式看涨期权加上金额为$Ke^{-r(T-t)}$的现金。

组合2：一股股票。

在组合1中，现金如果按无风险利率来投资，则在T时刻将变为K。如果$S_T>K$，在T时刻应执行看涨期权，则组合1的价值为S_T。如果$S_T<K$，期权到期价值为零，则组合1的价值为K。因此，在T时刻，组合1的价值为$max(S_T,K)$，组合2的价值为S_T。因此，在T

时刻，组合1的价值通常不低于T时刻组合2的价值，并且有时组合1的价值会高于组合2的价值。因此，在不存在套利机会的情况下，下列等式是成立的：

$$C + Ke^{-r(T-t)} > S \tag{12-46}$$

$$C > S - Ke^{-r(T-t)} \tag{12-47}$$

由于对于一个看涨期权来说，可能发生的最坏情况是期权到期价值为零，这意味着期权的价值必须为正值，即$C>0$。因此有：

$$C > max\{S - Ke^{-r(T-t)}, 0\} \tag{12-48}$$

我们用具体例子来说明这一点。

【例12-1】假定$S=20$，$K=18$，$r=10\%$，$T-t=1$年。在本例中，$S-Ke^{-r(T-t)}=20-18e^{-0.1}=3.71$。

考虑欧式看涨期权的价格等于3的情况，即小于理论上的最小值3.71。套利者可以购买看涨期权并卖出股票，则现金流为20-3=17。如果17以年利率10%投资1年，则17将变为$17e^{0.1}=18.79$。在这一年的年末，期权到期。如果股票价格高于18，套利者以18的价格执行期权，并将股票的空头平仓，则可获利0.79（18.79-18）。

如果股票价格低于18，则套利者从市场上购买股票并将股票空头平仓。套利者甚至可获得更高的利润。例如，如果股票价格为17，则套利者的盈利为1.79（18.79-17）。

【例12-2】考虑一个不付红利的股票的欧式看涨期权，此时股票价格为51元时，执行价格为50元，距到期日有6个月，无风险年利率为12%。即在本例中，$S=51$，$K=50$，$T-t=0.5$，$r=12\%$。根据上述不等式，该期权价格的下限为$S-Ke^{-r(T-t)}=51-50e^{-0.12\times0.5}=3.91$。

12.4.3 不付红利的欧式看跌期权的下限

对于一个不付红利股票的欧式看跌期权来说，其价格的下限为：

$$P > \max\{Ke^{-r(T-t)} - S, 0\} \tag{12-49}$$

证明如下：

我们考虑下面两个组合：

组合3：一个欧式看跌期权加上一股股票。

组合4：金额为$Ke^{-r(T-t)}$的现金。

如果$S_T < K$，在T时刻，组合3中的期权将被执行，该组合的价值为K。如果$S_T > K$，在T时刻，看跌期权到期价值为零，该组合的价值为S_T。因此，组合3在T时刻的价值为$\max(S_T, K)$。假定现金按无风险利率进行投资，则在T时刻组合4的价值为K。因此，在T时刻组合3的价值通常不低于组合4的价值，并且有时组合3的价值会高于组合4的价值。在不存在套利机会时，组合3的现在价值一定高于组合4的现在价值。因此：

$$P + S > Ke^{-r(T-t)} \tag{12-50}$$

$$P > Ke^{-r(T-t)} - S \tag{12-51}$$

由于对于一个看跌期权来说，可能发生最坏情况是期权到期价值为零，所以期权的价值必须为正值，即$P>0$。这意味着：

$$P > \max\{Ke^{-r(T-t)} - S, 0\} \tag{12-52}$$

我们同样用具体例子来说明这一点。

【例12-3】假定$S=38$，$K=40$，$r=5\%$，$T-t=0.5$年。在这种情况下：

$Ke^{-r(T-t)}-S=40e^{-0.05\times0.5}-38=1.01$

考虑欧式看跌期权价格为1时，即小于理论上的最小值1.01。套利者可借入6个月期的38，同时用所借资金购买看跌期权和股票。在6个月末，套利者将支付38.96（$38e^{0.05\times0.5}$）。如果股票价格低于40元，套利者执行期权以40元卖出股票，归还所借款项本金和利息，其获利为1.04元（40–38.96）。

如果股票价格高于40元，套利者放弃期权，卖出股票并偿付所借款项本金和利息，甚至可获得更高的利润。例如，如果股票价格为42元，则套利者的利润为3.04元（42–38.96）。

【例12-4】考虑一个不付红利股票的欧式看跌期权，股票价格为28元，执行价格为30元，距到期日还有3个月，无风险年利率为10%。即S=28，K=30，$T-t$=0.25，r=10%。那么有期权价格的下限为：

$$Ke^{-r(T-t)}-S=30e^{-0.1\times0.25}-28=1.26$$

12.4.4 不付红利的欧式期权的上下限

结合上面的多种情况，我们有以下结论：

$$S\geqslant C>\max\{S-Ke^{-r(T-t)},0\} \tag{12-53}$$

$$Ke^{-r(T-t)}\geqslant P>\max\{Ke^{-r(T-t)}-S,0\} \tag{12-54}$$

12.4.5 不付红利的美式看涨期权的提前执行

首先，我们给出一个结论：提前执行不付红利的美式看涨期权是不明智的。

证明如下：

考虑以下两个组合：

组合5：一个美式看涨期权加上金额为$Ke^{-r(T-t)}$的现金。

组合6：一股股票。

在期权到期时，组合5中的现金的价值为K。在此之前的时刻t'，其价值为$Ke^{-r(T-t')}$。如果看涨期权在t' 时刻执行，组合5的价值为：

$$S-K+Ke^{-r(T-t')} \tag{12-55}$$

当t' <T时，由于r>0，组合5的价值总是小于S。因此，如果看涨期权在到期日前执行，则组合5的价值总是低于组合6的价值。如果持有看涨期权到期，则在T时刻组合5的价值为max（S_T，K），组合6的价值为S_T。由于总是存在S_T<K的可能，这就是说，组合5的价值总是不低于组合6的价值。前面我们表明如果立即执行期权，则组合5的价值低于组合6的价值，如果持有者直到到期日才执行期权，则组合5的价值将等于或高于组合6的价值。这就是说，在到期日之前不付红利的股票的看涨期权不应该提前执行。因此同一种不付红利股票的美式看涨期权的价值与相同股票的欧式看涨期权的价值相同：

$$C'=C \tag{12-56}$$

由前面的公式，可以证明：

$$C>S-Ke^{-r(T-t)} \tag{12-57}$$

再由：$C'\geqslant C$，有：

$$C'>S-Ke^{-r(T-t)} \tag{12-58}$$

由于$r>0$，所以$C'>S-K$。如果提前执行是明智的，那么，C' 应该等于$S-K$。所以我们的结论是：提前执行是不明智的。

图12-1表示看涨期权的价格随股价S和执行价格K而变化的一般情形。从中可以看出看涨期权的价格总是高于其内在价值即高于max（$S-K$，0）。随着r、σ、$T-t$的增加，看涨期权的价格按箭头所示方向变化（更加远离内在价值）。

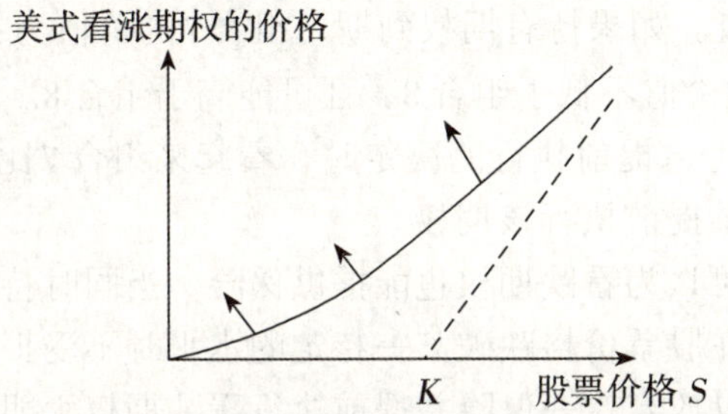

图12-1 股价为S的不付红利股票的美式看涨期权的价格变化图

总之，我们认为看涨期权不应提前执行的原因之一是由于期权提供保险。当持有看涨期权而不是持有股票本身时，看涨期权保证持有者在股票价格下降到执行价格之下时不受损失。一旦该期权被执行，股票价格取代了执行价格，这种保险就消失了。另一个原因与货币的时间价值有关，越晚支付执行价格越好。

为了说明这个问题，我们再举一个例子，考虑一个不付红利股票的美式看涨期权，距到期日还有1个月，股票价格为50美元，执行价格为40美元。期权的实际金额很大，期权的持有者可能很想立即执行它。然而，如果投资者计划持有该股票超过一个月，那么这就不是最佳的策略。更好的方案是持有期权，并在期权的到期日执行它。此时，支付40美元的执行价格的时间要比立即执行晚一个月。这就是说，可获得本金为40美元、期限为1个月的利息。由于股票不支付红利，则投资者不会牺牲任何来自股票的收益。持有而非立即执行的好处还在于，股票价格在这一个月内还有可能会低于40美元（虽然机会可能很渺茫）。在这种情况下，投资者将不会执行期权并庆幸没有提前执行期权。

这个讨论表明：如果投资者计划在期权的有效期内持有股票，则提前执行期权没有好处。如果投资者认为股票现在被高估，应该怎样选择呢？在这种情况下，投资者最好出售该期权而不是执行它。那些确实想持有股票的投资者将会购买该期权。这类投资者是一定存在的，否则股票的现值就不会是50美元。由于上述提到的原因，收取的期权费将大于期权的10美元的内在价值。

12.4.6 不付红利的美式看跌期权的提前执行

我们也是首先给出一个结论：提前执行不付红利的看跌期权可能是明智的。事实上，在期权有效期内的任意给定的时刻，如果看跌期权的市值额很大，则应该提前执行。

我们考虑一个极端的例子。假定执行价格为10美元，股票价格接近于0。通过立即执行期权，投资者可立即获得10美元，如果投资者等待，则执行期权的盈利可能低于10美元，但是由于股票价格不会为负，所以盈利不会超过10美元。另外，现在收到10美元比未来收到10美元要好。这说明期权应立即执行。

理论证明如下：

考虑下面两个组合：

组合7：一个美式看跌期权加上一股股票。

组合8：金额为$Ke^{-r(T-t)}$的现金。

如果在$t'<T$时执行期权，组合7的价值为K，而组合8的价值为$e^{-r(T-t)}$。因此，组合7的价值高于组合8的价值。如果持有期权到期，组合7的价值为：$\max(K,S_T)$，而组合8的价值为K。因此组合7的价值不低于组合8，且可能高于组合8。注意这种情况与前面情况的区别。在这里，在不考虑提前执行的决定时，看起来组合7比组合8更具吸引力，但我们仍不能下结论说不应该提前执行该期权。

与看涨期权类似，可认为看跌期权也能提供保险。当同时持有股票和看跌期权时，看跌期权保证期权持有者在股票价格跌破某一特定的水平时不受损失。但是，看跌期权与看涨期权不同，投资者可以放弃这一保险并提前执行看跌期权立即实现执行价格，这样做可能是明智的。一般来说，随着S的减少，r的增加和σ的减少，提前执行看跌期权是很有利的。

欧式看跌期权的下限：

$$P>Ke^{-r(T-t)}-S \tag{12-59}$$

对价格为P' 的美式看跌期权来说，由于有可能提前执行，更严格的条件是：

$$P'\geqslant K-S \tag{12-60}$$

图12-2表明一般情况下美式看跌期权的价格是怎样随S变化而变化的。在$r>0$的条件下，当股票价格足够低时，立即执行美式看跌期权是非常明智的。如果提前执行的话，该期权的价值为$K-S$。因此当S很小时，代表看跌期权价值的曲线与看跌期权内在价值$K-S$重合在一起。在图12-2中，股票价值S如A点所示。当r减少、σ增加、T增加时，看跌期权的价值按箭头所示的方向变化。

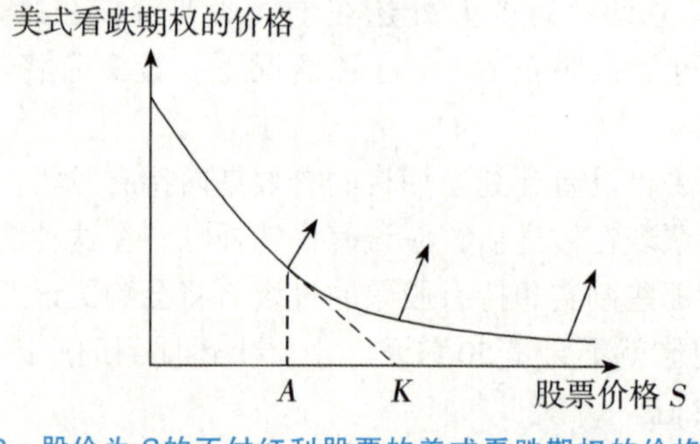

图12-2　股价为S的不付红利股票的美式看跌期权的价格变化图

由于在一些情况下，投资者迫切地希望提前执行美式看跌期权，因此，美式看跌期权的价值通常高于相应的欧式看跌期权的价值。由于美式看跌期权的价值有时等于其内在价值，因此欧式看跌期权的价值有时低于其内在价值。图12-3显示了欧式看跌期权的价格随股票价格的变化情况。注意图12-3中的B点，在B点上期权的价格等于其内在价值，B点所代表的股票价格必定大于图12-2中的A点所代表的股票价格。图12-3中的C点为当S=0，欧式看跌期权的价格为$Ke^{-r(T-t)}$。

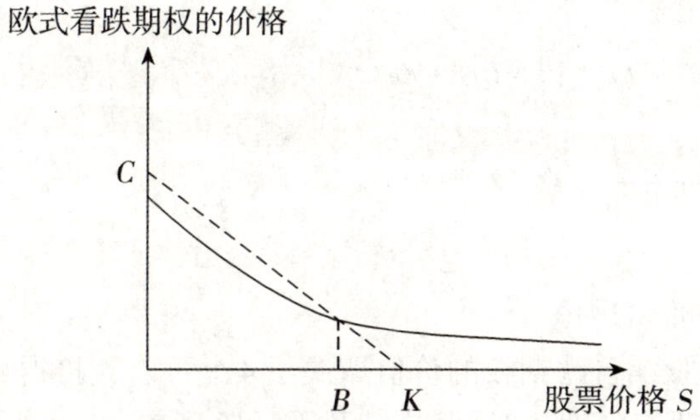

图 12-3 股价为S的不付红利股票的欧式看跌期权的价格变化图

12.5 看涨看跌期权平价

在我们得出了期权的上下限后，我们来看看涨期权和看跌期权之间有何种关系。

12.5.1 欧式看涨看跌期权平价关系

1）看涨看跌期权平价推导过程

对于期权相关资产相同、协定价和到期日均相同的欧式看涨期权和看跌期权而言，存在着一种平价关系，一般称之为看涨看跌期权平价（call-put parity）。我们利用前面讲过的无风险套利理论和“一价定律”来推导。

构造下述资产组合：对于协定价为K的欧式股票看涨期权和看跌期权（期权到期日相同），一个看跌期权多头和一个看涨期权空头以及现价为S的一个股票多头的资产组合，其现值为$S+P-C$（C、P分别为看涨和看跌期权价值）。

在期权到期日$t=T$时，假定股票价格为S_T，则股票价格S_T与期权协定价K存在下列关系：

（1）若$S_T>K$，在期权到期日$t=T$时刻，所持有的股票看跌期权不被执行，该时点股票看跌期权价值$P_T=0$，看涨期权价值$C_T=S_T-K$，上述资产组合在$t=T$时刻总价值为$S_T+P_T-C_T=S_T+0-(S_T-K)=K$。

（2）若$S_T<K$，在期权到期日$t=T$时刻，所持有的股票看涨期权不被执行，该时点股票看涨期权价值$C_T=0$，看跌期权价值$P_T=X-S_T$，上述资产组合在$t=T$时刻总价值为$S_T+P_T-C_T=S_T+K-S_T+0=K$。

从上述结果来看，该资产组合终值价值总等于K。那么根据“一价定律”，它们的期初价值应该等于X的折现。假定无风险利率为r，则有：

$$S+P-C=Ke^{-r(T-t)}\text{（用连续复利）} \tag{12-61}$$

即：

$$P=C+Ke^{-r(T-t)}-S \tag{12-62}$$

这就是看涨看跌期权平价公式。

再结合第2节我们得出的看涨期权定价结果有：

$$C=SN(d_1)-Ke^{-r(T-t)}N(d_2) \tag{12-63}$$

那么：

$$P = C + Ke^{-rt} - S = SN(d_1) - Ke^{-r(T-t)}N(d_2) + Ke^{-r(T-t)} - S \quad (12\text{-}64)$$

$$d_1 = \frac{\ln\left(\frac{S}{K}\right) + \left(r + \frac{\sigma^2}{2}\right)(T-t)}{\sigma\sqrt{T-t}} \quad (12\text{-}65)$$

$$d_2 = d_1 - \sigma\sqrt{T-t} \quad (12\text{-}66)$$

2）影响看跌期权价值的因素

与看涨期权一样，股票看跌期权的价值取决于4个可以直接得到的变量：股票现价S、看跌期权协定价K、距期权到期日时间t，以及无风险利率r。另外还取决于1个可以计算出来的变量股票价格波动率。

从股票看跌期权的平价公式中我们可以看出，当上述5个变量中只有1个变量变化而其余4个变量保持恒定时，可以分别得出5个变量对看跌期权价值的影响，其具体结果是：

（1）股票现价越高，则股票看跌期权价值越低；

（2）期权协定价越高，则股票看跌期权价值越高；

（3）距期权到期日时间越长，则股票看跌期权价值越高；

（4）无风险利率越大，则股票看跌期权价值越小；

（5）股票价格波动率越大，则股票看跌期权价值越高。

3）看涨看跌期权平价公式应用

从看涨看跌期权平价公式中可以看出，当已知看涨期权价格、股票价格、执行价、时间及无风险利率时，我们就可以得出看跌期权的价格。

【例12-5】已知S=20，K=18，r=5%，T=6个月，C=3，求P为多少？

由$P + S = C + Ke^{-r(T-t)}$

得：$P=C+Ke^{-r(T-t)}-S=3+18e^{-5\% \times \frac{1}{2}}-20=0.5555$

12.5.2 美式看涨期权和看跌期权之间的关系

上述看涨与看跌期权之间平价关系仅适用于欧式期权，但也可推导出不付红利股票的美式期权价格之间的某种关系。

由于$P' > P$，因此有：

$$P' > C + Ke^{-r(T-t)} - S \quad (12\text{-}67)$$

同时我们知道，$C' = C$，所以有：

$$P' > C' + Ke^{-r(T-t)} - S \quad (12\text{-}68)$$

即为：

$$P' - C' > Ke^{-r(T-t)} - S \quad (12\text{-}69)$$

或者有：

$$C' - P' < S - Ke^{-r(T-t)} \quad (12\text{-}70)$$

我们作进一步推导：

考虑以下两个组合：

组合9：欧式看涨期权加上金额为K的现金。

组合10：美式看跌期权加上一股股票。

在这两个组合中，期权的执行价格和到期日相同。假定组合9中的现金按无风险利率进行投资。如果看跌期权没有提前执行，在T时刻，组合10的价值为$\max(S_T,K)$，此时，组合9的价值为$\max(ST,K)+Ke^{-r(T-t)}-K$。因此，组合9的价值高于组合10的价值。然后假定组合10的看跌期权提前执行，比如说在t' 时刻执行。这意味着在时刻t' 组合10的价值为K。然而，就算看涨期权的价值为零，组合9在t' 时刻的价值应该是$Ke^{-r(T-t)}$。即在任何情况下，组合9的价值都高于组合10的价值。因此有：

$$C+K>P'+S \tag{12-71}$$

因为$C=C'$，所以有：

$$C'+K>P'+S \tag{12-72}$$

$$C'-P'>S-K \tag{12-73}$$

综合上面的$C'-P'<S-Ke^{-r(T-t)}$，得出如下结论：

$$S-K<C'-P'<S-Ke^{-r(T-t)} \tag{12-74}$$

【例12-6】考虑不付红利股票的美式看涨期权，执行价格为20美元，到期期限为5个月，期权价格为1.5美元，则同一股票相同执行价格和到期期限的欧式看涨期权的价格也是如此。假定股票的现价为19美元，无风险年利率为10%。那么，根据前面的公式，执行价格为20美元，到期期限为5个月的欧式看跌期权的价格为：

$$P=C+Ke^{-r(T-t)}-S=1.5+20e^{-0.1\times0.4167}-19=1.68\text{（美元）}$$

那么有：

$$S-K<C'-P'<S-Ke^{-r(T-t)}$$

$$19-20<C'-P'<19-20e^{-0.1\times0.4167}$$

$$1>P'-C'>0.18$$

这表明$P'-C'$在1和0.18之间。由于C'为1.5，P'必须在1.68和2.50之间。换句话说，与美式看涨期权执行价格和到期期限相同的美式看跌期权价格的上限和下限分别为2.50和1.68。

12.6 期权定价的红利因素

前两节对期权上下限及期权平价关系的讨论是基于期权的标的资产不付红利的情况，但是，我们都知道，股票经常是要支付红利的，所以，有必要讨论红利的影响。在国际金融市场上，特别是在美国，通常场内交易的股票期权的到期期限小于8个月。在期权有效期内，通常可以合理正确地预计红利。我们用字母D表示在期权有效期内红利的现值。为此，我们假定在除息日发放红利。

12.6.1 看涨期权和看跌期权的下限

我们同样利用类似前两节的组合来讨论问题。看下面的两个组合：

组合11：欧式看涨期权加上金额为$D+Ke^{-r(T-t)}$的现金。

组合12：一股股票。

经过与上文类似的推导过程，能够得出：

$$C>S-D-Ke^{-r(T-t)} \tag{12-75}$$

组合13：欧式看跌期权加上一股股票。

组合14：金额为$D+Ke^{-r(T-t)}$的现金。

同样经过与上文类似的推导，得出：

$$P>D+Ke^{-r(T-t)}-S \tag{12-76}$$

12.6.2 美式期权提前执行的情况

当预期有红利发放时，我们不再肯定美式看涨期权不应提前执行。有时在除息日前，立即执行美式看涨期权是明智的。这是因为发放红利将使股票价格跳跃性下降，使期权的吸引力下降。而在其他任何情况下提前执行美式看涨期权都是不明智的。

12.6.3 看涨与看跌期权之间的平价关系

比较到期日T时刻组合11和组合13的价值，我们可以得出：当存在红利时，看跌与看涨期权之间的平价关系变为：

（1）欧式看涨看跌期权平价关系为：

$$C+D+Ke^{-r(T-t)}=P+S \tag{12-77}$$

（2）美式看涨看跌期权平价关系为：

$$S-D-K<C'-P'<S-Ke^{-r(T-t)} \tag{12-78}$$

证明如下：

考虑如下组合：

组合15：欧式看涨期权加上金额为$D+K$的现金。

组合16：美式看跌期权加上一股股票。

在任何情况下，可以得出组合15的价值高于组合16的价值。因此有：

$$P'+S<C+D+K \tag{12-79}$$

由于欧式看涨期权的价值不会高于美式看涨期权的价值，即$C<C'$，因此有：

$$P'+S<C'+D+K \tag{12-80}$$

$$S-D-K<C'-P' \tag{12-81}$$

对于不付红利的股票，我们得出：

$$S-K<C'-P'<S-Ke^{-r(T-t)} \tag{12-82}$$

由于红利减少看涨期权的价值而增加看跌期权的价值，对支付红利的股票的期权来说，这一不等式也一样成立。

综合上述两点有：

$$S-D-K<C'-P'<S-Ke^{-r(T-t)} \tag{12-83}$$

本章小结

期权费由两部分组成：内在价值和外在价值。内在价值，是指期权按协定价格被执行时，期权所具有的价值。一般大于零。

看涨期权的内在价值=max{基础金融资产的市场价格-期权协定价格，0}

看跌期权的内在价值=max{期权协定价格-基础金融资产的市场价格，0}

外在价值，也叫时间价值，即期权费减去内在价值后的余值。在实务中，所有期权的出售方都要求买方支付的期权费高于期权的内在价值。

期权价格的影响因素有股票现价、执行价格、到期期限、波动率、无风险利率、红利。

B-S模型假设期权是单个不确定性的函数，也就是标的资产价格的函数，利用标的资产和期权的一种组合，Black和Scholes构造了一个无风险对冲，使得它能导出一个解析公式。

B-S期权定价公式为：

$$C = SN(d1) - Ke^{-r(T-t)}N(d_2)$$

$$d_1 = \frac{\ln\left(\frac{S}{K}\right) + \left(r + \frac{\sigma^2}{2}\right)(T-t)}{\sigma\sqrt{T-t}}$$

$$d_2 = d_1 - \sigma\sqrt{T-t}$$

二项式模型是建立在“一价定律”基础上的一种理论。

二项式期权定价公式为：

$$C_0 = NS_0 - L = S_0\frac{C_{上} - C_{下}}{S_u - S_d} - \frac{C_{上}S_d - C_{下}S_u}{(S_u - S_d)(1+r)}$$

期权价格的上限：

$C \leqslant S$和$C' \leqslant S$

$P \leqslant K$和$P' \leqslant K, P \leqslant Ke^{-r(T-t)}$

不付红利的欧式期权的下限：

$$C > \max\{S - Ke^{-r(T-t)}, 0\}$$

$$P > \max\{Ke^{-r(T-t)} - S, 0\}$$

不付红利的欧式期权的上下限：

$$S \geqslant C > max\{S - Ke^{-r(T-t)}, 0\}$$

$$Ke^{-r(T-t)} \geqslant P > \max\{Ke^{-r(T-t)} - S, 0\}$$

欧式看涨看跌期权平价：

$$P = C + Ke^{-r(T-t)} - S$$

关键概念

内在价值　外在价值　B-S模型

综合训练

12.1　填空题

1）期权价值可分为________和________。

2）期权定价模型主要有两种：________和________。

12.2　单项选择题

1）以下所有的因素都会影响股票期权的价格，除了（　　）。

A.无风险利率　　　　B.股票的风险

C.到期日　　D.股票的预期收益率

2）期权交易的保证金要求，一般适用于（　　）。

A.期权的买方　　B.期权的卖方

C.期权买卖的双方　　D.均不适用

3）下列关于看涨期权的说法中，不正确的是（　　）。

A.看涨期权是一种买权

B.只有看涨期权到期后，持有人才有选择执行与否的权利

C.期权如果过期未被执行，则不再具有价值

D.多头看涨期权到期日价值=Max（标的资产价格-行权价，0）

4）美式期权的权利金（　　）欧式期权的权利金。

A.低于　　B.不低于　　C.等于　　D.不确定

5）下列关于期权到期日价值的表达式中，不正确的是（　　）。

A.多头看涨期权到期日价值=max（标的资产价格-行权价，0）

B.空头看涨期权到期日价值=-max（行权价-标的资产价格，0）

C.多头看跌期权到期日价值=max（行权价-标的资产价格，0）

D.空头看跌期权到期日价值=-max（行权价-标的资产价格，0）

6）下列期权中，时间价值最大是（　　）。

A.行权价为12的看涨期权，其权利金为2，标的资产的价格为13.5

B.行权价为23的看涨期权，其权利金为3，标的资产的价格为23

C.行权价为15的看跌期权，其权利金为2，标的资产的价格为14

D.行权价为7的看跌期权，其权利金为2，标的资产的价格为8

7）下列期权当中，时间价值占权利金比值最大的是（　　）。

A.实值期权　　B.平值期权

C.虚值期权　　D.看涨期权

8）某行权价为210元的看跌期权，对应的标的资产当前价格为207元。当前该期权的权利金为8元。该期权的时间价值为（　　）元。

A.3　　B.5　　C.8　　D.11

9）关于期权的内在价值和时间价值，下列说法正确的是（　　）。

A.内在价值等于0的期权一定是虚值期权

B.看涨期权的时间价值会随着到期日的临近而加速损耗

C.时间价值损失对买入看跌期权的投资者有利

D.时间价值损失对卖出看涨期权的投资者不利

10）对于平值期权，随着到期日的临近，时间价值损失速度将（　　）。

A.减缓　　B.加快　　C.不变　　D.明显规律

11）看跌期权的价值与标的价格呈（　　）向关系，与行权价格呈（　　）向关系。

A.正，正　　B.正，反　　C.反，正　　D.反，反

12）其他条件不变，看涨期权理论价值随行权价格的上升而（　　）、随标的资产价格波动率的上升而（　　）。

A.下降，上升　　B.下降，下降

C.上升，下降　　　　　　　　　　　　D.上升，上升

13）对于美式期权而言，期权时间价值（　　）。

A.随着到期日的临近而增加

B.随着到期日的临近而减小

C.不受剩余期限影响

D.随着到期日的临近而改变，但变化方向不确定

14）其他条件不变，标的资产价格波动率增加时，理论上，该标的看涨期权的价值（　　）。

A.会增加　　　　　　　　　　　　B.会减小

C.不会改变　　　　　　　　　　　D.会受影响，但影响方向不确定

12.3　多项选择题

1）下列哪些是布莱克－斯科尔斯定价模型的基本假设？（　　）

A.证券价格遵循几何布朗运动

B.在衍生证券有效期内，标的资产可以用现金收益支付

C.允许卖空标的证券

D.不存在无风险套利机会

2）以下关于期权内在价值的说法中哪些是正确的？（　　）

A.期权的内在价值是指多方执行期权时可获得的收益的现值

B.期权的内在价值等于期权价格减去期权的时间价值

C.期权的内在价值应大于等于零

D.期权的内在价值可以小于零

3）下列对于期权价格的上下限的说法中，正确的有（　　）。

A.看涨期权的价格不应该高于标的资产本身的价格

B.看跌期权的价格不应该高于期权执行价格

C.期权价值不可能为负

D.期权价格没有最低值

4）下列情形中，期权内在价值为零的情况有（　　）。

A.看涨期权行权价格>标的资产价格

B.看涨期权行权价格<标的资产价格

C.看跌期权行权价格>标的资产价格

D.看跌期权行权价格<标的资产价格

5）下列对于时间价值的特性说法正确的有（　　）。

A.其他条件相同时，剩余时间长的期权的时间价值一定大于剩余期限短的

B.其他条件相同时，波动率越大时间价值越大

C.远月合约由于时间价值较大，所以消逝的速度也相应较近月更快

D.随着时间的减少，看涨期权的时间价值的损耗是逐渐加速的

6）下列因素中，与股票看跌期权价值存在正向关系的有（　　）。

A.标的资产价格　　　　　　　　　　B.行权价格

C.标的资产价格波动率　　　　　　　D.股息率

7）下列因素对期权价格的影响，表述正确的有（　　）。

A.在一个交易日内，某期权的隐含波动率上涨，期权的时间价值会随之增大

B.对于个股期权来说，股息的发放不会对期权的价格造成影响

C.如果标的股票不支付股利，美式股票期权的价值不应该大于欧式期权的价值

D.其他条件不变时，标的资产价格波动率增加，理论上，看涨期权和看跌期权的价格均会上升

8）关于期权价格影响因素，以下说法正确的有（　　）。

A.其他影响因素不变的情况下，标的资产价格波动率与期权价格正相关

B.其他影响因素不变的情况下，期权剩余期限与期权时间价值正相关

C.对看涨期权来说，执行价格越高，期权价格越低

D.对看跌期权来说，执行价格越高，期权价格越低

9）已知两个月到期的某股票行权价为50元的欧式看涨期权价格为24元，欧式看跌期权价格为4元，当前股票价格为（　　）时，存在无风险套利机会。已知无风险利率为6%（假设不考虑交易成本且连续复利计算）。

A.68.5　　B.69　　C.69.5　　D.70

10）期权通常有（　　）特征。

A.虚值和实值期权的市场价格高于平值期权

B.虚值和实值期权的时间价值高于平值期权

C.深度虚值期权的隐含波动率高于平值期权

D.深度实值期权仍有一定的时间价值

12.4　问答题

1）期权的布莱克-斯科尔斯定价公式是什么？请试着推导过程。

2）二项式定价模型的假设是什么？

3）二项式定价模型的定价原理是什么？

4）试进行看涨看跌期权平价关系的推导。

5）已知：S=45，X=43，r=3%，T=3个月，C=3，利用看涨看跌期权平价定理。求：P是多少？

知识拓展12-1
B-S模型推导过程

第13章

期权交易策略

学习目标

通过本章的学习，学会期权的应用策略；掌握无担保式期权、合成基础资产、价差期权组合、组合期权的内涵，重点掌握垂直价差、水平价差、对角价差、蝶式价差的损益图和应用方法。

对于期权的应用和交易有多种策略，既可以只持有一种期权头寸，尽管这样可能会将投资人的风险暴露出来，也可以持有期权和标的资产的组合，叫作有担保的期权头寸，还可以持有期权与期权的多种组合。不同的期权交易策略是基于投资人对标的物未来市场价格走势的一种合理预期，以及自己的风险承受能力。本章对于期权交易策略的分析以股票期权作为研究对象，简明易懂。另外，本章普遍采用期权盈亏损益图来分析。

先来了解一下期权盈亏损益图。

期权盈亏损益图是反映到期时期权盈亏状况的一种曲线图，是分析各种期权策略的最有效的工具。在以后介绍的各种期权策略中，投资者将会遇到不同策略的盈亏损益图。因此，懂得绘制盈亏损益图以及盈亏损益图的意义，对大家更好地掌握各种期权策略显得尤为重要。

期权盈亏损益图的一些绘制原则：

（1）如果图形发生转折，位置一定在执行价格处，所以，我们可以先计算头寸中每个执行价格的盈亏结果，然后以线段将这些结果衔接起来。

（2）如果头寸中同时做多与做空看涨期权（看跌期权），则潜在风险与报酬分别等于整体头寸的起始的期权费净支出与净收入。

（3）在最高执行价格之上，所有的看涨期权都处于实值状态，期权的头寸相当于买进标的物合约。同时，在最低执行价格之下，所有的看跌期权都处于实值状态，期权头寸等于卖出标的物合约。

下面举例说明以上原则。

【例13-1】买入一份执行价格K为20元的A股票看涨期权，期权费C为1.5元。

我们来分析这个合约。

（1）如果期权到期时标的股票的市场价格S_T低于20元，这个看涨期权将不会被执行，那么此期权就没有价值，对于投资人来说，因为他付出了期权费，所以总的亏损为1.5元。即：

当$S_T < 20$，$R = -1.5$

（2）如果期权到期时标的股票的市场价格S_T高于或等于20元，这个看涨期权将会被执行，并且对于投资人来说，他执行期权的盈亏为S_T-K，同时，因为他付出了期权费，所以总的盈亏为S_T-K-C。那么：

①当$S_T-K-C\geqslant 0$，即$S_T\geqslant K+C=20+1.5=21.5$时，投资人的盈余为正，并且盈余$R=S_T-K-C$。

②当$S_T-K-C<0$，即$S_T<21.5$，同时$S_T\geqslant 20$时，投资人的盈余虽仍为负，但还是高于期权费1.5，即$20\leqslant S_T<21.5$时，盈余$R=S_T-K-C$。

综合上述三种情况，我们可以画出图13-1。

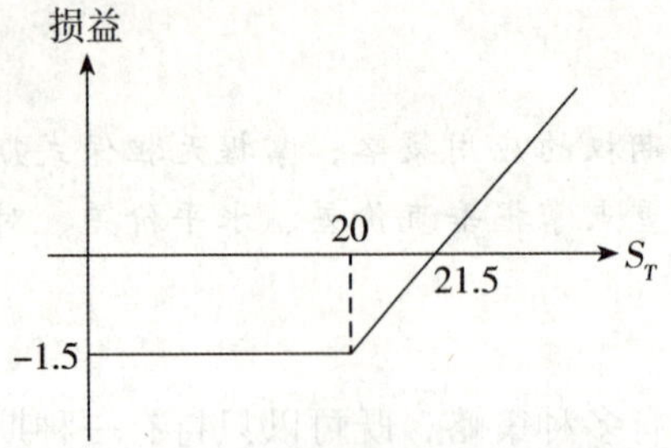

图13-1 买入看涨期权损益图

在以后章节中，对各种期权策略进行分析时，广泛使用了期权到期盈亏损益图。

13.1 单一期权

期权的应用策略有多种，最简单的一种就是只持有单一的一种期权头寸。这种期权又叫作无担保式期权，或裸式期权（naked option）。

单一期权策略有买入看涨期权、卖出看涨期权、买入看跌期权和卖出看跌期权四种方式。

13.1.1 买入看涨期权（long calls）

对此，我们在前面已经有所介绍。

1）买入看涨期权的特性

买入执行价格为某一价位的看涨期权，意味着买方在支付了一定数额的期权费之后，就获得了在合约有效期内执行该期权合约，并以该执行价格获得标的资产多头部位的权利。如果买入的合约为欧式期权，买方只能够在合约规定的日期提出执行指令；如果买入的合约为美式期权，那么买方可以在合约到期前的任一交易日（含到期日）提出执行指令，以此要求卖出看涨期权的一方履行按照事先约定的价格（执行价格）向买入看涨期权的一方卖出标的资产的义务。

买入看涨期权之后，如果未来标的资产价格上涨，那么买方就可以执行看涨期权，以低价购买标的资产合约，然后以市价卖出，获得差价利润。如果未来标的资产价格下跌，那么买方可以不提出执行，而是任由期权到期作废。也就是说，买方拥有在标的资产价格上涨、市场价格对自已有利时提出执行期权的权利，而没有在标的资产价格下跌时必须提出执行、承担损失的义务。

看涨期权的买方在标的资产价格下跌时是仅承担有限风险的，他可能遭受的最大损失只是在购买期权时所支付的期权费。由于这种风险与收益的不对称性，买入看涨期权的损益图形为一底部水平、右端上扬的折线，折线与坐标横轴的交点即为买入看涨期权的损益平衡点。

买入看涨期权的损益平衡点的计算公式为：

损益平衡点=执行价格+期权费　　(13-1)

为了不损失期权费，单独的买入看涨期权策略一般在对标的资产未来走势看涨的情况下使用，因此为牛市交易策略。

买入看涨期权的损益公式为：

买入看涨期权损益=max（标的资产市场价格-执行价格-期权费，-期权费）　　(13-2)

使用时机：标的资产市场出现强烈利好消息，技术形态转为逼空，预料后续将有一波不小的涨幅。

2）买入看涨期权损益图

总结起来，买进一定执行价格K的看涨期权，在支付一笔期权费C后，便可以享有买入或不买入相关标的资产的权利。若市场价格S_T跌至执行价格或以下，期权买方可以放弃期权，其最大损失仅限于期权费；反之，如果市场价格上涨，则看涨期权买方既可通过平仓又可通过执行期权获利。当价格的上涨等于支付的期权费时，达到盈亏平衡。

由此可见，买入看涨期权有四种盈亏情况：

（1）看涨期权平仓盈亏=卖出看涨期权期权费-买入看涨期权期权费。

（2）盈亏平衡价位=看涨期权执行价格+看涨期权期权费。

（3）看涨期权最大盈利=期权标的资产市价-看涨期权执行价格-买入看涨期权期权费。

（4）看涨期权最大亏损=支出的看涨期权期权费。

根据以上的分析，以及前面所学习过的绘制期权盈亏损益图的方法，我们可以粗略地画出买入看涨期权策略的到期盈亏损益图（如图13-2（a）、（b）所示）。

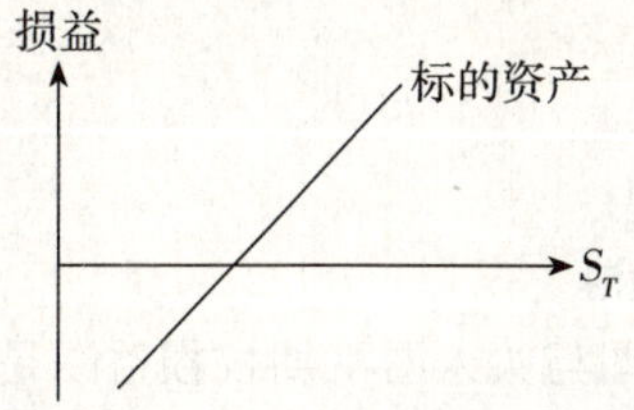

图13-2（a）　买入标的资产损益图

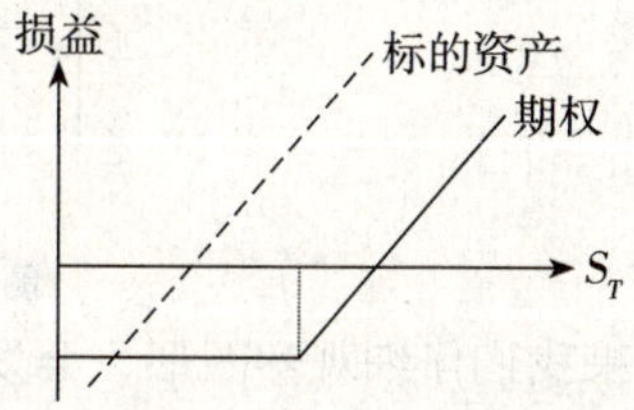

图13-2（b）　买入看涨期权损益图

13.1.2　卖出看涨期权（short calls）

1）卖出看涨期权的特性

因为该策略的采用者认为未来市场的走势不会上涨，并且不介意在未来履约——按照选定的执行价格卖出基础资产合约，所以卖出看涨期权被划分为熊市操作策略。看涨期权卖出之后，如果标的资产价格下跌或保持不变，期权在到期前成为虚值或平值期权，那么买入看涨期权的一方就会放弃自已执行期权的权利，不提出执行，而卖出看涨期权的一方则会因此而赚取期权费，期权费即为期权卖方在这笔交易中可能获得的最大收入。

虽然卖出看涨期权面对的是标的资产价格上涨的风险，但是，与直接在标的资产市场上支付保证金卖出等量标的资产合约的做法相比，虽然同样是对市场走势看跌，但卖出看涨期权却是先收入资金（期权费收入）而等到买方提出执行后再支付标的资产保证金用以履约，所以这在国际市场上也可以被作为一种短期融资策略。

卖出看涨期权的损益平衡点公式与买入看涨期权的损益平衡点公式相同（见公式（13-1））。

卖出看涨期权的损益公式为：

卖出看涨期权损益=min（执行价格-标的资产市场价格+期权费，期权费） （13-3）

使用时机：市场出现利空调整行情，但技术形态并未完全恶化，预料后市将会下调，但跌幅不大。

2）卖出看涨期权损益图

以执行价格K卖出看涨期权，可以得到期权费C的收入。卖出看涨期权的目的是赚取期权费，那么最大收益也就是期权费C，因此当到期时标的物市场价格低于执行价格时，买方不履行合约，卖方赚取期权费，当价格上涨至平衡点以上时，卖方面临的风险是无限的。其盈亏状况如下：

（1）看涨期权平仓盈亏=卖出看涨期权期权费-买入看涨期权期权费。

（2）盈亏平衡价位=看涨期权执行价格+看涨期权期权费。

（3）看涨期权最大盈利=收取的看涨期权期权费。

（4）看涨期权最大亏损=期权标的资产市价-看涨期权执行价格-买入看涨期权期权费。

其盈亏损益图如图13-3所示。

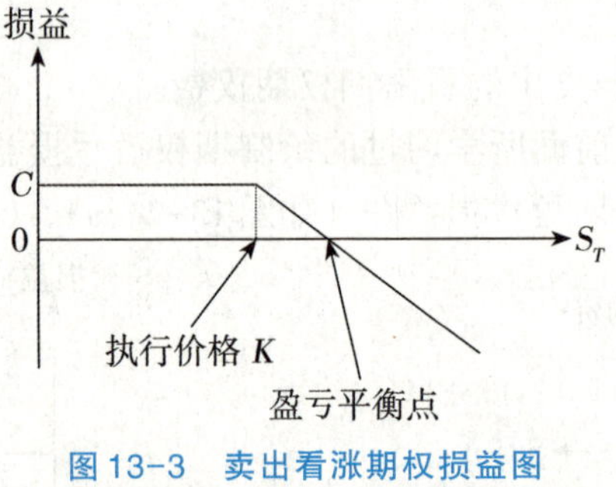

图13-3 卖出看涨期权损益图

如果我们仔细观察图形，会发现卖出看涨期权损益图与买入看涨期权损益图是关于横轴对称的，为什么呢？因为它们的损益情况正好相反。

【例13-2】卖出一份执行价格K为20元的A股票的看涨期权，期权费C为1.5元。

如果期权到期时标的股票的市场价格S_T低于20元，这个看涨期权将不会被执行，那么此期权就没有价值，对于卖出此期权的投资人来说，因为他收入了期权费，所以总的收益为1.5元，即当$S_T<20$，$R=1.5$。

如果期权到期时标的股票的市场价格S_T高于或等于20元，这个看涨期权将会被执行，并且对于卖出此期权的投资人来说，他盈亏为$-(S_T-K)$，同时，因为他收入了期权费，所以总的盈亏为$C-(S_T-K)$。那么：

（1）当$C-(S_T-K)>0$，即$S_T<K+C=20+1.5=21.5$，同时，$S_T\geqslant20$时，有$21.5>S_T$

≥ 20。此时，投资人盈余仍为正，但低于期权费1.5，$R = C - (S_T - K)$。

（2）当$C-(S_T-K)\leq 0$，即$S_T \geq 21.5$时，投资人的盈余为负，并且亏损为$R = C - (S_T - K)$。

13.1.3 买入看跌期权（long puts）

1）买入看跌期权的特性

买入执行价格为某一价位的看跌期权，意味着买方在支付了一定数额的期权费之后，就获得了在合约有效期内执行该期权合约，并以该执行价格获得标的资产空头部位的权利。如果买入的合约为欧式期权，买方只能在合约规定的日期提出执行指令；如果买入的合约为美式期权，那么买方可以在合约到期前的任一交易日（含最后交易日）提出执行期权，以此要求卖出看跌期权的一方履行按照事先约定的价格（执行价格）从买入看跌期权的一方购买基础资产合约的义务。

买入看跌期权之后，如果未来基础资产价格下跌，那么买方就可以执行看跌期权，以高于市场价格的执行价格卖出标的资产合约，然后以市价买入平仓，获得利润。如果未来标的资产价格上涨，那么买方可以不提出执行，而是任由期权到期作废。也就是说，买方拥有在标的资产价格下跌、市场价格对自己有利的情况下提出执行期权的权利，而没有在价格上涨时必须提出执行期权承担损失的义务。

看跌期权的买方在标的资产价格上涨时是仅承担有限风险的，他所可能遭受的最大损失只是在购买期权时所支付的期权费。由于这种风险与收益的不对称性，买入看跌期权的损益图形为一底部水平、左端上扬的折线，折线与坐标横轴的交点即为买入看跌期权的损益平衡点。

买入看跌期权的损益平衡点的计算公式为：

损益平衡点=执行价格-期权费 （13-4）

为了不损失期权费，单独买入看跌期权的策略一般在对标的资产未来走势看跌的情况下使用，因此为熊市交易策略。

买入看跌期权的损益公式为：

买入看跌期权损益=max（执行价格-标的资产市场价格-期权费，-期权费） （13-5）

使用时机：标的资产市场受到利空消息袭击，技术线型转空，预料后续还有一波不小的跌幅。

2）买入看跌期权损益图

以一定执行价格K并支付一定期权费P后，获得看跌期权，买方就锁定了自己的风险，而其获利很大。买入看跌期权盈亏有四种状况：

（1）看跌期权平仓盈亏=卖出看跌期权期权费-买入看跌期权期权费。

（2）盈亏平衡价位=看跌期权执行价格-看跌期权期权费。

（3）看跌期权最人盈利=看跌期权执行价格-期权标的资产市价-期权费。

（4）看跌期权最大亏损=支出的看跌期权期权费。

其盈亏状态如图13-4（a）、（b）所示。

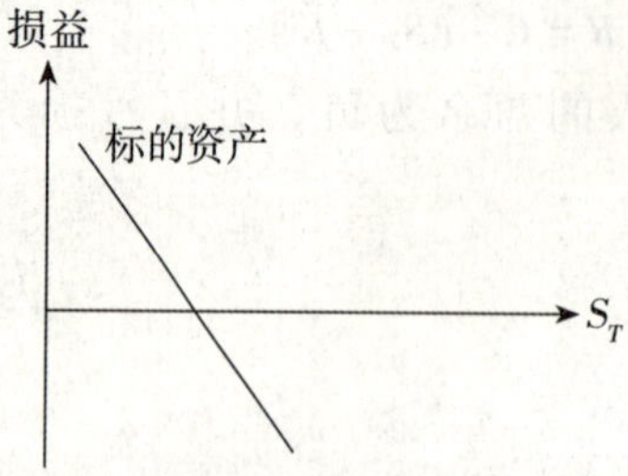

图 13-4（a） 卖出标的资产损益图

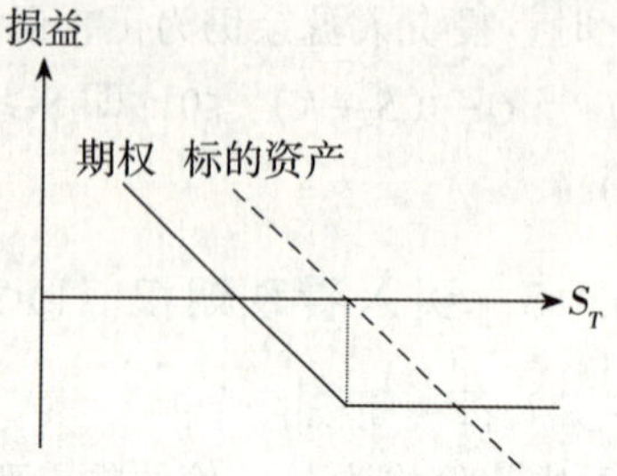

图 13-4（b） 买入看跌期权损益图

【例 13-3】买入一份执行价格K为 20 元的A股票的看跌期权，期权费P为 2.0 元。

如果期权到期时标的股票的市场价格S_T高于或等于 20 元，这个看跌期权将不会被执行，那么此期权就没有价值，对于投资人来说，因为他付出了期权费，所以总的亏损为 2 元，即当$S_T \geqslant 20$，$R=-2$。

如果期权到期时标的股票的市场价格S_T低于 20 元，这个看跌期权将会被执行，并且对于投资人来说，他执行期权的盈亏为$K - S_T$，同时，因为他付出了期权费，所以总的盈亏为：$K - S_T - P$。那么：

（1）当$K - S_T - P \geqslant 0$，即$S_T \leqslant K - P = 20 - 2 = 18$时，投资人的盈余为正，并且盈余为$R = K - S_T - P$。

（2）当$K - S_T - P < 0$，即$S_T > 18$，同时$S_T < 20$时，投资人虽盈余仍为负，但还是高于期权费 2 元，当$18 < S_T < 20$时，盈余$R = S_T - K - P$。

13.1.4 卖出看跌期权（short puts）

1）卖出看跌期权的特性

买入看跌期权即获得了在期权的有效期内（美式期权）或者在期权的到期日（欧式期权）以某一事先确定的执行价格卖出一定数量标的资产合约的权利。与之相反，卖出看跌期权则意味着在期权有效期内可能要承担按照期权的执行价格从看跌期权的买方手里买入标的资产的义务。

因为该策略的采用者认为未来市场的走势不会下跌，并且不介意在未来履约——按照事先选定的执行价格买入标的资产，所以卖出看跌期权被划分为牛市操作策略。看跌期权卖出之后，如果标的资产价格上涨或保持不变，看跌期权在到期前成为虚值或平值期权，那么买入看跌期权的一方就会放弃自己执行期权的权利，不提出执行，而卖出看跌期权的一方则会因此赚取期权的期权费。但是所获的期权费收入即为卖出看跌期权的最大盈利。

卖出看跌期权的损益平衡点公式与买入看跌期权的损益平衡点公式相同（见公式 13-4）。

卖出看跌期权的损益公式为：

卖出看跌期权损益=min（标的资产价格-执行价格+期权费，期权费） （13-6）

采取此策略的意义在于：如果未来标的资产价格低于期权执行价格，则看跌期权买方极有可能行使权利，提出执行看跌期权，按该执行价格卖出标的资产，那么看跌期权的卖方就可以用已经预备好的资金如愿以偿地在这个由他预先所选定的价位买入所需要的资产，同时，他还赚取了一笔额外的期权费收入；如果未来市场向相反方向运动，在期权到期时标的资产价格高于期权执行价格，那么正常情况下该看跌期权的买方就不会提出执行，而作为看跌期权的卖方，则可以轻易赚取期权费收入。

使用时机：标的资产价格位于关键支撑价位不远，预料后势可望出现止跌回稳现象。

2）卖出看跌期权损益图

卖出看跌期权盈亏的四种状况：

（1）看跌期权平仓盈亏=卖出看跌期权期权费–买入看跌期权期权费。

（2）盈亏平衡价位=看跌期权执行价格–看跌期权期权费。

（3）看跌期权最大盈利=收取的看跌期权期权费。

（4）看跌期权最大亏损=看跌期权执行价格–期权标的资产市价–买入看跌期权期权费。

其损益状态如图13–5所示。

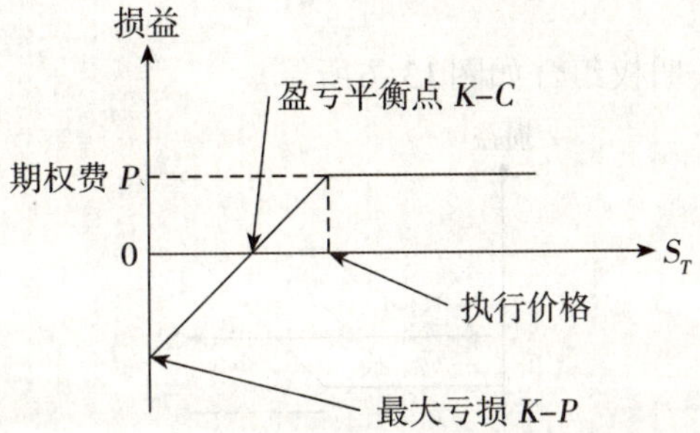

图13–5 卖出看跌期权损益图

【例13–4】卖出一份执行价格K为20元的A股票的看跌期权，期权费P为2.0元。

如果期权到期时标的股票的市场价格S_T高于或等于20元，这个看跌期权将不会被执行，那么此期权就没有价值，对于看跌期权投资人来说，因为他收入了期权费，所以总的盈利为2元，即当$S_T \geqslant 20$时，$R=2$。

如果期权到期时标的股票的市场价格S_T低于20元，这个看跌期权将会被执行，并且对于投资人来说，他执行期权的盈亏为–（$K-S_T$），同时，因为他收入了期权费，所以总的盈亏为$P-(K-S_T)$。那么：

（1）当$P-(K-S_T) \geqslant 0$，即$S_T \geqslant K-P=20-2=18$，同时$S_T<20$时，投资人的盈余仍为正，只是低于期权费2，即$20>S_T \geqslant 18$时，仍盈利，盈利数为$R=P-(K-S_T)$。

（2）当$P-(K-S_T)<0$，即$S_T<18$时，投资人盈余为负，亏损为$R=P-(K-S_T)$。

13.2 期权与基础资产组合

期权作为一种资产可以与其他资产形成组合，并且由于期权与标的物资产价格的密切关系，我们可以充分利用这一点来构造各种各样的组合，使其具有一定的收益风险特性。同时，期权之间的简单组合也可以构造出类似标的资产的特性。

13.2.1 合成期权组合

如果期权头寸的持有者同时拥有相应的基础金融资产头寸，那么这种组合称为有保护的期权组合，或合成期权组合。

具体有如下几种：

1）买入股票和买入看跌期权组合

（1）组合特性

有保护的看跌期权表示买入股票头寸和买入看跌头寸的混合结构。

在金融工具的组合结构中，有一个很重要的特征，那就是某些金融工具组合起来等值于另一种金融工具。而我们期权的这类组合恰好符合这类特征。买入一份有保护的看跌期权十分类似于纯粹买入一份看涨期权，我们也可表示为：

买入股票+买入看跌期权=买入看涨期权 （13-7）

它们的不同之处在于相应的期权费不一样。

（2）组合图示

买入股票和买入看跌期权组合如图13-6所示。

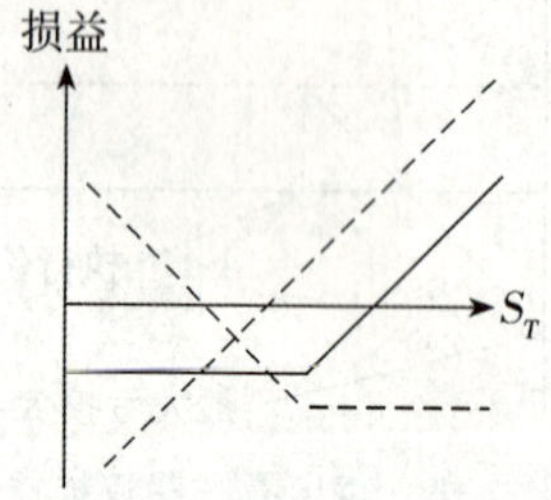

图13-6 买入股票和买入看跌期权组合损益图

【例13-5】构造一份资产组合：以S_0=19元的价格买入一份股票A；买入一份执行价格K为20元的同种股票的看跌期权，期权费P为2.0元。

我们下面来分析一下这个组合的到期收益情况，两个资产各自在期权到期时的收益情况：

①对于买入股票的资产，收益情况为$R_1 = S_T - S_0 = S_T - 19$。

②对于买入看跌期权的资产，我们在上一节已经详细介绍了，在此只列出结果：$S_T \geq 20$，$R_2=-P=-2$；$S_T<20$，$R_2 = K - S_T - P = 18 - S_T$。

③这两项资产的组合收益为：$S_T \geq 20$，$R = R_1 + R_2 = (S_T - 19) - 2 = S_T - 21$；$S_T < 20$，$R = R_1 + R_2 = (S_T - 19) + (18 - S_T) = -1$。

从这个结果中我们可以看出，它类似于一个买入看涨期权的资产收益，且这个看涨期权的执行价格K也为20，期权费C为1。

2）卖出股票和买入看涨期权组合

（1）组合特性

这类组合表示卖出股票头寸和买入看涨期权头寸的混合结构。由上分析，我们同样可以得出下面的结论：

卖出股票+买入看涨期权=买入看跌期权 （13-8）

（2）组合图示

卖出股票和买入看涨期权组合如图13-7所示。

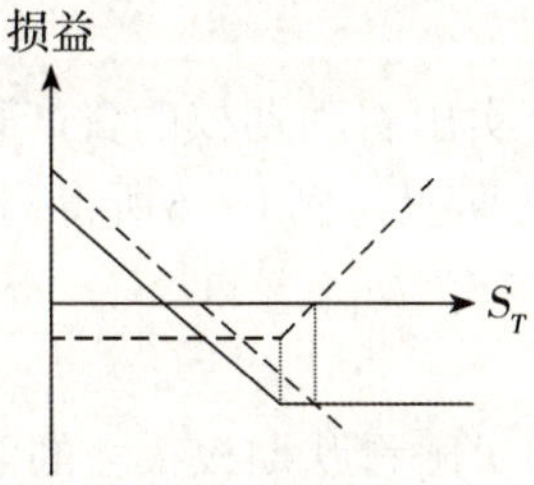

图13-7　卖出股票和买入看涨期权组合损益图

【例13-6】构造一份资产组合：以S_0=19元的价格卖出一份股票A；买入一份执行价格K为20元的同种股票的看涨期权，期权费C为1.5元。

我们下面来分析一下这个组合的到期收益情况，两个资产各自在期权到期时的收益情况：

①对于卖出股票的资产，收益情况为$R_1 = S_0 - S_T = 19 - S_T$。

②对于买入看涨期权的资产：$S_T \geqslant 20$，$R_2 = S_T - K - C = S_T - 21.5$；$S_T < 20$，$R_2 = -C = -1.5$。

③这两项资产的组合收益为：$S_T \geqslant 20$，$R=R_1+R_2=(19-S_T)+(S_T-21.5)=-2.5$；$S_T<20$，$R=R_1+R_2=(19-S_T)-1.5=17.5-S_T$。

这个结果表明，它类似于一个买入看跌期权的资产收益，且这个看跌期权的执行价格K也为20，期权费P为2.5。

3）买入股票和卖出看涨期权组合

（1）组合特性

这类组合表示买入股票头寸和卖出看涨期权头寸的混合结构。由上分析，我们同样可以得出下面的结论：

买入股票+卖出看涨期权=卖出看跌期权　　（13-9）

（2）组合图示

买入股票和卖出看涨期权组合如图13-8所示。

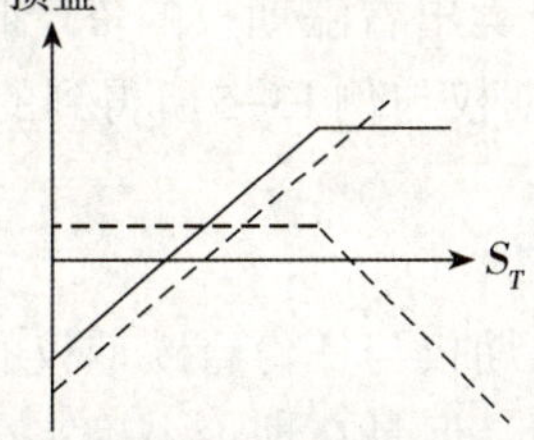

图13-8　买入股票和卖出看涨期权组合损益图

【例13-7】构造一份资产组合：以S_0=19元的价格买入一份股票A；卖出一份执行价格K为20元的同种股票的看涨期权，期权费C为1.5元。

我们下面来分析一下这个组合的到期收益情况，两个资产各自在期权到期时的收益情况：

①对于买入股票的资产，收益情况为$R_1=S_T-S_0=S_T-19$。

②对于卖出看涨期权的资产：$S_T \geqslant 20$，$R_2=C-(S_T-K)=21.5-S_T$；$S_T<20$，$R_2=C=1.5$。

③这两项资产的组合收益为：$S_T \geqslant 20$，$R=R_1+R_2=(S_T-19)+(21.5-S_T)=2.5$；$S_T<20$，$R=R_1+R_2=(S_T-19)+1.5=S_T-17.5$。

这个结果表明，它类似于一个卖出看跌期权的资产收益，看跌期权的执行价格K也为20，期权费P为2.5，而且这个看跌期权与例13-6所得到的看跌期权是同一个看跌期权。

4）卖出股票和卖出看跌期权组合

（1）组合特性

这类组合表示卖出股票头寸和卖出看跌期权头寸的混合结构。由上分析，我们同样可以得出下面的结论：

卖出股票+卖出看跌期权=卖出看涨期权 （13-10）

（2）组合图示

卖出股票和卖出看跌期权组合如图13-9所示。

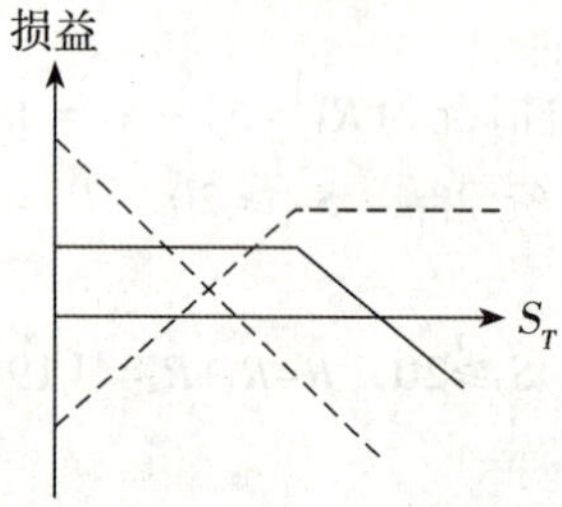

图13-9　卖出股票和卖出看跌期权组合损益图

【例13-8】构造一份资产组合：以S_0=19元的价格卖出一份股票A；卖出一份执行价格K为20元的同种股票的看跌期权，期权费P为2元。

我们下面来分析一下这个组合的到期收益情况，两个资产各自在期权到期时的收益情况：

①对于卖出股票的资产，收益情况为：$R_1=S_0-S_T=19-S_T$。

②对于卖出看跌期权的资产：$S_T \geqslant 20$，$R_2=2$；$S_T<20$，$R_2=P-(K-S_T)=S_T-18$。

③这两项资产的组合收益为：$S_T \geqslant 20$，$R=R_1+R_2=(19-S_T)+2=21-S_T$；$S_T<20$，$R=R_1+R_2=(19-S_T)+(S_T-18)=1$。

这个结果表明，它类似于一个卖出看涨期权的资产收益，看涨期权的执行价格K也为20，期权费C为1，而且这个看涨期权与例13-5所得到的看涨期权是同一个看涨期权。

13.2.2　合成基础资产组合

合成基础资产指的是一份看涨期权与一份看跌期权的组合，其效果相当于对标的资产的操作。这种组合市场中很少见到，但是在理论上确实存在，不过要强调的是，这两份期权在操作方向上是恰好相反的，在执行价格上也是相同的。

1）买入看涨期权和卖出看跌期权的组合

（1）组合特性

这类组合叫作逆转组合策略，又称“反转换”，由买进同一执行价格的看涨期权和卖出同一执行价格的看跌期权组成。

采用该策略的动机是：对后市看多，以较少的资金投入获得与标的资产多头相同的投资收益，相当于买入标的资产合约。

逆转组合的损益特征与持有标的资产合约相似，对于该策略的采用者来说，只需要支付看涨期权与看跌期权的差价和一定的保证金，就可以获得等同于买入标的资产合约所能享受的投资收益。

损益平衡点=执行价格+卖出期权获得的期权费-买入期权支出的期权费 (13-11)

对此，我们有下面的结论：

买入看涨期权+卖出看跌期权=买入基础资产 (13-12)

（2）组合图示

买入看涨期权和卖出看跌期权的组合如图13-10所示。

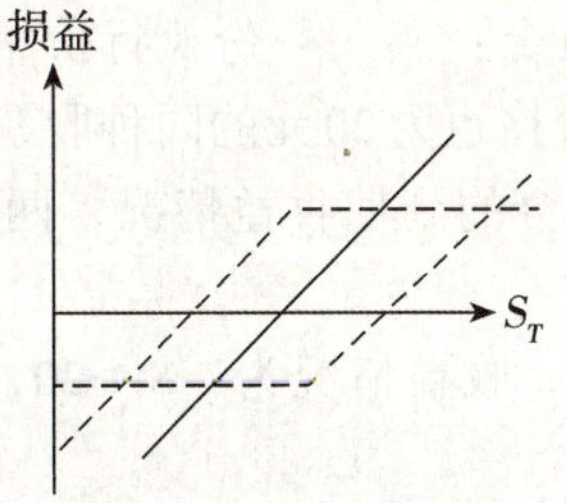

图13-10 买入看涨期权和卖出看跌期权的组合损益图

【例13-9】构造一份资产组合：买入一份执行价格K为20元的A股票的看涨期权，期权费C为1.5元；卖出一份执行价格也为20元的同种股票的看跌期权，期权费P为2元。

我们下面来分析一下这个组合的到期收益情况，两个资产各自在期权到期时的收益情况：

①对于买入看涨期权的资产，收益情况为：$S_T \geq 20$，$R_1=S_T-K-C=S_T-21.5$；$S_T<20$，$R_1=-C=-1.5$。

②对于卖出看跌期权的资产：$S_T \geq 20$，$R_2=2$；$S_T<20$，$R_2=P-(K-S_T)=S_T-18$。

③这两项资产的组合收益为：$S_T \geq 20$，$R=R_1+R_2=(S_T-21.5)+2=S_T-19.5$；$S_T<20$，$R=R_1+R_2=(-1.5)+(S_T-18)=S_T-19.5$。

这个结果表明，买入看涨期权和卖出看跌期权的组合结果是买入一股股票，买入价S_0为19.5。

2）买入看跌期权和卖出看涨期权的组合

（1）组合特性

这类组合叫作转换组合策略，是由卖出同一执行价格的看涨期权和买进同一执行价格的看跌期权组成。

采用该策略的动机在于：对后市看空，以较少的资金获得相当于做空标的资产的收益。

转换组合的损益特征与做空标的资产相似，对于该策略的采用者来说，只需要支付看涨期权与看跌期权的差价和一定的保证金，就可以获得等同于卖出标的资产合约所能享受的投资收益。

损益平衡点=执行价格+卖出期权获得的期权费-买入期权支出的期权费 (13-13)

对此，我们有下面的结论：

买入看跌期权+卖出看涨期权=卖出基础资产 (13-14)

（2）组合图示

买入看跌期权和卖出看涨期权的组合如图13-11所示。

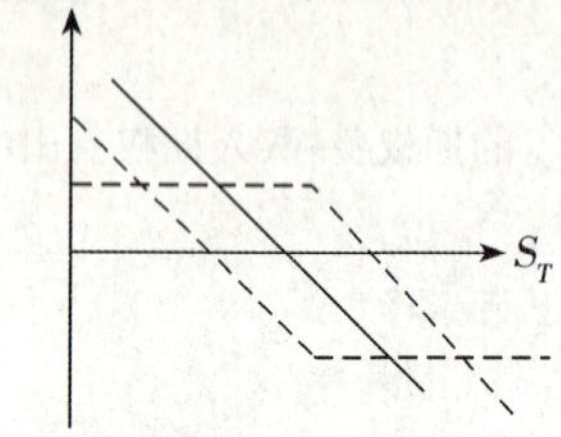

图 13-11　买入看跌期权和卖出看涨期权的组合损益图

【例13-10】构造一份资产组合：买入一份执行价格K为20元的A股票的看跌期权，期权费P为2元；卖出一份执行价格也为20元的同种股票的看涨期权，期权费C为1.5元。

我们下面来分析一下这个组合的到期收益情况，两个资产各自在期权到期时的收益情况：

①对于买入看跌期权的资产，收益情况为：$S_T \geqslant 20$，$R_1=-P=-2$；$S_T<20$，$R_1=K-S_T-P=18-S_T$。

②对于卖出看涨期权的资产：$S_T \geqslant 20$，$R_2=C-(S_T-K)=21.5-S_T$；$S_T<20$，$R_2=C=1.5$。

③这两项资产的组合收益为：$S_T \geqslant 20$，$R=R_1+R_2=(-2)+(21.5-S_T)=19.5-S_T$；$S_T<20$，$R=R_1+R_2=(18-S_T)+1.5=19.5-S_T$。

这个结果表明，买入看跌期权和卖出看涨期权的组合结果是卖出一股股票，卖出价格S_0为19.5，也就是说这个结果与例13-9的结果是恰好相反的。

13.3　价差期权组合

前面我们在对期权的组合进行介绍时，期权的执行价格都是相同的，实际上，也可以进行不同执行价格的期权组合。这类期权组合是两种或多种期权的组合。

价差策略即价差期权组合，是指期权的交易者同时买入和卖出同一种类型的期权，但期权的执行价格或到期期限分别不同。

构造价差期权结构的主要动机是减少风险和降低成本。在减少风险和降低成本的同时，价差期权的构造者实际上也确定了金融资产组合的盈亏特征。

价差期权组合，一般包括垂直价差、水平价差、对角价差、蝶式价差、鹰式价差、盒式价差、比率价差。

13.3.1　垂直价差（vertical spreads）

垂直价差又称价格价差，是指同时买入和卖出一个除执行价格不同之外、其余条件都相同的看涨期权或看跌期权的套利策略。

可以用垂直价差组合构造多头价差或空头价差，多头价差也叫牛市价差，空头价差也叫熊市价差。

垂直价差可以分为四种类型：

1）看涨期权多头价差（bull call spread）

（1）看涨期权多头价差的特性

看涨期权多头价差策略，由买入一份执行价格低的看涨期权和卖出一份执行价格高的看涨期权组成。

该策略的使用动机是：投资者对后市看多，但不愿意承担过多风险。

这一策略因为买入低执行价格看涨期权所支付的期权费支出可以与卖出高执行价格看涨期权所获得的期权费收入部分冲抵，从而减少了投资者的投资成本。

若标的资产价格处于两个执行价格之间，期权的投资损益随标的资产价格的上涨而增加，但在标的资产价格达到并超过高处的执行价格后，投资者的损益便不再增加，这是因为，此时投资者所买入的看涨期权因标的资产价格继续上涨而获得的收益与卖出看涨期权因标的资产价格上涨而产生的亏损相抵。

同样，在两个执行价格之间的范围内，期权的投资损益随标的资产价格的下跌而减少，但当标的资产价格跌至低处的执行价格之下时，投资者的损益便不再减少，因为此时，买入看涨期权在标的资产价格继续下跌时所承担的风险是有限的，即最大损失为期权费支出，而卖出看涨期权在标的资产价格下跌时所获得的也是固定的期权费收入。

因此，看涨期权多头价差策略的损益特征为：

①当低执行价格<标的资产价格<高执行价格时，投资损益随标的资产价格的上涨（下跌）而增加（减少）；

②当标的资产价格<低执行价格时，投资损益不会随着标的资产价格的下跌而继续减少，此时该策略的损益计算公式为：

投资损益=卖出看涨期权收取的期权费-买入看涨期权支付的期权费 （13-15）

③当标的资产价格>高执行价格时，投资收益也不再继续增加，投资损益计算公式为：

投资损益=高执行价格-低执行价格+卖出看涨期权收取的期权费-买入看涨期权支付的期权费 （13-16）

损益平衡点=低执行价格+买入看涨期权支付的期权费-卖出看涨期权收入的期权费 （13-17）

使用时机：预期标的资产未来价格将会上涨，但上涨走势只会缓慢前进，不会出现急涨行情。

（2）看涨期权多头价差图示

看涨期权多头价差损益图如图13-12所示。

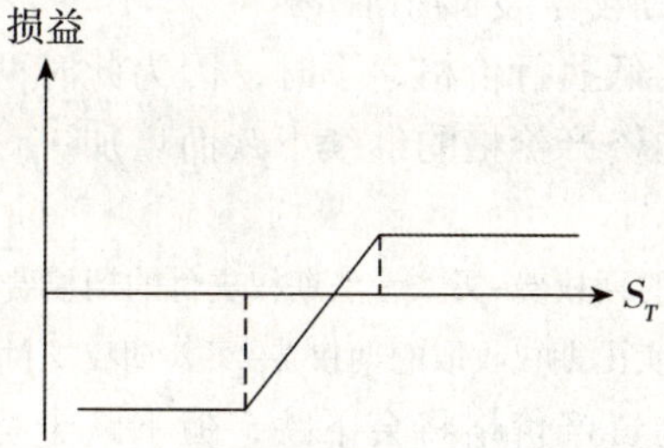

图13-12 看涨期权多头价差损益图

【例13-11】构造一份资产组合：以期权费$C_1=3$买入一份A股票执行价格$K_1=17$的看涨期权；同时以期权费$C_2=1$卖出一份同种股票执行价格$K_2=20$的看涨期权。

我们下面来分析一下这个组合的到期收益情况，两个资产各自在期权到期时的收益情况：

①对于买入执行价格$K_1=17$的看涨期权，收益情况为：$S_T \geqslant 17$，$R_1=S_T-K_1-C_1=S_T-20$；$S_T<17$，$R_1=-C_1=-3$。

②对于卖出执行价格$K_2=20$的看涨期权，收益情况为：$S_T \geqslant 20$，$R_2=C_2-(S_T-K_2)=21-S_T$；$S_T<20$，$R_2=C_2=1$。

③这两项资产的组合收益为：$S_T \geqslant 20$，$R=R_1+R_2=(S_T-20)+(21-S_T)=1$；$20>S_T \geqslant 17$，$R=R_1+R_2=(S_T-20)+1=S_T-19$；$S_T<17$，$R=R_1+R_2=-3+1=-2$。

这个结果可以很好地印证图13-12。

2）看涨期权空头价差（bear call spread）

（1）看涨期权空头价差的特性

看涨期权空头价差策略，由卖出低执行价格看涨期权和买入高执行价格看涨期权共同组成。

该策略的使用动机是：对后市看空，但不愿意承担过多风险。在投资初期，期权费为净收入。

若标的资产价格下跌，在两个执行价格之间的范围内，期权投资收益随价格下跌而增加；当标的资产价格达到并低于低执行价格后，投资者的收益便不再增加。这是因为，此时，买入看涨期权与卖出看涨期权在标的资产价格位于低执行价格之下时的损失和收益都是固定不变的。

当标的资产价格上涨时，在两个执行价格之间的范围内，两个看涨期权中只有一个会被提出执行，期权投资收益随市场价格的上涨而减少；当标的资产价格上涨超过高处的执行价格时，投资者的收益便不再减少，因为此时，两个看涨期权均会被提出执行，卖出看涨期权在价格上涨时所遭受的损失由买入看涨期权在价格上涨时所获得的收益相抵补。

因此，看涨期权空头价差策略的损益特征为：

①在两个执行价格之间的范围内，投资收益随标的资产价格上涨（下跌）而减少（增大）；

②当标的资产价格上涨超过高处的执行价格时，该策略使用者便会遭受最大损失，用公式表示为：

$$\text{投资损益}=\text{低执行价格}-\text{高执行价格}+\text{卖出看涨期权收取的期权费}-\text{买入看涨期权支付的期权费} \quad (13\text{-}18)$$

③当标的资产价格下跌至低执行价格之下时，因为此时两个看涨期权都不会被提出执行，投资损益也不会随着标的资产价格的继续下跌而增加，该策略获得最大投资损益的计算公式为：

投资损益=卖出看涨期权收取的期权费-买入看涨期权支付的期权费　(13-19)

④损益平衡点=低执行价格+卖出期权收取的期权费-买入期权支付的期权费　(13-20)

使用时机：预期未来标的资产价格将会下跌，但下跌走势只会以盘跌方式进行，不会出现急跌行情。

（2）看涨期权空头价差图示

看涨期权空头价差损益图如图13-13所示。

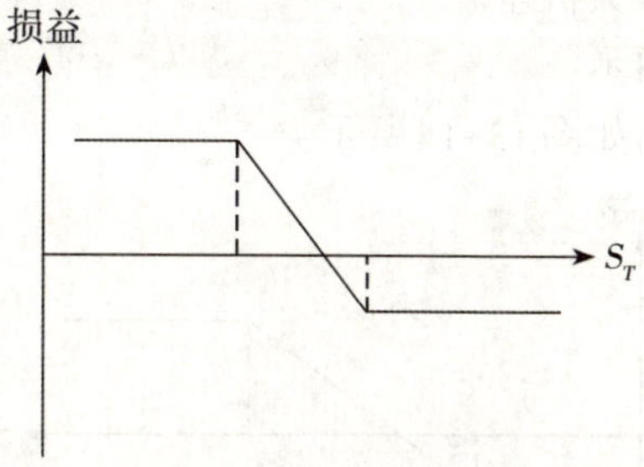

图13-13　看涨期权空头价差损益图

【例13-12】构造一份资产组合：以期权费 $C_1=3$ 卖出一份A股票执行价格 $K_1=17$ 的看涨期权；同时以期权费 $C_2=1$ 买入一份同种股票执行价格 $K_2=20$ 的看涨期权。

我们下面来分析一下这个组合的到期收益情况，两个资产各自在期权到期时的收益情况：

①对于卖出执行价格 $K_1=17$ 的看涨期权，收益情况为：$S_T \geqslant 17$，$R_1=C_1-(S_T-K_1)=20-S_T$；$S_T<17$，$R_1=C_1=3$。

②对于买入执行价格 $K_2=20$ 的看涨期权，收益情况为：$S_T \geqslant 20$，$R_2=S_T-K_2-C_2=S_T-21$；$S_T<20$，$R_2=-C_2=-1$。

③这两项资产的组合收益为：$S_T \geqslant 20$，$R=R_1+R_2=(20-S_T)+(S_T-21)=-1$；$20>S_T \geqslant 17$，$R=R_1+R_2=(20-S_T)-1=19-S_T$；$S_T<17$，$R=R_1+R_2=3-1=2$。

这个结果可以很好地印证图13-13，另外，从结果上，我们都可以看出，这个结果与例13-11的结果正好相反，从图形上看正好关于横轴对称。

3）看跌期权多头价差（bull put spread）

（1）看跌期权多头价差的特性

该策略由买入一手执行价格低的看跌期权和卖出一手执行价格高的看跌期权组成。

采用该策略的动机是：对后市看多，但不愿意承担过多风险。

买入看跌期权意味着当标的资产价格上升时损失期权费，当标的资产价格下跌时赚取标的资产价格与执行价格之间的价差收益；卖出看跌期权的损益曲线则正好相反，当标的资产价格上升时获得期权费收入，当标的资产价格下跌时承担标的资产价格与执行价格之间的价差损失。

因此，看跌期权多头价差策略的损益特征表现为：

①两个执行价格之间的范围内，投资收益随标的资产价格上涨而增加；

②标的资产价格低于低执行价格时，投资者只承担有限损失，此时的投资损益公式为：

$$\text{投资损益}=\text{卖出看跌期权收取的期权费}-\text{买入看跌期权支付的期权费}+\text{低执行价格}-\text{高执行价格} \quad (13\text{-}21)$$

③在标的资产价格涨过高处的执行价格之后，投资者只获得有限利润，此时的投资损益公式为：

$$\text{投资损益}=\text{卖出看跌期权收取的期权费}-\text{买入看跌期权支付的期权费} \quad (13\text{-}22)$$

④ $\text{损益平衡点} = \text{高执行价格} + \text{买入看跌期权支付的期权费} - \text{卖出看跌期权收取的期权费}$　　（13-23）

使用时机：同看涨期权多头价差。

（2）看跌期权多头价差图示

看跌期权多头价差损益图如图13-14所示。

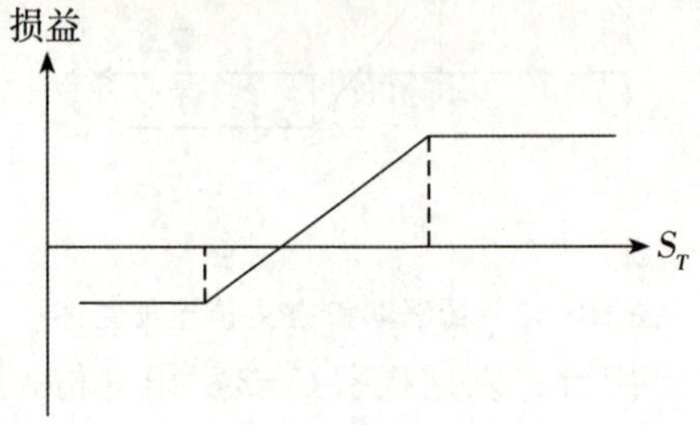

图13-14　看跌期权多头价差损益图

【例13-13】构造一份资产组合：以期权费P_1=1买入一份A股票执行价格K_1=17的看跌期权；同时以期权费P_2=3卖出一份同种股票执行价格K_2=20的看跌期权。

我们下面来分析一下这个组合的到期收益情况，两个资产各自在期权到期时的收益情况：

①对于买入执行价格K_1=17的看跌期权，由前文可知，收益情况为：$S_T \geqslant 17$，$R_1=-P_1=-1$；$S_T<17$，$R_1=K_1-S_T-P_1=16-S_T$。

②对于卖出执行价格K_2=20的看跌期权，收益情况为：$S_T \geqslant 20$，$R_2=P_2=3$；$S_T<20$，$R_2=P_2-(K_2-S_T)=S_T-17$。

③这两项资产的组合收益为：$S_T \geqslant 20$，$R=R_1+R_2=-1+3=2$；$20>S_T \geqslant 17$，$R=R_1+R_2=-1+(S_T-17)=S_T-18$；$S_T<17$，$R=R_1+R_2=(16-S_T)+(S_T-17)=-1$。

这个结果可以很好地印证图13-14。同时，我们可以将这个结果与例13-11的结果对比，或者可以将图13-14与图13-12对比，发现它们在基本形态上是一致的，不同的是收益与损失对比正好相反。

4）看跌期权空头价差（bear put spread）

（1）看跌期权空头价差的特性

该策略由卖出一手执行价格低的看跌期权和买入一手执行价格高的看跌期权组成。

使用该策略的动机是：对后市看空，但目的在于以有限的风险获取有限的收益。

买入看跌期权意味着当标的资产价格高于执行价格时损失期权费，当标的资产价格低于执行价格时赚取标的资产价格与执行价格之间的价差收益；卖出看跌期权的损益曲线则正好相反，当标的资产价格高于执行价格时获得期权费收入，当标的资产价格低于执行价格时承担标的资产价格与执行价格之间的价差损失。

因此，看跌期权空头差价策略的损益特征表现为：

①在两个执行价格之间的范围内，投资收益随标的资产价格上涨（下跌）而减少（增加）；

②标的资产价格跌出低处的执行价格之后，因为两个看跌期权的买方都会提出执行，所以该策略使用者买入看跌期权执行后所获的收益大于卖出看跌期权被对方执行所带来的损失，因而整个策略在标的资产价格下跌时是盈利的，此时的投资损益公式为：

投资损益=卖出看跌期权收取的期权费-买入看跌期权支付的期权费+高执行价格-低执行价格　　(13-24)

③对应地，当标的资产价格涨过高处的执行价格之后，因为两个看跌期权的买方均不会提出执行，所以该策略使用者需要承受有限的期权费损失，此时的投资损益公式为：

投资损益=卖出看跌期权收取的期权费-买入看跌期权支付的期权费　　(13-25)

④损益平衡点=高执行价格+卖出看跌期权收取的期权费-买入看跌期权支付的期权费　　(13-26)

使用时机：同看涨期权空头价差。

（2）看跌期权空头价差图示

看跌期权空头价差损益图如图13-15所示。

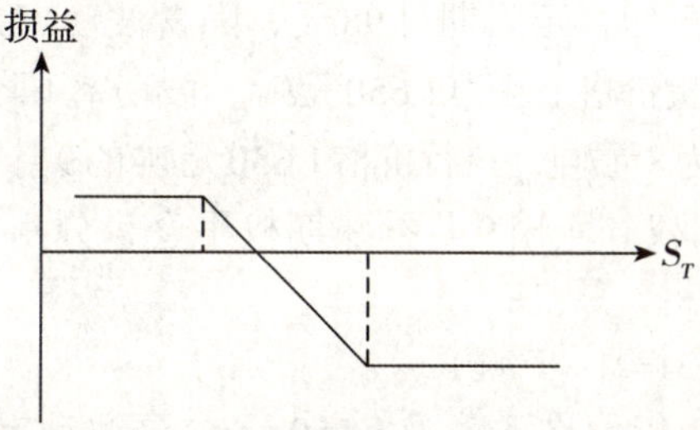

图13-15　看跌期权空头价差损益图

【例13-14】构造一份资产组合：以期权费P_1=1卖出一份A股票执行价格K_1=17的看跌期权；同时以期权费P_2=3买入一份同种股票执行价格K_2=20的看跌期权。

我们下面来分析一下这个组合的到期收益情况，以及两个资产各自在期权到期时的收益情况：

①对于卖出执行价格K_1=17的看跌期权，由前文所知，收益情况为：$S_T \geq 17$，$R_1=P_1=1$；$S_T<17$，$R_1=P_1-(K_1-S_T)=S_T-16$。

②对于买入执行价格K_2=20的看跌期权，收益情况为：$S_T \geq 20$，$R_2=-P_2=-3$；$S_T<20$，$R_2=K_2-S_T-P_2=17-S_T$。

③这两项资产的组合收益为：$S_T \geq 20$，$R=R_1+R_2=1-3=-2$；$20>S_T \geq 17$，$R=R_1+R_2=1+(17-S_T)=18-S_T$；$S_T<17$，$R=R_1+R_2=(S_T-16)+(17-S_T)=1$。

这个结果可以很好地印证图13-15。同时，我们可以将这个结果与例13-12的结果对比，或者可以将图13-15与图13-13对比，发现它们在基本形态上是一致的，不同的是收益与损失对比正好相反。

13.3.2　水平价差（horizontal spreads）

水平价差又称为“时间价差”或“日历价差”（calendar spreads），即同时买进和卖出看涨期权合约或者看跌期权合约，买卖的期权合约除到期日不同之外，执行价格及其他所有条件都相同。

1）看涨期权时间价差（call option time spread）

（1）看涨期权时间价差特性

看涨期权时间价差由卖出一手近月看涨期权合约并买入一手相同执行价格的远月看涨期权合约组成。由于近月期权的时间衰减速度快于远月期权的时间衰减速度，所以投资者通常在标的资产价格的长期趋势稳中看涨时，采用看涨期权时间价差策略。

损益平衡点要视波动率而定，最大可能损失为净支付的期权费。

使用时机：预期未来标的资产价格可能在一定的区间盘整后再上涨，近月看涨期权合约的隐含波动率大于远月看涨期权的隐含波动率。

时间价差的损益情况比较复杂，该策略的盈利程度主要取决于波动率的变化以及近月合约到期时标的资产的价格是否接近该近月合约的执行价格，以下我们以小麦期货为例，再根据几个不同的市场状况，简要说明一下看涨期权时间价差的应用。

【例13-15】假定：小麦期货价格1 600元/吨，卖出一手执行价格1 650元/吨的7月看涨期权合约，距到期日36天，隐含波动率35%，收入期权费48元/吨；买入一手执行价格1 650元/吨的9月看涨期权合约，距到期日98天，隐含波动率20%，支付期权费50元/吨。

①若一个月后，小麦期货价格上涨为1 650元/吨，波动率下降为10%，此时执行价格1 650元/吨的7月看涨期权的价格为8元/吨，执行价格1 650元/吨的9月看涨期权价格为31元/吨。

投资者买入7月看涨期权、卖出9月看涨期权平仓，分别支付期权费8元/吨、收入期权费31元/吨。则：

投资者的净损益=48−50−8+31=21（元/吨）

②若一个月后，小麦期货价格下跌为1 550元/吨，波动率为30%，此时7月看涨期权的价格为1元/吨，9月看涨期权价格为44元/吨。

投资者买入7月看涨期权、卖出9月看涨期权平仓，分别支付期权费1元/吨、收入期权费44元/吨。则：

投资者的净损益=48−50−1+44=41（元/吨）

③若一个月后，小麦期货价格仍为1 550元/吨，波动率为10%，此时7月看涨期权的价格为1元/吨，9月看涨期权的价格为3元/吨。

投资者买入7月看涨期权、卖出9月看涨期权平仓，分别支付期权费1元/吨、收入期权费3元/吨。则：

投资者的净损益=48−50−1+3=0

④若一个月后，小麦期货价格仍为1 600元/吨，波动率为10%，此时7月看涨期权的价格为1元/吨，9月看涨期权的价格为11元/吨。

投资者买入7月看涨期权、卖出9月看涨期权平仓，分别支付期权费1元/吨、收入期权费11元/吨。则：

投资者的净损益=48−50−1+11=8（元/吨）

（2）看涨期权时间价差图示

看涨期权时间价差损益图如图13-16所示。

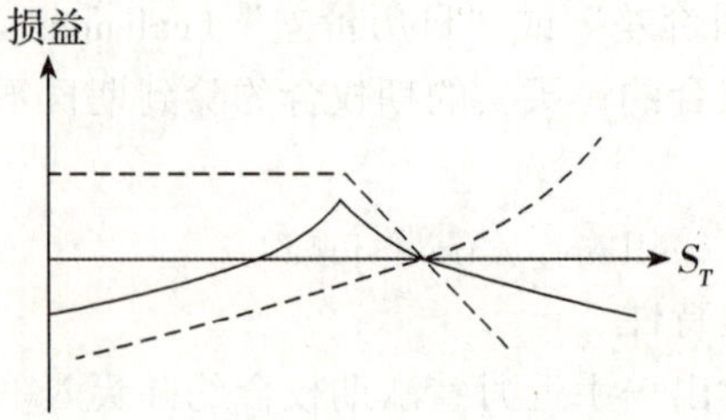

图13-16　看涨期权时间价差损益图

在图13-16中，当短期期权临近到期时，若标的资产市价远低于执行价格，则两期权都只剩下时间价值，短期期权价值为0，而长期期权价值接近于0，投资者从中获得的收益微乎其微，只能略微抵销初始期权费投资；当短期期权临近到期时，若标的资产市价远高于执行价格，则两期权包含了很大的内涵价值，其时间价值的差异会很小，两相抵销，投资者从中获利也微乎其微，也只能略微抵销初始投资；当短期期权临近到期时，若标的资产市价与执行价格接近，则短期期权内涵价值和时间价值均很小，长期期权虽然内涵价值很小，但时间价值会很大，这时对冲会获得较大利润。

2）看跌期权时间价差（put option time spread）

（1）看跌期权时间价差的特性

看跌期权时间价差由卖出一手近月看跌期权合约并买入一手相同执行价格的远月看跌期权合约组成。由于近月期权的时间衰减速度快于远月期权的时间衰减速度，所以投资者通常在标的资产价格的长期趋势稳中看跌时，采用看跌期权时间价差策略。

损益平衡点要视波动率而定，最大可能损失为净支付的期权费。

使用时机：预期未来指数可能在一定的区间盘整后再下跌，且近月看跌期权合约的隐含波动率大于远月看跌期权的隐含波动率。

如前所述，时间价差的损益情况比较复杂，该策略的盈利程度要视波动率和近月合约到期时标的资产的价格是否接近该近月合约的执行价格而定。

（2）看跌期权时间价差图示

看跌期权时间价差损益图如图13-17所示。

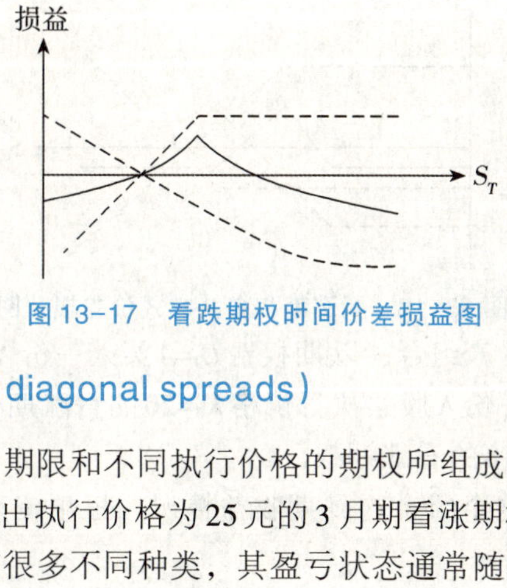

图13-17 看跌期权时间价差损益图

13.3.3 对角价差（diagonal spreads）

对角价差期权是由不同期限和不同执行价格的期权所组成的。例如，买入执行价格为20元的5月期看涨期权与卖出执行价格为25元的3月期看涨期权组合起来，就是一种对角价差期权。对角价差期权有很多不同种类，其盈亏状态通常随相应的看涨或看跌价差期权盈亏状态的变化而变化。一般来说，投资者很少应用对角价差期权组合进行期权投资。

13.3.4 蝶式价差（butterfly spreads）

蝶式价差期权策略由三种不同执行价格的期权头寸所构成，实际上是由买进两项期权和卖出两项期权的投资行为构成，这些买进和卖出的期权都属于同一个垂直系列，即到期日相同而执行价格不同。所以，蝶式价差被认为是垂直价差的一种特殊形式。

因为蝶式价差图形的特殊性，我们在此单独列出。

蝶式价差也可以分为两大类共四种。

1）看涨期权多头蝶式价差

由于这些蝶式价差一般运用比较少，所以我们只简单给出其特性、图示及例题。

（1）看涨期权多头蝶式价差特性

这种蝶式价差一般可以通过如下方式来构造：买入一个较低执行价格K_1的看涨期权，买入一个较高执行价格K_3的看涨期权，卖出两个中间执行价格K_2的看涨期权，其中：

$$K_1<K_2<K_3，并且 K_2=\frac{K_1+K_3}{2} \tag{13-27}$$

一般来说，K_2接近标的资产现价。如果标的资产市价保持在K_2附近，运用该策略就会获利；如果标的资产市价在任何方向上有较大的波动，则会有少量损失。因此，对于那些认为标的资产市价不会发生较大波动的投资者来说，这是一个十分合适的策略。这一策略需要少量的初始投资。

其盈亏状况为：

最大盈利=中间执行价格−低执行价格−两个看涨期权多头支付的期权费之和+两个看涨期权空头收取的期权费之和 （13-28）

盈亏平衡点1=低执行价格+最大亏损=中间执行价格−最大盈利 （13-29）

盈亏平衡点2=中间执行价格+最大盈利=高执行价格−最大亏损 （13-30）

最大亏损=两个中间执行价格期权的期权费之和−较低执行价格期权期权费−较高执行价格期权期权费 （13-31）

（2）看涨期权多头蝶式价差图示

看涨期权多头蝶式价差损益图如图13-18所示。

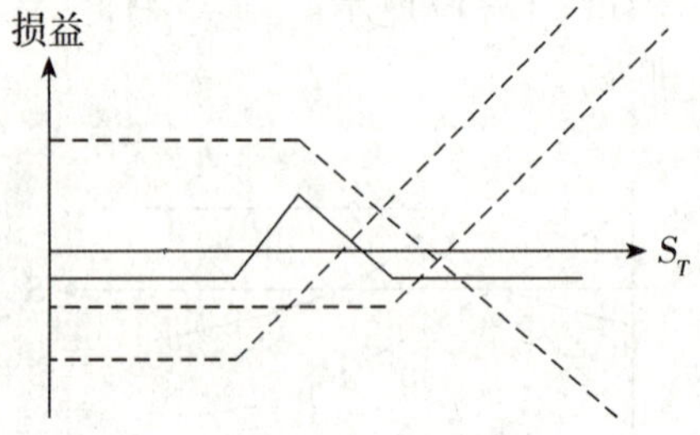

图13-18 看涨期权多头蝶式价差损益图

【例13-16】构造一份资产组合：以期权费C_1=4买入一份A股票执行价格K_1=16的看涨期权；以期权费C_3=1买入一份A股票执行价格K_3=20的看涨期权；同时以期权费C_2=2卖出两份同种股票执行价格K_2=18的看涨期权。

我们下面来分析一下这个组合的到期收益情况，三项资产各自在期权到期时的收益情况：

①对于买入执行价格K_1=16的看涨期权，收益情况为：$S_T\geqslant16$，$R_1=S_T-K_1-C_1=S_T-20$；$S_T<16$，$R_1=-C_1=-4$。

②对于卖出两份执行价格K_2=18的看涨期权，收益情况为：$S_T\geqslant18$，$2R_2=2[C_2-(S_T-K_2)]=2(20-S_T)$；$S_T<18$，$2R_2=2C_2=4$。

③对于买入执行价格K_3=20的看涨期权，收益情况为：$S_T\geqslant20$，$R_3=S_T-K_3-C_3=S_T-21$；$S_T<20$，$R_3=-C_3=-1$。

④这三项资产的组合收益为：$S_T\geqslant20$，$R=R_1+2R_2+R_3=(S_T-20)+2(20-S_T)+(S_T-21)=-1$；$20>S_T\geqslant18$，$R=R_1+2R_2+R_3=(S_T-20)+2(20-S_T)-1=19-S_T$；$18>S_T\geqslant16$，$R=R_1+2R_2+R_3=$

（S_T−20）+4−1=S_T−17；S_T<16，$R=R_1+2R_2+R_3$=（−4）+4−1=−1。

这个结果可以很好地印证图13-18。

2）看涨期权空头蝶式价差

（1）看涨期权空头蝶式价差的特性

这种蝶式价差一般可以通过如下方式来构造：卖出一个较低执行价格K_1的看涨期权，卖出一个较高执行价格K_3的看涨期权，买入两个中间执行价格K_2的看涨期权，公式同（13-27）。

关于它的其他特性，可以比照看涨期权多头蝶式价差来理解，它们正好相反。

（2）看涨期权空头蝶式价差图示

看涨期权空头蝶式价差如图13-19所示。

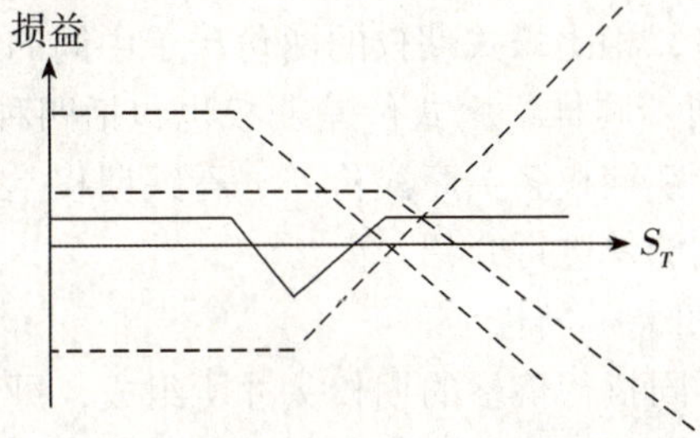

图13-19　看涨期权空头蝶式价差损益图

3）看跌期权多头蝶式价差

（1）看跌期权多头蝶式价差的特性

这种蝶式价差一般可以通过如下方式来构造：买入一个较低执行价格K_1的看跌期权，买入一个较高执行价格K_3的看跌期权，卖出两个中间执行价格K_2的看跌期权。

关于它的其他特性，可以比照看涨期权多头蝶式价差来理解，它们相类似。

（2）看跌期权多头蝶式价差图示

看跌期权多头蝶式价差如图13-20所示。

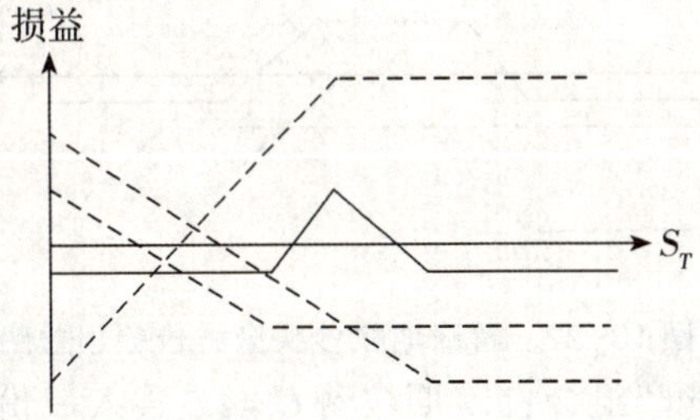

图13-20　看跌期权多头蝶式价差损益图

4）看跌期权空头蝶式价差

（1）看跌期权空头蝶式价差的特性

这种蝶式价差一般可以通过如下方式来构造：卖出一个较低执行价格K_1的看跌期权，卖出一个较高执行价格K_3的看跌期权，买入两个中间执行价格K_2的看跌期权。

关于它的其他特性，可以比照看涨期权多头蝶式价差来理解，二者正好相反。

（2）看跌期权空头蝶式价差图示

看跌期权空头蝶式价差损益图如图13-21所示。

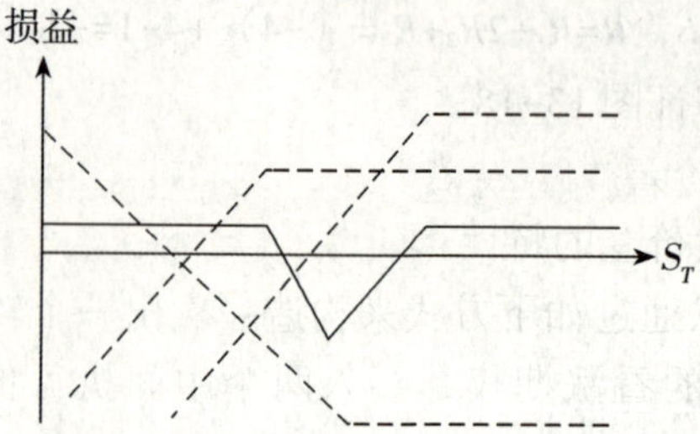

图 13-21　看跌期权空头蝶式价差损益图

13.3.5　鹰式价差（condor spreads）

鹰式价差期权与蝶式价差期权相似，也是由四份都属于一个垂直系列的期权合约构成，只是它有四个执行价格，相比蝶式期权的两份居于中间的执行价格，鹰式价差期权的两个中间执行价格有所相同。同样，鹰式价差期权也包括四种：看涨期权多头鹰式价差、看涨期权空头鹰式价差、看跌期权多头鹰式价差、看跌期权空头鹰式价差。在此，我们只对第一种看涨期权多头鹰式价差进行介绍。

1）看涨期权多头鹰式价差的特性

鹰式价差期权由四种不同执行价格的期权头寸所组成，可通过以下方式构造：买入一个低执行价格 K_1 的看涨期权，卖出一个中低执行价格 K_2 的看涨期权，卖出一个中高执行价 K_3 的看涨期权，买入一个高执行价格 K_4 的看涨期权。需要注意的是，本策略的执行价格间距相等，即：

$$K_2-K_1=K_3-K_2=K_4-K_3 \tag{13-32}$$

2）看涨期权多头鹰式价差图示

看涨期权多头鹰式价差损益图如图 13-22 所示。

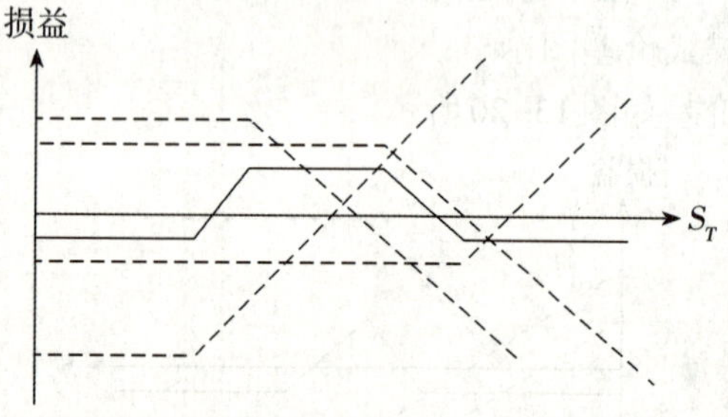

图 13-22　看涨期权多头鹰式价差损益图

【例 13-17】构造一份资产组合：以期权费 C_1=4.5 买入一份 A 股票执行价格 K_1=14 的看涨期权；以期权费 C_2=3 卖出一份同种股票执行价格 K_2=16 的看涨期权；以期权费 C_3=2 卖出一份同种股票执行价格 K_3=18 的看涨期权；同时以期权费 C_4=1 买入一份同种股票执行价格 K_2=20 的看涨期权。

我们下面来分析一下这个组合的到期收益情况，四项资产各自在期权到期时的收益情况：

①对于买入执行价格 K_1=14 的看涨期权，收益情况为：$S_T \geq 14$，$R_1=S_T-K_1-C_1=S_T-18.5$；$S_T<14$，$R_1=-C_1=-4.5$。

②对于卖出一份执行价格K_2=16的看涨期权，收益情况为：$S_T \geqslant 16$，$R_2=C_2-(S_T-K_2)=19-S_T$；$S_T<16$，$R_2=C_2=3$。

③对于卖出一份执行价格K_3=18的看涨期权，收益情况为：$S_T \geqslant 18$，$R_3=C_3-(S_T-K_3)=20-S_T$；$S_T<18$，$R_3=C_3=2$。

④对于买入执行价格K_4=20的看涨期权，收益情况为：$S_T \geqslant 20$，$R_4=S_T-K_4-C_4=S_T-21$；$S_T<20$，$R_4=-C_4=-1$。

⑤这四项资产的组合收益为：$S_T \geqslant 20$，$R=R_1+R_2+R_3+R_4=(S_T-18.5)+(19-S_T)+(20-S_T)+(S_T-21)=-0.5$；$20>S_T \geqslant 18$，$R=R_1+R_2+R_3+R_4=(S_T-18.5)+(19-S_T)+(20-S_T)-1=19.5-S_T$；$18>S_T \geqslant 16$，$R=R_1+R_2+R_3+R_4=(S_T-18.5)+(19-S_T)+2-1=1.5$；$16>S_T \geqslant 14$，$R=R_1+R_2+R_3+R_4=(S_T-18.5)+3+2-1=S_T-14.5$；$S_T<14$，$R=R_1+R_2+R_3+R_4=-4.5+3+2-1=-0.5$。

这个结果可以很好地印证图13-22。

13.4 组合期权

组合期权是将看涨期权和看跌期权以不同方式组合而成的期权应用策略。该种期权策略中包括同一种标的资产的看涨期权和看跌期权，即投资者同时买入或卖出期限相同的看涨期权和看跌期权。这些期权合约的执行价格可以相同，也可以不同；买入卖出合约的数量可以相等，也可以不相等。组合期权的种类有很多，我们主要介绍几种最常用的类型：同价对敲、异价对敲、看涨对敲和看跌对敲等。

13.4.1 同价对敲（straddle）

同价对敲，也叫跨式期权，是组合期权策略中使用最多的一种期权组合。它是指同时买入或卖出具有相同执行价格的、相同到期日的、同种标的资产的看涨期权和看跌期权。它具体又分为两种：买入同价对敲和卖出同价对敲。

1）买入同价对敲

（1）买入同价对敲的特性

买入同价对敲是指同时买入相同执行价格、相同到期日、同种标的资产的看涨期权和看跌期权，也称为底部同价对敲。

当标的资产市价S_T大于期权执行价格K时，该组合的盈利为$S_T-K-C-P$（C、P分别表示看涨期权期权费和看跌期权期权费）；当标的资产市价小于期权执行价格时，该组合盈利为$K-S_T-C-P$。由此可以看出，该组合最大盈利无限，有两个盈亏平衡点，最大亏损有限。

最大亏损=看涨期权多头支付的期权费+看跌期权多头支付的期权费　　(13-33)

盈亏平衡点1=执行价格-最大亏损　　(13-34)

盈亏平衡点2=执行价格+最大亏损　　(13-35)

该策略的特点是要付出初始投资，即买入两个期权的期权费。若标的资产价格波动很小，投资者就会亏损，最大亏损就是期权费；若标的资产价格大幅度波动，其盈利潜力就很大。因此，投资者认为后市会做大幅度调整时，该策略是很合适的。

（2）买入同价对敲图示

买入同价对敲损益图如图13-23所示。

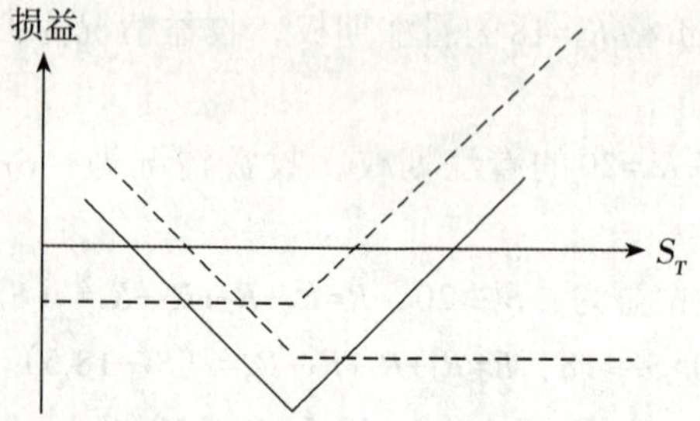

图13-23 买入同价对敲损益图

【例13-18】构造一份资产组合：以期权费C=1买入一份A股票执行价格K=20的看涨期权；同时以期权费P=3买入一份同种股票执行价格K=20的看跌期权。

我们下面来分析一下这个组合的到期收益情况，两项资产各自在期权到期时的收益情况：

①对于买入执行价格K=20的看涨期权，收益情况为：$S_T \geqslant 20$，$R_1=S_T-K-C=S_T-21$；$S_T<20$，$R_1=-C=-1$。

②对于买入执行价格K=20的看跌期权的资产，收益情况为：$S_T \geqslant 20$，$R_2=-P=-3$；$S_T<20$，$R_2=K-S_T-P=17-S_T$。

③这两项资产的组合收益为：$S_T \geqslant 20$，$R=R_1+R_2=(S_T-21)-3=S_T-24$；$S_T<20$，$R=R_1+R_2=-1+(17-S_T)=16-S_T$。

从这个例子我们可以看出，当$S_T \geqslant 24$或$S_T<16$时，这个投资者的收益为正，并且随着股票市价的增大或减小，收益增加，而当$24>S_T \geqslant 16$时，投资者收益为负。

2）卖出同价对敲

（1）卖出同价对敲的特性

卖出同价对敲是指同时卖出相同执行价格、相同到期日、同种标的资产的看涨期权和看跌期权，也称为顶部同价对敲。

卖出同价对敲策略与买入同价对敲刚好相反，可获得两个期权的初始期权费收入。当标的资产价格小幅度波动时，会有一定的盈利；而价格大幅度波动时，其损失可能会很大。因此，该策略的收益是有限的而风险却是无限的。

（2）卖出同价对敲图示

卖出同价对敲损益图如图13-24所示。

【例13-19】构造一份资产组合：以期权费C=1卖出一份A股票执行价格K=20的看涨期权；同时以期权费P=3卖出一份同种股票执行价格K=20的看跌期权。

我们下面来分析一下这个组合的到期收益情况，两项资产各自在期权到期时的收益情况：

①对于卖出执行价格K=20的看涨期权，收益情况为：$S_T \geqslant 20$，$R_1=C-(S_T-K)=21-S_T$；$S_T<20$，$R_1=C=1$。

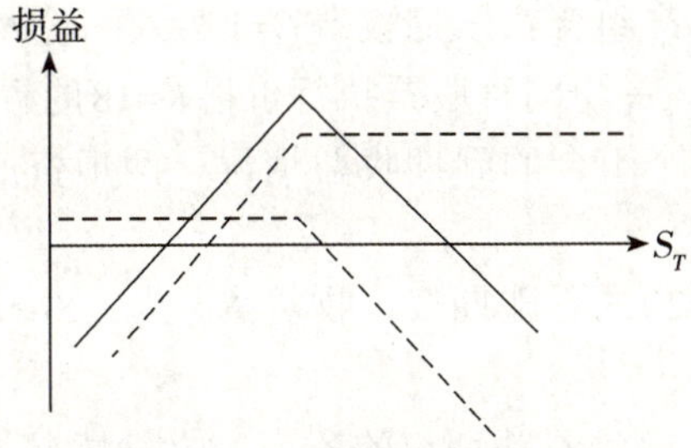

图 13-24 卖出同价对敲损益图

②对于卖出执行价格 K=20 的看跌期权的资产，收益情况为：$S_T \geqslant 20$，$R_2=3$；$S_T<20$，$R_2=P-(K-S_T)=S_T-17$。

③这两项资产的组合收益为：$S_T \geqslant 20$，$R=R_1+R_2=(21-S_T)+3=24-S_T$；$S_T<20$，$R=R_1+R_2=1+(S_T-17)=S_T-16$。

从这个例子我们可以看出，这种情形与买入同价对敲正好相反，当 $S_T \geqslant 24$ 或 $S_T<16$ 时，这个投资者的收益为负，而当 $24>S_T \geqslant 16$ 时，投资者收益为正。

13.4.2 异价对敲（strangle）

异价对敲与同价对敲基本相似，但买入或卖出的看涨期权和看跌期权的执行价格不同。根据是同时买入还是同时卖出两项期权，它也可以分为买入异价对敲和卖出异价对敲两种。

1）买入异价对敲

（1）买入异价对敲的特性

买入异价对敲是指同时买入执行价格不相同、到期日相同、同种标的资产的看涨期权和看跌期权，也称为底部异价对敲，或底部垂直价差组合。

设看跌期权、看涨期权执行价格分别为 K_1 和 K_2，期权费分别为 P 和 C，其中 $K_1<K_2$。当 $S_T \leqslant K_1$ 时，看跌期权会执行，而看涨期权会被放弃，组合的总盈利为 K_1-S_T-P-C；当 $K_1<S_T<K_2$ 时，两个期权都会被放弃，盈利为 $-(C+P)$；当 $S_T \geqslant K_2$ 时，只有看涨期权会执行，总盈利为 S_T-K_2-C-P。由此可知，该策略最大盈利可无限大，而在标的资产价格处于一定范围之内，该策略都处于最大亏损，其也有两个盈亏平衡点。

最大亏损=看涨期权多头支付的期权费+看跌期权多头支付的期权费 (13-36)

盈亏平衡点 1=看跌期权执行价格-最大亏损 (13-37)

盈亏平衡点 2=看涨期权执行价格+最大亏损 (13-38)

（2）买入异价对敲图示

买入异价对敲损益图如图 13-25 所示。

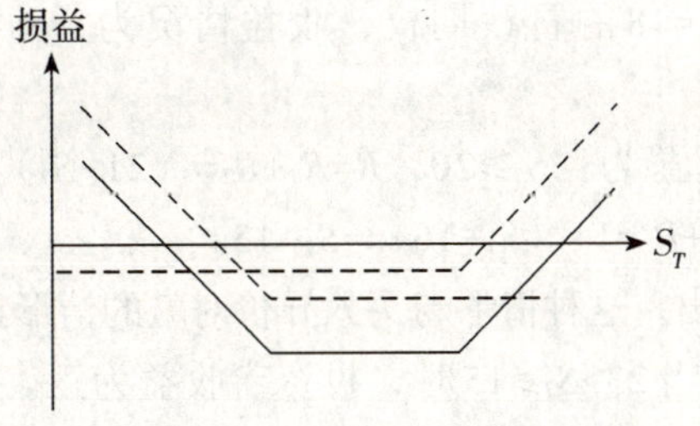

图 13-25 买入异价对敲损益图

【例13-20】构造一份资产组合：以期权费$C=1$买入一份A股票执行价格$K=20$的看涨期权；同时以期权费$P=2$买入一份同种股票执行价格$K=18$的看跌期权。

我们下面来分析一下这个组合的到期收益情况，两项资产各自在期权到期时的收益情况：

①对于买入执行价格$K=20$的看涨期权，收益情况为：$S_T \geqslant 20$，$R_1=S_T-K-C=S_T-21$；$S_T<20$，$R_1=-C=-1$。

②对于买入执行价格$K=18$的看跌期权的资产，收益情况为：$S_T \geqslant 18$，$R_2=-P=-2$；$S_T<18$，$R_2=K-S_T-P=16-S_T$。

③这两项资产的组合收益为：$S_T \geqslant 20$，$R=R_1+R_2=(S_T-21)-2=S_T-23$；$20>S_T \geqslant 18$，$R=R_1+R_2=-1-2=-3$；$S_T<18$，$R=R_1+R_2=-1+(16-S_T)=15-S_T$。

从这个例子我们可以看出，当$S_T \geqslant 23$或$S_T<15$时，这个投资者的收益为正，而当$23>S_T \geqslant 15$时，投资者收益为负。

2）卖出异价对敲

（1）卖出异价对敲的特性

卖出异价对敲是指同时卖出执行价格不相同、到期日相同、同种标的资产的看涨期权和看跌期权，也称为顶部异价对敲，或顶部垂直价差组合。

（2）卖出异价对敲图示

卖出异价对敲损益图如图13-26所示。

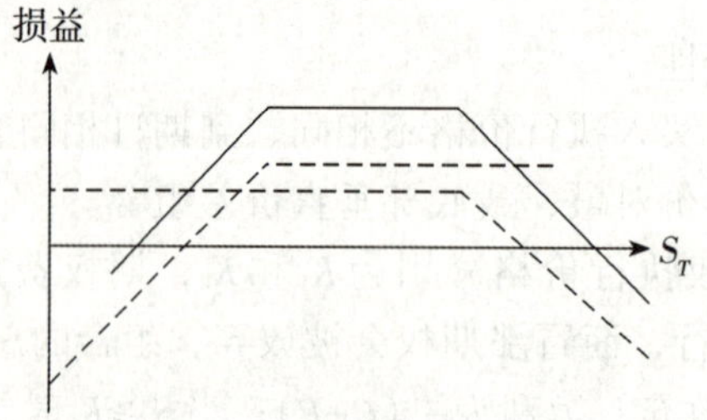

图13-26 卖出异价对敲损益图

【例13-21】构造一份资产组合：以期权费$C=1$元卖出一份A股票执行价格$K=20$元的看涨期权；同时以期权费$P=2$卖出一份同种股票执行价格$K=18$的看跌期权。

我们下面来分析一下这个组合的到期收益情况，两项资产各自在期权到期时的收益情况：

①对于卖出执行价格$K=20$的看涨期权，收益情况为：$S_T \geqslant 20$，$R_2=C-(S_T-K)=21-S_T$；$S_T<20$，$R_2=C=1$。

②对于卖出执行价格$K=18$的看跌期权，收益情况为：$S_T \geqslant 18$，$R_2=2$；$S_T<18$，$R_2=P-(K-S_T)=S_T-16$。

③这两项资产的组合收益为：$S_T \geqslant 20$，$R=R_1+R_2=(21-S_T)+2=23-S_T$；$20>S_T \geqslant 18$，$R=R_1+R_2=1+2=3$；$S_T<18$，$R=R_1+R_2=1+(S_T-16)=S_T-15$。

从这个例子我们可以看出，这种情形与买入异价对敲的情形正好相反。当$S_T \geqslant 23$或$S_T<15$时，投资者的收益为负，而当$23>S_T \geqslant 15$时，投资者收益为正。

13.4.3　看涨对敲（strap）和看跌对敲（strip）

以上分析的期权组合交易都是在同时买入（或卖出）一份看涨期权合约和一份看跌期权合约的基础上进行的。实际上，投资者也可以改变这个一份对一份的比率来进行不同的盈利策略，也就是买入（或卖出）的看涨期权和看跌期权合约数量并不相等。这种情况有两大类：看涨对敲和看跌对敲。看涨对敲是指对敲组合中，具有相同到期日的看涨期权数量超过看跌期权的数量。看跌对敲是指对敲组合中，具有相同到期日的看涨期权数量少于看跌期权的数量。我们简单介绍一下这些组合。

1）买入同价看涨对敲

买入同价看涨对敲是指在相同的执行价格上，买入的看涨期权的数量超过看跌期权的数量（如图13-27所示）。

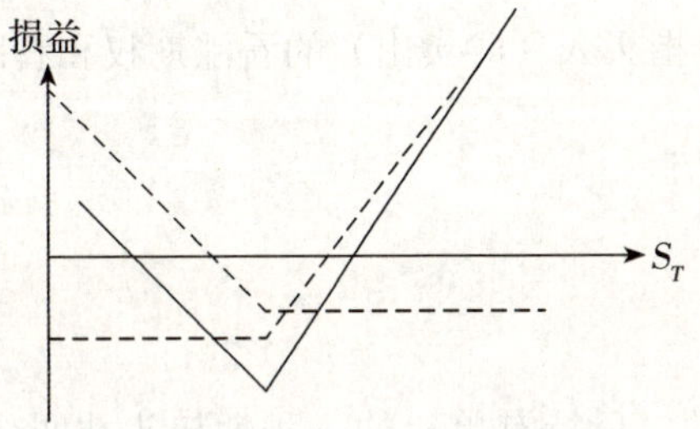

图13-27　买入同价看涨对敲损益图

2）卖出同价看涨对敲

卖出同价看涨对敲是指在相同的执行价格上，卖出的看涨期权的数量超过看跌期权的数量（如图13-28所示）。

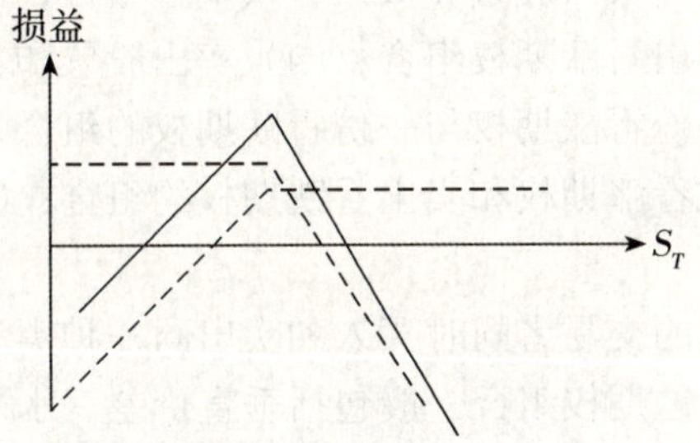

图13-28　卖出同价看涨对敲损益图

3）买入同价看跌对敲

买入同价看跌对敲是指在相同的执行价格上，买入的看跌期权的数量超过看涨期权的数量（如图13-29所示）。

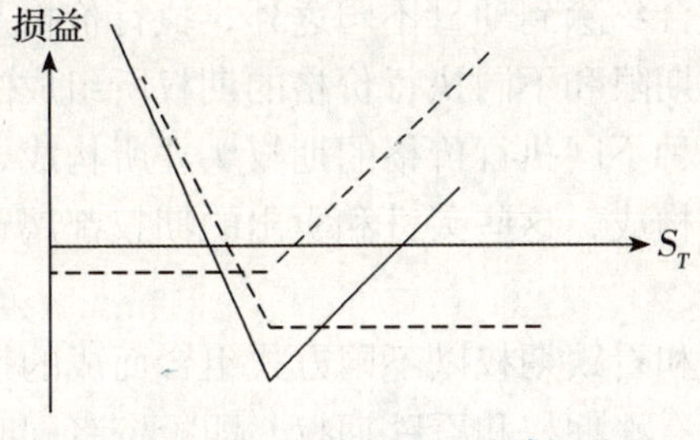

图13-29　买入同价看跌对敲损益图

4）卖出同价看跌对敲

卖出同价看跌对敲是指在相同的执行价格上，卖出的看跌期权的数量超过看涨期权的数量（如图13-30所示）。

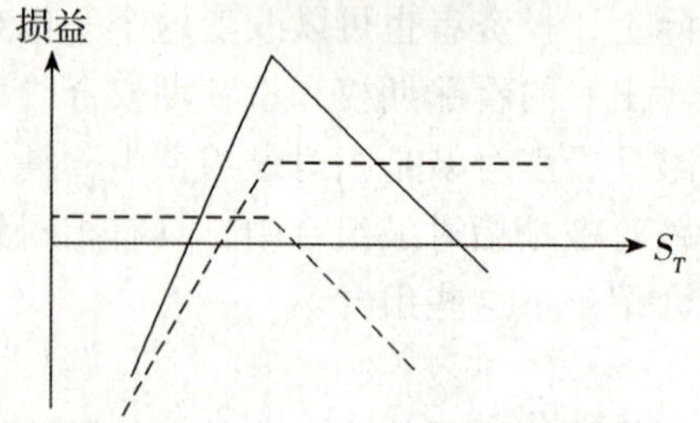

图13-30　卖出同价看跌对敲损益图

5）异价看涨和看跌对敲

异价看涨和看跌对敲是指买入（或卖出）的看涨期权和看跌期权数量不一致、执行价格也不相同的对敲组合。

本章小结

期权的应用策略有多种，只持有单一的一种期权头寸叫作无担保式期权，或裸式期权。这类策略有四种方式：买入看涨期权、卖出看涨期权、买入看跌期权、卖出看跌期权。

如果期权头寸的持有者同时拥有相应的基础金融资产头寸，那么这种组合称为有保护的期权组合，具体分为：（1）买入股票和买入看跌期权组合；（2）卖出股票和买入看涨期权组合；（3）买入股票和卖出看涨期权组合；（4）卖出股票和卖出看跌期权组合。

合成基础资产指的是一份看涨期权与一份看跌期权的组合，其效果相当于对标的资产的操作，具体有：（1）买入看涨期权和卖出看跌期权的组合；（2）买入看跌期权和卖出看涨期权的组合。

价差期权组合，指期权的交易者同时买入和卖出同一种类型的期权，但期权的执行价格或到期期限分别不同。价差期权组合一般包括垂直价差、水平价差、对角价差、蝶式价差、鹰式价差、盒式价差、比率价差。

垂直价差又称价格价差，是指同时买入和卖出一个除执行价格不同之外、其余条件都相同的看涨期权和看跌期权的套利策略。

水平价差又称为“时间价差”或“日历价差”，即同时买进和卖出看涨期权合约或者看跌期权合约，买卖的期权合约除到期日不同之外，执行价格及其他所有条件都相同。

对角价差期权是由不同期限和不同执行价格的期权所组成的。

蝶式价差期权策略由三种不同执行价格的期权头寸所构成，实际上是由买进两项期权和卖出两项期权的投资行为构成，这些买进和卖出的期权都属于同一个垂直系列，即到期日相同而执行价格不同。

组合期权是将看涨期权和看跌期权以不同方式组合而成的期权应用策略。该种期权策略中包括同一种标的资产的看涨期权和看跌期权，即投资者同时买入或卖出期限相同的看涨期权和看跌期权。

同价对敲，也叫跨式期权，是组合期权策略中使用最多的一种期权组合。它是指同时买入或卖出具有相同执行价格的、相同到期日的、同种标的资产的看涨期权和看跌期权。它具体又分为两种：买入同价对敲和卖出同价对敲。

异价对敲与同价对敲基本相似，但买入或卖出的看涨期权和看跌期权的执行价格不一样。根据是同时买入还是同时卖出两项期权，它也可以分为买入异价对敲和卖出异价对敲两种。

关键概念

无担保式期权　合成期权组合　价差期权组合　垂直价差　水平价差　蝶式价差

综合训练

13.1 填空题

1）你买进了一份美国电话电报公司5月份执行价格为50美元的看涨期权，并卖出了一份美国电话电报公司5月份执行价格为55美元的看涨期权。你的策略被称为________。

2）无担保式期权有四种，分别是：________、________、________、________。

13.2 单项选择题

1）某股票目前的市场价格为31元，执行价格为30元，连续复利的无风险年利率为10%，3个月期的该股票欧式看涨期权价格为3元，相应的欧式看跌期权价格为2.25元，套利者应该采取的策略是（　　）。

A.买入看涨期权，卖空看跌期权和股票，将现金收入进行无风险投资

B.买入看跌期权，卖空看涨期权和股票，将现金收入进行无风险投资

C.卖空看跌期权，买入看涨期权和股票，将现金收入进行无风险投资

D.卖空看涨期权，买入看跌期权和股票，将现金收入进行无风险投资

2）投资者认为未来X股票价格将下跌，但并不持有该股票，那么以下交易策略恰当的为（　　）。

A.买入看涨期权　B.卖出看涨期权　C.卖出看跌期权　D.备兑开仓

3）某一标的价格为1 000元，该标的行权价为1 000的一年期看涨期权价格为100元，假设1 000元投资于无风险市场，一年后能获得1 040元，则该标的行权价同样为1 000的一年期看跌期权价格最接近（　　）。

A.40元　B.60元　C.100元　D.140元

4）买入一手看涨期权，同时卖出相同执行价格、相同到期时间的一手看跌期权，其损益情况最接近于（　　）。

A.买入一定数量标的资产　B.卖出一定数量标的资产

C.买入两手看涨期权　D.卖出两手看涨期权

5）假设某一时刻沪深300指数为2 280点，某投资者以36点的价格卖出一手沪深300看跌期权合约，行权价格是2 300点，剩余期限为1个月，该投资者的最大潜在收益和亏

损分别为（　　）。

A.最大收益为36点，最大亏损为无穷大

B.最大收益为无穷大，最大亏损为36点

C.最大收益为36，最大亏损为2 336点

D.最大收益为36点，最大亏损为2 264点

6）对于股票期权来说，当不考虑利率和股息时，可以复制出买入看涨期权头寸的是（　　）。

A.买入股票　　B.买入股票和买入看跌期权

C.卖出看跌期权　　D.买入股票和卖出看跌期权

7）保护性看跌期权（protective puts）是通过（　　）构成的。

A.标的资产和看涨期权　　B.标的资产和看跌期权

C.看涨期权和看跌期权　　D.两份看跌期权

8）买入看涨期权同时卖出标的资产，到期损益最接近于（　　）。

A.卖出看跌期权　　B.买入看跌期权

C.卖出看涨期权　　D.买入看涨期权

9）买入看跌期权，同时卖出相同执行价，相同到期时间的看涨期权，从到期收益角度看，最接近于（　　）。

A.买入标的资产　　B.卖空标的资产

C.卖空看跌期权　　D.买入看跌期权

10）买入看跌期权同时买入标的资产，到期损益最接近于（　　）。

A.买入看涨期权　　B.卖出看涨期权

C.卖出看跌期权　　D.买入看跌期权

11）投资者买入一个看涨期权，执行价格为25元，期权费为4元。同时，卖出一个标的资产和到期日均相同的看涨期权，执行价格为40元，期权费为2.5元。如果到期日标的资产价格升至50元，不计交易成本，则投资者行权后的净收益为（　　）元。

A.8.5　　B.13.5　　C.16.5　　D.23.5

13.3　多项选择题

1）某公司要在一个月后买入1万吨铜，下面哪些方法可以有效规避铜价上升的风险？（　　）

A.1万吨铜的空头远期合约

B.1万吨铜的多头远期合约

C.1万吨铜的多头看跌期权

D.1万吨铜的多头看涨期权

2）交易者预期沪深300指数将在一个月后由2 300点上涨到2 400点，则他在下列到期日为一个月的欧式股指期权产品中，应该考虑进行（　　）交易并持有到期。

A.买入执行价为2 450点的看涨期权

B.卖出股指期货

C.买入执行价为2 350点的看涨期权

D.卖出执行价为2 300点的看跌期权

3）某投资者买入两份6月到期执行价格为100元的看跌期权，权利金为每份10元，买入一份6月到期执行价格为100元的看涨期权，权利金为10元，则该投资组合的损益平衡点为（　　）。

A.85　　B.95　　C.120　　D.130

4）当预计沪深300指数在未来3个月内将上涨10%，则下列策略不合适的有（　　）。

A.买入3个月到期的平值看涨期权

B.买入3个月到期的平值看跌期权

C.卖出1个月到期的深度实值看涨期权

D.卖出1个月到期的深度实值看跌期权

5）当投资者卖出一手看涨期权时，下列说法正确的有（　　）。

A.投资者潜在最大盈利为所收取的权利金

B.投资者潜在最大损失为收取的权利金

C.投资者损益平衡点为行权价格与权利金之和

D.投资者损益平衡点为行权价格与权利金之差

6）从理论上看，当投资者买入跨式组合时，下列说法正确的有（　　）。

A.投资者潜在最大盈利为所支付权利金

B.投资者潜在最大损失为所支付权利金

C.投资者的最大盈利无限

D.投资者是做多波动率

7）买进执行价格为2 000点的6月沪深300股指看跌期权，权利金为150点，卖出执行价格为1 900点的沪深300股指看跌期权，权利金为120点，以下说法正确的有（　　）。

A.该策略属于牛市策略　　B.该策略属于熊市策略

C.损益平衡点为1 970点　　D.损益平衡点为2 030点

8）下列关于看涨期权牛市价差策略多头正确的有（　　）。

A.当标的价格跌破较低的执行价格时，牛市价差组合的价值很小

B.到期日当天当标的价格涨过较高的执行价格时，牛市价差组合的价值将升至最大值

C.组合的价值随着时间流逝逐渐向到期日时的价值靠拢

D.在距离到期日较远时，当标的价格跌破较低的执行价格时，牛市价差组合的Delta值为0

9）下列期权投资组合，称之为蝶式期权策略的有（　　）。

A.买入1手行权价25的看涨期权，卖出1手行权价35的看涨期权

B.买入1手行权价25的看涨期权，买入1手行权价25的看跌期权

C.买入1手行权价25的看涨期权，卖出1手行权价30的看涨期权，卖出1手行权价30的看跌期权，买入1手行权价35的看跌期权

D.买入1手行权价25的看涨期权，卖出2手行权价30的看涨期权，买入1手行权价35的看涨期权

10）以下交易策略中，可能从隐含波动率上升中获益的有（　　）。

A.股票现货多头与看涨期权空头　　B.股指期货空头与看跌期权空头

C.跨式组合策略多头　　D.保护性看跌策略

13.4 问答题

1）单一期权有哪几种形式？各自的损益表达式是什么？

2）股票与期权组合投资有哪几种？各相当于哪种单一期权？

3）看涨期权多头价差、看涨期权空头价差、看跌期权多头价差、看跌期权空头价差各指哪些组合？

4）逆转组合策略是什么？

5）转换组合策略是什么？

6）时间价差是什么？

知识拓展13-1
看涨期权比率价差策略

第14章

期权品种

学习目标

通过本章的学习，了解具体的期权品种；掌握货币期权、利率期权、利率期货期权、股票期权、股票指数期权的基本内涵；掌握各期权品种的交易场所知识、交易策略及损益图。

14.1 货币期权

货币期权作为保值和投机工具已经得到越来越广泛的应用。跨国公司及金融机构为防范汇率变动风险已非常普遍地利用各类货币期权品种，以适应不同的风险回避需求。货币期权的场外交易市场，如银行同业市场，可为各类客户提供世界上主要币种、一年以上的货币期权交易，每笔交易达百万美元，甚至更多。货币期权为防范汇率风险提供了除远期外汇及货币期货合约之外另一种有效的保值手段。货币期权主要有货币期权交易和货币期货期权交易两种。

14.1.1 货币期权概述

1）货币期权的相关概念

（1）货币期权合约

货币期权合约是指期权合约买方或持有者有权利（但无义务）在期权合约到期之前或到期日以事先确定的价格（期权的协定价，或称执行价格）买卖某一特定数量外汇的合约。

货币期权同样可分为看涨期权和看跌期权。看涨期权是指合约持有者有权利以执行价格买进一定数量的外汇。看跌期权是指合约拥有者有权利以执行价格卖出一定数量的外汇。

（2）其他术语

①履行合约，是指货币期权的持有者有权利决定是否“履行”合约，或听任合同到期而不执行。

②履约价格或执行价格，是指约定价格。在货币期权中，未来结算所履行的价格称为履约价格或执行价格。履约价格取决于合约签订的当天，可能完全与即期和远期汇率不同。

③到期日。货币期权合约有一个最后的到期日。期权的持有者如果希望履行合约，必

须在合约到期前通知另一方。到期日表示为某年、某月、某日的某个时间，如2010年12月10日，东部标准时间上午10：00时。

④平价。如果期权的履约价格（即合同价格）等于当时的即期汇率，称为即期平价。如果履约价格等于当时对应的远期汇价，称为远期平价。比如，3个月期的期权履约价格与3个月期的远期汇率都是1.7200（GBP/USD）。

⑤折价。对于期权的持有者来说，当履约价格（比如1.6500的GBP看跌期权）优于即期汇率（比如1.8500）时，即为即期折价。对于远期折价亦然。

⑥溢价。对于期权的持有者来说，当履约价格（比如1.8500的GBP看跌期权）不如即期汇率（比如1.6500）时，即为即期溢价。

2）货币期权的产生与发展

近年来，频繁发生的大规模外汇汇率剧烈波动使人们对防范外汇风险的方法产生了浓厚的兴趣。大多数主要货币的远期外汇市场已存在多年，利用其防范外汇风险是一种方法。货币期权作为一种较新的创新工具为防范外汇风险提供了一种新的选择。

从根本上讲，货币期权为其持有者提供了一种在合同到期日或到期日前以预先确定的外汇数量和确定的汇率买进或卖出外汇权利的合约。尽管期权的使用还不是较普遍，但在欧美有组织的交易所，货币期权交易量迅速增长，显现出其巨大的发展潜力。一些交易所最近又增加了期权合约的货币种类，而其他的一些交易所也开始推出了货币期权交易。货币期权最终将成为促进国际贸易，降低浮动汇率制度下外汇风险的重要金融工具。

3）货币期权的优点

货币期权交易作为转移汇率风险的方法与远期或期货合约相比有许多优点：

一是其相比外汇远期或期货市场所使用的风险管理方法增加了更多的灵活性。这种灵活性在于货币期权可以自由地行使期权而不是一种义务。作为一种套期保值方法，货币期权通过既定的敲定价格锁定了汇率，限制了逆向变化的风险。同时，由于期权可以放弃执行，因此其持有者在汇率向对自己有利的方向变动时可获得收益。不管汇率怎样变化，由于没有执行期权的硬性约束，期权持有者的最大损失不超过期权费。相反，远期或期货合同的持有者必须按既定的汇价买进或卖出基础货币或对原合同进行平仓。这样，远期或期货合同在合同所有者持仓情况下无论汇率变化结果如何，都具有必须平仓的义务。

二是它适用于正常国际业务普遍存在的一种特殊情况，即一个经济实体在未来外汇交易是否能发生还具有不确定性的情况下所面对的外汇风险。货币期权最理想的是用于防范或有的风险头寸。例如，如果一个企业参与投标生产一个特殊的出口产品，如起重机，但是否能中标却是一个未知数，可以用看跌期权来对潜在的外币应收账款进行套期保值：如果没有中标，期权可以不执行，套期保值的最大成本仅限于期权费；如果中标，看跌期权可以保证该企业按协定价格卖出所收到的外币，这样可以防范汇率逆转的风险。由于购买期权的期权费是已知的，因此使用期权可以使该企业的投标计划完美无缺，使投标初始阶段的套期保值成本得以固定。相反，如果该企业运用远期合同卖出外币应收账款，而一旦投标未中，该企业有义务继续履行此时已具有风险的外币远期交易。总之，货币期权交易非常适用于对未来外币交易具有不确定性的汇率风险的防范。

三是由于期权可以在到期日任何时间被执行，期权持有者可以在预测外币流入或流出的时机方面保持一定的灵活性。相反，远期或期货合同却迫使其参与者在既定的日期和按既定的汇价进行外币交易。

四是协定价格的选择更灵活。远期或期货合同的唯一选择是在既定的即期汇价升水或贴水的价格基础上进行买进或卖出。

由于期权合约赋予其持有者的是一种权利而不是义务，所以货币期权不仅能为其持有者防范汇率逆转的风险，而且还可以在汇率走势于已有利时获取收益。货币期权特别适用于对不确定的外币收入与支出进行套期保值。当然，货币期权并不能完全消除汇率风险，它只是为经济组织将这种风险转嫁到另一个组织提供了一种形式。

除了场外非标准期权或为客户专门设计的特殊期权，标准期权只适用于在一些有组织的交易所进行。交易所期权交易量的增长连创纪录，显现出其进一步扩张的趋势。与此同时，场外银行同业市场的期权也处于不断发展中，它促进了银行对客户服务的开展，并补充了交易所标准期权的不足。

货币期权市场的未来发展有几个因素的支持：首先，国际贸易的增长进一步增加了对货币期权的商业需求。其次，汇率的持续多变性刺激了投机者和需求，也刺激了套期保值者寻求新的或更多的金融工具去管理汇率风险。另外，货币期权的使用很可能直接因为对这种工具的日益熟练而获得增长。使用期权的人们越多，期权的使用越会得心应手；期权市场越大，期权市场越容易发展。

4）货币期权的交易场所及交易币种

（1）货币期权的交易场所

世界上主要的货币期权交易所为美国的费城股票交易所（Philadelphia Stock Exchange，PHLX）、芝加哥期权交易所（Chicago Board Options Exchange，CBOE）、芝加哥商品交易所（Chicago Mercantile Exchange，CME）、伦敦国际金融期货交易所（London International Financial Futures Exchange，LIFFE）、荷兰阿姆斯特丹的欧洲期权交易所（European Options Exchange）、伦敦股票交易所（London Stock Exchange）、澳大利亚悉尼期货交易所（Sydney Futures Exchange）和新加坡国际货币交易所（Singapore International Monetary Exchange，SIMEX）等。

货币期权交易在美国费城股票交易所、芝加哥期权交易所及伦敦股票交易所比较活跃。货币期货期权交易主要在芝加哥商品交易所的货币市场分部（IMM）、悉尼期货交易所和新加坡国际货币交易所（SIMEX）等。

（2）货币期权合约大小

以费城股票交易所货币期权合约为例，各币种的期权合约金额如表14-1所示。

表14-1　费城股票交易所货币期权合约

货币	合约大小（每手）
澳大利亚元	50 000 澳元
加拿大元	50 000 加元
欧元	62 500 欧元
瑞士法郎	62 500 瑞郎
英镑	31 250 英镑
日元	6 250 000 日元

芝加哥商品交易所的IMM货币期货期权合约大小如表14-2所示。

表14-2　　芝加哥商品交易所的IMM货币期货期权合约大小

货币	合约大小（每手）
澳大利亚元	100 000 澳元
加拿大元	100 000 加元
欧元	125 000 欧元
瑞士法郎	125 000 瑞郎
英镑	62 500 英镑
日元	12 500 000 日元

（3）货币期权合约介绍

表14-3列出了费城股票交易所所有的货币期权合约品种。

表14-3　　费城股票交易所所有的货币期权合约品种

		澳大利亚元	英镑	加拿大元	欧元	日元	瑞士法郎
合约代码	月中期权 美式/欧式	XAD/CAD	XBP/CBP	XCD/CCD	XEU/ECU	XJY/CJY	XSF/CSF
	月底期权 美式/欧式	ADW/EDA	BPW/EPO	CDW/ECD	XEW/ECW	JYW/EJY	SFW/ESW
合约价值		50 000	31 250	50 000	62 500	6 250 000	625 000
持仓与执行限制		200 000	200 000	200 000	200 000	200 000	200 000
执行价格间距	3个近期月份	1美分	1美分	0.5美分	1美分	0.005　美	0.5美分
	6、9、12月	1美分	2美分	0.5美分	1美分	0.01美分	1美分
期权费报价单位		1美分	1美分	1美分	1美分	0.01美分	1美分
最小价位变动		0.01美分	0.01美分	0.01美分	0.01美分	0.00001美分	0.01美分
期权费计价单位		1美元	1美元	1美元	1美元	1美元	1美元
到期月份	月中期权	3、6、9月和12月再加上2个近期月份					
	月底期权	3个最近的月份					
到期日	月中期权	到期月的第3个星期三的前一个星期五					
	月底期权	每月的最后一个星期五					
结算日	月中期权	到期月的第3个星期四；以3、6、9月和12月为到期月的合约，结算日为到期月的第3个星期三					
	月底期权	每月最后一个星期五之后的星期四					
交易时间		星期一至星期五上午9：30—下午2：30（费城时间），加元的交易时间为周一至周五上午7：00—下午2：30（费城时间）					
保证人		期权清算公司					

14.1.2　货币期权定价

1）影响货币期权价格的因素

由前文可知，货币期权价格也应该由内在价值及时间价值构成。内在价值是指买方立即执行期权时所获得的收益。对看涨期权而言，内在价值等于期权相关货币汇率与期权协定价之间的差额。看跌期权内在价值则等于期权协定价与期权相关货币汇率之间的差额。在期权到期日，由于时间价值下降为零，则该时点期权价值等于内在价值。当买方立即执行期权无收益时，期权内在价值为零，此时期权价值等于期权时间价值。

期权时间价值等于期权价值减去期权内在价值。期权的时间价值来源于签订期权合约至期权到期日之间期权相关货币汇率发生变化的可能性。对看涨货币期权而言，期权时间价值依赖于市场上对货币汇率上升的预期程度。对看跌期权而言，期权时间价值依赖于市场上对期权相关货币汇率下跌的预期。与期权内在价值相比，期权时间价值模型不易确定。

货币期权价格主要由下述几种因素决定：

（1）期权相关货币汇率；

（2）期权协定价；

（3）距期权到期日的时间；

（4）期权相关两种货币利率；

（5）期权相关货币汇率的变动程度；

（6）期权的供求。

在上述因素中，期权相关货币即期汇率与期权协定价差额越大，则期权买方执行期权获利越大，期权价格越高。看涨期权协定价越高，则买方执行期权获利越少，期权价格越高。看跌期权协定价越高，则买方执行期权获利越大，期权价格越高。

距期权到期日时间越长，则期权相关货币价格变动可能性越大，买方执行期权获利可能性越大，期权价格越高。

期权相关货币短期利率差越大，则期权价格越高。

期权相关货币汇率变动率越大，则期权价格越高。

2）货币期权模型定价

本书在第12章详细介绍了期权的两种定价理论，B-S定价模型和二项式定价模型，实际上这两种定价模型也可用于货币期权的定价，只需要将相关的变量作一个替换即可，在此不再赘述。

14.1.3　货币期权应用

对于货币期权的应用，我们可以利用上一章的相关策略来进行套利。

货币期权可以用来防范汇率变动风险，尤其是在未来现金流无法确定是否存在的情况下。当然，对于期权买方而言，货币期权成本较高，但买方只承担有限风险，而且可以充分利用汇率有利变动获益，这一点是货币期货及远期汇率合约所无法比拟的，货币期权防范汇率风险主要包括下列策略：

1）买入看涨货币期权

（1）买入看涨货币期权特性

看涨货币期权价格随期权相关货币汇率上升而上涨，由此可进行汇率风险保值或进行投机。

当预测期权相关货币汇率大幅上升时，可买入看涨货币期权。若期权到期时相关货币汇率上升，则看涨货币期权买方收益无限；若期权到期时相关货币汇率下跌，则看涨货币期权买方可以放弃期权合约，最大损失仅为买入看涨货币期权所支付的期权费。

（2）买入看涨货币期权图示

本章的后几节实际上也会多次用到诸如第13章对期权交易策略的分析图，所以我们只在货币期权这一节再给出几个简图，后文不再列示。

买入看涨货币期权的情形如图14-1所示。

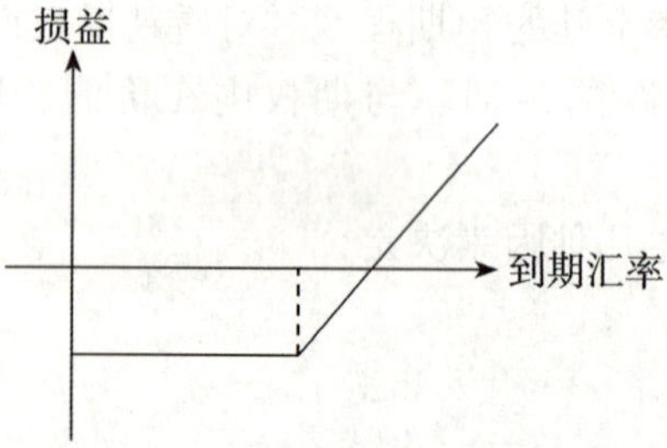

图14-1　买入看涨货币期权损益图

【例14-1】假定某投资者买入1手欧式欧元看涨期权合约，每手合约金额为62 500欧元，期权协定价为0.9000美元/欧元，至期权到期日有3个月期限。期权价格为0.006美元，即每手欧元看涨期权买入成本为375美元。

①若该期权到期时欧元即期汇率小于期权协定价0.9000美元/欧元，例如为0.8500美元/欧元，则买方放弃执行看涨期权，同时在即期市场上以低于协定价0.9000美元/欧元的汇率买入欧元。该期权买方在期权市场上亏损为买入期权所支付的期权费，即375美元。

②如果在期权到期日欧元即期汇率大于期权协定价0.9000美元/欧元，则买方执行看涨期权，即按期权协定价0.9000美元/欧元买入欧元。当然看涨期权买方也可以对看涨期权多头头寸对冲抵销，即卖出升值的看涨期权获利。

若某公司预计近期欧元对美元将升值，为防范欧元升值风险，则可以买入欧元看涨期权。若到期欧元果然升值，则可以执行欧元看涨期权，欧元期权合约上的收益可以相应抵补欧元现货升值的不利影响。如果期权到期时欧元对美元贬值，则放弃执行欧元期权合约，其代价为买入欧元期权所支付的期权费。

2）卖出看涨货币期权

（1）卖出看涨货币期权特性

当预测期权相关货币汇率基本不变或将下降时，可卖出看涨货币期权。如果近期内期权相关货币汇率果如所料并未上升，则买方将不必执行看涨货币期权，而直接在外币现货市场买入外币，期权卖方可净得期权费收入。值得注意的是，对期权卖方而言，所预测期权相关货币汇率趋势与实际值的偏离程度对其损益影响甚大。因为卖方最大收益仅为卖出期权得到的期权费收入，而承受的损无限。如果期权相关货币市场价格因突发事件急剧波动，而所卖出期权恰好为美式期权，则期权买方可能利用获利良机执行期权，期权卖方可能承受较大损失。即使在期权到期日外汇市场已趋回稳，但对美式期权而言，仍然无济于事。因此，对于美式期权卖方，要求对期权相关货币汇率预测不至于偏差太大。如果市场相当平稳，卖方可以在期权市场以相当价格对卖方头寸对冲。

（2）卖出看涨货币期权图示

卖出看涨货币期权的情形如图14-2所示。

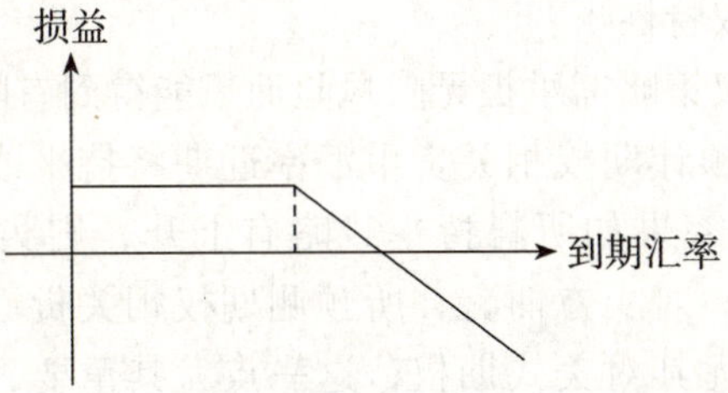

图14-2　卖出看涨货币期权损益图

【例14-2】假定某投资者卖出1手欧式欧元看涨期权合约，每手合约金额为62 500欧元，期权协定价为0.9000美元/欧元，至期权到期日有3个月期限。期权价格为0.006美元，即卖出每手欧元看涨期权可收入375美元。

①若该期权到期时欧元即期汇率小于期权协定价0.9000美元/欧元，例如为0.8500美元/欧元，则买方放弃执行看涨期权，该期权卖方在期权市场上收益为期权费，即375美元。

②如果在期权到期日欧元即期汇率大于期权协定价0.9000美元/欧元，则买方执行看涨期权，即按期权协定价0.9000美元/欧元买入欧元。此时卖方则相对可能不利。

3）买入看跌货币期权

（1）买入看跌货币期权特性

若预计近期期权相关货币汇率趋于下跌，则可以利用该货币看跌期权多头头寸防范汇率下跌风险，即当期权相关货币汇率下跌时，看跌货币期权价格上升，看跌货币期权买方收益无限而只承受有限风险。如果期权相关货币汇率反而上升，则看跌货币期权买方可以放弃所持期权合约，进而以较高现货汇率卖出相关货币，其最大风险仅为买入看跌货币期权所支付的期权费。

（2）买入看跌货币期权图示

买入看跌货币期权情形的如图14-3所示。

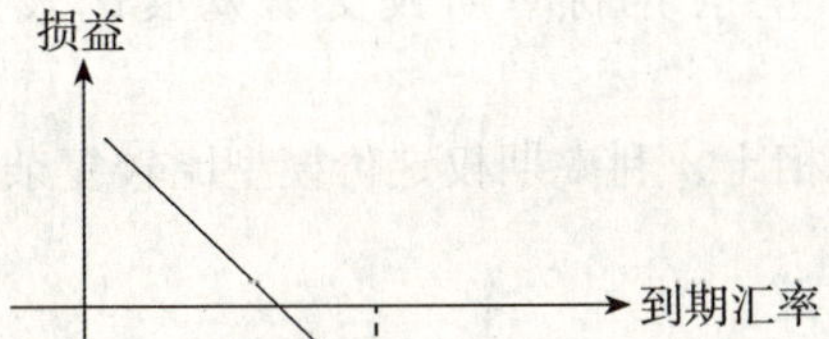

图14-3　买入看跌货币期权损益图

【例14-3】假定某投资者买入1手欧式欧元看跌期权合约，每手合约金额为62 500欧元，期权协定价为0.9000美元/欧元，至期权到期日有3个月期限。期权价格为0.006美元，即每手欧元看跌期权买入成本为375美元。

①若该期权到期时欧元即期汇率小于期权协定价0.9000美元/欧元，例如为0.8500美元/欧元，则买方执行看跌期权，总收益为：

（0.9000−0.8500）×62 500−375=2 750（美元）

②如果在期权到期日欧元即期汇率大于期权协定价0.9000美元/欧元，则买方不执行看跌期权，损失仅为375美元。

4）卖出看跌货币期权

（1）卖出看跌货币期权特性

采用卖出看跌货币期权策略需承担无限风险而只能得到有限收益。

这种策略主要适用于预计期权相关货币汇率近期将持平或预计略有上升的情形。如果近期内期权相关货币汇率果如所料持平或略有上升，则买方将不必执行看跌货币期权，卖方可获期权费收入。对卖方而言，所预测期权相关货币汇率走势与实际情形的偏差应不至于有较大出入，尤其对美式期权，这一点尤其重要，因为买方有可能利用期权有效期内汇率短时间有利变动执行期权而使卖方承受损失，即使期权到期时相关货币汇率已回稳。

（2）卖出看跌货币期权图示

卖出看跌货币期权的情形如图14-4所示。

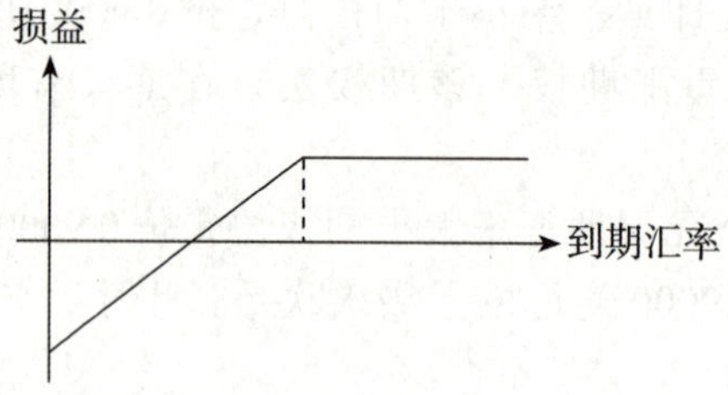

图14-4　卖出看跌货币期权损益图

14.2　利率期权

利率期权与利率期货一样，都是通过某些特定的债务工具（如美国短期国库券或欧洲美元）对利率风险加以防范。利率期权同其他期权类工具一样，买卖双方有不同的风险收益分布。

20世纪90年代以来，全世界利率期权交易发展比较迅速，交易量呈逐年上升势头。

与股票期权及外汇期权相比，利率期权定价模型比较复杂。

14.2.1　利率期权概述

1）利率期权概述

利率期权是指相关资产为定息债券的期权，在美国通常为短期国库券、中期国债及长期国债。

（1）利率期权的特点

利率期权是一项关于利率变化的权利。买方支付一定金额的期权费后，就可以获得这项权利，权利内容为：在到期日按预先约定的利率，按一定的期限借入或贷出一定金额的货币。这样当市场利率向不利方向变化时，买方可固定其利率水平；当市场利率向有利方向变化时，买方可获得利率变化的好处。利率期权的卖方向买方收取期权费，同时承担相应的义务。

（2）利率期权的功能

利率期权是一项规避短期利率风险的有效工具。借款人通过买入一项利率期权，可以在利率水平向不利方向变化时得到保护，而在利率水平向有利方向变化时得益。

2）利率期权的产生与发展

澳大利亚悉尼期货交易所于1982年3月把期权交易运用到银行票据期货市场，这是利率期权的开端。随后，利率期权交易被世界上许多交易所广泛采用，其中以美国利率期权交易发展最为迅速。

美国现已成为利率期权的主要交易中心。1982年10月1日，芝加哥期货交易所首先推出了财政长期债券期货合约的利率期权。之后，美国股票交易所于1982年10月22日推出了中期政府债券，1982年11月5日又推出了短期债券期权。

目前，交易活跃的利率期权有芝加哥商品交易所3月期欧洲美元利率期权；欧洲证券交易所3月期欧元利率期权；芝加哥期货交易所10年、30年期政府债券期权；欧洲期货交易所欧元债券期权。

利率期权合约的交易保持了良好的发展势头，其交易量迅速扩展，近年来成为所有期权品种中发展最快的一种。

3）利率期权的交易场所与交易合约

（1）利率期权的交易场所

在美国，主要的利率期权交易所为美国股票交易所、芝加哥期权交易所及芝加哥期货交易所。其中短期国库券（13周T-Bill）期权交易在美国股票交易所进行，美国股票交易所还推出了中期国债（T-Note）期权交易。芝加哥期权交易所则推出了长期国债（T-Bond）期权合约。芝加哥期货交易所则可进行长期国债期货的期权交易。

（2）利率期权合约

下面用芝加哥期权交易所的利率期权合约来说明利率期权合约的具体条款（见表14-4）。

4）几种常见的利率期权

利率期权有多种形式，常见的主要有利率上限、利率下限、利率上下限。

（1）利率上限（interest rate cap）

利率上限是客户与银行达成一项协议，双方确定一个利率上限水平，在此基础上，利率上限的卖方向买方承诺：在规定的期限内，如果市场参考利率高于协定的利率上限，则卖方向买方支付市场利率高于协定利率上限的差额部分；如果市场利率低于或等于协定的利率上限，卖方无任何支付义务，同时，买方由于获得了上述权利，必须向卖方支付一定数额的期权手续费。

表14-4 芝加哥期权交易所利率期权合约

合约代号	90天短期国债期权——IRX；5年期国债期权——FVX；10年期国债期权——TNX；30年期国债期权——TYX
标的资产	IRX是基于最近拍卖的13周的美国国库券的贴现率的期权；FVX、TNX和TYX分别是基于最近拍卖的5年期、10年期和30年期的美国国债的到期收益率的期权
期权费报价	以点为单位，1基点代表100美元
最小变动价位	期权费低于3.00点时为0.05点（5美元）；其他为0.1点（10美元）
到期日	到期月份的第3个星期五后的星期六
到期月份	IRX期权的到期月份为近期3个月加上3月季月循环中的两个月；FVX、TNX、TYX的到期月份为近期3个月加上3月季月循环中的3个月份
期权类型	欧式期权
期权执行结算	执行结算价以期权最后交易日纽约联邦储备银行公布的即期收益率为基础（即期收益率是指最近发行T-bill的年贴现率或最近发行的T-note或T-bond的到期收益率）。执行结算金额等于结算价与执行价之差乘以100美元
持仓和履约限制	IRX期权，其累计头寸和执行限制为单边5 000份合约；FVX、TNX、TYX期权，其累计头寸和执行限制为单边25 000份合约。部分套期保值者可以超过这个限制
保证金	购买9月期或以内的看涨或看跌期权必须全额支付期权费。出售未担保的看涨或看跌期权。其保证金按第1章介绍的保证金计算方法计算
最后交易日	到期日的前一天（通常为星期五）
交易时间	上午7：20—下午2：00（芝加哥时间）

（2）利率下限（interest rate floor）

利率下限是指客户与银行达成一个协议，双方规定一个利率下限，卖方向买方承诺：在规定的有效期内，如果市场参考利率低于协定的利率下限，则卖方向买方支付市场参考利率低于协定的利率下限的差额部分；如果市场参考利率大于或等于协定的利率下限，则卖方没有任何支付义务。作为补偿，卖方向买方收取一定数额的手续费。

（3）利率上下限（interest rate collar）

利率上下限是指将利率上限和利率下限两种金融工具结合使用。具体地说，购买一个利率上下限，是指在买进一个利率上限的同时，卖出一个利率下限，以收入的手续费来部分抵销需要支出的手续费，从而达到既防范利率风险又降低费用成本的目的。而卖出一个利率上下限，则是指在卖出一个利率上限的同时，买入一个利率下限。

14.2.2 利率期权的定价

1）利率期权价格的影响因素

与其他种类期权相似，利率期权的价格主要受下列因素影响：

（1）期权相关债券的市场价格；

（2）期权协定价；

（3）距期权到期日的时间；

（4）相关债券价格波动率；

（5）无风险利率。

以看涨利率期权为例，当期权相关债券市场价格上升时，则期权价格随之上升，反之，期权相关债券价格降低，买方执行期权可能性降低，期权价格也随之降低。若看涨期权协定价越大，则期权价格越小，反之，若期权协定价越小，买方执行期权的可能性越大，则期权价格越大。同样，距期权到期日时间越长，一般而言，期权价格越大，同时其时间价值较大，买方执行期权可能性较大。若期权相关债券价格波动率越大，则买方执行期权可能性越大，期权价格也随之变大。此外，对看涨期权而言，无风险利率越大，则期权价格越大。

2）利率期权定价模型

利率期权定价模型也是基于二项式定价理论或B-S定价模型的，只是，它的定价相比来看比较复杂。在此不再赘述。

14.2.3　利率期权的应用

利率期权保值和投资策略为：

（1）若预测最近利率将大幅上升，即相应债券价格将大幅下降，可以做买入看跌期权的操作，以防范利率上升使国债价格下跌的风险。如果近期内市场利率确实大幅上升，那么所持国债价格下跌，但由于买入国债看跌期权，则期权市场盈利可抵补所持国债现货损失。如果近期内利率并未上涨，则放弃执行期权，所持债券价格持平或上升，买方期权保值的最大亏损为所买入看跌期权的期权费。

（2）若预测利率微涨，那么价格将微跌，可卖出看涨期权。如果利率走势不出所料，则当利率水平持平时，国债期权的买方一般不会执行期权，则期权卖方可净得期权费收入。若近期利率水平仅小幅上涨，相关债券价格略有下跌，利率期权买方不会执行看涨期权，则卖方可坐收期权费收入。还有一种情况，利率与所预测的相反，不涨反跌，国债价格涨幅较大，那么买方将必然执行合约，卖方将承受损失。

（3）若预计利率近期内将持续下跌，相关债券现货价格将随之上扬，投资者可买入利率看涨期权对利率风险保值。具体市场利率走势与投资者收益风险关系和上面的分析一样。

（4）预测近期利率走势有可能持平或略有下跌，则相应债券价格持平或略有上涨，可以卖出看跌期权投机获利。

14.2.4　利率期货期权

利率期货期权是一种特殊类型的利率期权，在此单独列出。

1）利率期货期权概述

（1）利率期货期权的含义

利率期货期权是指期权相关标的资产为利率期货合约的期权。

利率期货期权比较活跃的品种主要包括美国长期国债期货合约的期权、3个月欧洲美元期货期权及短期国库券期货期权等。利率期货期权为场内交易工具。

（2）利率期货期权的交易场所

利率期货期权交易所主要为芝加哥期货交易所和芝加哥商品交易所的国际市场分部，

前者主要进行美国长期国债期货期权、中期国债期货期权的交易；后者主要进行欧洲美元期货期权交易、一个月LIBOR期货期权交易及短期国库券期货期权交易。此外，伦敦金融期货交易所（LIFFE）也进行欧洲美元期货期权及长期金边国债的期货期权交易。新加坡国际货币交易所（SIMEX）也可进行欧洲美元期货期权交易。

（3）利率期货期权的特点

与普通利率期权相比，利率期货期权具有下列优点：不需计算利息；期权相关的利率期货流动性大于相关债券；期权相关利率期货的价格相比债券价格更容易得到。

由于利率期货期权的相关资产为利率期货合约而非利率债券品种，买卖双方交割时只交割相关利率期货合约，并结清期权买卖双方损益。

对看涨利率期货期权而言，期权买方执行期权时成为相关利率期货合约的多头，期权卖方则成为该利率期货的空头，同时卖方向买方支付相关利率期货现价超出期权协定价之差。

（4）利率期货期权与利率期货的比较

它们的区别是：

①风险分布不同，利率期货合约不论多头头寸或空头头寸均承担无限风险。对利率期货期权而言，只有期权卖方才承担无限风险；而期权买方则只承担有限风险，其期权头寸最大的可能损失仅为买入期权所支付的期权费，当买方所持期权为虚值期权时，将放弃执行期权。

②执行合约不同，利率期货执行合约为期货卖方的选择，由期货卖方决定期货相关债券的交割。利率期货期权则由买方决定何时执行期权合约。

此外，当执行利率期货合约时，进行债券的实际交割；当执行利率期货期权合约时，买卖双方只进行期货合约交易，一方成为相应利率期货合约的多头，另一方则成为利率期货合约的空头。最后，利率期货合约只可在到期日进行交割，而利率期货期权合约可在到期日之前执行。

③利率期货期权协定价在买卖期权交易后至到期日保持不变，但期权的期权费（期权价格）则每日发生变化。

（5）利率期货期权与利率期权比较

与相应利率期权相比，利率期货期权交易要比利率期权更为活跃，流动性更强，其主要原因如下：

①利率期货期权不需要支付利息，而利率期权在买方执行期权时，看涨期权的买方或看跌期权的卖方必须预付利息给对方。

②利率期货期权，在实物交割时不会发生挤兑情形，美国国债期货期权交割时可交割相同性质的债券，而不必如国债期权那样仅为特定品种债券交割。对国债期权而言，一旦某种债券发生挤兑现象，可以选择其他同类债券进行交割。

③由于利率期货合约为标准化的合约且在交易所交易，其价格信息比较容易得到。

2）利率期货期权价格影响因素

与其他种类期权合约一样，利率期货期权合约价格主要受下列因素影响：

（1）期权相关期货合约市场价格；

（2）期权协定价；

（3）距期权合约到期日时间；

（4）期权相关期货合约价格波动性或相关利率波动性。

14.3 股票期权

14.3.1 股票期权概述

1）股票期权的含义

如果期权的标的资产是某种股票，该期权就称为股票期权。

一般来说，所有股票期权的标的股票必然是在股票交易所上市交易的股票，但是并不是所有在股票交易所上市的股票都能充当股票期权的标的股票。

股票期权赋予其持有者在到期日之前以事先确定的价格购买或出售一定数量某种股票的权利，投资者可以利用期权来使自己在股票市场上进行的投资行为得到很好的改善。

2）股票期权的优点

利用股票期权的权利特性，投资者可根据自己的需要获得如下好处：

（1）在股票市场下跌情况下保持自己持有股票的价值；

（2）在持有股票现货下增加收入；

（3）可以计划在比较低的价格下购买股票；

（4）当知道市场会有很大变化，但不知道变化方向时，仍可获利；

（5）不需要通过买卖股票即可从股票价格变化中获利。

股票期权是最早开始交易的金融期权品种，由于其为投资者提供了诸多的便利，推出之后，其交易得到了迅猛的发展。尽管后来又推出了股票指数期权和货币期权等其他有很多优点的金融期权，目前股票期权的交易量仍然非常大。

3）股票期权的产生与发展

股票期权是最早出现的期权，有将近一百年的历史。但长期以来，股票期权交易只是在场外交易市场进行。场外交易股票期权信用风险大和流动性差的缺陷大大阻碍了场外股票期权交易的进一步发展。于是，人们开始寻找新的交易方式，在这种背景下，场内股票期权应运而生。1973年，芝加哥期权交易所成立并推出了以股票为标的物的看涨期权交易。

1975年，美国股票交易所和费城股票交易所在芝加哥期权交易所推出股票期权之后，也开始进行股票期权交易。1977年，美国证券交易委员会批准相关交易所可以进行看跌期权交易，允许每个交易所挂牌交易5种看跌期权系列。1983年，几个交易所引进了股票指数期权，从而吸引了更多的股票期权投资者。目前，美国股票期权的交易主要集中在芝加哥期权交易所、美国股票交易所、费城股票交易所、太平洋股票交易所和纽约股票交易所。

由于美国的场内股票期权交易获得巨大成功，其他一些国家也开始效仿美国，成立专门的期权交易所或者在原有的证券交易所设立期权交易部门，推出相应的股票期权合约。其中，伦敦国际金融期货期权交易所、欧洲期货交易所、欧洲证券交易所等欧洲市场的股票期权交易十分活跃。此外，亚洲地区的香港期货交易所和大阪证券交易所的股票期权交易发展也非常迅速。

经过30多年的发展，世界股票期权市场交易量达到了数亿份合约。其中，美国市场占据了总交易量的一半以上，并且其交易量还在继续增长。目前，股票期权交易量最大的交易所是芝加哥期权交易所。

4）股票期权合约

下面列举几个有代表性的股票期权合约（见表14-5、表14-6、表14-7）。

（1）芝加哥期权交易所股票期权

表14-5 芝加哥期权交易所股票期权合约

期权代号	每种股票期权有其相应的代号，如“IBMLP”
合约价值	普通股100股
最小变动价位	以点数记，1点等于100美元。股票价格低于3美元时，最小价位变动为0.05点，即5美元；其他为0.10点，即10美元
执行价格间距	执行价格在5~25美元之间：2.5个点 执行价格在25~200美元之间：5个点 执行价格在200美元以上：10个点
执行价格	期初公布实值、平价、虚值各一个，以后视情况增加新的执行价格
到期月份	最近两个月份以及另外两个循环月份
期权类型	美式期权
到期日	到期月份的第3个星期五后的星期六
期权执行	任何交易日提出的执行通知将在之后的第3个营业日交割标的股票
交易时间	上午9：00—下午3：15（芝加哥时间）

表14-6 欧洲期货交易所股票期权合约

标的资产	100股股票	
最小变动价位	0.01欧元	
交割日	执行后的第3个交易日	
最后交易日	到期月份的第3个星期五	
每日结算价格	交易日当天的最后成交价，如果该成交价是15分钟前的或该价格不能反映实际市场条件，交易所将确定官方结算价格	
期权类型	美式期权	
执行期限	在期权有效期内的任何交易日20：30中欧时间（CET）以前均可以执行期权，最后交易日可以延长至21：00	
到期月	A类股票：最近3个月，以及随后3、6、9和12月循环中的3个月	
交易时间	中欧时间（CET）上午9：00—下午5：25	
执行价格数目	在每个到期月期权，至少有3个看涨期权和3个看跌期权系列，每个到期月期权有一个平值、实值、虚值执行价格	
执行价格间距	股票价格	间距
	5欧元以下	0.2欧元
	5.5欧元~10欧元	0.5欧元
	11欧元~20欧元	1欧元
	22欧元~50欧元	2欧元
	52.50欧元~100欧元	2.5欧元
	105欧元~200欧元	5欧元
	210欧元以上	20欧元

表14-7 中国上证50ETF期权合约

合约标的	上证50交易型开放式指数证券投资基金（50ETF）
合约类型	认购期权和认沽期权
合约单位	10 000份
合约到期月份	当月、下月及随后两个季月
行权价格	5个（1个平值合约、2个虚值合约、2个实值合约）
行权价格间距	3元或以下为0.05元，3元至5元（含）为0.1元，5元至10元（含）为0.25元，10元至20元（含）为0.5元，20元至50元（含）为1元，50元至100元（含）为2.5元，100元以上为5元
行权方式	到期日行权（欧式）
交割方式	实物交割（业务规则另有规定的除外）
到期日	到期月份的第四个星期三（遇法定节假日顺延）
行权日	同合约到期日，行权指令提交时间为上午9：15—9：25、9：30—11：30，下午1：00—3：30
交收日	行权日次一交易日
交易时间	上午9：15—9：25、9：30—11：30（9：15—9：25为开盘集合竞价时间） 下午1：00—3：00（2：57—3：00为收盘集合竞价时间）
委托类型	普通限价委托、市价剩余转限价委托、市价剩余撤销委托、全额即时限价委托、全额即时市价委托，以及业务规则规定的其他委托类型
买卖类型	买入开仓、买入平仓、卖出开仓、卖出平仓、备兑开仓、备兑平仓，以及业务规则规定的其他买卖类型
最小报价单位	0.0001元
申报单位	1张或其整数倍
涨跌幅限制	认购期权最大涨幅＝max｛合约标的前收盘价×0.5%，min［（2×合约标的前收盘价－行权价格），合约标的前收盘价］×10%｝ 认购期权最大跌幅＝合约标的前收盘价×10% 认沽期权最大涨幅＝max｛行权价格×0.5%，min［（2×行权价格－合约标的前收盘价），合约标的前收盘价］×10%｝ 认沽期权最大跌幅＝合约标的前收盘价×10%
熔断机制	连续竞价期间，期权合约盘中交易价格较最近参考价格涨跌幅度达到或者超过50%且价格涨跌绝对值达到或者超过5个最小报价单位时，期权合约进入3分钟的集合竞价交易阶段
开仓保证金最低标准	认购期权义务仓开仓保证金＝［合约前结算价+max（12%×合约标的前收盘价-认购期权虚值，7%×合约标的前收盘价）］×合约单位 认沽期权义务仓开仓保证金＝min［合约前结算价+max（12%×合约标的前收盘价-认沽期权虚值，7%×行权价格），行权价格］×合约单位
维持保证金最低标准	认购期权义务仓维持保证金＝［合约结算价+max（12%×合约标的收盘价-认购期权虚值，7%×合约标的收盘价）］×合约单位 认沽期权义务仓维持保证金＝min［合约结算价+max（12%×合约标的收盘价-认沽期权虚值，7%×行权价格），行权价格］×合约单位

（2）欧洲期货交易所股票期权

（3）中国上证50ETF期权

2015年初，中国证监会决定，作为股票期权的首个试点品种，上证50ETF期权于2015年2月9日在上海证券交易所上市交易。

14.3.2　股票期权定价

1）股票期权价值的决定因素

期权作为一种权利，且不附带任何义务，它当然是有价值的，期权的多头方在购买期权的时候支付的期权费也就是期权的价格，实际上就是期权价值的体现。一般来说，对一种金融商品的价值的确定，我们可以根据它将给持有者带来的现金流的现值之和来进行计算。由于期权是一种权利，这种权利给权利拥有者带来的现金流是不确定的，甚至可能是零，因此对期权的定价要比像债券之类代表将来确定的现金流系列的证券要复杂一些。这里我们讨论一下到底有哪些因素决定了股票期权的价值。

股票期权的标的资产是股票，因此股票的价格当然会影响股票期权的价值，这是第一个因素。再对照构成期权合约的几个要素，我们发现，合约规定的执行价格和到期日也是影响股票期权价值的两个重要因素。考虑合约的规模，即一份期权合约赋予其持有者购买或出售多少股股票的权利，由于对期权持有者来说，拥有购买或出售两股股票的权利与拥有购买或出售一股股票的权利相比，前者能带来的收益一定是后者带来的收益的两倍，所以说前者的价值刚好是后者的两倍。因此，在对期权进行定价的时候，假定每一份期权赋予其持有者购买或出售一股股票的权利，考虑实际的期权合约时，只要乘上合约的规模即可。至于看涨还是看跌，或者欧式还是美式，也会影响股票期权的价值，但是一般把看涨期权和看跌期权看作不同的期权，把欧式期权和美式期权也看作不同的期权，在定价时分别考虑，所以不作为影响股票期权的价值的因素。

另外，期权的到期收益取决于到期时的股票价格，许多期权交易策略的到期收益取决于股票价格的变化状态，因此股票价格的波动率也是影响股票期权价值的一个重要因素。而期权有效期内预计发放的红利对到期时的股票价格有很大的影响，因此它也会影响到股票期权的价值。

最后，同对其他金融产品进行定价时一样，无风险利率也是一个不可或缺的因素。

可见，股票现价、执行价格、到期日、股票价格的波动率、无风险利率、期权有效期内预计发放的红利，这6个因素将决定股票期权的价值。

2）定价模型

关于股票期权的定价模型的相关内容详见第12章。

14.4　股票指数期权

14.4.1　股票指数期权概述

股票指数期权指的是以某个交易所的股票价格指数为标的资产的金融期权。

1）股票指数期权的产生与发展

股票指数期权是在股票指数期货期权交易的基础上建立和发展起来的。股票指数期货期权在1982年上市后，获得很大的成功。通过这种交易，人们可以把期权头寸转化为相应的期货头寸，也可以对股票指数期货已有的头寸进行对冲，降低交易者的市场风险。虽然它具有一般期权交易的优点，但由于它既存在期权交易，又存在期货交易，往往出现两种交易收益与亏损大致相互抵销的情况，因此无法满足单独追求股票指数期权盈利的交易者的需要。1983年3月11日，美国芝加哥期权交易所推出了一种股票指数本身的期权交易，即CBOE100指数期权，后更名为标准普尔100指数期权，它克服了股票指数期货期权交易存在的缺陷，获得了很大的成功。

继芝加哥期权交易所推出标准普尔100指数期权之后，美国其他各大证券交易所都纷纷仿效，推出了自己的股票指数期权。美国股票交易所推出了主要市场指数（MMI）期权，纽约证券交易所推出了综合指数（composite index）期权等。

除美国之外，世界上很多金融市场比较发达的国家或地区都相继开始股票指数期权交易。比如伦敦国际金融期货期权交易所、新加坡交易所、香港期货交易所以及韩国股票交易所都推出了相应的股票指数期权。其中，韩国股票交易所的股票指数期权最为成功。

2）股票指数期权合约

除了股票指数期货之外，股票指数期权也是对股票组合进行套期保值的一个重要工具。股票指数期权就是以某种股票指数为标的的期权，同股票指数期货一样，股票指数期权也是以现金结算的。

国际上有不少交易所有股票指数期权的交易，有很多种股票指数成为股票指数期权的标的商品。例如，在芝加哥期权交易所（CBOE）交易的股票指数期权的标的指数主要有：S&P500指数、S&P100指数和主要市场指数（major market index）。其中，S&P500指数期权是欧式的，S&P100指数和主要市场指数期权是美式的。一般的期权有效期比较短，大多在3个月左右，在CBOE还提供基于以上指数的长期期权，被称为LEAPS（long-term equity anticipation securities），LEAPS的期限可长达3年。

下面我们以在CBOE交易的S&P500指数期权合约为例，介绍其具体条款。该期权合约规定：

①期权合约为欧式；

②期权标的为S&P500指数，每一指数点相当于100美元；

③执行价格以指数点表示，开始的时候提供实值、两平、虚值三种执行价格的期权品种，当标的指数值超过现有最高执行价格或低于现有最低执行价格时，再提供具有新的执行价格的期权品种，执行价格的间隔为5个指数点（长期期权是25个指数点）；

④期权费的报价也按指数点表示，每一指数点相当于100美元，对低于3点的期权，期权费报价的最小间隔为0.05个指数点（相当于5美元），其余的期权费报价的最小间隔为0.1个指数点（相当于10美元）；

⑤失效日为到期月的第3个星期五之后的星期六；

⑥到期以现金结算方式交割，以失效日前一个交易日（通常为星期五）的开盘指数作为指数结算价格，结算金额等于执行价格与指数结算价格之差乘以100美元，在失效日后的第一个工作日进行现金支付；

⑦到期月为最近的3个月，再加3个3月份系列（3、6、9、12月）的月份，比如在1月份的到期日之前，就有1、2、3、6、9、12月到期的期权合约可供交易。

此外，还有关于头寸限制、保证金等条款。

我们前面已经仔细介绍过股票期权的交易策略，股票指数期权本质上同股票期权一样，只不过股票期权的标的是单一的股票，而股票指数期权的标的是股票组合。因此，股票指数期权的用法和股票期权的用法相同，同样可以用于进行套期保值或者投机，股票期权上用的很多交易策略在股票指数期权上同样可以使用。

14.4.2 股票指数期权定价

仍然主要用B-S模型来对股票指数期权进行定价。

14.4.3 股票指数期权应用

股票指数期权主要适用于进行分散投资的投资者（如机构投资者），而且所持股票组合与相应股票指数的成分股密切相关，或者选择与所持股票组合高度相关的股票指数构成的股指期权进行保值。

与股票指数期货保值策略相比，期权买方可以在股价有利变动时执行期权头寸，而在股价（或股票指数）不利变动情形下放弃所持期权买方头寸，从而有效利用价格有利变动带来的益处，其代价仅为买入期权所支付的期权费。而股票指数期货头寸则不管价格如何变动，均不可放弃期货头寸，即使在期货市场亏损下也必须以平仓方式承担相应期货头寸的损失，从而使现货市场在股价有利变动情形下收益被部分或全部抵销。

同股票期权作用相似，股票指数期权也可以用来防范未来股市的不利变动，同时在股市有利变动情况下放弃期权头寸而充分利用有利变动对所持股票组合增值的好处，其代价仅为所交付的期权价格。例如，假定某投资者预计3个月后有一笔现金流入可用来购买股票，为避免股市走高使3个月后投资成本增大的风险，则可以先行买入股票指数看涨期权。如果3个月后股市果然走高，则相应股票指数随之增加，股票指数看涨期权价格也会同时上涨，在股票指数期权市场上的盈利可抵销投资股市的增值成本。值得注意的是，股票指数期权不一定能对投资者持有的股票组合进行完全的风险回避，除非完全按股票指数构成进行投资。另外，单个股票的涨跌幅度一般不同步于股票指数的涨跌幅度。

此外，投资者还可以利用股票指数期权进行投机获利。与利用期货市场投机相比，前者可以使投资者的风险限制在一定的范围内。例如，某投资者预计S&P500股票指数将于近期上扬，则可以买入S&P500股票指数看涨期权。假定预测正确，随S&P500指数上涨，该指数看涨期权价格亦随之上涨。一般而言，股票指数上涨一个指数点，股票指数期权价格也相应上涨一个点左右。假设S&P500股票指数从550升至560，相应股票指数看涨期权价格也将上涨约8个点左右，则该投资者将获利4 000美元（8×500）。如果该投资者预测失误，近期股市不升反跌，则可以放弃执行期权，其最大损失仅为买入看涨期权支付的期权价格。上述情形中，若预计近期股市不会有大范围的波动，该投资者还可以选择卖出S&P500股指看跌期权，假设预测正确（即近期S&P500指数将上扬），则该股票指数看跌期权将成为虚值期权，看跌期权买方不可能执行期权，则卖方可净获期权费收入。但应当注意，这种卖方头寸需承担无限风险，若股市行情预测错误（即股指不升反跌），则S&P500股票指数看跌期权买方将执行看跌期权，该投资者将承受损失，损失额为股票指数现价与股票指数看跌期权协定价之差额，看跌期权卖方收益有限而潜在损失无限。

14.5 衍生期权

14.5.1 二项式期权

1）概念

二项式期权是指期权在到期时处于有利价，持有人获得一定数量的现金支付；反之，如果处于无利价，则收益为零。

2）分类

二项式期权分为二项式看涨期权和二项式看跌期权。

3）收益分析

（1）二项式看涨期权：$S_T > X$，收益为a；$S_T < X$，收益为0。

（2）二项式看跌期权：$S_T < X$，收益为a；$S_T > X$，收益为0。

14.5.2 复合期权

1）概念

复合期权（compound option）是期权的期权，是指付出部分期权费用，约定一定时期以后，选择执行一个标准期权的权利。

2）特点

复合期权是指在不能确定是否需要防范风险的情况下，提供防范风险的方法。

3）分类

复合期权分为复合看涨期权和复合看跌期权。

【例14-4】假定德国某公司拟参加美国某项工程投标，开标时间为90天后，如果中标，工程款项6个月后支付，收入为美元，假设公司面临两个问题：一是能否中标；二是如何规避汇价风险。

公司决策：

（1）不采取任何措施，如果未中标，最佳选择；如果中标，有外汇风险。

（2）购买标准美元看跌期权，如果未中标，期权费自付；如果中标，可防范风险。

（3）买入复合式美元看跌期权（9个月期限）。

①如果未中标，若美元贬值，看跌期权升值，转让期权可获利；若美元升值，放弃期权，损失为预期期权费。

②如果中标，若9个月后美元贬值，执行看跌期权，可防范风险；若9个月后美元升值，可放弃期权，按市场价卖出美元。

14.5.3 迟付费期权

1）概念

迟付费期权（pay later option）是指期权费只有在期权得以执行时才需要支付。

2）分类

迟付费期权分为迟付看涨期权和迟付看跌期权。

3）特点

迟付费期权的期权买卖双方都看涨或都看跌，只不过对涨跌幅度看法不一致。

14.5.4 场外交易的美式期权

1）概念

场外交易的美式期权（nonstandard American option）是指在交易所以外的场所交易的美式期权。

2）特点

（1）属于百慕大期权；

（2）是欧式期权与美式期权的结合；

（3）协定价格可以变动。

14.5.5 远期启动期权

1）概念

远期启动期权（forward start option）是指在未来某一时间可以执行的期权，用于员工股票期权。

2）特点

（1）发行时为平价发行或高于市价发行；

（2）启动时间距到期日往往有数年时间。

14.5.6 择式期权

1）概念

择式期权（chooser option）是指买卖双方签订合约，确定执行价格，商定在未来某一时刻由买方确定买权与卖权。

2）特点

（1）本质是先确定价格，再确定方向。

（2）期权费一般要求较高，因为买方有较大自由度。

（3）优点是期权买方待走势完全明朗，再作标准的期权交易，费用较高，而且协定价格变化较大。

3）投资策略

若近期内受某一重大事件影响，走势不明朗，直接做标准的期权交易，风险较大。做择式期权，等待走势明朗，再确定方向。

14.5.7　价障期权

1）概念

价障期权（barrier option）是指在期权有效期内设定一个屏障价格，当基础资产价格能达到屏障价格时，原有的期权合约生效或失效。

2）分类

价障期权分为障升期权（knock-in option）和障消期权（knock-out option）两种。

（1）障升期权

障升期权是指在期权有效期内设定一个屏障价格，当基础资产价格能达到屏障价格时，则原有的期权合约生效，否则原有期权合约失效。

障升期权的投资策略是当基础资产价格突破历史密集成交区之后，价格会有大幅上涨，买进看涨期权生效。如果在有效期内没有突破阻力位，该股只能箱体振荡，应放弃看跌期权。

（2）障消期权

障消期权是指在期权有效期内设定一个屏障价格，当基础资产价格能达到屏障价格时，则原有的标准期权失效。

障消期权的优点是期权费少于标准期权费；可结合股价与外汇的技术走势判断做多与做空。

14.5.8　回顾式期权

1）概念

回顾式期权（look back option）是指期权买方在期权到期日，有权选择在期权有效期内标的资产的最高价格作为看跌期权协定价格或选择最低价格作为看涨期权协定价格。

2）投资策略

预测标的资产在有效期内受某种突发事件的影响短期大幅冲高或短期大幅回落之后，价格回到原价。

14.5.9　喊价期权

1）概念

喊价期权（shout option）是指欧式期权购买者预先确定协定价格，但不确定期权费，期权费的价格由买方在有效期内喊价确定，喊价的同时既确定了期权费，又锁定了部分利润，其总收入由期满标的资产价格决定。

2）特点

预测标的资产价格连续上涨或下跌，即单边走势，对及早确定期权价格有较大杠杆作用。

14.5.10　亚式期权

1）概念

亚式期权（Asian option）是指期权的收益取决于有效期内标的资产的平均价格。

2）分类

亚式期权分为两种：

（1）平均标的资产价格期权：即确定协定价格，期权收入取决于标的资产有效期内平均价格与协定价格之差。

（2）平均协定价格期权：即不确定协定价格，协定价格由标的资产价格在有效期内平均价计算，期权收入取决于平均价与到期日收盘价之差。

14.5.11 虹式期权

1）概念

虹式期权（rainbow option）是指期权持有人在到期日，可以从两个或两个以上的标的物中选择一个价格最高（看涨）或价格最低（看跌）者来计算自己的盈亏。

2）收益特征

看涨期权：Max（0，Max（S_1，S_2，…，S_n）$-X$）

看跌期权：Max（0，X-Min（S_1，S_2，…，S_n））

3）举例

持有虹式看涨期权标的物为S&P500、FESE100、SCAC40指数，期限3个月，3个月后，涨幅最大的为期权收入。

本章小结

货币期权合约是期权合约买方或持有者有权利（但无义务）在期权合约到期之前或到期日以事先确定的价格（期权的协定价，或称执行价格）买卖某一特定数量外汇的合约。

货币期权价格主要由下列几种因素决定：（1）期权相关货币汇率；（2）期权协定价；（3）距期权到期日的时间；（4）期权相关两种货币利率；（5）期权相关货币汇率的变动程度；（6）期权的供求。

利率期权是指相关资产为定息债券的期权，在美国通常为短期国库券、中期国债及长期国债。

利率期权是一项规避短期利率风险的有效工具。借款人通过买入一项利率期权，可以在利率水平向不利方向变化时得到保护，而在利率水平向有利方向变化时得益。

利率期权有多种形式，常见的主要有利率上限、利率下限、利率上下限。

利率期权保值和投资策略：（1）若预测最近利率将大幅度上升，即相应债券价格将大幅下降，可以买入看跌期权；（2）若预测利率微涨，那么价格将微跌，可卖出看涨期权；（3）若预计利率近期内将持续下跌，相关债券现货价格将随之上扬，投资者可买入利率看涨期权对利率风险保值；（4）预测近期利率走势有可能持平或略有下跌，则相应债券价格持平或略有上涨，可以卖出看跌期权投机获利。

利率期货期权是指期权相关标的资产为利率期货合约的期权。利率期货期权比较活跃的品种主要包括美国长期国债期货合约的期权、3个月欧洲美元期货期权及短期国库券期货期权等。利率期货期权为场内交易工具。

如果期权的标的资产是某种股票，该期权就称为股票期权。

股票指数期权指的是以某个交易所的股票价格指数为标的资产的金融期权。

关键概念

货币期权合约　利率期权　利率期货期权　股票期权　股票指数期权

综合训练

14.1　填空题

1）利率期权分为________、________、________。

2）货币期权的应用有：________、________、________、________。

3）亚式期权分为两种：________、________。

14.2　单项选择题

1）投资者预测市场利率将大幅上升，如何利用利率期权来保值或防范风险？（　　）

A.做多看涨的利率期权　　B.做空看涨的利率期权

C.做多看跌的利率期权　　D.做空看跌的利率期权

2）投资者预测股指将小幅下跌，如何防范风险？（　　）

A.做多看涨的股票指数期权　　B.做空看涨的股票指数期权

C.做多看跌的股票指数期权　　D.做空看跌的股票指数期权

3）以下说法错误的是（　　）。

A.美国衍生品现金交割问题的突破为股指期权推出扫清了障碍

B.期权市场快速发展，交易遍及全球主要市场

C.股指期权在全球市场得到蓬勃发展，但是在新兴市场发展缓慢

D.世界范围内场内期权市场产品种类丰富，包括商品期权、利率期权、汇率期权等

4）全球第一个推出利率期权的是（　　）。

A.美国证券交易所　　B.芝加哥商品交易所

C.多伦多股票交易所　　D.澳大利亚期权市场

5）全球第一个推出股指期权的是（　　）。

A.美国证券交易所　　B.多伦多股票交易所

C.芝加哥期权交易所　　D.澳大利亚期权市场

6）金融期权交易最早始于（　　）。

A.股票期权　　B.利率期权

C.外汇期权　　D.股票价格指数期权

14.3　多项选择题

1）由股票衍生出来的金融衍生品有（　　）。

A.股票期货　　B.股票指数期货

C.股票期权　　D.股票指数期权

2）货币期权又称为（　　）。

A.外币期权　　B.货币互换

C. 外汇期权合约　　　　　　　　　　　D. 外汇期权

3）按期权交易者的交易目的划分，可将外汇期权分为（　　）。

A. 看涨期权　　　B. 卖出期权　　　C. 现汇期权　　　D. 期货期权

4）个股期权的功能有（　　）。

A. 杠杆功能　　　B. 有限损失性　　　C. 风险转移　　　D. 百分百获利

5）个股期权合约的基本要素包括（　　）。

A. 标的证券　　　B. 合约单位　　　C. 行权价格　　　D. 到期日

14.4　问答题

1）货币期权的优点是什么？

2）股票期权价值的决定因素有哪些？各自如何影响股票期权价值？

3）股指期权合约的相关规定有哪些？

4）简述二项式期权。

5）简述复合期权。

6）简述择式期权。

7）简述价障期权。

知识拓展 14-1
中国股指期权运用与展望

主要参考文献

[1] 李健元，李刚．证券、期货、外汇模拟实验［M］．2版．大连：东北财经大学出版社，2013.

[2] 陈信华．金融衍生工具——定价原理、运作机制及实际运用［M］．上海：上海财经大学出版社，2004.

[3] 方兴．金融工程学［M］．北京：首都经济贸易大学出版社，2004.

[4] 史树中．金融经济学十讲［M］．上海：上海人民出版社，2004.

[5] 范龙振，胡畏．金融工程学［M］．上海：上海人民出版社，2003.

[6] WATSHAM T J.风险管理中的期货与期权［M］．北京：北京大学出版社，2003.

[7] 陈工孟，吴文锋，朱云．金融工程［M］．北京：清华大学出版社，2003.

[8] 杨景鹏．金融工程概论［M］．北京：企业管理出版社，2003.

[9] STEINER R.金融计算［M］．于研，译．上海：上海财经大学出版社，2002.

[10] 周洛华．金融工程学［M］．3版．上海：上海财经大学出版社，2011.

[11] 内夫特奇．金融工程学原理［M］．王忠玉，董竹，董奕，译．2版．北京：中国人民大学出版社，2014.

[12] 克罗．期货交易策略［M］．陈瑞华，译．太原：山西人民出版社，2013.

[13] 中国期货业协会．股指期货［M］．北京：中国财政经济出版社，2012.

[14] 赫尔．期权、期货及其他衍生产品［M］．王勇，索吾林，译．9版．北京：机械工业出版社，2014.

[15] 罗兹．期权价差交易：战略和策略综合指南［M］．陈学彬，等，译．上海：上海财经大学出版社，2013.

[16] 刘承承．人民币利率互换定价问题研究［D］．北京：中央财经大学金融学院，2015.

[17] 陈冉．股指期权功能实证研究［D］．沈阳：辽宁大学经济学院，2017.

[18] 孔刘柳，刁节文，张婷，等．金融工程学［M］．上海：上海财经大学出版社，2017.

[19] 谭春枝，王忠玉，唐菁菁．金融工程学理论与实务［M］．北京：北京大学出版社，2018.

[20] 李尉．中国期货市场量化交易［M］．北京：清华大学出版社，2018.